OS SABERES NASCIDOS NAS LUTAS

CONSTRUINDO AS EPISTEMOLOGIAS DO SUL

ORGANIZADORES
BOAVENTURA DE SOUSA SANTOS
MARIA PAULA MENESES

OS SABERES NASCIDOS NAS LUTAS

CONSTRUINDO AS EPISTEMOLOGIAS DO SUL

autêntica — EPISTEMOLOGIAS DO SUL

EDITORAS RESPONSÁVEIS
Rejane Dias
Cecília Martins

ASSISTENTE EDITORIAL
Cecília Castro

REVISÃO
Cecília Castro
Déborah Dietrich

CAPA
Alberto Bittencourt

DIAGRAMAÇÃO
Guilherme Fagundes

Dados Internacionais de Catalogação na Publicação (CIP)
(Câmara Brasileira do Livro, SP, Brasil)

Os saberes nascidos nas lutas : construindo as epistemologias do Sul / organização Boaventura de Sousa Santos, Maria Paula Meneses. -- 1. ed. -- Belo Horizonte : Autêntica Editora, 2025. -- (Epistemologias do Sul ; 3)

Vários autores.
Bibliografia
ISBN 978-65-5928-649-2

1. Colonialismo 2. Conhecimento humano 3. Epistemologia social 4. Movimentos sociais 5. Sociologia do conhecimento I. Santos, Boaventura de Sousa. II. Meneses, Maria Paula. III. Série.

25-311318.0 CDD-306.4

Índices para catálogo sistemático:

1. Epistemologia do Sul : Sociologia do conhecimento 306.4

Maria Alice Ferreira - Bibliotecária - CRB-8/7964

GRUPO **AUTÊNTICA**

Belo Horizonte
Rua Carlos Turner, 420
Silveira . 31140-520
Belo Horizonte . MG
Tel.: (55 31) 3465 4500

São Paulo
Av. Paulista, 2.073 . Conjunto Nacional
Horsa I . Salas 404-406 . Bela Vista
01311-940 . São Paulo . SP
Tel.: (55 11) 3034 4468

www.grupoautentica.com.br
SAC: atendimentoleitor@grupoautentica.com.br

SUMÁRIO

Parte II
Sentir e gostar para libertar

Parte III
Educar contra a exclusão e para libertar

Prefácio

Boaventura de Sousa Santos e *Maria Paula Meneses*

As epistemologias do Sul são um conjunto de procedimentos epistemológicos que mostram a diversidade epistémica no mundo e defendem que não há justiça social global sem justiça cognitiva global. Tal conjunto não são anticiência. A ciência é um conhecimento válido e mesmo precioso, mas há outros conhecimentos válidos. A validade que decorre dos critérios próprios de cada sistema de saberes deve ser sempre complementada por critérios pragmáticos sobre para que serve e a quem serve o conhecimento. Toda a epistemologia tem sempre subjacente uma política, no sentido mais amplo do termo.

Subjacente aos *Saberes nascidos nas lutas: construindo as epistemologias do Sul* está um conjunto de ideias que desafiam a exaustão política e epistemológica das propostas emancipadoras desenvolvidas no Norte global e que propõem novas possibilidades epistémicas. O Sul das epistemologias do Sul é epistémico e não geográfico é herdeiro de lutas por outros saberes e formas de ser e de viver contra os modos de dominação prevalecentes no nosso tempo: o capitalismo, o colonialismo e o patriarcado.[1] Esta tríplice dominação procurou sempre legitimação apoiando-se na relação hierárquica de poder-saber que caracteriza as epistemologias do Norte. Esta relação opera através da imposição de um pensamento abissal que divide o mundo em duas partes: o mundo moderno eurocêntrico, de um lado, e os "outros" espaços – coloniais, da tradição, dos primitivos – do "outro" lado da linha. Desafiando o genocídio,

[1] Trata-se dos principais modos de dominação que frequentemente funcionam articulados com outros modos de dominação, tais como os fundamentalismos religiosos, a xenofobia, as discriminações de castas, de idade ou de capacidades.

o epistemicídio e as discriminações epistémicas, o Sul global resistiu e resiste, apoiando-se em saberes próprios, gerados em lutas pela (re)existência.[2]

Enquanto metáfora de luta epistémica, ontológica e política, as epistemologias do Sul, na sua diversidade, dão conta das reflexões e práticas de saberes que ocorrem no pluriverso que é o Sul, uma metáfora de encontros, confrontos e polinização de saberes. Ao resgatar a diversidade epistémica do mundo e ao identificar linhas de confrontação, mas também de complementaridade entre diferentes conhecimentos (a ecologia de saberes), as epistemologias do Sul aspiram a um conhecimento pós-abissal.

O Sul global constitui-se como um espaço-tempo extremamente heterogéneo, mas dotado de potencial político e epistémico para consolidar práticas e capacitar os atores sociais que desafiam as redes globais de dominação. Estas premissas – condição para ampliar a justiça cognitiva – encontram corpo nos 19 capítulos deste volume, contribuições situadas em diferentes quadrantes do Sul global, neste caso, entendido geograficamente. Por um lado, questionam as raízes do projeto racional moderno que universaliza o saber dominante gerado no Norte global e lhe atribui o monopólio da definição do progresso e do futuro do planeta. Por outro, analisam experiências de lutas por outras formas de conhecer, de ser, de viver e de transformar o mundo, dando assim conta da infinita diversidade. Neste sentido, as experiências epistémicas e políticas de transformação social que este volume apresenta ilustram bem o sentido das epistemologias do Sul.

Na origem deste livro estão as reflexões desenvolvidas durante o projeto europeu "ALICE – Espelhos estranhos, lições imprevistas", coordenado por Boaventura de Sousa Santos no Centro de Estudos Sociais da Universidade de Coimbra.[3] A investigação realizada no âmbito deste projeto e os encontros

[2] Esta emergência que também é ontológica e política já conheceu várias formas: *Nuestra América*, o pan-africanismo, o pan-arabismo, o pan-asiatismo, Movimento dos Não-Alinhados, entre outras referências. Trata-se muitas vezes de tentativas para restaurar e religar as trocas de saberes e os diálogos que haviam sido interrompidos pelo domínio colonial.

[3] O projeto "ALICE – Espelhos estranhos, lições imprevistas: Definindo para a Europa um novo modo de partilhar as experiências do mundo", coordenado por Boaventura de Sousa Santos e desenvolvido no Centro de Estudos Sociais da Universidade de Coimbra, em parceria com uma série de investigadores/as e centros de investigação internacionais, esteve ativo entre 2011 e 2016. O projeto foi financiado pelo Concelho Europeu de Investigação (ERC) através da bolsa Fp/2007-13/ERC Grant Agreement n. 269807. Essa publicação contou ainda com o apoio da Fundação para a Ciência e Tecnologia em Portugal, através do Programa Estratégico UID/SOC/50012/2013 e BLEND - PTDC/CVI-ANT/6100/2014 - POCI-01-0145-FEDER-016859, apoiados igualmente pelo FEDER através do Programa COMPETE2020.

internacionais que promoveu proporcionaram reflexões importantes sobre as premissas que caracterizam as epistemologias do Sul, e que integram a coleção "Epistemologias do Sul". Os livros da coleção são publicados em três línguas: português, espanhol e inglês. Em português, já estão publicados *Demodiversidade – Imaginar novas possibilidades democrática*, organizado por Boaventura de Sousa Santos e José Manuel Mendes (Lisboa: Edições 70, 2017; Belo Horizonte: Autêntica Editora, 2018); *O pluriverso dos Direitos Humanos – A diversidade das lutas pela dignidade*, organizado por Boaventura de Sousa Santos e Bruno Sena Martins (Lisboa: Edições 70, 2019; Belo Horizonte: Autêntica Editora, 2019); e *Economias do Bem Viver – Contra o desperdício das experiências*, organizado por Boaventura de Sousa Santos e Teresa Cunha (Lisboa: Edições 70, 2022). Um agradecimento às/aos académicas/os e ativistas de todo o mundo que colaboraram nos volumes que compõem esta coleção, e que responderam ao desafio de produzir ciência e conhecimentos emancipadores, geradores de alianças entre os movimentos sociais, organizações e grupos de resistência que, em diferentes contextos culturais, lutam contra o capitalismo, colonialismo e patriarcado e pela justiça social e cognitiva, pela dignidade humana ou decência humana.

Comum aos textos que integram este livro está a ideia de que importa construir um pensamento alternativo de alternativas, assente numa ecologia de saberes apoiada na tradução intercultural e interpolítica. Fruto de um projeto coletivo, ancorado no desejo de produzir conhecimento *com* sujeitos e não conhecimento *sobre* sujeitos, este livro não teria sido possível sem as contribuições generosas de pessoas, organizações e movimentos que ajudaram a transformar o projeto num encontro de debates e de polinização de saberes, ampliando as propostas das epistemologias do Sul. Na origem dos capítulos que integram este volume e dos restantes volumes com os resultados do projeto ALICE, estiveram várias iniciativas para além das metodologias de investigação mais convencionais, como: as Conversas do Mundo,[4] e as Oficinas da Universidade Popular dos Movimentos Sociais.[5] Um conhecimento produzido a partir do Sul é um saber militante, ativamente envolvido na luta por mais justiça social, pelo reconhecimento da experiência dos que, no quotidiano, constroem redes de saberes e também de afetos, com longas historicidades. O saber das epistemologias do Sul é um saber situado, dialógico, que procura restituir a dignidade aos sujeitos silenciados e oprimidos.

Um agradecimento especial ao Centro de Estudos Sociais da Universidade de Coimbra, que acolheu institucionalmente este projeto. Sem o precioso apoio das estruturas administrativas e académicas deste centro, não teria

4 Ver as conversas disponíveis em: https://epistemologiasdosul.ces.uc.pt/?lang=1&id=32365.

5 Disponíveis em: http://www.universidadepopular.org/site/pages/pt/em-destaque.php.

sido possível nem a sua realização nem a transformação deste num programa de investigação e de ação política. Parte das atividades deste programa estão disponíveis no respetivo.[6] A caminhada que culmina com este livro contou com o apoio e colaboração dedicada de várias pessoas, sendo de destacar a Inês Elias, a Rita Kácia Oliveira, a Lassalete Paiva e a Margarida Gomes. Finalmente, uma palavra de agradecimento à equipa de revisão e tradução de textos, nomeadamente ao Victor Ferreira pela revisão dos capítulos e a cuidadosa verificação das referências, assim como à Ana Saldanha, Carina Correia, Carla Lopes, Eduardo Basto, Isabel Botto, Isabel Pedro, Paulo Rocha, Rita Caetano, Sara Diogo, Sara Reis e Sofia Serrano pelo cuidadoso trabalho de tradução.

Esta edição é bastante diferente da edição inglesa e da portuguesa editada em Portugal. Nesta edição incluem-se sete capítulos de autoras brasileiras. Agradecemos muito especialmente à Rejane Dias, editora da Autêntica, por ter acolhido este livro.

[6] http://alicenews.ces.uc.pt.

INTRODUÇÃO

As epistemologias do Sul – os saberes nascidos nas lutas

Boaventura de Sousa Santos e *Maria Paula Meneses*

Herdeiro da resistência aos desígnios colonialistas e imperialistas que o impediram de representar e transformar o mundo nos seus próprios termos e de acordo com as suas aspirações, o Sul global é hoje um vastíssimo campo de experiências de luta por um mundo melhor, um mundo respeitador da dignidade e da humanidade na sua diversidade. Um pouco por toda a parte, da Ásia à Europa, das Américas à África, da Austrália às Caraíbas, uma massa heterogénea de grupos subalternos – camponeses e trabalhadores sem-terra, desempregados, mulheres, povos indígenas, trabalhadores do setor informal, moradores de favelas, de periferias e de rua, grupos ambientalistas, LGBTQIAP+ e jovens marginalizados – organiza-se em associações e movimentos sociais para desafiar a exclusão abissal a que o sistema capitalista, colonial e patriarcal os tem sujeitado ao longo de séculos. Apesar desta vivacidade política, o Sul global raramente é visto como uma fonte de teoria e explicação para eventos históricos mundiais. Que podemos aprender destas lutas? Que saberes são produzidos nestes processos de resistência, tão diversos e tão ricos de experiência humana?

Conhecer o mundo a partir da sua diversidade é o grande desafio que as epistemologias do Sul colocam. Elas são "um tempo de imaginação epistemológica que visa refundar a imaginação política [...] e fortalecer as lutas sociais contra a dominação" (Santos, 2019: 219). Ao "ocupar" o conceito convencional de epistemologia, essas perspectivas do Sul apropriam-se dele para incentivar a produção e a validação de conhecimentos ancorados nas experiências de resistência e de luta dos grupos sociais que sofrem sistematicamente a injustiça, a opressão e a destruição causadas pelo capitalismo, pelo colonialismo e pelo patriarcado (Santos, 2019: 19).

Os conhecimentos têm identidades distintas, produzindo articulações entre si resultantes das necessidades e objetivos das lutas sociais. As epistemologias do Sul valorizam a diversidade cognitiva do mundo, ao mesmo tempo que tentam construir procedimentos capazes de promover o interconhecimento e a interinteligibilidade. Daí a importância de conceitos potenciadores de lutas pela dignidade humana, como a ecologias de saberes, a tradução intercultural e interpolítica e a artesania das práticas (Santos, 2014: 188-211). Em lugar de polarizações ou do dogmatismo da oposição absoluta, frequentes nas disputas académicas, as epistemologias do Sul optam pelo estabelecimento de pontes entre zonas de conforto e desconforto, entre o familiar e o estranho nas lutas contra a opressão. O conjunto de textos que integram este volume é exemplo de uma ecologia de saberes, fundamental para a elaboração de um pensamento alternativo de alternativas, que renove e fortaleça as lutas sociais de resistência contra os três principais modos de dominação do nosso tempo: o capitalismo, o colonialismo e o patriarcado.

As epistemologias do Sul – aprender com e a partir do Sul

O Sul global, categoria herdeira das lutas do Terceiro Mundo pela sua libertação, espelha uma constelação de aspirações políticas, ontológicas e epistemológicas cujos saberes são validados pelo sucesso das lutas. Trata-se, pois, de um Sul epistemológico, não territorial, integrando múltiplas epistemologias produzidas onde e quando estas lutas ocorrem, tanto no Norte como no Sul geográfico, em vários contextos culturais, históricos, políticos, sociais e mesmo circunstanciais (Santos, 1995, 2002, 2007, 2019). Temporalmente, este momento do Sul é caracterizado como o momento do retorno dos subalternizados, dos condenados da terra (Fanon, 1968). O Manifesto do Bem Viver, proposto por Santos, identifica assim os seus verdadeiros sujeitos:

> Não somos vítimas; somos vitimizados e em resistência. Somos muitos, e usamos os nossos novos aprendizados de maneiras diferentes. Não estamos todos de acordo e suspeitamos que há traidores entre nós. Apesar de não ser total o acordo entre nós, partilhamos o sofrimento e a indignação causados pela opressão e dominação a que estamos sujeitos e coincidimos na luta pela libertação. (Santos, 2014: 10)

Este retorno dos "condenados da terra" (Fanon, 1968) não é apenas epistémico, é também ontológico. Ao ocupar a epistemologia, os grupos sociais oprimidos, os que não são tratados como plenamente humanos e cujos saberes não são válidos face à hegemonia do pensamento moderno ocidental, reivindicam a sua humanidade ao representar o mundo como seu, nos seus próprios termos. Só assim poderão transformá-lo de acordo com as suas aspirações.

Pensar a partir do Sul passa por uma descolonização epistémica do universo das experiências humanas, sedimentado, por um lado, na categorização do outro e dos seus saberes como local e/ou inferior e, por outro, na legitimação como único saber válido de uma forma específica de conhecimento, a ciência. Para que tal seja possível, é incontornável o conceito proposto por Santos de pensamento abissal para caracterizar o pensamento que, no nosso tempo, continua refém de formas coloniais de interpretar o mundo. O pensamento abissal constitui-se a partir de um sistema de distinções visíveis e invisíveis, sendo que as invisíveis fundamentam as visíveis. As distinções invisíveis são estabelecidas através de linhas radicais que dividem a realidade social em dois universos distintos: o universo "deste lado da linha", da metrópole, e o universo "do outro lado da linha", do espaço colonizado. Esta divisão abissal produzida pela epistemologia imperial torna "o outro lado da linha" insignificante, residual enquanto realidade, ou é mesmo produzido como inexistente. Este pensamento abissal, fundacional da modernidade, constrói os sujeitos do Sul como objetos sobre os quais se fala e que não reconhece como plenamente humanos. Em todo o caso, são seres desprovidos de saberes úteis para os centros metropolitanos coloniais (Santos, 2007: 3).

Identificar, conhecer e denunciar a linha abissal permite a abertura de novos horizontes sobre a diversidade cultural, política e epistémica do mundo. O Sul epistémico, plural, procura alterar radicalmente o cânone eurocêntrico e transformar as lutas e experiências a Sul em fontes geradoras de teoria e compreensão da diversidade do mundo que habitamos. Longe de assumir o Sul como um projeto homogéneo, as epistemologias do Sul apelam a uma mudança ativa no (re)conhecimento e (re)interpretação do mundo, como esforço coletivo, a partir de uma condição de ignorância dos múltiplos saberes do mundo. Tais saberes pressupõem que nem a ciência moderna nem qualquer outra forma de conhecimento consegue captar plenamente a experiência e a diversidade do mundo. Todos os saberes são incompletos. Uma melhor compreensão da diversidade de conhecimentos que circulam no mundo traz consigo uma melhor compreensão dos respetivos limites e da ignorância que produzem. Como afirma Santos (2009), não existe conhecimento em geral, tal como não existe ignorância em geral. A ignorância aprendida que decorre desta tomada de consciência é uma douta ignorância, que exige um trabalho laborioso de reflexão e interpretação desses limites, das possibilidades que os saberes ainda ignorados desvendam e das exigências que este reconhecimento potencialmente cria em nós.

O foco das epistemologias do Sul incide nos saberes silenciados ou produzidos como inexistentes, assim considerados pelo facto de não serem gerados de acordo com metodologias legitimadas ou por serem produzidos por sujeitos "ausentes", sujeitos concebidos como incapazes de produzir conhecimento válido devido à sua impreparação ou mesmo à sua condição não plenamente humana. Metodologicamente, as epistemologias do Sul devem proceder de acordo com a sociologia das ausências (Santos, 2014), ou seja, transformar os sujeitos ausentes em sujeitos presentes como condição primordial para identificar e validar saberes que possam reinventar a emancipação e a libertação social. Se a tarefa da sociologia das ausências é produzir um diagnóstico radical das relações sociais capitalistas, coloniais e patriarcais, a sociologia das emergências, por seu lado, busca transformar a paisagem gerada pelo diagnóstico de ausência num vasto campo de experiência social viva, rica e inovadora. Estas duas condições são fundamentais para as epistemologias do Sul, pois, como defendemos, não é possível justiça social sem justiça cognitiva, através das ecologias de saberes.

> As ecologias de saberes, são construções cognitivas coletivas orientadas pelos princípios da horizontalidade (diferentes saberes reconhecem as diferenças entre si de um modo não hierárquico) e da reciprocidade (diferentes saberes incompletos reforçam-se através do estabelecimento de relações de complementaridade entre si). (Santos, 2019: 144)

Qualquer exercício de ecologia dos saberes deve ser complementado pela tradução intercultural e interpolítica. Enquanto instrumento metodológico, a tradução intercultural contribui para transformar a diversidade epistemológica e cultural do mundo num fator favorável, promotor da articulação entre as lutas contra o capitalismo, o colonialismo e o patriarcado. Já a tradução interpolítica destina-se especificamente a melhorar a inteligibilidade recíproca entre as lutas sem dissolver a diferente identidade delas, ajudando, assim, a identificar complementaridades e contradições, fundamentos comuns e visões alternativas (Santos, 2019: 68-69).

O Sul global construído a partir destas premissas condensa em si uma diversidade de histórias e experiências de lutas que importa conhecer e reconhecer solidariamente como uma das formas de afirmação de outras maneiras de ser e de estar no mundo. O conhecimento aprofundado das afinidades, divergências, complementaridades e contradições entre vários saberes permite maximizar a solidariedade e a eficácia das lutas contra a opressão, que encontra expressão na utopia de um mundo pós-abissal. É por essa via que a justiça cognitiva se afirma como condição fundamental da justiça social (Meneses,

2009). A ecologia de saberes e as possibilidades de tradução entre culturas e lutas, reais desafios pedagógicos, são fundamentais, quer na avaliação das decisões sólidas sobre alianças entre grupos sociais, quer para definir iniciativas concretas para avaliar as suas possibilidades e limites.

Desde o Sul, são vários os desafios colocados ao cânone político dominante avançando propostas alternativas. Neste sentido, e ultrapassando qualquer proposta essencialista e cristalizadora da "cultura política tradicional" (que poderia ser transposta, de forma imutável, do passado para o presente), a cultura é vista de forma plural e transformadora, dotada de potencial libertador. Paralelamente, desde o Sul, estes desafios epistemológicos invocam outras ontologias, revelando outros modos de ser e de estar dos povos que foram radicalmente excluídos dos modos dominantes de ser e conhecer (Santos, 2019). Uma vez que tais sujeitos são produzidos como ausentes através de relações de poder muito desiguais, redimi-los é um gesto eminentemente político. De entre os muitos intelectuais engajados, destacam-se Nkrumah, Gandhi, Fanon, Memmi, al-Afghani, Mariatégui, W. E. B. Du Bois, Lenin, Gramsci, Sun Yat-sen, Cabral, Césaire, Senghor. Comum a estes intelectuais é o sentido de luta, entendida como sendo simultaneamente portadora e criadora de cultura, que lhes permite reclamar uma outra ontologia: reconhecer a diversidade potencialmente infinita do mundo e, através dos projetos e desafios que as lutas colocam, gerar uma ampla frente de solidariedade no Sul (Santos, 2019: 19). O retorno às raízes, às histórias não determinadas teleologicamente pelo projeto colonial-capitalista eurocêntrico explica a preocupação de incluir nos projetos de luta as histórias de resistências, dos povos asiáticos, africanos e latino-americanos. No contexto das lutas nacionalistas anticoloniais, Amílcar Cabral, um dos intelectuais de referência do Sul global, afirma que "a luta de libertação nacional é, acima de tudo, um acto de cultura" (1976: 223). Cheikh Anta Diop (1955) afirma que qualquer história, enquanto narrativa de poder, gera conflitos e oposições, é um campo de luta. No contexto latino-americano, Silvia Rivera (2012) mostra como a perversa associação entre o colonialismo e o patriarcado gerou uma relação íntima entre poder e conhecimento que perdura nos nossos dias, preenchida com o silêncio de exclusões, apagamentos, distorções e ficções arbitrárias sobre as mulheres na história política contemporânea. Num desafio aberto à história colonial, a luta pela autodeterminação dos povos colonizados emerge, também, como uma reivindicação pela descolonização da sua história, projeto dinâmico assente nas experiências de luta situadas, operando em rede (Meneses, 2010, 2019).

Os debates sobre o sentido "Sul" combinam exercícios académicos com opções políticas, frequentemente com importantes implicações práticas. A lista dos triunfos, a várias escalas, das lutas dos grupos sociais oprimidos que continuam a resistir à opressão política e epistémica é significativa: projetos de educação bilíngue em funcionamento; reconhecimento efetivo do pluralismo jurídico em vários países; e a integração gradual de novos conceitos oriundos do "Sul" – *corazonar, ubuntu, sumak kawsay* etc. – são exemplos de conquistas que salientam a importância das perspetivas do Sul na arena intensamente política das reivindicações ontológicas e epistemológicas (Meneses, 2020). Estes exemplos espelham "ruínas-sementes", memórias e futuros, em simultâneo, que assinalam práticas autónomas de saberes e a sua aplicação em várias dimensões da vida individual e coletiva (Santos, 2019: 63-64).

As raízes do Sul global

Nesta secção, o enfoque centra-se na emergência histórica do Sul global e dos projetos que o antecederam, como o Terceiro Mundo, examinando como as desigualdades e ausências estão no centro da criação de seres sem saberes, fruto dos projetos políticos como a colonização e, atualmente, a globalização neoliberal capitalista. Analisamos também várias formas pelas quais as pessoas e comunidades responderam a esses projetos e, nesse processo, foram reformulando os termos do engajamento político global. Aqui, um dos conceitos fundamentais é o da descolonização, utilizado para lá do seu entendimento como um referente estático, sinalizador da independência política. Pelo contrário, a descolonização é um processo de múltiplas camadas e cuja duração continua para lá do ato da independência política. A opção por uma análise diacrónica da descolonização permite que esta seja vista como um amplo processo histórico de transição e tradução entre experiências e lutas (Santos, 2022). Enquanto processo, também, de reparação ontológica e epistemológica, assenta no reconhecimento de conhecimentos silenciados e na reconstrução da humanidade. Os processos de descolonização são um testemunho das imensas alternativas ao moderno pensamento hegemónico. Afinal, como sublinha Achille Mbembe, "existe apenas um mundo, composto de uma totalidade de mil partes. De todos. De todos os mundos" (2014: 311).

O movimento em direção à descolonização epistémica e ontológica não segue um percurso teleológico. São as lutas sociais e os debates de saberes, associados às mudanças políticas e económicas, que nos ajudam a identificar e caracterizar estes espaços de lutas. Expor a extrema violência epistémica e ontológica colonial que continua a assombrar o mundo e, por outro lado, (re)conhecer a diversidade epistémica do mundo exige uma reconceptualização do Sul. Que Sul é relevante para as lutas contra o capitalismo, o colonialismo e o patriarcado? E para quem é esta luta importante?

O Sul epistémico é diverso e reflete a variedade de experiências do mundo. Os diálogos entre essas experiências são fundamentais na luta contra a opressão e na busca de alternativas; nestes encontros, os conhecimentos devem ser avaliados e validados de acordo com a sua utilidade em maximizar as possibilidades de sucesso nas lutas, em lugar de qualquer um se impor unilateralmente a qualquer outro. É essencial reconhecer que a objetividade do mundo não pode ser capturada com base apenas num só sistema de conhecimento, qualquer que ele seja.

A violência epistémica como elemento fundacional do colonialismo

Em 1987, a publicação de *Um discurso sobre as ciências* (Santos, 1987), antecipa a reflexão sobre as epistemologias do Sul. Este trabalho demonstra como o modelo hegemónico da ciência moderna provém do tipo de racionalidade instrumental que foi imposto globalmente a partir do Iluminismo europeu. Este modelo foi responsável pelo não reconhecimento da diversidade de saberes do mundo e pela imposição global do conhecimento eurocêntrico. Esta imposição foi utilizada a partir de finais do século XIX para justificar a missão civilizadora do Norte imperial materializada no colonialismo (Wallerstein, 2006: 11).

O moderno colonialismo representou muito mais do que a mera dominação económica e política da Europa; esteve na origem do violento exercício de negar a humanidade aos habitantes dos espaços coloniais (Santos, 2014, 2022; Meneses, 2018). Este exercício de privação ontológica da humanidade funcionou assente numa lógica bem estruturada para definir, analisar, imaginar, construir e regular a alteridade. Os "Outros" emergem não como indivíduos ou comunidades – com as suas estruturas de poder e de saberes –, mas como uma representação homogénea, imaginada em função dos objetivos políticos e das fantasias dos colonizadores. Esta arrogância civilizacional, este pensamento abissal atribuiu aos colonizadores o poder de decidir as soluções para o porvir dos colonizados (Meneses, 2010). Achille Mbembe (2014) defende que o racismo e a crença na inferioridade "natural" dos que habitam os espaços coloniais legitimou e manteve a funcionar, em paralelo, a brutalidade da exploração colonial com a missão civilizadora e humanitária colonial. Assente na degradação ontológica e epistemológica dos "indígenas" das colónias, o pensamento colonial abissal vai permitir, por exemplo, que as potências coloniais europeias dissociem a atuação política no espaço metropolitano da atuação política no espaço colonial. Como destaca Santos (2007), enquanto no primeiro caso as relações são definidas em função da tensão regulação-emancipação, no segundo caso as relações são definidas em função da tensão apropriação-violência.

Esta dissociação continua hoje em dia a ser ativada pelos governos dos países considerados mais desenvolvidos para reforçar a sua dominação sobre o Sul global, reproduzindo os ciclos de dependência, como analisaremos adiante.

A partir de uma leitura epistémica da relação de poder-saber-ser criada pelo capitalismo colonial, o Sul emerge como o "outro" lado da linha abissal, criado como um "vazio violentado" pelo colonialismo. Em Frantz Fanon, a relação colonial-capitalista é a "violência em estado bruto" (1968 [1961]: 46). Esta violência é expressa por Aimé Césaire: "milhões de homens [são] arrancados aos seus deuses, às suas terras, aos seus hábitos, à sua vida, à vida, à dança e à sabedoria" (1978: 25). Daqui resultam atos sucessivos de genocídio e epistemicídio (Santos, 1998: 103), linguicídio (Thiong'o, 1993), ecocídio (Broswimmer, 2002) e injustiça epistémica (Bhargava, 2013).

Central à missão colonial é a conquista não apenas de bens e de terras, mas também das culturas e mentalidades. Através da conquista das mentes (Alatas, 1974), o processo colonial procurou destruir a compreensão do "eu", da história e da epistemologia dos colonizados, impondo conceitos e categorias exógenas que garantiam a representação e direção geopolítica eurocêntrica sobre os "novos" territórios e sujeitos colonizados (Chakrabarty, 2000: 3-9; Meneses, 2012). Esta dimensão do colonialismo, apesar de fundamental, continua menos trabalhada. Trata-se da incapacidade de ouvir e (re)conhecer o outro como sujeito, com experiências e saberes, apenas porque está situado do outro lado da linha abissal.

Dipesh Chakrabarty (2000: 89) mostra como o historicismo europeu, teleológico, só aceita uma trajetória para as sociedades não-eurocêntricas – se estas forem reconhecidas como parte da grande história humana. Isto implica a passagem por uma metamorfose visível em direção à modernidade capitalista eurocêntrica. Neste sentido, para este autor, dar espaço ao Sul que sai da sombra colonial significa "provincializar o mundo", desconstruindo e descolonizando as epistemologias do Norte. Uma parte importante da construção do Sul a partir do Sul assenta na construção de projetos de pesquisa para produção do conhecimento, como processos éticos e políticos comprometidos com lutas. Quando os povos indígenas participam de projetos de pesquisa como sujeitos, a relação de poder-saber é radicalmente alterada, como sublinha Linda Tuhiwai Smith (1999: 1). As questões de partida são construídas de forma conjunta, as prioridades organizadas em função dos objetivos das próprias comunidades, o saber é reconhecidamente coproduzido, fruto de novas abordagens metodológicas, fruto, em última análise, da forma como as pessoas, enquanto sujeitos, participam da construção do saber. Reconhecer os protagonistas e as razões destas lutas é, pois, um ato de pré-conhecimento, um impulso intelectual e político pragmático, anterior à produção e validação do conhecimento que é gerado pela própria luta e é partilhado entre lutas (Santos, 2019: 21-22). Por isso, é importante conhecer o que significou o Terceiro Mundo a partir da perspetiva das lutas que têm marcado o Sul global.

O Terceiro Mundo: um projeto de emancipação política

O conceito "Sul global" tem estado no centro de muitos debates nas últimas décadas relativamente à sua utilidade, tanto analítica como histórica, mas também em relação a outro termo de que é herdeiro, o "Terceiro Mundo". Este conceito político reflete as lutas pela autodeterminação e o fim da linha abissal ontológica. Este espaço-tempo utópico de desafio aberto ao colonialismo político e epistémico traz à ribalta as lutas conduzidas pelos povos subalternizados e silenciados, reintroduzindo "novos" sujeitos políticos.

Durante a primeira metade do século XX, os movimentos nacionalistas apoiaram-se quer em discursos sobre o "retorno" às origens, a projetos civilizacionais anteriores, quer em propostas socialistas, fruto do impacto das mudanças transformadoras em curso na Europa (Duara, 2004; Priestland, 2009). No cerne da definição dos objetivos das lutas anticoloniais vão estar os desafios ao conhecimento e ao papel da ciência. Para Gandhi, uma figura incontornável nas lutas emancipatórias, a popularização da ciência não se deveria reduzir a uma transferência linear de conhecimento; pelo contrário, deveria ser um esforço colaborativo, trazendo benefícios a todos (Prasad, 2001). Como Gandhi sublinhou,

> Estamos deslumbrados com o progresso material que a ciência ocidental alcançou. Mas eu não estou enamorado desse progresso. Na verdade, quase parece que Deus, na Sua sabedoria, impediu a Índia de progredir nesse sentido a fim de cumprir a missão especial de resistir ao impulso do materialismo. (Gandhi, 2013: 53)

As tentativas de apagar outros saberes e experiências não surtiram o efeito desejado. Apesar do controle colonial-capitalista, foram acontecendo discussões relevantes, refletindo preocupações importantes sobre a íntima relação entre o capitalismo e o colonialismo. Ainda em meados do século XIX, Karl Marx (1973 [1857-1861]) havia apontado que o capital, pelas suas características, tem de ultrapassar todas as barreiras espaciais e conquistar o mundo. A íntima relação entre o capitalismo e o colonialismo seria retomada por outros intelectuais, como Lenin (2011 [1917]) e Du Bois (1903), que mostraram como a exploração económica capitalista contemporânea não é compreensível sem a emergência do outro como sujeito colonizado e racializado, um sub-humano que garante mão-de-obra barata ou gratuita. Este sistema de exploração está na origem, como analisaremos adiante, da divisão do mundo em países desenvolvidos (centrais) e subdesenvolvidos ou países da periferia do sistema global capitalista. Aqui, a análise de Walter Rodney sobre os processos de subdesenvolvimento do continente africano é especialmente relevante. Para este autor, o subdesenvolvimento não é fruto de fatores internos das sociedades do Terceiro Mundo, mas, sim, a consequência direta da expansão capitalista e da integração das sociedades colonizadas no mundo capitalista, com consequências devastadoras para as economias, políticas e sociedades locais (Rodney, 1973).

Além destas reflexões, há vários outros exemplos, como a *Refutação dos Materialistas*, de al-Afghani (1983 [1881]), os *Três Princípios do Povo*, de Sun Yat-sen (1975 [1905]), *Alguns Aspetos da Questão Meridional*, de Antonio Gramsci (1926) ou os *Sete Ensaios de Interpretação da Realidade Peruana*, de Mariátegui (2009 [1928]). No seu conjunto, estes textos, entre muitos outros, contêm interpretações sofisticadas sobre as relações entre os conhecimentos e culturas do Norte e os dos povos colonizados, entre materialidades e cosmovisões, tendo sido uma inspiração para construir e aprofundar as epistemologias e ontologias a Sul. As reflexões geradas por estas lutas emancipatórias anticoloniais conhecem várias formas de solidariedade internacionalista: pan-arabismo, pan-asiatismo, negritude, pan-africanismo, entre outros. As lideranças destes movimentos geraram estratégias de luta que combinavam o direito a ser com o direito ao saber vivido nas experiências destas lutas.

A dimensão global do Terceiro Mundo como um "Sul" anticolonial e anticapitalista emerge na declaração histórica do 5º Congresso Pan-Africano, realizado em Manchester, no final da II Guerra Mundial (1945).

> Acreditamos na liberdade e no direito de todos os povos de se [auto]governarem. Afirmamos o direito de todos os povos colonizados a controlar o seu próprio destino. Todas as colónias devem estar livres de qualquer controle imperialista estrangeiro, seja este político ou económico. Os povos das colónias devem ter o direito de escolher os seus governantes, de eleger um governo sem restrições impostas por uma potência estrangeira. (Nkrumah, 1973 [1945]: 42)

O grito de revolta "colonizados do mundo, uni-vos!" que eletrizou este congresso (Nkrumah, 1973 [1945]: 44) expressa este horizonte de esperança, de uma luta pelo direito à dignidade e à autoafirmação, em suma, por outras políticas, outras epistemologias e outras ontologias. Esta mensagem encontra eco na Conferência de Bandung, realizada em 1955 (Mackie, 2005).

Os países que se foram emancipando politicamente após a II Guerra Mundial (principalmente as ex-colónias) procuraram articular a ideia de um Sul global, cujos interesses desafiavam as propostas dos poderes a Norte, ultrapassando as divisões da Guerra Fria. Falando em Bandung, o presidente Sukarno, da Indonésia, definiu os projetos políticos que uniam os participantes, numa mensagem que clarificava os objetivos políticos deste Sul que emergia:

> Todos nós [...] estamos unidos por coisas mais importantes do que aquelas que superficialmente nos dividem. Estamos unidos, por exemplo, por uma aversão comum ao colonialismo, qualquer que seja a sua forma. Estamos unidos por uma aversão comum ao racismo. E estamos unidos por uma determinação comum de preservar e estabilizar a paz no mundo. (Sukarno, 1955: 23)

Esta opção estratégica na busca de uma alternativa independente, quer ao Primeiro Mundo (projeto capitalista liderado pelos Estados Unidos), quer ao Segundo Mundo (a versão socialista sob controlo da então União Soviética), foi o início do que veio a ser conhecido como o movimento dos não-alinhados e do Terceiro Mundo (Prashad, 2007; Mahler, 2015).

A categoria política de Terceiro Mundo, proposta por Alfred Sauvy (1952), representou um projeto utópico mais inclusivo de unidade e apoio às lutas políticas de um grupo emergente e bastante heterogéneo de Estados-nações cujos governos se mostravam relutantes em alinhar com as propostas políticas e epistémicas do Primeiro e do Segundo Mundo. Como Arif Dirlik alerta, a emergência dos três mundos representou uma tentativa de "mapeamento eurocêntrico do mundo" em resposta ao abalo político tectónico às linhas abissais globais pós-II Guerra Mundial. E, neste contexto, qualquer solução política apontava para um futuro dominado por alternativas eurocêntricas (Dirlik, 2004: 131). Com efeito, para o Terceiro Mundo, a referência de progresso e de desenvolvimento económico seria o Primeiro ou o Segundo Mundo. É esta realidade que vai transformar o Terceiro Mundo, visto a partir do Norte, em periferia e em sinónimo de subdesenvolvimento.

A era do desenvolvimento capitalista trouxe consigo uma nova consciência sobre a importância do Terceiro Mundo na economia e na política global. Em vários contextos geográficos, as propostas desenvolvimentistas foram apresentadas como uma força potencialmente libertadora do sofrimento e da miséria nos contextos da periferia ou das colónias. Porém, as repetidas crises económicas que o mundo moderno tem vindo a conhecer, e que se repercutem com especial violência sobre o Terceiro Mundo, estão na origem de vários estudos sobre as verdadeiras implicações políticas do desenvolvimento. Estas análises têm exposto as formas pelas quais o desenvolvimento tem funcionado historicamente como uma estratégia de governança liberal (e, ultimamente, neoliberal) que busca consolidar a hegemonia capitalista. Por exemplo, a partir de uma leitura ontológica e epistemológica do discurso do desenvolvimento em três contextos distintos – América Latina, África e Ásia –, Arturo Escobar ilustra como este discurso equivale a pouco mais do que a uma conveniente "descoberta" eurocêntrica do Terceiro Mundo com o propósito de reafirmar a superioridade moral e cultural do Primeiro Mundo. Como este autor sublinha, "a fé na ciência e na tecnologia [...] desempenhou um papel importante na elaboração e justificação do novo discurso do desenvolvimento" (1995: 35). Por outro lado, a análise de Andre Gunder Frank (1966) expõe o subdesenvolvimento como uma ação política consciente das metrópoles coloniais, onde os recursos da periferia colonial são extraídos e utilizados para benefício dos Estados centrais. Nesse sentido, os países do Terceiro Mundo não são pobres porque atrasados em relação às transformações científicas dos Estados do Norte global. São pobres porque foram coercivamente integrados no sistema económico capitalista, tendo-lhes assim sido negada a oportunidade de comercializar os seus recursos de qualquer outra forma que competisse com os Estados dominantes.

A estreita correlação entre o Sul global e a geopolítica marcada pelo colonialismo é retomada por vários académicos, particularmente latino-americanos, que propuseram a teoria da dependência (Prebisch, 1963; Marini, 1973). Com esta conceptualização dos processos de desenvolvimento económico num espaço global, ganhou popularidade a distinção entre "centro" e "periferia", sinónimo de um conflito de projetos políticos entre o Norte e o Sul. No contexto africano, a crítica contundente à continuidade política e económica foi feita, entre outros, por Nkrumah (1965), através do conceito de neocolonialismo. Na mesma linha, a análise de Samir Amin sobre a dinâmica da dependência, assente em arranjos económicos coloniais ou neocoloniais e em estruturas culturais, revelou-se uma proposta crítica fundamental para a interpretação do Terceiro Mundo no sistema capitalista internacional (1974a, 1977). Para Amin, no capitalismo, que descreve como um "sistema autocentrado" (1974b: 10), o valor é transferido da periferia para o centro através de um processo de trocas desiguais, em que os retornos do trabalho na periferia são menores do que os retornos do trabalho no centro. Estas diferenças, que promovem o desenvolvimento dos centros metropolitanos e o inibem em contextos neocoloniais, são a marca indelével da permanência do pensamento abissal, onde a economia colonial-capitalista se apropria do valor produzido na periferia. Para este afro-marxista a transformação libertadora do continente africano só poderá acontecer a partir de soluções endógenas ao continente que garantam a possibilidade do "desacoplamento" (*delinking*) em relação ao Norte global (Amin, 2014: 74).

Face a esta realidade, a questão que se coloca é: qual o lugar do conhecimento, das experiências locais na busca de alternativas para o Sul (Hamdani, 2013)? Com o alargamento das experiências desenvolvimentistas africanas e asiáticas, o aprofundamento teórico da posição de dependência deu azo à emergência da teorização centro-periferia, agora aplicada a todo o mundo, visto como parte de um sistema global capitalista. Como afirma Immanuel Wallerstein (1974), as relações forjadas no contexto deste sistema fundamentam a preponderância do centro – rico – sobre a periferia – subdesenvolvida e empobrecida –, que se traduz na legitimação e aumento das desigualdades. Este autor avança a proposta analítica de um sistema-mundo, estruturado hierarquicamente entre centro, semiperiferia e periferia, uma estrutura global mais dinâmica que dá conta de transições económicas e políticas.

Por outro lado, Aníbal Quijano argumenta que, visto do Sul, o atual sistema-mundo emerge, do ponto de vista estrutural histórico, como uma totalidade heterogénea alicerçada numa matriz de poder específica que designa de "colonialidade do poder" (Quijano, 2000: 533). As classes, afirma Quijano, têm "cor" na América Latina, o que o leva a concluir que todas as formas de governo no continente fracassarão como projetos de construção de Estado se não reconhecerem a colonialidade do poder em que assentam. Aprofundando esta reflexão, Ramón Grosfoguel mostra como o sistema-mundo moderno, colonial, em termos de divisão internacional do trabalho, articula as localizações periféricas através de uma hierarquia etnorracial global, ao mesmo tempo que, nas cidades globais metropolitanas, os migrantes continuam a representar a periferia do Terceiro Mundo, de acordo com a mesma hierarquia. Como este autor sublinha, existe uma periferia fora e dentro das zonas centrais e existe um núcleo dentro e fora das regiões periféricas (Grosfoguel, 2010: 74).

Num outro plano, bell hooks, a partir de uma perspectiva feminista negra, marginal, questiona a centralidade epistémica que assegura a dominação capitalista. Nas suas palavras, "ser oprimida significa a ausência de escolhas" (hooks, 2000: 5). Esta posição desafia radicalmente os que defendem que a globalização capitalista, hegemónica, significa o triunfo da racionalidade, inovação e liberdade, capaz de produzir progresso infinito e abundância ilimitada.

A emergência do Sul epistémico

Uma das primeiras teorizações sobre a relação Norte-Sul encontra-se no Relatório da Comissão Independente sobre Temas de Desenvolvimento Internacional, liderada por Willy Brandt (1980), antigo chanceler alemão.

Neste trabalho, a hierarquia global é identificada como a divisão entre um Norte rico e um Sul empobrecido e periférico. O Sul é apresentado como uma categoria residual, um espaço para atuação filantrópica das instituições internacionais do Norte. Não é, pois, de espantar que inclua uma série de recomendações para uma cooperação "mutuamente benéfica" entre países ricos e pobres. Este documento propôs o uso do termo Sul global, visto como "mais neutro"; apoiando, implicitamente, a globalização hegemónica neoliberal em curso e reforçando a ideia de um centro (modelo socioeconómico do Atlântico Norte) como modelo de desenvolvimento a ser imposto ao resto do mundo.

Vozes críticas denunciaram esta abordagem que, mais uma vez, ocultava os processos políticos e económicos e as heranças históricas que haviam transformado os países do Sul em países pobres e periféricos. Questionavam, igualmente, a memória acrítica das potências colonizadoras sobre o impacto dos "seus" projetos civilizatórios, reclamando outros saberes e perspetivas oriundos do "Sul". Em resposta, na reunião de 1986 dos países não-alinhados, foi constituída a Comissão do Sul, coordenada por Julius Nyerere, antigo presidente da Tanzânia. Apesar do relatório desta comissão referir ainda o Sul como Terceiro Mundo, defende explicitamente a cooperação Sul-Sul como mecanismo para apoiar a redução das situações de dependência em relação aos países do Norte (The South Commission, 1990: 10). Este relatório é um dos antecedentes históricos dos BRICS (Dirlik, 2015).

Entretanto, os grupos e movimentos que continuaram a desafiar as forças de opressão global – capitalismo, colonialismo e patriarcado – conheceram uma viragem epistémica, especialmente a partir dos anos 1980-1990. O "ressurgir" do Sul aconteceu em teorizações variadas, muitas delas presentes nas contribuições dos autores dos diferentes capítulos deste livro. Termos como "subalternos", "pós-colonial", "descolonial", entre outros, marcam esta diversidade (Meneses, 2021; Santos, 2022). Estas problematizações inspiram hoje importantes debates no campo das ciências sociais em todo o mundo, identificando as estratégias usadas por várias formas de opressão que operam em conjunto para assegurar o poder sobre os marginalizados. Entre muitos outros temas, trabalhos sobre a opressão de género e de raça e sobre a interseccionalidade das lutas contextuais têm contribuído para ampliar o repertório das resistências (Moraga; Anzaldúa, 1981; Crenshaw, 1989; Oyewùmí, 1997; Lugones, 2010; Davis, 2013; Kilomba, 2019; Vergès, 2023).

Expondo o vazio da ideologia neoliberal, grupos e movimentos têm avançado com uma agenda epistémica e ontológica que reivindica para o Sul um espaço de agência, uma ontologia e epistemologia que permitam dar voz aos que continuam do outro lado da linha abissal. É neste sentido que Santos (2003) tem apelado à luta contra o desperdício da experiência – dos movimentos sociais e da ciência cidadã – envolvida nas lutas sociais. Estes grupos e movimentos dão sentido político, epistémico e ontológico ao Sul, um Sul sujeito ativo de lutas e de resistência, o Sul não imperial (Santos, 1995: 506-510). Em linha com este desafio, Raewyn Connell afirma que revitalizar as teorias sobre o social nos contextos do Sul é, em última instância, uma alavanca decisiva para aprofundar a democracia (2007: 230). Como sublinha esta autora, as ciências sociais e as humanidades envolvidas nas lutas têm o potencial de criar solidariedade, realizar crítica social e fornecer um conhecimento aprofundado sobre as estruturas de poder na sociedade, base e apoio para um espaço de reconhecimento e discussão. O desafio reside, invocando Homi Bhabha (1994: 6), na compreensão da situação estrutural do Sul na história em curso do presente global ou, nas palavras de Achille Mbembe (2012), em compreender o efeito do próprio Sul nas teorias globais.

Algumas das propostas que teorizam o Sul global

O Sul global como projeto epistémico é um desafio que marca o nosso tempo e que tem levado a várias propostas teóricas em sintonia com as propostas das epistemologias do Sul (Santos, 2014, 2019, 2022). São referências, entre outras, a *Southern Theory*, de Raewyn Connell (2007), a *Theory From The South*, proposta por Jean e John Comaroff (2012a), as *Filosofías del Sur*, de Enrique Dussel (2014), ou ainda as *Teologías del Sur*, de Juan José Tamayo (2017, e também neste volume).

Na opinião de Jean e John Comaroff, o Sul global refere-se "a uma ordem espaço-temporal feita de uma multiplicidade de várias dimensões e fluxos articulados de forma diversa", uma ordem simultaneamente "política, jurídica, cultural, material e virtual" (2012a: 47). Para Enrique Dussel, o Sul representa o antigo mundo colonial estruturado desde o século XVI e agravado pela Revolução Industrial europeia, cujo impacto se estendeu à América Latina, à África bantu, ao Sudeste asiático e à Índia, e à China, que, mesmo não tendo sido colónia, sofreu os embates do Ocidente desde o século XIX (Dussel, 2012: 11). Neste sentido, é um Sul com fortes raízes geográficas, uma proposta que se aproxima da conceptualização de Raewyn Connell (2007). Se, por um lado, esta autora mostra que "as sociedades colonizadas e periféricas produzem pensamento social sobre o mundo moderno" (2007: xii), por outro, ao insistir numa leitura geográfica do Sul, o seu quadro teórico mostra-se pouco sensível à teorização do Sul epistémico produzida no Norte geográfico. Já Juan José Tamayo procura, a partir de uma análise de múltiplas "teologias do Sul", mostrar a emergência de propostas contra-hegemónicas, criadoras de discursos alternativos que tentam responder aos grandes desafios atuais contemporâneos: colonialismo, patriarcado, racismo epistemológico, capitalismo, crise da democracia e fundamentalismos. Nesta análise, o encontro com o Sul epistémico acontece pelos caminhos do diálogo intercultural, inter-religioso, interétnico e interdisciplinar (Tamayo, 2017).

Se o Terceiro Mundo simbolizou, em termos políticos, a emergência de uma multitude de novos sujeitos, este reconhecimento ontológico acontece, em grande parte do mundo, associado ainda a representações políticas e interpretações teóricas assentes em conceitos eurocêntricos (por exemplo, o Estado-nação/nacionalismo moderno). O Sul global, debatido neste volume, refere-se a propostas epistemológicas alternativas, muitas das quais com forte historicidade, mas que continuaram ausentes do quadro de referências associado aos modernos projetos nacionalistas. O uso acrítico das localizações geográficas corre o risco de excluir as dimensões políticas e ontológicas associadas aos conceitos epistémicos Primeiro Mundo/Terceiro Mundo ou Norte *vs.* Sul global.

Por exemplo, os encontros dos BRICS são descritos, frequentemente, como encontros de líderes do Sul global (Hamdani, 2013), situação que Vijay Prashad descreve como "neoliberalismo com traços do Sul" (2012: 145), desprovido de potencial para apoiar lutas emancipadoras. John e Jean Comaroff também se identificam com este argumento. Para estes autores, o capitalismo neoliberal, com o enfoque na flexibilização e desregulação, realiza-se nos antigos espaços coloniais enquanto experiência que depois é exportada para o Norte. Todavia, ao defenderem que é no Sul que se está a "prefigurar o futuro do Norte global" (2012a: 12), permanecem reféns da proposta analítica do sistema-mundo. Politicamente, o termo Sul global tem sido também usado como sinónimo de um crescente multilateralismo (Morphet, 2004). Na vertente cultural, o Sul global é, por vezes, apresentado como expressão do *kitsch* transnacional, como sublinha Isabel Hofmeyr (2018).

Teorizar a partir do Sul traz consigo vários desafios, por exemplo, o risco de transformar uma parte do Sul na representação global do Sul. Outra implicação é a ausência de uma proposta pedagógica/metodológica sobre como gerar um diálogo entre as múltiplas culturas do Sul, potenciando a solidariedade. Transcender o que separa para identificar, através da tradução intercultural e da ecologia de saberes, o que une, como parte de uma ampla frente de luta do Sul global, é fundamental para uma abordagem profunda das grandes questões que ameaçam o nosso futuro. Jean e John Comaroff estão cientes dos riscos associados à teorização a partir da mobilização de um conceito tão amplo como "África". Assumindo o risco, estes autores apoiam-se em África para "interrogar o presente e o futuro do capitalismo global e as suas muitas mediações" (2012a: 19). Num sistema-mundo em que tudo é antecipado e demonstrado a partir do Norte, pensar desde o Sul *per se*, e não como o lado inferior e periférico do Norte, obriga a uma conversão dos termos de referência (2012b: 115). Esta abertura permite compreender a participação africana na construção da história do mundo. Para estes autores, as modernidades vernaculares africanas possuem as suas próprias trajetórias, dando forma e conteúdo moral e material à vida quotidiana. A teorização deste Sul permite mostrar que as lógicas da globalização neoliberal constituem uma ameaça também para o Norte, como é o caso do desemprego crónico, da falta de empregabilidade ou ainda da incompatibilidade do capitalismo com a democracia. O Sul global, neste sentido, representa o mundo dos subalternos, das lutas e das possibilidades de teorizar alternativas ao neoliberalismo a partir das condições endógenas. Partindo de uma leitura complexa da modernidade em África, os Comaroff analisam-na enquanto aspiração específica, e como um complexo conjunto de realidades que falam de uma tortuosa história endógena, em construção. Uma história que não corre atrás da Euro-América, mas à sua frente. É o caso que se poderá chamar a "ocupação" do conceito de modernidade a partir da experiência africana (Santos, 2018).

Igualmente a partir de uma leitura crítica do moderno sistema-mundo capitalista, Enrique Dussel defende que é importante historicizar "as causas que produziram o eclipse das filosofias do Sul [...] para hoje poder empreender o crescimento das filosofias do mundo pós-colonial, periférico e dominado" (2012: 15). Dussel analisa detalhadamente a fundamentação ontológica da dominação europeia, mostrando que a superação desta perspectiva supostamente universal deve acontecer a partir do Sul. Uma das suas propostas mais importantes é a "transmodernidade", que este autor caracteriza como o ir "além", recuperando os saberes que a modernidade eurocêntrica não valorizou (Dussel, 2002: 221). O objetivo final da transmodernidade é a criação de um pluriverso onde "cada cultura dialogará com as outras com base na 'semelhança', recriando continuamente a sua própria 'distinção' analógica" (2012: 30). Para este autor, a descolonização acontece através do reaprender, em diálogo e de forma mutuamente enriquecedora, com outras propostas filosóficas (Dussel, 2014), aproximando-se assim da proposta da ecologia de saberes, um dos pilares das epistemologias do Sul.

Na mesma linha, e com um pensamento que assenta nas epistemologias do Sul, Tamayo propõe, através de um exercício da sociologia das ausências, "romper com os estereótipos de um sujeito supostamente universal", condição fundamental para permitir a emergência de outras teologias que "'desnormalizam', 'desnaturalizam', 'dessacralizam' e 'desdivinizam'" o cânone religioso eurocêntrico (Tamayo, 2017: 63). Desta forma, sublinha este autor, é possível identificar "novos" sujeitos, que dão lugar a novos discursos teológicos, geradores, também, de novas epistemologias e ontologias.

Numa perspetiva convergente, Raewyn Connell (2007) propõe a teoria do Sul como uma constelação teórica descolonizadora e internamente muito variada. Em linha com as epistemologias do Sul, esta autora afirma: "Não podemos tratar a teoria do Sul como se fosse um conjunto distinto de proposições, um paradigma alternativo a ser erigido em oposição aos conceitos hegemónicos. Não queremos outro sistema de dominância intelectual" (2014: 218). Construindo uma proposta empírica assente na experiência prática e teórica das sociedades coloniais, conceitos e realidades como classe, trabalho e família são vistos de outro ângulo, permitindo a identificação de novos problemas e novas abordagens para problemas antigos.

O Sul global, como termo polissémico, reflete várias trajetórias políticas e epistemológicas. Ele é, assim, tanto uma realidade quanto uma proposta em curso. Não deve ser definido *a priori*, mas, sim, articulado no contexto de processos provisórios e mutáveis de práxis política. Desta forma, é possível caracterizar e compreender o seu uso em função dos contextos e permanecer consciente da sua mutação. Neste sentido, o Sul global situa-se, como possibilidade ideal, entre as realidades objetivas experimentadas pelos grupos e movimentos que lutam a nível global contra o capitalismo, o colonialismo e o patriarcado e nas várias respostas subjetivas que estes grupos e movimentos oferecem.

Ao desafiar um Norte global poderoso, este Sul global resistente reivindica a possibilidade de "um outro mundo" e tem-se vindo a traduzir numa série de acontecimentos que marcaram a entrada no século XXI: a revolta zapatista no México, o Fórum Social Mundial e os vários projetos de renascimento africano, entre outros (Santos, 2006; Thiong'o, 2009). São emergências que sinalizam potenciais zonas libertadas, espaços que se organizam segundo princípios e regras radicalmente opostos aos que prevalecem nas sociedades capitalistas, coloniais e patriarcais (Santos, 2018: 31). Em paralelo, esta diversidade de saberes e de teorizações consubstancia a impossibilidade de uma teoria única que caracterize o nosso tempo, defendendo uma teoria de teorias que dê conta das mudanças geopolíticas que o mundo tem conhecido nos últimos anos e onde o Sul global não é analisado apenas a partir de lutas locais e nacionais, mas também a partir das articulações e traduções entre movimentos e lutas (Santos, 2007, 2014).

As lutas no Sul são distintas e várias as propostas alternativas radicais, algumas utópicas. Na formulação de Santos, são propostas de futuros possíveis, uma imaginação que desafia a necessidade do que existe, só porque existe, em nome de algo radicalmente melhor pelo qual vale a pena lutar e a que a humanidade tem direito (1995: 515). Nas palavras da poeta palestiniana Rafeef Ziadah (2011), estas alternativas são geradas na luta e refletem todos os tons da raiva, uma raiva geradora de saberes e de propostas rebeldes e mobilizadoras. São parte integrante da autoeducação libertadora do mundo.

O Sul epistémico partilhado neste livro: questionar a história eurocêntrica moderna

Expor as raízes eurocêntricas da racionalidade moderna constitui a primeira parte deste livro, intitulado "Aprender a desaprender".

No capítulo 1, intitulado "Para uma fundamentação de pensamento crítico", Rafael Bautista S. – que, com Ailton Krenak, é um dos mais brilhantes de intelectuais indígenas do subcontinente latino-americano – pretende dotar o pensamento crítico de uma constituição complexa paralela à sua constituição como sujeito. Tirar a crítica da esfera exclusivamente analítica e propor um fundamento dialético complexo, em correspondência com o carácter complexo de uma subjetividade que produz objetividade. Não se trata de atender a uma preocupação exclusivamente teórica, mas de recuperar um sujeito em explícita transformação de sua realidade. Esta é a relevância da epistemologia: pensar o que se pensa quando se pensa. É por isso que se trata de uma tarefa muito concreta, porque remete para o facto de que, quando se trata de organizar o pensamento, se organiza também a realidade e a relação do sujeito com a sua realidade. Porque a "colonialidade" moderna naturalizou, na subjetividade dos dominados, aquilo a que chamamos uma consciência periférico-satélite. A transferência unilateral de poder e soberania da periferia para o centro é uma transferência da vontade de poder, isto é, da vida. Cessão e transferência de mais-vida, como unção do poder real do centro imperial. Renúncia da periferia a produzir-se a si própria e a anular-se como mera consumidora de tudo o que o centro produz.

No capítulo 2, intitulado "Uma crítica das ciências sociais eurocêntricas e a questão das alternativas", de Claude Alvares, a questão da descolonização do saber é abordada com enfoque nas universidades do mundo não ocidental. Neste capítulo, o autor analisa de forma contundente, num primeiro momento, o contributo das ciências sociais de matriz eurocêntrica, apresentadas como uma das tradições epistemológicas no mundo. Como o autor sublinha, não é apenas o conteúdo, mas também os pressupostos e metodologias que têm sido importados, de forma acrítica, pelas universidades "modernas". Embora a crítica do eurocentrismo nas ciências sociais seja bem aceite, destaca, não se conhece muito interesse entre os académicos a trabalhar em universidades não ocidentais em propor outros pressupostos além das abordagens eurocêntricas.

E cita o exemplo da harmonia produtiva entre a ciência e o islamismo que floresceu durante a Idade Média na Europa. Num segundo momento, e a partir de um diálogo que cruza experiências de vários continentes, Alvares defende que a principal agenda dos académicos no Sul global deve passar por uma resistência ativa ao imperialismo na academia, lutando para transcender o discurso e as referências analíticas e de ensino eurocêntricas.

No capítulo 3, intitulado "A ideia da intersubjectivação na construção de 'Epistemologias do Sul'", José Castiano analisa a questão da intersubjetivação. Em diálogo com as epistemologias do Sul, o autor questiona: podem as culturas "falar" entre si? Ou será que as culturas "falam" entre si através de sujeitos concretos que transportam uma carga de interesses próprios e que, muitas vezes também, escondem relações de poder? Como destaca Castiano, as sociedades mais aptas para comunicar no seu interior e com as outras comunidades epistémicas e culturais parecem ser aquelas onde o valor dos seus "sujeitos culturais epistémicos" é formalmente reconhecido pelas estruturas e instituições existentes. Já em sociedades onde os seus sábios tradicionais ou sujeitos críticos culturais são marginalizados a partir do interior delas mesmas, há poucas condições estruturais para o crescimento e consolidação de espaços de trocas culturais e epistémicas. Consequentemente, não há democracia política, dado que esta assenta, em grande parte, na possibilidade de circulação do saber entre os cidadãos. Para o autor, as sociedades e comunidades devem estar de tal forma estruturadas que o génio, o talento e a inteligência possam brotar do seu seio e possam comunicar livremente, independentemente da sua origem formal, informal ou tradicional.

Juan José Tamayo, no capítulo 4, intitulado "Dignidade e libertação: teologias contra-hegemónicas na América Latina", traz contributos para as epistemologias do Sul a partir da teologia. O capítulo propõe uma leitura dialógica do ser a partir de teologias não imperiais, como a teologia indígena e a teologia da libertação. A partir da obra de Boaventura de Sousa Santos, Tamayo apresenta as contribuições da teologia mais antiga no continente americano: a teologia indígena. Trata-se de uma teologia que há séculos vive eco-humanamente em harmonia com a Pacha Mama, em diálogo com os antepassados e num clima comunitário fraternal-sororal; uma teologia transmitida oralmente detentora de belas utopias de um outro mundo possível para a humanidade, numa expressão de consciência antecipatória. A teologia da libertação, por seu turno, é analisada através da sua contribuição para a ampla frente de resistência ao Império norte-americano, à colonialidade interna, ao colonialismo e aos subimperialismos regionais. O autor apresenta ainda a teologia latino-americana, em que a libertação é vista ao nível político como libertação do ser humano ao longo da história e como libertação do pecado.

O contributo destas teologias, nas palavras de Juan José Tamayo, passa pela revelação de novos sujeitos e causas de luta, que têm tido expressão na teologia feminista descolonial, a qual tem procurado articular, de forma inovadoramente revolucionária, as categorias de género e vida, em diálogo com uma ampla base de organizações ambientalistas, camponesas e indígenas.

O capítulo 5, de autoria de Mogobe Ramose, intitula-se "Sobre a procura do cendrário para o *ubuntu* por cremar". Ramose começa por indagar: o que significa continuar a ignorar o Ubuntu, isto é, tratá-lo como uma nota marginal na história e no discurso sobre ética, política, economia e direito na África do Sul? Identificando-se historicamente como pertencente ao grupo dos "condenados da Terra", o autor defende que cada pessoa tem o direito de existir e pensar a partir das suas referências filosóficas. Em diálogo com Boaventura de Sousa Santos, argumenta ser possível construir uma filosofia sem livros. Esta filosofia interpela a aprender com uma sabedoria silenciosa, assente nas línguas vernaculares africanas, e a viver de acordo com ela. É por isso que o autor inscreve neste capítulo uma reflexão em sesotho. A parte final do capítulo é dedicada à filosofia e sociologia do direito. Ramose argumenta que, apesar do Ubuntu ter sobrevivido a várias tentativas de epistemicídio, o direito dos conquistadores permanece como padrão, o que transforma o direito moderno na linha definidora do pensamento abissal. E conclui que, em termos epistémicos e sociais, a Constituição sul-africana de 1996 simboliza o ápice da lógica da exclusão, sinal de que a libertação epistemológica e política está ainda para ser alcançada na África do Sul.

No capítulo 6 é retomada a problemática da descolonização do pensamento através de um texto de Lewis Gordon intitulado "Povos problemáticos e descolonização epistémica. Rumo ao pós-colonial no pensamento político da diáspora africana". Para Gordon, a ideia de descolonização epistémica está intimamente associada à ideia de diálogo, rejeitando qualquer tentativa de essencialismo em relação à especificidade africana, fechada sobre si mesma. É este encerramento, esta construção de África e dos africanos e, em geral, do "resto" do mundo em relação ao Ocidente que importa questionar, pois é uma das mais fortes heranças coloniais. Neste capítulo, o autor aborda a contribuição da diáspora africana no aprofundamento das epistemologias, apontando os seus contributos: por um lado, o reconhecimento da pluralidade de saberes e, por outro, uma reflexão filosófica profunda que sirva de fundamento a mudanças sociais e políticas libertas das forças desumanizadoras, fruto da relação colonial-capitalista. Apoiado nas reflexões de dois filósofos da diáspora africana – W. E. B. Du Bois e Frantz Fanon –, Gordon enuncia as condições de uma ética libertadora da condição colonial. Esta (re)construção ética exige também uma transformação da vida política que a afaste da violência no seio da qual nasceu e que continua a ser a base do paradigma dominante – neoliberal – contemporâneo.

A segunda parte deste livro tem por tema "Sentir e gostar para libertar".

Esta parte abre com o capítulo 7, com um texto intitulado "A comida como uma metáfora das hierarquias culturais" em que Gopal Guru propõe uma reflexão sobre as hierarquias sociais e culturais tal como se manifestam na comida. A comida não é apenas o que se come. Sua preparação é produtora de relações culturais hierarquizadas dentro dos grupos sociais. No caso da Índia, o estudo da comida aponta para a presença de desigualdades e hierarquias culturais que causam humilhação e privação de direitos humanos. A prática de cozinhar reproduz diferentes tipos de distinções – horizontais e verticais – no contexto das práticas alimentares de diferentes castas. O gosto pode ser definido em termos da ideia de diferença e não de mesmidade, explica Guru. Segundo ele, a língua decide sobre a variedade de sabores enquanto a pele mapeia o tamanho deste sabor. O consumo de alimentos não vegetarianos por parte dos *dalits* transforma-se num instrumento de luta para combater a construção nacionalista da Índia como "nação vegetariana". A luta dos *dalits* contra a dominação assente na hierarquia das castas mostra que as políticas de resistência de grupos subalternizados podem incluir as receitas culinárias.

O capítulo 8, de autoria de Maria Paula Meneses, intitula-se "Sabores, aromas e conhecimentos: desafios a uma epistemologia dominante". Este capítulo incide sobre as memórias de violentos encontros coloniais, geradores de fraturas abissais, e que no presente continuam a afetar o campo académico e político. A partir dos encontros coloniais no Oceano Índico, a autora analisa a possibilidade de os sabores e os odores serem parte das ecologias de saberes para que apelam as epistemologias do Sul e, assim, contribuírem para ampliar a compreensão da diversidade das subjetividades do mundo. Para a autora, a cozinha constitui-se como um imenso laboratório, onde é possível construir articulações epistemológicas e estéticas. A preparação de alimentos combina conhecimentos e práticas oriundos de diferentes sociedades ou grupos identitários que, pelo ato de cozinhar e saborear, se tornam mutuamente inteligíveis e relacionais. O sabor, as texturas e as sequências de pratos são assim fundamentais para recuperar saberes partilhados dentro de, e entre, culturas.

O capítulo 9, de autoria de Regina Barros Goulart Nogueira/Kota Mulanji e intitulado "O bode como mantenedor da tradição de matriz africana no Brasil e na luta antirracista", discute a importância do bode como elemento central na preservação das tradições alimentares de matriz africana no Brasil, ressaltando seu papel na identidade, cultura e resistência antirracista dos povos tradicionais. Através de uma narrativa que interliga ancestralidade, sociobiodiversidade e espiritualidade, argumenta-se que o bode não é apenas uma fonte de alimento, mas também um símbolo de conexão entre comunidades afro-brasileiras e suas raízes africanas. Além disso, enfatiza a necessidade de reterritorialização de saberes e práticas alimentares em face do racismo ambiental e das desigualdades socioeconômicas.

O capítulo 10, de Boaventura de Sousa Santos, com o título "Para uma estética das epistemologias do Sul: manifesto em vinte e duas teses", procura articular a estética com as epistemologias do Sul, respondendo ao desafio – é possível uma estética pós-abissal? Santos concebe o artista pós-abissal como um especialista em identificar, denunciar e procurar substituir a linha abissal e as exclusões radicais que este pensamento produz. O artista é, potencialmente, um praticante privilegiado da sociologia das ausências e da sociologia das emergências, um visionário de alternativas num mundo aparentemente privado delas. A metáfora da arquitetura e da engenharia civil da escora saliente [cantiléver] é usada para caracterizar uma estética preparada para capturar a luz da escuridão e a escuridão da luz.

O capítulo 11, de autoria de Maria Irene Ramalho, intitula-se "O que há num nome? Utopia – Sociologia – Poesia". Nele, a autora lança um desafio novo às epistemologias do Sul. A partir da proposta utópica de Boaventura de Sousa Santos, neste capítulo coloca-se ao espelho a análise sociológica deste autor e a sua poesia. A autora sustenta que a ecologia de saberes, além de articular o conhecimento científico e vernacular, deve, com a mesma lógica epistemológica, abranger a poesia (num sentido mais amplo) de Boaventura de Sousa Santos para complementar as análises sociológicas deste autor. Para a autora, a heterotopia de Santos requer que se examinem cuidadosamente as condições atuais extremamente desiguais e injustas do mundo em que vivemos e compreender que são o resultado do colonialismo globalizado, do capitalismo e do patriarcado. Só aprendendo com aqueles que sofrem esta tripla opressão será possível imaginar diferentes modos de ser e de saber. Boaventura de Sousa Santos busca contribuir com o seu trabalho como sociólogo para tornar o mundo mais equitativo e habitável por todos. Mas a sociologia, argumenta a autora, mesmo que seja um exercício simultâneo em ciência, política e ética, não é suficiente. Qualquer projeto utópico precisa de recorrer à poesia, a única forma de dar um nome originário e um domicílio acolhedor à sua imaginação sociológica.

A terceira parte do livro intitula-se "Educar contra a exclusão e para libertar" e centra-se nos múltiplos desafios que se colocam à descolonização de educação e do conhecimento.

O capítulo 12, de autoria de Inês Barbosa de Oliveira, intitula-se "De Paulo Freire a Boaventura de Sousa Santos: um percurso na relação educação e emancipação". Este texto e as reflexões nele presentes têm por objetivo levar aos leitores algumas aproximações, em diferentes dimensões, entre as obras de Paulo Freire e Boaventura de Sousa Santos, visando ampliar e aprofundar a compreensão dessas relações e o quanto podem ser pertinentes para o enfrentamento do pensamento social e educacional hegemónico na atualidade. Com isso, pretende-se, ao mesmo tempo, contribuir para a perceção sobre o alcance sociológico e educacional reconhecível nas duas obras, quando relacionadas, e para a potência social que possuem, quando usadas para compreender e intervir na vida social cotidiana, dentro e fora dos espaços educativos formais. O trabalho com a obra de Boaventura de Sousa Santos, ao longo dos últimos 20 anos, autoriza a explicitar algumas das aproximações entre esta e a obra de Paulo Freire e a busca por efetivá-las visa, também, a perceber, por meio do segundo, o alcance, imprevisto na origem, da obra do primeiro e as possibilidades que essa interlocução trazem para "ler o mundo" atual e atuar sobre ele de modo a potencializar o que nele pode representar mais emancipação social, compreendendo e lutando contra aquilo que oprime, subalterniza, domina e/ou renega as existências invisibilizadas de grupos sociais, sujeitos, culturas e conhecimentos. A relevância dessa reflexão reside na abertura de um aprofundamento das contribuições de Freire para pensar as relações entre a educação e a emancipação, deslocando uma obra produzida no contexto de primazia do pensamento moderno para a atualidade ao mesmo tempo em que inclui, com mais precisão, o debate educacional no trabalho de Santos. A partir de identificações entre diferentes reflexões de um e de outro autor, tem sido possível tecer compreensões que os transcendem, atualizando e ampliando a dimensão político-sociológica da obra de Freire, potencializando nossa luta maior por uma educação libertadora e uma sociedade mais democrática.

O capítulo 13 intitula-se "Equador: reinventar a educação intercultural bilíngue. Políticas linguísticas, epistemologias andinas e interculturalidade" e é de autoria de Armando Muyolema. O autor aborda um tema central da educação intercultural: a dimensão linguística na luta pela defesa das culturas e saberes subalternizados, num contexto – Equador – em que a resistência pela educação é uma das dimensões da luta pela terra, pela defesa dos territórios e pela autodeterminação política. Com uma análise apoiada na sociologia das ausências e das emergências, Muyolema examina como estas lutas revelam as tensões existentes entre a defesa da autonomia indígena e dos afrodescendentes, e a presença hegemónica do Estado. Paradoxalmente, nos tempos que correm, a análise deste processo revela que, se os discursos políticos e jurídicos defendem as línguas, conhecimentos e culturas indígenas, a gestão e intervenção educativa nos territórios indígenas revela práticas tecnocráticas contrárias e até anuladoras dos discursos e práticas de reconhecimento pelo "Estado plurinacional" equatoriano.

Defensor da educação bilíngue, para Armando Muyolema, a escola (e as línguas indígenas aí usadas), localizada no coração das comunidades, deve ter papel fundamental na luta contra o epistemicídio, favorecendo a aprendizagem criativa dos conhecimentos gerados nesses contextos.

O capítulo 14 é de autoria de Maria do Socorro da Silva Arantes e Edson Kayapó e intitula-se "Educação popular, ciência indígena e as epistemologias do Sul latino-americano na democratização da universidade". Segundo os autores, se podemos aprender com o Sul Global, podemos aprender com os saberes nascidos nas lutas latino-americanas, como territórios colonizados. As lutas indígenas contra o marco temporal e os conhecimentos ancestrais de preservação de suas terras; as epistemologias antirracistas e os saberes quilombolas de proteção das comunidades tradicionais; e os saberes nas lutas dos sem-terra pela reforma agrária e a invenção de um paradigma de educação do campo que passam a ocupar a universidade, traduzem a emergência do pensamento descolonial dos povos do Sul latino-americano na invenção da Educação Popular (Paulo Freire, 2005; Mejía, 2014; Borda, 1981) como prática educativa nascida pela participação ativa dos povos colonizados contra os sistemas de dominação. Os setores populares ocupam a epistemologia para falar de ciências, reivindicam a invenção de uma ciência própria vinculada as exigências de uma vida com dignidade. Assim, compreendemos que a Educação Popular pode contribuir como a invenção de uma ciência própria na universidade, considerando seus princípios e fundamentos na democratização do conhecimento, apesar da hegemonia da colonialidade na ciência.

O capítulo 15, de autoria de Allene Carvalho Lage, intitula-se "Entrançamentos pedagógicos das epistemologias do Sul: práticas educativas tecidas dentro de movimentos sociais e organizações populares de Pernambuco/Brasil". Este capítulo analisa as práticas educativas que estão a acontecer dentro dos movimentos sociais e organizações populares, na perspectiva de demonstrar a concretude da dimensão pedagógica das epistemologias do Sul. Nesse sentido, apresentamos o eixo teórico da discussão sobre epistemologias do Sul seguido do eixo sobre as Práticas Educativas e Pedagógicas. Para expressar a concretude dessas práticas, nos aproximamos das experiências educativas de quatro organizações que atuam no interior de Pernambuco/Brasil: Movimento dos Trabalhadores Rurais Sem Terra (MST), Marcha Mundial das Mulheres – Núcleo Agreste Pernambucano (MMM-NAP), Coletivo Lutas e Cores (CLC) e Centro de Educação Popular Assunção (CEPA). Os dados foram obtidos por meio de diálogos com essas organizações e da observação participante realizada por estudantes do Curso de Pedagogia da Universidade Federal de Pernambuco. As nossas conclusões apontam que as práticas educativas e pedagógicas, realizadas no contexto das epistemologias do Sul, são a base da educação dos movimentos sociais e organizações populares para a formação de militantes, ativistas e sujeitos em busca de uma nova consciência política sobre suas opressões e lutas por resistência, emancipação e justiça social.

O capitulo 16, intitulado "Mulheres encarceradas e as religiões: espelhos das diferentes escalas abissais", de autoria de Cláudia Cristina Ferreira Carvalho, argumenta que na penitenciária feminina as mulheres [carcereiras e encarceradas] interagem com a religião monoteísta, denominadas pentecostais e neopentecostais, equacionada pelas escalas e teias de subalternidades reguladas pelas fronteiras das linhas abissais, ora como uma dominação satélite alinhada politicamente com o regime de verdade disciplinar da prisão, ora como campo de ressocialização, negociação aliança com as mulheres por meio de estratégias de lutas silenciosas em espaços de desumanização. O texto é parte de uma pesquisa ampliada resultante do doutorado desenvolvido no Programa de Pós-Graduação em Educação/PPGE/UFMT, com estágio sanduíche junto ao Centro de Estudos Sociais/CES da Universidade de Coimbra/Portugal. Trata-se de uma pesquisa qualitativa de feição etnográfica realizada numa penitenciária feminina brasileira, ampliando-se informações não divulgadas, cujo trabalho empírico teve como cerne a pesquisa qualitativa de abordagem etnográfica e, em seu bojo, triangulou-se procedimentos de observação, entrevistas e iconografias (imagens) produzidas a partir da estratégia proposta e aceita de um curso de fotografia ministrado às mulheres que desejassem participar. Argumenta-se que na condição do encarceramento o corpo é o tudo e o nada para alguém que não pode aspirar a própria humanidade. Assim, buscou-se interrogar a partir dos corpos feitos negação do Ser, em diálogos com as epistemologias do Sul do como as religiões monoteístas atuam no corpo-sujeito encarcerado, como fator de ressocialização, acirrando o gatilho dos abismos abissais numa teia de escalar de subalternização exercida sobre os vários grupos de mulheres [carcereiras e encarceradas]. E, em especial ao interpelar: As religiões monoteístas são instrumentos a serviço da manutenção das linhas abissais? Ou, são formas autônomas ou satélites de dominação? Caso se admita que elas sejam sistemas de dominação satélite, sem a aliança política com elas, os sistemas de dominação que regulam as linhas abissais seria possível?

A quarta parte do livro tem por tema "Museus para resgatar outros passados e construir outros futuros".

O capítulo 17 é de autoria de Martha Marandino e Maria Paula Meneses e intitula-se "A representação de saberes na exposição Plantas e Povos (MUNHAC): leituras coloniais ou ecologia de saberes?". Este capítulo explora o tema 'Cura, Malária, Frederic Welwitsch e o Curandeiro', parte da exposição Plantas e Povos, que esteve patente no Museu de História Natural e da Ciência, Portugal. O estudo centrou-se na investigação levada a cabo pelo naturalista alemão F. Welwitsch sobre plantas locais em Angola, bem como na história da violência colonial vivida por A. M. Mafumo, um curandeiro de Moçambique, preso por praticar 'medicina tradicional'. Utilizando o quadro analítico das epistemologias do Sul, procura-se analisar as relações entre o conhecimento tradicional e o conhecimento científico recorrendo aos elementos da exposição, incluindo imagens, vídeos, notas de campo, documentos, bem como as entrevistas realizadas com o pessoal do museu e visitantes. Este capítulo explora a exposição a partir das epistemologias do Sul (Santos, 2018), uma proposta política e epistemológica que visa facilitar e promover a possibilidade de ecologias de conhecimento(s) como modos alternativos de pensar e agir contra a monocultura dominante do conhecimento científico. O capítulo questiona o diálogo estabelecido na exposição, que revela uma falta de sensibilidade relativamente a experiências da violência colonial, uma realidade que continua a moldar as práticas de muitos museus contemporâneos.

O capítulo 18 é de autoria de Cláudia Rose Ribeiro da Silva e intitula-se "Museu da Maré: museologia a partir da favela". A favela da Maré está localizada na Zona Norte da cidade do Rio de Janeiro, entre a Avenida Brasil, as Linhas Vermelha e Amarela e as vias expressas do Ônibus de Trânsito Rápido (BRT) Transbrasil e a Transcarioca. Originalmente, antes dos grandes aterros executados no contexto do Projeto Rio (projeto realizado pelo poder público federal na década de 1980, durante a ditadura civil-militar), a Maré era uma área de mangues, praias e areais, onde a maior parte da população vivia em barracos sustentados por palafitas, construídas sobre a Baía de Guanabara. Atualmente, a região tem cerca de 140 mil moradores, que vivem nas 16 comunidades constituídas ao longo de 70 anos, desde a década de 1940, quando os primeiros barracos foram surgindo, principalmente por conta do incentivo à migração nordestina por parte do governo federal – à época localizado no Rio de Janeiro, com sede no palácio do Catete, atual Museu da República –, com a intenção de utilizar a mão-de-obra dos migrantes nas grandes obras que estavam sendo realizadas na então capital da República. Uma dessas obras foi a construção da Avenida Brasil (Variante Rio-Petrópolis), inaugurada em 1946. Os trabalhadores, sem ter onde morar, foram se instalando às margens da avenida e ocupando os terrenos na região da Maré, que pertenciam à Marinha, portanto eram terrenos da União. Foi nessa região, com história tão rica e de lutas populares, que surgiu o Museu da Maré, em 2006. Desde o início da concepção do Museu, o diálogo e a valorização da diversidade alicerçam todas as ações empreendidas pelos agentes sociais que atuam na construção e manutenção desse espaço cultural da cidade. O Museu é um espaço aberto às ações desenvolvidas pela comunidade e por grupos e pessoas de outras localidades.

Atualmente, os projetos desenvolvidos atendem cerca de 500 pessoas. As escolas públicas do entorno são as principais parceiras do Museu. O eixo central dos projetos desenvolvidos pelo Museu é a sua exposição de longa duração "Os Tempos da Maré", que já recebeu mais de 100 mil visitantes.

Finalmente, o capítulo 19, intitulado "A descolonização do conhecimento e a questão do arquivo: uma reflexão a partir da África do Sul" é de autoria de Achille Mbembe. O autor retoma o problema da descolonização do conhecimento num texto em estilo de manifesto escrito durante as manifestações de estudantes universitários, em luta pela mudança radical das universidades sul-africanas. Mbembe estrutura a sua análise em torno de duas questões: quais os limites colocados ao projeto de "descolonização" pelas forças do neoliberalismo? Será a "descolonização" sinónimo de "africanização"? Em sintonia com as epistemologias do Sul, o autor considera que o cânone dominante nas universidades é eurocêntrico e valida apenas um modo de conhecimento, desconsiderando outras tradições de produção de conhecimento e de sabedoria. A descolonização, como uma afirmação de cidadania, deve começar pela desprivatização e reabilitação do espaço público. Para o autor, descolonizar a universidade significa apostar numa nova compreensão da ontologia, epistemologia, ética e política.

A fechar o livro, as conclusões, intituladas "Para construir um mundo pós-abissal", salientam que, nos diferentes capítulos desta obra, é revelada a diversidade epistemológica do mundo reivindicada pelas epistemologias do Sul. Comum a todos eles é a ideia de que não há justiça social global sem justiça cognitiva global. Estas reflexões partem de paradigmas ontológicos e epistemológicos alternativos para dar visibilidade e fortalecer as lutas de resistência contra a dominação eurocêntrica moderna. Com ancoragem em contextos históricos e sociológicos específicos, nestes textos mostra-se a vinculação recíproca entre formas de conhecer, de existir e de resistir. Em paralelo, neles convida-se a uma imaginação emancipadora assente no reconhecimento da pluralidade das conceções e construções práticas de uma sociedade melhor.

Indo além de uma celebração acrítica da descolonização, que tende a ignorar os problemáticos fundamentos éticos, ideológicos e políticos deste projeto (Ndlovu-Gatsheni, 2013: 94), as epistemologias do Sul procuram estabelecer pontes entre as lutas no Sul global num empenho descolonizador. O objetivo é a produção de um conhecimento humanista mais além do rasto colonial, aspirando a uma história da humanidade plural, desmistificada, que tenha em conta tanto os alcances como a opressão e violência empreendidas em nome da humanidade. É um saber em rede que se procura descolonizar em relação a qualquer conhecimento que se procure impor como único ou mais importante, assim como em relação a todas as formas de violência. Trata-se de um apelo às ecologias de saberes, que torne possível (re)conhecer o humano, que traga a vida e os saberes subalternizados e silenciados que habitam o Sul do mundo moderno, destruindo os muros e as fraturas abissais. Nas palavras de Paulin Hountondji, é assegurar "que a margem não é mais margem, mas parte e parcela de um todo multifacetado, um centro de decisão entre outros centros de decisão, um centro autónomo de produção de saberes entre outros" (1997: 36). Assim se aprende com o Sul e a partir do Sul, do Sul global das lutas alternativas, de resistência e re-existência, que só pode ser devidamente conhecido e reconhecido a partir do Sul epistémico. O objetivo é fortalecer, desenvolver, ser parte da construção de uma utopia pós-abissal, da construção de justiça cognitiva e de uma força política que se oponha decisivamente a uma pedagogia da destruição e da impunidade em que se apoiam o colonialismo, o capitalismo e o patriarcado. É lutar para que a vida digna exista e floresça.

Abre-se assim um amplo processo de descolonização que, nalgumas das suas dimensões, está apenas no começo e, noutras, vem sofrendo, nos últimos tempos, retrocessos inquietantes. Além de multifacetado, é um processo translocal que vai produzindo um cosmopolitismo subalterno na medida em que concretiza articulações entre diferentes lutas por via do reconhecimento, tanto quanto possível horizontal, entre os diferentes repertórios e narrativas de resistência. Estes saberes, e as lutas que os produzem, são tijolos que vão alicerçando uma política da esperança de um mundo pós-abissal.

Referências

Al-Afghani, Sayyid Jamal (1983 [1881]), "Refutation of the materialists", in Nikki R. Keddie (ed.), *An Islamic Response to Imperialism: Political and Religious Writings of Sayyid Jamal ad-Din 'al-Afghani'*. Berkeley, CA: University of California Press, 57-73.

Alatas, Syed (1974), "The Captive Mind and Creative Development", *International Social Science Journal*, 36(4), 691-699.

Amin, Samir (1974a), *Accumulation on a World Scale: a critique of a theory of underdevelopment*. New York: Monthly Review Press, 2 vols.

Amin, Samir (1974b), "Accumulation and Development: a theoretical model", *Review of African Political Economy*, 1(1), 9-26. Doi: https://doi.org/10.1080/03056247408703234.

Amin, Samir (1977), *Imperialism and unequal development*. New York: Monthly Review Press.

Amin, Samir (2014), *Samir Amin: Pioneer of the Rise of the South*. New York: Springer/ Third World Forum, 71-74. Doi: https://doi.org/10.1007/978-3-319-01116-5.

Borda, Orlando Fals (1981), "La ciencia y el Pueblo: nuevas reflexiones sobre la investigación-acción", in *La sociologia em Colombia: balance y perspectivas*. Asciación Colombiana de Sociologia. III Congresso Nacional de Sociologia, Bogotá, 1981. Disponível em http://upedagogica.edu.bo/wp-content/uploads/2015/12/D.-Fals-Borda-la-ciencia-y-el-pueblo.pdf, consultado em 6 de julho de 2024.

Berger, Mark T. (2004), "After the Third World: History, Destiny and the Fate of Third Worldism", *Third World Quarterly*, 25(1), 9-39. Doi: https://doi.org/10.1080/0143659042000185318.

Bhabha, Homi K. (1994), *The Location of Culture*. New York: Routledge.

Bhargava, Rajeev (2013), "Overcoming the Epistemic Injustice of Colonialism", *Global Policy*, 4, 413-417. Doi: https://doi.org/10.1111/1758-5899.12093.

Brandt, Willy (1980), *North-South: A Programme for Survival. Report of the Independent Commission on International Development Issues.* Cambridge, MA: MIT Press.

Broswimmer, Frantz J. (2002), *Ecocide: A Short History of the Mass Extinction of Species*. New York: Pluto.

Cabral, Amílcar (1976), *Unidade e Luta*, vol. 1. Lisboa: Seara Nova.

Césaire, Aimé (1978 [1950]), *Discurso sobre o colonialismo*, prefácio de Mário de Andrade. Lisboa: Sá da Costa. Tradução de Noémia de Sousa.

Chakrabarty, Dipesh (2000), *Provincializing Europe. Postcolonial thought and historical difference*. Princeton, NJ: Princeton University Press.

Comaroff, Jean; Comaroff, John (2012a), *Theory from the South: Or, how Euro-America is evolving toward Africa*. Boulder, CO: Paradigm.

Comaroff, Jean; Comaroff, John L. (2012b), "Theory from the South: or, how Euro-America is evolving toward Africa", *Anthropological Forum*, 22(2), 113-131. Doi: https://doi.org/10.1080/00664677.2012.694169.

Connell, Raewyn (2007), *Southern Theory: The global dynamics of knowledge in social science*. Cambridge: Polity Press.

Connell, Raewyn (2014), "Using Southern Theory: Decolonizing Social Thought in Theory, Research and Application", *Planning Theory*, 13(2), 210-223. Doi: https://doi.org/10.1177/1473095213499216.

Crenshaw, Kimberlé (1989), "Demarginalizing the Intersection of Race and Sex: A Black feminist critique of antidiscrimination doctrine, feminist theory and antiracist politics", in *Feminism in the Law: Theory, Practice and Criticism*. Chicago: University of Chicago Law School, 139-168.

Davis, Angela (2013), *Mulher, Raça e Classe*. Lisboa: Plataforma Gueto. Tradução livre.

Diop, Cheikh Anta (1955), *Nations Nègres et Culture: de l'antiquité nègre-égyptienne aux problèmes culturels de l'Afrique noire d'aujourd'hui*. Paris: Éditions Africaines.

Dirlik, Arif (2004), "Spectres of the Third World: Global modernity and the end of the three worlds", *Third World Quarterly*, 25(1), 131-148. Doi: https://doi.org/10.1080/0143659042000185372.

Dirlik, Arif (2015), "The Global South", in Andrea Hollington *et al.* (ed.), *Concepts of the Global South – Voices from around the world. Köln: Global South Studies Center*, 13-14. Disponível em http://kups.ub.uni-koeln.de/6399.

Doran, Michael (2002), *Pan-Arabism before Nasser: Egyptian power politics and the Palestine question*. Oxford: Oxford University Press.

Du Bois, W. E. B. (1903), *The Souls of Black Folk*. New York: Dover Publications.

Duara, Prasenjit (ed.) (2004), *Decolonization: Perspectives from now and then*. London: Routledge.

Dussel, Enrique (2002), "World-System and 'Trans' Modernity", *Nepantla: Views from South*, 2(3), 221-245.

Dussel, Enrique (2012), "Agenda para um Diálogo Inter-filosófico Sul-Sul", *Revista Filosofazer*, 41, 11-30.

Dussel, Enrique (2014), *Filosofías del Sur: Descolonización y Transmodernidad*. Madrid: Akal.

Escobar, Arturo (1995), *Encountering Development. The making and unmaking of the Third World*. Princeton, NJ: Princeton University Press.

Falola, Toyin; Essien, Kwame (eds.) (2014), *Pan-africanism and the Politics of African Citizenship and Identity*. New York: Routledge.

Fanon, Frantz (1968 [1961]), *Os condenados da terra*. Rio de Janeiro: Civilização Brasileira. Tradução de José Laurênio de Melo.

Fanon, Frantz (1980 [1964]), *Em defesa da Revolução Africana*. Lisboa: Sá da Costa. Tradução de Isabel Pascoal.

Foran, John (2005), *Taking Power: On the Origins of Third World revolutions*. Cambridge: Cambridge University Press.

Frank, Andre Gunder (1966), "The Development of Underdevelopment", *Monthly Review*, 18(4), 17-31. Doi: https://doi.org/10.14452/MR-018-04-1966-08_3.

Freire, Paulo (2005), *Pedagogia do oprimido*. 48. ed. Rio de Janeiro: Paz e Terra.

Gandhi, Mahatma (2013), "What Has Hinduism Done for Us?", in *Hinduism According to Gandhi: Thoughts, Writings and Critical Interpretation*. New Delhi: Orient, 52-56.

Gramsci, Antonio (1926), *Alcuni temi della questione meridionale*. Disponível em https://bd.fondazionegramsci.org/bookreader/libri/questione_meridionale_124749.html.

Grosfoguel, Ramón (2010), "The Epistemic Decolonial Turn: Beyond Political-Economy Paradigms", in Walter D. Mignolo e Arturo Escobar (eds.), *Globalization and the Decolonial Option*. New York: Routledge, 65-77.

Hamdani, Khalil (2013), *The Challenge of the South*. New York: UNDP.

Hofmeyr, Isabel (2018), "Against the Global South", in Russell West-Pavlov (ed.), *The Global South and Literature*. Cambridge: Cambridge University Press, 307-314.

hooks, bell (2000), *Feminist Theory: From Margin to Center*. Cambridge, MA: South end Press.

Hountondji, Paulin (1997), "Introduction: Recentring Africa", in Paulin Hountondji (ed.), *Endogenous Knowledge: Research trails*. Dakar: CODESRIA, 1-39.

James, C. L. R. (2012), *A History of Pan-African Revolt*. Oakland, CA: PM Press.

Kilomba, Grada (2019), *Memórias da Plantação: episódios de racismo cotidiano*. Rio de Janeiro: Cobogó.

Lenin, Vladimir I. (2011 [1971]), *O Imperialismo: Etapa Superior do Capitalismo*. Campinas: Navegando.

Lugones, María (2010), "The Coloniality of Gender", in Walter Mignolo e Arturo Escobar (eds.), *Globalization and the Decolonial Option*. New York: Routledge, 369-390.

Mackie, Jamie (2005), *Bandung 1955: Non-Alignment and Afro-Asian Solidarity*. Singapore: Didier Millet.

Mahler, Anne Garland (2015), "The Global South in the Belly of the Beast: Viewing African American civil rights through a Tricontinental lens", *Latin American Research Review*, 50(1), 95-116. Doi: https://doi.org/10.1353/lar.2015.0007.

Mariátegui, José Carlos (2009 [1928]), *Siete Ensayos de Interpretación de la Realidad Peruana*. Barcelona: Lingkua.

Marini, Ruy Mauro (1973), *Dialéctica de la Dependencia*. Ciudad de México: Era.

Marx, Karl (1973 [1857-1861]), *Grundrisse*. London: Penguin Books e New Left Review.

Mbembe, Achille (2012), "Theory from the Antipodes: Notes on Jean & John Comaroffs' TFS", in *Cultural Anthropology*. Disponível em https://culanth.org/fieldsights/theory-from-the-antipodes-notes-on-jean-john-comaroffs-tfs.

Mbembe, Achille (2014), *Crítica da Razão Negra*. Lisboa: Antígona. Tradução de Marta Lança.

Mejía, Marco Raúl J. (2014), "La Educación Popular: Una construcción colectiva desde el Sur y desde abajo", *Education Policy Analysis Archives. Archivos Analíticos de Políticas Educativas*, v. 22, p. 1-31.

Meneses, Maria Paula (2009), "Justiça Cognitiva", in António Cattani *et al.* (orgs.), *Dicionário Internacional da Outra Economia*. Coimbra: Almedina, 231-236.

Meneses, Maria Paula (2010), "O 'indígena' africano e o colono 'europeu': a construção da diferença por processos legais", *E-cadernos CES*, 7, 68-93. Doi: https://doi.org/10.4000/eces.403.

Meneses, Maria Paula (2012), "Images Outside the Mirror? Mozambique and Portugal in world history", *Human Architecture*, 10(1), 121-136.

Meneses, Maria Paula (2017), "De Bandung à Luta Armada: A construção de alianças na África Austral", in Caio S. Araújo (ed.), *A Luta Continua, 40 Anos Depois: Histórias entrelaçadas na África Austral*. Maputo: Alcance, 59-78.

Meneses, Maria Paula (2018), "Colonialismo como Violência: a 'missão civilizadora' de Portugal em Moçambique", *Revista Crítica de Ciências Sociais*, número especial, 115-140. Doi: https://doi.org/10.4000/rccs.7741.

Meneses, Maria Paula (2019), "Mulheres e violência em massa em Moçambique no período colonial tardio", in Boaventura de Sousa Santos e Bruno Sena Martins (orgs.), *O Pluriverso dos Direitos Humanos. A diversidade das lutas pela dignidade*. Lisboa: Edições 70, 325-352.

Meneses, Maria Paula (2020), "Desafios ambientais a Sul: o ubuntu como ética de ligação entre a comunidade e a natureza", in Antonio Ortega Santos e Chiara Olivieri (orgs.), *Saberes bioculturales: en pie de re-existencias en el Sur Global*. Granada: Editorial Universidad de Granada, 49-81.

Meneses, Maria Paula (2021), "Desafios à descolonização epistêmica: práticas, contextos e lutas para além das fraturas abissais", *Contemporânea – revista de sociologia da UFSCar*, 10(3), 1067-1097. Doi: https://doi.org/10.31560/2316-1329.v10n3.10.

Mignolo, Walter (2013), "Geopolitics of sensing and knowing: On (de)coloniality, border thinking, and epistemic disobedience", *Confero: Essays on Education Philosophy and Politics*, 1(1), 129-150. Disponível em https://confero.ep.liu.se/article/view/3593.

Mitra, Ashok (1977), *Terms of Trade and Class Relations*. London: Frank Cass.

Moraga, Cherríe; Anzaldúa, Gloria E. (eds.) (1981), *This Bridge Called My Back: Writings by radical women of color*. Watertown, MA: Persephone Press.

Morphet, Sally (2004), "Multilateralism and the Non-Aligned Movement: What is the Global South doing and where is it going?", *Global Governance*, 10(4), 517-537. Doi: https://doi.org/10.1163/19426720-01004009.

Ndlovu-Gatsheni, Sabelo J. (2013), *Empire, Global Coloniality and African Subjectivity*. New York: Berghahn Books.

Nkrumah, Kwame (1965), *Neo-colonialism: The last stage of imperialism*. London: Thomas Nelson & Sons.

Nkrumah, Kwame (1973 [1945]), "Declaration to the Colonial Peoples of the World", in *Revolutionary Path*. London: PANAF, 42-44.

Oyewùmí, Oyèrónkẹ́ (1997), *The Invention of Women. Making an African sense of western gender discourses*. Minneapolis, MN: University of Minnesota Press.

Prasad, Shambhu (2001), "Towards an Understanding of Gandhi's Views on Science", *Economic and Political Weekly*, 36, 3721-3732.

Prashad, Vijay (2007), *The Darker Nations. A People's History of the Third World*. New York: The New Press.

Prashad, Vijay (2012), *The Poorer Nations. A possible history of the Global South*. London: Verso.

Prebisch, Raúl (1963), *Hacia una Dinámica del Desarrollo Latinoamericano*. Ciudad de México: FCE.

Priestland, David (2009), *The Red Flag: Communism and the Making of the Modern World*. London: Allen Lane.

Quijano, Aníbal (2000), "Coloniality of Power, Eurocentrism, and Latin America", *Nepantla: Views from South*, 1(3), 533-580.

Rivera Cusicanqui, Silvia (2012), "Ch'ixinakax Utxiwa: A reflection on the practices and discourses of decolonization", *South Atlantic Quarterly*, 111(1), 95-109. Doi: https://doi.org/10.1215/00382876-1472612.

Rodney, Walter (1973), *How Europe Underdeveloped Africa*. Dar-es-Salaam: Tanzanian Publishing House.

Santos, Boaventura de Sousa (1987), *Um discurso sobre as ciências*. Porto: Afrontamento.

Santos, Boaventura de Sousa (1995), *Toward a New Common Sense: Law, science and politics in the paradigmatic transition*. New York: Routledge.

Santos, Boaventura de Sousa (1998), "The Fall of the Angelus Novus: Beyond the modern game of roots and options", *Current Sociology*, 46(2), 81-118. Doi: https://doi.org/10.1177/0011392198046002007.

Santos, Boaventura de Sousa (2000), *A crítica da razão indolente. Contra o desperdício da experiência*. Porto: Afrontamento.

Santos, Boaventura de Sousa (2002), *Toward a New Legal Common Sense: Law, globalization, and emancipation*. London: Butterworths.

Santos, Boaventura de Sousa (2003), *A Crítica da Razão Indolente: contra o desperdício da experiência*. Porto: Afrontamento.

Santos, Boaventura de Sousa (2006), *Fórum Social Mundial: Manual de Uso*. Porto: Afrontamento.

Santos, Boaventura de Sousa (2007), "Para além do Pensamento Abissal: das linhas globais a uma ecologia de saberes", *Revista Crítica de Ciências Sociais*, 78, 3-46. Doi: https://doi.org/10.4000/rccs.753.

Santos, Boaventura de Sousa (2009), "Um Ocidente não-ocidentalista? A filosofia à venda, a douta ignorância e a aposta de Pascal", in Boaventura de Sousa Santos e Maria Paula Meneses (orgs.), *Epistemologias do Sul*. Coimbra: CES/Almedina, 467-507.

Santos, Boaventura de Sousa (2014), *Epistemologies of the South. Justice against Epistemicide*. New York: Routledge.

Santos, Boaventura de Sousa (2018), *Na Oficina do Sociólogo Artesão (aulas 2011-2016)*. São Paulo: Cortez.

Santos, Boaventura de Sousa (2019), *O Fim do Império Cognitivo. A afirmação das Epistemologias do Sul*. Coimbra: Almedina.

Santos, Boaventura de Sousa (2022), *Descolonizar: abrindo a história do presente*. Belo Horizonte: Autêntica. Tradução de Luis Reyes Gil.

Sauvy, Alfred (1952), "Trois Mondes, une Planète", in *L'Observateur*, 14 de agosto.

Smith, Linda Tuhiwai (1999), *Decolonizing Methodologies. Research and indigenous peoples*. London: Zed Books.

Spivak, Gayatri C. (1988), *In Other Worlds. Essays in Cultural Politics*. New York: Methuen.

Stavrianos, Leften S. (1981), *Global Rift: The Third World comes of age*. New York: William Morrow & Co.

Sukarno (1955), "Address given by Sukarno at the opening of the Bandung conference, (18 April 1955)", in *Asia-Africa speak from Bandung*. Djakarta: Ministry of Foreign Affairs, Republic of Indonesia, 19-29.

Sun Yat-sen (1975[1905]), *San Min Chu I: The Three Principles of the People*. New York: DaCapo Press.

Tamayo, Juan José (2017), *Teologías del Sur: El giro descolonizador*. Madrid: Trotta.

The South Commission (1990), *The Challenge to the South: The report of the South Commission*. Oxford: Oxford University Press.

Thiong'o, Ngugi wa (1993), *Decolonizing the Mind. The struggle for cultural freedoms*. London: James Currey.

Thiong'o, Ngugi wa (2009), *Something Torn and New: An African renaissance*. New York: Basic Civitas Books.

Vergès, Françoise (2023), *Um Feminismo Decolonial*. Lisboa: Orfeu Negro. Tradução de Anabela C. Caldeira e José Alfaro.

Wallerstein, Immanuel (1974), *The Modern World System: Capitalist Agriculture and the Origins of the European World-Economy in the 16th Century*. New York: Academic Press.

Wallerstein, Immanuel (2006), *European Universalism: The rhetoric of power*. New York: The New Press.

Weber, Torsten (2018), *Embracing 'Asia' in China and Japan: Asianism discourse and the contest for hegemony, 1912-1933*. New York: Palgrave MacMillan.

Ziadah, Rafeef (2011), "Shades of Anger", consultado em dezembro 2018, disponível em https://youtu.be/sLUirMONjm0.

PARTE I

Aprender a desaprender

CAPÍTULO I

Para uma fundamentação de pensamento crítico[1]

Rafael Bautista S.

A presente reflexão procura abordar as chaves para uma nova fundação do pensamento crítico. Perante a inegável decadência dos modelos explicativos do eurocentrismo e das suas narrativas míticas e ideológicas, que explicam a crise civilizacional, impõe-se a necessidade epistemológica e metodológica de um novo conceito de ciência crítica; este pequeno ensaio – devido às tarefas de desmontagem sistemática que uma descolonização da geopolítica do conhecimento exige – é apenas uma introdução. O objetivo é mostrar que a crítica indica dois momentos constitutivos no seu exercício: o material e o formal (o *locus* histórico-político e a lógica explícita); como condições reais que o pensamento crítico deve exercer, abordando assim uma implantação que não é simples nem unilateral, mas complexa. Tanto as condições formais que um pensamento crítico deve cumprir como as materiais aparecem de forma recíproca; constituindo, nesta articulação complexa, a referência última da crítica: o poder libertador da vida concreta do sujeito. Não se trata de um fundamento no sentido clássico, mas daquilo a que se pode começar a chamar, a partir da cosmovisão andina, a travessia do fator descolonial: uma exposição dialética da lógica da complementaridade na reciprocidade.

O critério de verdade como princípio de crítica

A crítica não é uma desvalorização do que é criticado, mas uma avaliação do mesmo. Recordemos que se trata de uma avaliação: como uma avaliação

[1] O presente texto é uma breve síntese do livro: Bautista S., Rafael: *Hacia una fundamentación del pensamiento crítico. Un diálogo con Dussel, Zemelman y Hinkelammert*, rincón ediciones, La Paz, Bolívia, 2011.

que se realiza a partir daqueles pressupostos implícitos que, quando obviados, revelam essa falta de reflexividade que conduz inevitavelmente a graves autocontradições que acabam por tornar insustentável todo um sistema teórico. Não se trata de uma crítica de desqualificação total, mas, sempre, de uma avaliação baseada em critérios de discernimento. Estes critérios estão normalmente presentes naquilo que está a ser criticado, pelo que a sua avaliação consiste também em ver em que medida responde aos mesmos princípios que pressupõe.

Metodologicamente, podemos assinalar o seguinte: pensar criticamente uma teoria é pensá-la a partir dela, contra ela mesma, para além dela. Isto significa avaliar as suas consequências com base nos seus próprios postulados. Vejamos isto.

Hinkelammert procede assim, ao passar em revista a filosofia apeliana,[2] a partir da constatação de que Apel também recorre a fundamentos últimos (uma metodologia explicitamente moderna que constitui o modo de proceder de uma ciência que, partindo de referências últimas, que ela própria estabelece, aparecem projectivamente como modelos ideais, cuja assunção absoluta significa a perda da própria realidade, uma vez que a aproximação ao modelo, assintoticamente, aponta como referência última não a realidade, mas o seu modelo ideal, que não é mais do que a idealização da sua contingência real.[3] Esta recorrência revela um procedimento circular que faz com que toda a referência última assente na mesma abstração que é feita da realidade): "O conceito de comunidade ideal de comunicação deriva, por um processo de abstração, do conceito de comunidade real de comunicação".[4]

Vamos passo a passo para mostrar como este procedimento circular produz, como consequência não intencional, a perda da realidade. Hinkelammert assinala que este procedimento é típico da ciência moderna: ela nasce de modelos ideais que abstrai da realidade. A própria empiria seria uma produção ideal, uma vez que a ciência física, por exemplo, é confrontada apenas com um espaço plano, homogéneo e infinito, como idealização quantitativa (neste caso, redução) da realidade.

Esta idealização é sempre perfeita, e a realidade, agora imperfeita, é que deve ser "transformada" para se ajustar ao seu modelo (que não é mais do que uma projeção, por abstração, de si mesma): "a comunidade real de comunicação é considerada como um processo de comunicação em funcionamento.

2 Seguiremos esta crítica em: Hinkelammert, Franz: "A ética do discurso e a ética da responsabilidade: uma posição crítica". Palestra proferida no IV Seminário Internacional: "A Ética do Discurso e a Filosofia Latino-Americana da Libertação", São Leopoldo, setembro-outubro de 1993.

3 Ver Hinkelammert, Franz: *Crítica de la Razón Utópica*, Desclée, Bilbao, Espanha, 2002.

4 Hinkelammert, Franz: "La Ética del Discurso y la Ética de la Responsabilidad: una posición crítica", in *Filosofía para la Convivencia,* Raúl Fornet-Betancourt *ed. cit.*, p. 259.

Este processo de funcionamento é idealmente pensado como um processo sem contradições, derivando assim a sua ideia da realidade, que pode então ser oposta à própria realidade. Neste sentido, o argumento de Apel é circular, o que não implica necessariamente que seja tautológico".[5]

Este processo de abstração não surge do exterior, mas está sempre presente na realidade de forma implícita; o passo para a sua abstração, no caso apeliano, é o passo do implícito para o explícito: "estes valores não são originados do exterior, para serem introduzidos no processo de comunicação, mas são derivados dele por meio da explicitação".[6] Assim, Apel deriva, de forma ideal, um fundamento último já presente, implicitamente, na comunidade real de comunicação; um fundamento que torna possível uma comunidade ideal de comunicação, que é agora aquilo a que a comunidade real se deve aproximar.

É aqui que a crítica de Hinkelammert começa a ser subtilmente tecida. Porque Apel está a pensar (e não tem consciência disso, porque parte deste pressuposto) tal como pensa a modernidade: que as situações ideais aparecem como uma derivação de mecanismos de funcionamento. Estes mecanismos em Apel são formais e põem em evidência a mesma limitação que a modernidade no seu conjunto exprime: mostra muito bem como tudo poderia funcionar, mas não sabe dizer porque é que deve funcionar assim. O próprio Weber se amputa (e amputa a ciência social posterior) de refletir sobre este porquê: "Os tipos ideais significam assim 'ideias' apenas no sentido de 'instrumentos puramente lógicos'. São 'conceitos em relação aos quais a realidade é medida comparativamente', mas não 'ideais a partir dos quais ela é avaliada valorativamente'".[7]

A falácia naturalista será ultrapassada por Apel, mas não o utopismo da abordagem assintótica: a comunidade ideal de comunicação é o "princípio regulador, constituído por uma comunidade ilimitada de interpretação que se realiza teórica e praticamente a longo prazo".[8] Uma fundação formal permite-lhe imaginar uma série de procedimentos que garantem o modelo, mas sempre em condições ideais; isto permite-lhe estabelecer uma parte A de fundação e uma parte B de aplicação, mas cuja generalidade apenas dissolve a própria realidade: "a realidade desaparece e só pode ser tida em conta como mera facticidade".[9] Este procedimento circular faz desaparecer a realidade em nome

[5] *Ibid.*, p. 260.

[6] *Ibid.*

[7] *Ibid.*, p. 264. A citação de Weber é retirada de: *Ensayos sobre Metodología Sociológica,* Amorrortu, Buenos Aires, 1958, p. 87.

[8] *Ibid.*, p. 267. A citação de Apel provém de: *Transformación de la Filosofía,* Taurus, Madrid, 1985, p. 206.

[9] *Ibid.*, p. 268.

da sua própria idealidade; porque o que se abstrai é a contingência do mundo, para lhe impor um modelo que já não contém essa contingência. O mundo humano é forçado a aproximar-se linearmente deste modelo sem contingências; o mundo perde a sua realidade e torna-se invisível como mundo contingente e começa a ser tratado de forma puramente ideal, neste caso formal.

A crítica de Hinkelammert insiste precisamente nesta autocontradição: ao perder a contingência e a facticidade do mundo, perde-se o critério de verdade que é necessário para não cair no círculo vicioso de uma explicação que explica apenas a si própria e não o problema que se propõe explicar: "a teoria torna-se assim tautologia e acaba no solipsismo".[10] É por isso que ele insiste: "É necessário desenvolver este critério de verdade. Mas isso obriga-nos, no entanto, a anular a identidade dos princípios constitutivos e regulativos da realidade, que Apel também defende".[11] Isto significa: não há identidade entre realidade e modelo ideal.

É o que pode dizer Hinkelammert, depois de ter exposto a falácia utópica da modernidade: as utopias são *conditio humana*, mas não são instâncias de aproximação empírica.[12] Toda a aproximação produz a sua inversão, porque é uma aproximação a uma miragem. O "progresso" (postulado pela ciência e pela economia modernas) resulta desta ilusão, razão pela qual é postulado como "infinito"; ao postular a sua aproximação assintótica, os objectivos perdem todo o sentido e toda a facticidade é invisibilizada. A lógica dos meios-fim encarrega-se de encobrir esta cegueira, de modo que esta abordagem aparece como realismo: em nome do realismo, todos os gritos da terra e do sujeito são perseguidos e silenciados, a sua miragem encobre toda a realidade, marchando cegamente para a morte, embora se jure falso que o seu objetivo é a vida.

O método crítico consiste, neste caso, em mostrar o carácter circular da argumentação apeliana; um carácter que mostra um procedimento que parte da realidade, mas que, por abstração, já não se reavalia com ela, antes procede à sua substituição pelo modelo que dela se desprendeu, de modo que o modelo é o que se pensa e essa imagem é a que passa por realidade. Mostrar esta circularidade só é possível através de um critério anterior e transcendental à teoria. Este critério não pode ser uma construção teórica, mas está sempre pressuposto nela. É por isso que os critérios não são demonstrados, são apenas objectos de demonstração (em linguagem Popperiana, um critério não pode ser um falsificador empírico, não pode ser ele próprio falsificável).

O critério que Hinkelammert quer salientar exprime-se da seguinte forma:

[10] *Ibid.*, p. 270.

[11] *Ibid.*

[12] Ver Hinkelammert, Franz: *Crítica da Razão Utópica, ed. cit.*

> Segundo Apel, nesta parte [parte B da ética do discurso] os dialogantes com os seus discursos aparecem como seres sem corpo, semelhantes a espíritos puros, que se reconhecem mutuamente como dialogantes, mas nada mais. A sua corporeidade nem sequer é mencionada. Isto conduz imediatamente a uma contradição performativa, porque o discurso pressupõe a linguagem e a linguagem é um ato corporal. Os espíritos puros, se os houvesse, não poderiam falar, embora existam seres corpóreos que não têm linguagem. Por isso, a linguagem expõe o facto de os interlocutores serem seres corpóreos com consciência de si. É por isso que a sua corporeidade é sempre já dada quando entram em diálogo. (Hinkelammert, 1993: 282)[13]

Esta contradição performativa, que é o método utilizado por Apel para explicitar o fundamento (último) sempre presente na comunidade real de comunicação (contra o cético, que nega o que ele sempre pressupõe), é agora utilizada por Hinkelammert para mostrar que o seu sistema cai nessa autocontradição performativa. Em primeiro lugar, esse fundamento último não é último, pois uma comunidade de comunicação pressupõe uma comunidade de vida: a linguagem pressupõe a corporeidade. Em segundo lugar, ao perderem a corporeidade, os dialogantes perdem a historicidade, a materialidade, em suma, a realidade, pois ninguém entra numa comunidade de comunicação a partir do nada. "Ambas as afirmações – a corporeidade do orador e a sua contingência – são válidas para o fundamento último no mesmo sentido em que Apel o sustenta para os valores. Portanto, o orador deve ser um ser corpóreo e contingente. Este é o *a priori* transcendental-pragmático da linguagem."[14]

O critério de verdade, então, está no acesso à corporeidade (que é o modo de realidade do ser humano dialógico), critério que torna legítima a validade das normas em cada caso concreto: "qualquer norma só é válida na medida em que é aplicável, e é aplicável se puder ser vivida".[15] Deste modo, pode ser posta a nu a contradição que o "consenso formal" pode apresentar se o critério de verdade não for explicitado: "Há um falso consenso, que nem Apel nem Habermas conseguem conceber. É o consenso sobre o suicídio coletivo da humanidade".[16] É por isso que a pretensão de universalidade de Habermas, ou a pretensão de transcendentalidade de Apel, não pode assentar no critério das normas instituídas, mas na universalidade e transcendentalidade

[13] Hinkelammert, Franz: "A Ética do Discurso e a Ética da Responsabilidade: uma posição crítica", in *Filosofia para a Convivência*, Raúl Fornet-Betancourt, *ed. cit.*, p. 282.

[14] *Ibid.*, p. 283.

[15] *Ibid.*, p. 282.

[16] *Ibid.*, p. 283.

do ser humano concreto, corpóreo e contingente. O modo específico de Hinkelammert deste ser humano concreto é referido numa citação de Marx: "o imperativo categórico de pôr de parte todas as relações em que o homem é um ser humilhado, subjugado, abandonado e desprezível".[17] O critério de verdade é, portanto, o sujeito concreto e, mais especificamente, a condição contingente da vida do sujeito.

Cuja contingência não se mostra apenas na linguagem, mas em toda a sua corporeidade; a contingência aparece como *conditio humana*, mas é uma contingência que não é contingente. É a inevitabilidade da própria *conditio humana*. Esta consideração mostra que qualquer aproximação assintótica a qualquer modelo ideal não pode e, consequentemente, não deve ser feita. Porque isso significaria que o contingente teria de se aproximar do não contingente. É por isso que não há identidade entre princípios constitutivos e regulativos. A realidade não pode aproximar-se assintoticamente de uma situação ideal; esta expressão de "progresso infinito" é o que Apel pressupõe (e é o quadro categorial que o impossibilita de pensar para além do modelo) e permite a identidade entre princípios constitutivos e regulativos. Uma vez que os princípios constitutivos da experiência são "o critério da verdade como acesso à realidade e à contingência do mundo",[18] eles devem ser incluídos como fundamento último na primeira parte da parte A da ética do discurso, o que, segundo Hinkelammert, colocaria esta ética de pé.

Só assim uma ética é coerente consigo mesma, porque "não existe para problemas que já existiram, mas para problemas actuais".[19] O critério da verdade, enquanto critério que torna presente a contingência da vida do sujeito, é inevitavelmente uma opção pela justiça.

Esta opção não é derivada, mas consubstancial ao próprio facto normativo do viver e reconduz esta ética à realidade, pois se a sua aplicação consiste apenas na derivação de normas ideais, então torna-se uma ética de convicção (denunciada por Weber como uma ética irresponsável, sendo, no entanto, a ética que ele próprio propõe).[20] Uma ética responsável, que não é weberiana,[21] é então uma ética que avalia continuamente as suas próprias pretensões, não a partir de si mesma, mas a partir da vida ameaçada, isto é, da vítima, do excluído.

[17] *Ibidem*, p. 284. A citação de Marx é retirada da *Introdução à Crítica da Filosofia do Direito de Hegel*.

[18] *Ibid.*, p. 285.

[19] *Ibid.*, p. 289.

[20] Ver Hinkelammert Franz: *op. cit.*, p. 277-281.

[21] *Ibid.*, p. 290-293.

Sendo este o critério da verdade, a circularidade não se fecha sobre si mesma, mas abre-se ao que está sempre para além. A avaliação da ética do discurso torna-se assim possível por esta referência prévia e transcendental a ela. A partir desta esfera de tematização ausente, é possível a crítica dos seus fundamentos, mostrando-os como já fundados. E esta ausência, enquanto ausência de realidade, é um critério orientador que permite julgar a verdade ou a falsidade de uma teoria. É por isso que é um critério de verdade: "o argumento da aproximação assintótica infinita pretende ser ele próprio o critério de verdade. Ao fazê-lo, nega a realidade factual como seu ponto de partida, embora parta, evidentemente, dela".[22] Esta negação da realidade conduz à afirmação cega da teoria: transforma-se em tautologia e, consequentemente, já não dialoga com a realidade, mas monologa consigo mesma; por outras palavras, acaba naquilo que o próprio Apel denuncia: o solipsismo (protótipo metódico de toda a dominação).

A crítica como forma de raciocínio

A forma não quer indicar uma determinação ontológica, mas mostrar o como de algo que é, em rigor, um fazer, uma práxis; trata-se de indicar como esse fazer acontece ou, por outras palavras, como se constrói esse exercício. Recordemos: a incidência no exercício não reside apenas numa ação, mas numa perícia; esta perícia requer não apenas aquilo sobre o que se exerce, mas, fundamentalmente, o modo como se exerce. Zemelman coloca-o da seguinte forma: "não se trata de falar de um método geral, mas de uma forma de raciocínio".[23] Trata-se de indicar uma forma que consiste na capacidade problematizadora que o próprio raciocínio possui; porque é a razão que, abrindo-se à realidade, se lança nesse processo pelo qual se actualiza como exercício ou, como diz Zemelman, raciocínio. Embora, no nosso caso, optemos pelo pensar,[24] como aquilo que é próprio de uma ativação da razão. Precisamente,

[22] Hinkelammert Franz: *op. cit.*, p. 270.

[23] Zemelman, Hugo: *Los Horizontes de la Razón. Dialética y Apropiación del Presente,* Anthropos, Barcelona, 1992, p. 96.

[24] "Pensar, neste caso, é sempre arriscar; sair de uma certeza em direção à coisa menos certa que existe, como o novo. Pensar o novo leva-nos a lugares que é preciso atravessar para chegar onde não há outro recurso senão o salto [...], o salto leva-nos de repente para onde tudo é diferente, de um modo que nos torna estranhos." Bautista S., Rafael: *Hacia una Normatividad Comunitaria de la Política,* no prelo. Ver Heidegger, Martin: *Qué Significa Pensar,* Terramar, La Plata, Argentina, 2005. O modo de raciocinar de Zemelman, portanto, também pode ser entendido como pensamento, algo que ele próprio assinala: "o campo de opções subsume qualquer estrutura teórica à presença de um horizonte histórico. Um horizonte histórico que pode ser apreendido através de um raciocínio a que chamaremos

o pensar não pode ser algo determinado, mas, como a própria ativação, é antes o fator determinante para pôr em marcha o pensamento crítico.[25]

Esta abertura da razão para o real (como exterioridade objetiva) não só amplia a noção de objetividade,[26] como também coloca uma relação com a realidade que não é determinada por "sistemas explicativos"; ou seja, o modo de abertura reconhece esta exterioridade objetiva como transcendente a qualquer "sistema explicativo": "o raciocínio assume uma função crítica, pois considera a realidade como objeto possível, e não como conteúdo".[27] Esta abertura é uma capacidade problematizadora, ou seja, uma capacidade crítica que impele a razão a problematizar o dado. Mas problematizar não significa constituir a realidade como um problema, mas, sobretudo, transformar a realidade num campo problemático, isto é, transformar a realidade num potencial que se vai determinando, ou seja, que se vai dando; é por isso que o dado é problematizado a partir de uma exigência epistemológica "definida pela reconstrução articulada, que permite definir o fundamento das opções de teorização dos objectos possíveis".[28]

pensamento epistemológico porque, ao contrário do pensamento teórico, carece de referentes em termos de uma estrutura pré-determinada". Zemelman, Hugo: *op. cit.*, p. 56.

25 Se na análise a relação sujeito-objeto ainda funciona, porque o que é tematizado está "fora", na reflexão, como momento posterior, a tematização volta a si e o sujeito já não está isento dela. Mas a reflexão não é o fim da questão, pois a própria reflexão exige reflexão. Só na esfera da autoconsciência pode ter lugar uma meta-reflexão, que seria própria do pensamento; mas não como desdobramento da consciência, e sim como transcendência dela. Nesse sentido, o pensamento também produz a necessária conexão recíproca entre crítica e autocrítica: "a simples constatação da crise não é garantia de sua plena revelação; o problema não está do lado da realidade, o problema está sempre do lado do conhecimento, isto é, do lado daquele que pretende saber o que está acontecendo com a sua realidade. É por isso que o conhecimento é um problema, porque a crise, por si só, não resolve nada; a resolução da crise é um assunto nosso, ou seja, é algo que se debate do lado da subjetividade. Ninguém, depois de Zavaleta, neste país chamado Bolívia, começou a pensar na dimensão subjectiva do conhecimento, ou seja, nunca se produziu conhecimento, porque nunca (os que se gabavam de conhecer a sua realidade) se colocaram como parte do problema; a crise foi sempre o que se passava lá fora, deixando a subjetividade intocada pela sua realidade; Por isso não se produziu conhecimento, porque para produzir conhecimento era preciso assumir a crise (porque um exercício crítico só é possível se, por sua vez, exercitar a autocrítica), porque para produzir conhecimento era preciso autoconsciência, isto é, autodeterminação". Bautista S., Rafael: *Pensar Bolivia del Estado colonial al Estado plurinacional,* rincón ediciones, La Paz, Bolívia, 2009, p. 109-110.

26 Zemelman já fez esta observação em trabalhos anteriores, onde insiste em redefinir o conceito de objetividade a partir de um ângulo político: "a objetividade do ponto de vista da subjetividade social tem de ser repensada como viabilidade". Zemelman, Hugo: *De la Historia a la Política,* Siglo XXI, México, 1989, p. 38.

27 Zemelman, Hugo: *Uso Crítico de la Teoría*, El Colegio de México, México, 1987, p. 97.

28 *Ibid.*, p. 115.

Problematizar é, pois, a capacidade crítica de abrir a razão, ou seja, de pensar, e pensar não é subordinar-se a estruturas lógicas dadas, mas estar à altura das exigências epistemológicas que o próprio pensamento faz ao pensar. Neste caso, a crítica "deve partir da recusa de impor ao raciocínio uma estrutura que é o reflexo de um modo de explicação e que o condiciona de tal modo que não pode abrir-se à riqueza da realidade".[29]

É por isso que não pode haver ciência senão de forma crítica, porque pretender pensar a realidade tal como é deduzida de um sistema teórico não é pensá-la de todo. Pensar é pensar criticamente a realidade. Neste sentido, problematizar não é deduzir problemas de uma dada teoria, mas abrir a própria razão como pensamento do movimento (fazendo deste movimento da realidade o movimento do próprio pensamento) que retira o dado da sua fixação metafísica e lhe devolve a sua própria historicidade. Se a realidade é rica em articulações, relações e mobilidades dialécticas, a razão não pode pensar esta complexidade senão produzindo uma complexidade semelhante, isto é, fazendo da estrutura da própria realidade, a estrutura do próprio pensamento; é por isso que: "antes de conhecer, é necessário construir a relação com a realidade; a mesma relação que constitui a apreensão do conhecimento anterior à formulação dos juízos predicativos".[30] A construção do conhecimento é a construção da relação com a realidade.

É por isso que a teoria, enquanto acumulação progressiva de proposições deduzidas dos seus próprios esquemas, se torna inevitavelmente acrítica. Neste caso, a teoria reduz o que quer que seja a realidade a um silogismo deduzido das suas próprias necessidades lógicas. O dado, neste caso, é o que se constitui como definição expressa na sua forma teórica; o dado veste-se de objetividade que a própria teoria produz como objetivação dos predicados que impõe, porque a sua constituição acabada, como aquilo que é dado, é a coisa acabada que a própria teoria produz como sistema fechado (quando na realidade não há nada acabado nem fechado), sem abertura possível para o que está a ser dado na realidade como potencial de futuro. O dado é constituído como fatalidade. O drama entre preservar e arriscar nasce dessa impossibilidade de abertura que a consciência sofre e, consequentemente, é a base da resistência conservadora ao novo. O aspeto acrítico da consciência manifesta-se nesta preservação do dado, a todo o custo, enquanto o aspeto crítico desenvolve o aspeto político da consciência, abrindo a capacidade transformadora de um sujeito sempre em contínua transformação.

Deste modo, a crítica como forma de raciocínio afirma-se como um operante de transformação; aquilo que, consequentemente, o pensamento adopta como capacidade crítica. Não se trata, pois, da crítica como "modo de conjeturar

[29] *Ibid.*, p. 101.

[30] *Ibid.*, p. 114.

sobre o conteúdo das teorias"; trata-se, antes, da crítica como forma lógica, que torna possível a relação com uma realidade que é "móvel, modificável [...], que tem no seu fundamento e no seu horizonte este poder vir a ser, mesmo este ser ainda não concluído".[31] Isto significa que a crítica, enquanto forma lógica, está indissoluvelmente ligada a uma conceção da realidade: "Nenhum problema pode ser colocado se não se pensar na conceção que se tem do que é a realidade".[32] A própria crítica exige pensar a realidade como potencialidade, isto é, como uma realidade aberta, possível de ser pensada. É esta realidade móvel que também obriga o sujeito a iniciar desdobramentos sempre novos, que produzem, em termos de saber, uma mobilidade dialética, coerente com um "pensar o sujeito a partir da sua exigência de necessidade da realidade".[33]

Esta necessidade é o que insiste numa forma lógica como forma de raciocínio que produz a potenciação do dado de uma realidade que está sempre em constante movimento. Por isso: "o que foi dito transcende a simples crítica da razão e projecta-se na constituição da razão crítica. Por crítica entendemos a rutura da condição dada de um objeto, através da evidenciação da processualidade do estruturado pela ênfase da sua potencialidade, o que é congruente com a ideia de que o movimento do real exige que o próprio pensamento constitua um movimento".[34]

Este movimento é a forma que o pensamento adopta, cuja dinâmica exige a fidelidade a uma proveniência sempre em busca de maiores e novos desdobramentos. A ênfase desta forma lógica está em "como organizar a relação da consciência com o mundo",[35] o que exige o aprofundamento e o desenvolvimento das possibilidades de pensar e das formas de se relacionar com a realidade, activando sempre a consciência, para que esta possa sempre transcender-se em relação a qualquer sistema fechado gerador de um saber já dado. A crítica, como forma de raciocínio, é a referência ativa à potencialidade do dado da realidade como esfera procriadora do novo.

A crítica, como ativação, descobre o sujeito como produtor de realidade, a sua práxis como produtora de objetividade; produção que se traduz em experiência e esta em produção de consciência, consciência lúcida que, como processo

[31] Citação de Ernst Bloch, em Zemelman, Hugo: *Los Horizontes de la Razón. A Dialética e a Apropriación del Presente, ed. cit.* 1992.

[32] Ibid., p. 58.

[33] Zemelman, Hugo: *Los Horizontes de la Razón. Historia y Necesidad de Utopía*, Anthropos, Barcelona, Espanha, 1992, p. 48.

[34] Zemelman, Hugo: *Los Horizontes de la Razón. Dialética Apropriación del presente, ed. cit.* 1992.

[35] *Ibid.*, p. 102.

de apropriação, "não é estritamente de determinação mas de abertura [...] uma procura que exige um sentimento de liberdade, que é lucidez; lucidez que é protagonismo".[36] Por conseguinte, a lucidez da consciência consiste em tornar-se consciência crítica, em fazer uso da razão sempre em expansão, ou seja, em pensar.

É na razão que o sujeito testemunha o seu ser produtor de historicidade, porque a história torna-se experiência tornada consciência; é esta razão, sempre em expansão, que manifesta uma "consciência organizadora da sua própria conquista e não a organização da consciência já conquistada".[37] É por isso que lhe é necessária a abertura como modo dialético de se relançar sempre em novos processos; abertura que é, concomitantemente, de um sujeito cuja liberdade é a potência de uma consciência que precisa de se negar a si mesma para se superar; esta abertura, "uma vez que rompe com a inércia da razão, é crítica e impede que a razão se torne um obstáculo à inovação do pensamento".[38]

Este tipo de consideração mostra, insistentemente, o carácter político da epistemologia, uma vez que esta abertura da razão não se esgota no estritamente teórico, mas exige a sua realização na práxis. Donde, necessariamente, decorre que o conhecimento não é neutro, por isso o seu carácter não é descritivo, está profundamente comprometido com "esforços para dar uma organização à realidade";[39] por isso Zemelman insiste: "há que procurar categorias que permitam ao raciocínio ter como referente a abertura ao futuro e à potencialidade real, em vez de se restringir a estruturas que representam a cristalização de processos acabados".[40]

Porque, insistimos, ao contrário das ciências naturais, as ciências sociais enfrentam uma realidade em contínuo e constante processo de transformação. Epistemologicamente, esta é uma diferença retumbante que especifica o trabalho teórico do cientista social num trabalho, em última análise, prático; porque "o conhecimento já não se coloca como reconstrução do que se tornou, mas como apropriação do futuro, do que não se tornou [...] a única racionalidade possível de reconhecer exprime-se na lógica do empoderamento de algo, da ativação do real-dado pelo homem, já não da sua simples explicação".[41]

O passo necessário, então, que sugere um fundamento do pensamento crítico, é o passo da explicação para a transformação; um passo que é estabelecido, logicamente, pela crítica como forma de raciocínio (pensamento epistemológico):

[36] *Ibid.*, p. 105.

[37] *Ibid.*, p. 107.

[38] *Ibid.*, p. 111.

[39] Zemelman, Hugo: *De la Historia a la Política, ed. cit.*

[40] *Ibid.*, p. 20.

[41] *Ibid.*, p. 29.

procurar a potencialidade do real significa que a potencialidade é sempre direccionalidade, uma esfera de criação de alternativas sempre possíveis. Se a realidade é construída, o objeto do conhecimento é a transformação do dado num horizonte histórico; este é, em última análise, o aspeto político do conhecimento: o conhecimento é criativo porque a realidade é a esfera de transformação do sujeito. Daqui derivam as consequências políticas da epistemologia.

Ao recuperarmos o carácter móvel da realidade, recuperamo-nos também a nós próprios como sujeitos envolvidos numa transformação que constitui sempre e em última análise o presente em que vivemos. Tal como a realidade, o sujeito está também em constante transformação, necessitando de pensar essa realidade para se transformar a si próprio: "isto remete-nos para a necessidade de uma atividade combinada entre a crítica da realidade em estudo e a autocrítica do sujeito que se apropria dessa realidade".[42] Porque, afinal, "o núcleo deste desenvolvimento epistemológico é o sujeito real-concreto, o indivíduo que age e pensa, o homem histórico e auto-reflexivo".[43]

É aqui que tentaremos mostrar o passo em direção à instância que, acreditamos, complementaria um fundamento do pensamento crítico; que, para além das esferas específicas da razão, se organiza a partir do sujeito real-concreto, enquanto ser humano vulnerável e carente. Porque embora a razão, entendida como razão crítica, dentro de seu desdobramento lógico, produza um sentido que parece explicar sua capacidade de transformação, isso não parece esgotar a compreensão total do movimento que lança a razão da explicação à transformação.

A instância lógica, a crítica como forma de raciocínio, é necessária, mas, acreditamos, não suficiente. Porque uma forma é, afinal, um modelo, ou seja, um modelo de funcionamento, que se exprime sempre em termos de uma situação ideal: é assim que a razão deve proceder. O que o modelo descreve, portanto, são condições formais de realização, que são sempre abstractas, porque um modelo simboliza analogicamente o significado daquilo que representa. Um modelo parte sempre da realidade, abstrai-se dela e gera, logicamente, as condições do seu cumprimento; o que pode tornar-se a circularidade da explicação: é quando o modelo se explica a si próprio e dispensa a realidade. Mostrar e tornar consciente esta circularidade só é possível através de um critério anterior e transcendental à razão. Este critério não pode ser uma construção teórica, mas está sempre pressuposto nela.

As "condições formais" são, então, as condições lógicas exigidas pelo modelo (a crítica como forma de raciocínio), que tornam possível uma plena implantação do sentido: o modo ativador da crítica torna possível uma abertura da razão que

[42] Zemelman, Hugo: *Los Horizontes de la Razón. Dialética y Apropriacion del Presente, ed. cit.*

[43] *Ibid.*, p. 77.

se torna produtiva como capacidade transformadora. As "condições formais" dão coerência e racionalidade a este desenrolar. Mas o desdobramento, na sua origem, não parece ser estritamente racional, ou seja, se há uma anterioridade, ela é transcendental à razão e a pressupõe sempre, mesmo que não a explicite. É o que queremos designar por "pedido de critério"; algo que Zemelman assinala desta forma: "[...] na medida em que se situa no contexto mais amplo da transformação do conhecimento em consciência que, consequentemente, nos obriga a definir um novo critério de avaliação [...]".[44] Este critério, cremos, não se encontra no exercício da razão, e a sua "definição" seria, antes, um reconhecimento que a razão faz do que a transcende.

A crítica como ponto de vista

O método consiste em saber situar-se no lugar dos pobres e, a partir daí, fazer um diagnóstico da patologia do Estado.

Hermann Cohen

Uma fundação do pensamento crítico implicaria também, como diz Hinkelammert, "uma crítica do pensamento crítico, tal como tem sido entendido até agora. Mas não pode ser uma rutura com este pensamento crítico, mas antes a elaboração de elementos dele que foram deixados de fora e marginalizados por outros. É por isso que tem de ser uma crítica a partir de dentro e não uma crítica externa. É por isso que é também necessariamente uma autocrítica".[45] Para o teórico, é uma reconstituição, porque se trata da recuperação crítica de uma tradição: o materialismo histórico. Trata-se de repensar e desenvolver Marx. No caso de Zemelman acontece algo semelhante, pois a passagem da explicação à transformação é também um repensar da tese 11 sobre Feuerbach.[46]

[44] Zemelman, Hugo: *Los Horizontes de la Razón. Historia y Necesidad de Utopía, ed. cit.*, p. 47. A citação completa é a seguinte: "é insuficiente restringir a discussão epistemológica aos mecanismos de fundamentação ou aos recursos de construção do conhecimento, na medida em que ela se situa no contexto mais amplo da transformação do conhecimento em consciência, o que obriga, consequentemente, a definir um novo critério de avaliação dos contributos das diferentes orientações epistemológicas, em função da sua contribuição para o problema da relação entre conhecimento e ação".

[45] Hinkelammert, Franz: "On the Reconstitution of Critical Thought", in *pensamientocritico.info,* 2008.

[46] Relativamente a esta tese, numa tradição crítica, o que dela se poderia deduzir não é a apologia ingénua da práxis, mas algo muito mais esclarecedor, algo que o marxismo do século XX não conseguiu captar: "Na nossa humilde opinião, Marx estava a dizer algo extremamente mais complexo, porque se esta interpretação marxiana ou marxista fosse verdadeira, Marx não teria feito nem filosofia nem ciência, e como tanto Dussel como

"Todo o pensamento que critica algo não é, por isso, pensamento crítico. A crítica do pensamento crítico é constituída por um determinado ponto de vista sob o qual essa crítica é efectuada. Este ponto de vista é o da emancipação humana. Neste sentido, é o ponto de vista da humanização das próprias relações humanas e da relação com toda a natureza. A emancipação é humanização, e a humanização leva à emancipação. Este ponto de vista constitui o pensamento crítico e, portanto, atravessa todos os seus conteúdos."[47] Aqui, o ponto de vista é o que constitui o pensamento crítico, como anterioridade "material", ou seja, não é algo que a razão põe em prática, mas algo cujo conteúdo ela deve saber reconhecer.

É como uma aprendizagem anterior a todas as aprendizagens, algo que a razão crítica pressupõe sempre: o ponto de vista da emancipação. Se o que a razão pressupõe é a vida humana, a vida do sujeito é o critério que faz do político uma práxis de transformação (porque a possibilidade e o aumento da vida estão sempre em relação dialética com a realidade). O político não é, portanto, um domínio abstrato, tem a ver com a vida do sujeito. Mas se a vida aparece como impossibilidade, isto é, como exclusão e negação, então o político do sujeito consiste, explicitamente, na transformação histórica desta situação dada; é por isso que a política incorpora, como conteúdo do próprio sentido do seu trabalho, a responsabilidade material pela emancipação do sujeito.

A transformação da realidade tem, assim, um significado preciso: "[...] O que é decisivo é o ponto de vista sob o qual Marx analisa [...] Permite fazer juízos críticos sobre o real. Ele torna possível juízos críticos sobre o que é e a sua possível mudança. É este ponto de vista que torna possível o pensamento crítico. Mas não se trata de valores, que são introduzidos a partir do exterior

Hinkelammert mostram muito bem, Marx não só continuou a fazer ciência como também filosofia e até teologia! Ora, o que é que Marx queria dizer? Que a filosofia, enquanto atividade contemplativa ou interpretativa da realidade, tinha desenvolvido apenas um quadro categorial que lhe permitia apenas interpretar a realidade ou contemplá-la, mas não transformá-la. Quando Marx diz que se trata de a transformar, o que ele também quer dizer é que, para que a filosofia deixe de ser meramente contemplativa ou interpretativa dos factos puros ou dos fenómenos que aparecem na realidade, é necessário criar conceitos e categorias que permitam à filosofia deixar de ser meramente interpretativa, para ser transformadora. O que é que isto quer dizer? Que, para que a filosofia seja transformadora, as categorias da ciência e da filosofia tiveram de ser transformadas para deixarem de ser meramente descritivas, ou interpretativas da realidade, porque o que estamos a falar é de produzir categorias que transformem a realidade e não apenas a interpretem". Bautista, Juan José: *Hacia una histórica transmoderna y posoccidental,* inédito, 2010.

[47] Hinkelammert, Franz: "Pensamiento Crítico y Crítica de la Razón Mítica", in *pensamientocritico.info,* 2008.

da realidade, mas da ausência atual de um outro mundo, que deve ser tornado presente e que deve atravessar o mundo dado".[48]

Este ponto de vista é uma perspetiva privilegiada que permite uma referência produtiva de perspetiva epistemológica; porque projecta, a partir da sua exclusão, a consideração crítica da realidade como uma totalidade. A perspetiva emancipatória torna possível uma visão crítica do todo, porque o seu objetivo é a transformação total (não reformar isto ou aquilo).

A teoria, enquanto sistema fechado, nunca problematizaria o ainda indeterminado, pois o seu interesse reside na conservação do dado; mas se a perspetiva assumida privilegia a transformação, então produz-se uma exigência de abertura, sendo assim também possível recuperar "a totalidade como forma de raciocínio que obriga à reconstrução congruente da realidade";[49] esta exigência de abertura na razão é total, porque a abertura da realidade também é total: o ainda indeterminado é aquilo que transforma o todo da totalidade, de modo que a sua reconstrução congruente é produtora de novidade histórica.

Mas a novidade não vem de um desenvolvimento linear progressivo que projecta um sistema fechado, mas de algo impossível para ele. É por isso que a perspetiva da emancipação, como presença dessa ausência, encarnada na exclusão sistemática que produz um sistema que se fecha sobre si mesmo, constitui um ponto de vista que torna possível a abertura da razão. Este ponto de vista é "material" porque se refere explicitamente àqueles que testemunham a ausência atual de um outro mundo: as vítimas. Se humanizar significa libertar e se a liberdade é "libertação de cadeias, o pensamento crítico deve dizer e derivar quais são essas cadeias".[50] O pensamento crítico tem de saber estabelecer o ponto de referência a partir do qual o exercício da crítica é dotado de "materialidade".

O lugar das vítimas é o *locus* que torna possível um ponto de vista que desvenda as verdadeiras cadeias que impedem a emancipação humana. "Marx, para ter a referência da crítica, estabelece um ser supremo [...]. O ser supremo para o ser humano é o próprio ser humano. No entanto, não é o ser humano que é e que se considera o ser supremo. É o ser humano que não é, o ser humano que deve ser. E o que deve ser é ser. E o que deve ser é ser humano. Surge então uma transcendência, que é humana e que nasce da crítica à desumanização do humano. O mundo é atravessado pelo inumano, pelas desumanizações. A partir do ser humano

[48] Hinkelammert, Franz: "Sobre la Reconstituición del Pensamiento Crítico", in *pensamientocritico.info*, 2008.

[49] Zemelman, Hugo: *Los Horizontes de la Razón. Dialética y Apropiación del Presente, ed. cit.*, 1992, p. 101.

[50] Hinkelammert, Franz: "Pensamiento Crítico y Crítica de la Razón Mítica", in *pensamientocritico.info*, 2008.

como ser supremo para o ser humano, constitui-se aqui o humanismo, que está então ligado à emancipação, sendo a emancipação o processo de humanização".[51]

Assim, com referência a Marx, Hinkelammert assinala que o pensamento crítico faz sua essa sentença contra todos os deuses do céu e da terra. Isto conduz à teoria do fetichismo. É esta frase que Marx insiste como imperativo crítico: "deitar por terra todas as relações em que o homem é um ser humilhado, subjugado, abandonado e desprezível". É sempre este ponto de vista que é decisivo; é ele que torna possível os juízos críticos sobre um dado sistema de dominação e a possibilidade da sua transformação. Não é algo acrescentado do exterior, uma ética de valores de uma qualquer "substância eterna", mas uma presença da ausência; aquilo que Marx apresenta como postulado: como "relações diretamente sociais das pessoas no seu trabalho", ou o "imaginemos uma comunidade de homens livres".

Esta ausência está presente, como algo que não existe, nas próprias relações de dominação e exploração; é esta ausência que, nas vítimas, se eleva como um grito ao céu: "É o grito do sujeito. O céu, para o qual ele clama, é precisamente esta ausência de relações diretamente sociais das pessoas no seu trabalho".[52] Assim, o céu remete para o impossível nas relações de dominação. A abertura original vem daí, dessa capacidade do sujeito de projetar a sua transcendentalidade como horizonte utópico de referência; o que põe em suspenso a estabilidade do sistema, tira-o da sua pretensa eternidade (a pretensão de toda a dominação).

É por isso que se produz a possibilidade da sua transformação, o poder de desamarrar o que já está constituído e de o lançar em novos processos de constituição, cuja referência última não é o desdobramento pelo desdobramento, a liberdade pela liberdade, a novidade pela novidade, mas o poder de assegurar e desdobrar a vida do sujeito (num sentido crítico, a vida que está ameaçada: a vida das vítimas), condição primeira e última de todas as outras condições.

A razão é uma mediação que a vida põe em prática para se desenvolver. Desta forma, o sujeito é ativado e capacitado; na sua potencialidade reside a sua transcendentalidade: "não ser tratado como um ser humilhado, subjugado, abandonado e desprezível". Assim aparece a exigência que é o processo de emancipação: "que sejam deitadas por terra todas as relações em que o ser humano é um ser humilhado, subjugado, abandonado e desprezível".[53] Nesta exigência de transcendentalidade reside a ativação original de um pensamento

[51] *Ibid.*

[52] Hinkelammert, Franz: "On the Reconstitution of Critical Thought", in *pensamientocritico.info*, 2008.

[53] Hinkelammert, Franz: Critical Thought and the Critique of Mythical Reason, in *pensamientocritico.info*, 2008.

crítico, como abertura e transformação de todas as relações que impedem esta exigência que a vida do sujeito requer.

Trata-se, então, de um critério de verdade, que é o paradigma de toda a crítica, um critério prévio a toda a conceptualização; assim, tal como o conceito de realidade não "acaba por ser uma função de um conjunto de proposições sobre a realidade [quando deveria ser] as proposições formuladas em função de um conceito de realidade",[54] este critério de verdade aparece como um critério de discernimento, cuja referência é toda a realidade, como reino de realização da subjetividade, produtora de objetividade .

O sujeito é uma subjetividade intersubjectiva, ou seja, uma subjetividade política; porque o político é o que especifica a realidade como práxis. Portanto, é na práxis que a verdade produz a sua validade. O ponto de vista reorganiza a totalidade e reorganiza a razão; essa reorganização produz as aberturas que, a partir do critério de discernimento, de forma argumentativa, é preciso saber determinar, porque abertura é também possibilidade e liberdade de escolha, que se manifesta na tensão (apontada por Zemelman) presente-futuro. A validade de tornar possível esta ou aquela alternativa tem a ver com a capacidade de organização do potencial do presente.

Graças a este ponto de vista, como critério de discernimento, descobre-se a negação do sujeito nas relações de dominação: "A teoria do fetichismo de Marx sustenta que, para uma ciência em que as relações de dominação aparecem simplesmente como o que são, a própria realidade torna-se invisível. Só tem uma empiria. Deste modo, escapa-lhe precisamente tudo o que é a condição da vida".[55] Uma condição que pode ser vista a partir da presença de uma ausência, que é experimentada, à maneira de negação, nas vítimas.

É este critério, construído a partir deste ponto de vista, que postula a presença da ausência e põe em marcha o pensamento crítico e a práxis que ele produz. Este desencadeamento produz, por sua vez, um desencadeamento específico que, no caso da razão, produz uma normatividade própria, cuja lógica tentámos descrever nos capítulos anteriores.

Assim, tanto as condições "formais" como as "materiais" do pensamento crítico aparecem reciprocamente, constituindo, na sua articulação, a referência última da crítica: a emancipação da vida do sujeito. Não se trataria de um fundamento no sentido clássico, mas do que se pode começar a chamar, a partir da cosmovisão andina, uma complementaridade na reciprocidade.

[54] Zemelman, Hugo: *Los Horizontes de la Razón. Dialética y Apropriación del presente, ed. cit.*, 1992, p. 83.

[55] Hinkelammert, Franz: Sobre a Reconstituição do Pensamento Crítico, in *pensamiento-critico.info,* 2008.

Porque há todo um movimento de articulação e co-determinação complexa que mostra o sentido desta lógica. A complementaridade na reciprocidade seria a forma de distinguir uma lógica que não é simples nem unilateral (como a lógica instrumental, muito presente na "ciência normal"), mas sim uma lógica dialética complexa, que tornaria possível uma fundamentação do pensamento crítico que pode ser recuperada e compreendida a partir dessa complexidade que exige um tratamento não analítico, mas dialético.

(É comum referir-se à dialética em termos de: tese-antítese-síntese. Esta descrição, profundamente enraizada na esquerda e nas ciências sociais, nada tem a ver com a dialética. Nem Hegel, nem Marx, falam nestes termos do método que desenvolvem. Não há um parágrafo na *A Ciência da Lógica*, ou na *Fenomenologia do Espírito*, ou em *O Capital*, que mencione a famosa tríade tornada popular pelo marxismo soviético. Seria mais do que tempo de os apologistas e detratores começarem a estudar em que consiste realmente a dialética.)

Poder-se-ia dizer que, epistemologicamente, esta abertura visa abrir-se a processos complexos de estruturação recíproca, ou seja, tomar o pensamento crítico como algo vivo. Complementaridade na reciprocidade significaria: essa codeterminação plural das várias esferas que constituem uma totalidade, a geração de novas e incessantes relações recíprocas que dão sentido a uma totalidade num processo contínuo de redefinição e ressignificação.[56]

É por isso que se torna mesmo lógica a articulação dos níveis, a correspondência recíproca que inclui o lugar de e o modo de implantação do pensamento crítico; o nível especificamente epistemológico em que Hugo Zemelman se situa e o outro que, em Hinkelammert, aparece como a assunção do ponto de vista a partir do qual todo o pensamento crítico é possível. Não se trata de um lugar epistemológico qualquer, mas do *locus* a partir do qual se conhece criticamente a realidade e a partir do qual é possível agir criticamente. Também não é o resultado de uma análise, mas a condição de possibilidade de todo o pensamento crítico e de toda a práxis realista. Deste modo, consideramos que a razão se situa e situa toda a práxis a partir dessa referência real que, de forma crítica, a relançaria sempre num processo contínuo de emancipação.

A transformação é recíproca, a transformação da realidade transforma o sujeito, a emancipação do sujeito é a emancipação da razão. Um fundamento do pensamento crítico significaria, então, uma crítica da razão, e esta, uma reconstituição do sujeito.

[56] Bautista S., Rafael: *Hacia una Normatividad Comunitaria de la Política*, no prelo.

CAPÍTULO 2

Uma crítica das ciências sociais eurocêntricas e a questão das alternativas

Claude Alvares

Introdução: As ciências sociais e o mundo real

Por que razão tantos departamentos de sociologia na Índia – à semelhança de muitos outros departamentos universitários em qualquer outro ponto do planeta – têm vindo a ensinar sociologia *europeia* desde que foram criados?

Dantes, a dependência e o servilismo intelectuais surgiam como um corolário natural do domínio colonial. Atualmente, estão a ser bem-recebidos porque trazem consigo dinheiro vivo. Para universidades sem dinheiro, presas na era, agora quase permanente, do ajustamento estrutural, esta parece ser a única opção que lhes resta para continuar com a atividade académica, mesmo que isso signifique serem forçadas a continuar a ganhar a vida com a angariação de produtos provenientes dos cérebros de outras pessoas. Em grande medida, ainda nos estamos a movimentar numa rua de sentido único – em que todo o movimento parte da cultura "superior" ou "avançada" no centro em direção a uma cultura "inferior" ou "deficiente" na periferia – porque é desta forma que o conhecimento continua a fluir no sistema universitário global.

O imperialismo político poderá encontrar hoje uma resistência feroz, mas o mesmo não se passa com o imperialismo académico, provavelmente porque é quase invisível. Pelo contrário, parece ter aumentado de intensidade e alcance. Os departamentos universitários e as faculdades em quase todas as universidades do mundo continuaram – de forma voluntária ou involuntária – a prestar vassalagem aos objetivos e metodologias das ciências sociais que se produzem, de forma prevalecente, nos círculos académicos do ocidente. Farid Alatas refere-se a estes últimos, corretamente, como os "poderes das ciências sociais" (2006: 13). A sua produção hoje continua a refletir principalmente as preocupações do saber ocidental. Atualmente, as ciências sociais nas universidades não europeias muitas vezes não passam do estudo irrefletido e do reestudo do corpo de conhecimento sociológico gerado em resposta às perceções etnocêntricas ou especificamente europeias acerca de situações que têm já décadas ou séculos de existência.

Mesmo quando, nos nossos dias, o trabalho académico realizado na Ásia ou em África pode, por vezes, refletir questões locais devido aos esforços de investigadores individuais que pretendem desenvolver trabalho relevante e independente, as metodologias e os quadros teóricos utilizados continuam a ser claramente de natureza euro-americana. A independência relativamente ao domínio colonial teve poucas ou nenhumas consequências, à exceção de ter proporcionado oportunidades para manobrar e lutar por ocupar lugares deixados pelos anteriores suseranos intelectuais. Naturalmente, há poucos indícios da existência de pensamento ou trabalho criativos, considerando que todos se movem e têm a sua existência num ermo intelectualmente estéril.

Uma vez que as ciências sociais, tal como as conhecemos atualmente, são pouco mais do que perspetivas europeias incontestadas sobre problemas sociais europeus, fazendo uso de instrumentos e métodos de investigação específicos associados à história intelectual da Europa, poderão elas alguma vez ser consideradas como instrumentos úteis para o estudo de outras sociedades com um vasto leque de problemas diferentes, bem como de experiência humana? E qual é a ligação "emocional" ou "espiritual" entre o corpo de conhecimento e as vidas das pessoas que vivem em sociedades fora da Europa?

Uma das principais consequências desta situação é o seu efeito sobre os estudantes que se inscrevem em universidades de vários países. Eles acabam por entender o regime padrão que lhes é indicado nos cursos como algo que lhes é estranho, como tendo pouco ou nenhum sentido ou relevância para o mundo em seu redor, especialmente para os sistemas de conhecimento que herdaram ou para os significados relacionados com elementos importantes da sua cultura. A competência e a confiança só são adquiridas após anos de subordinação, de aceitação e doutrinação acrítica e não questionada. Em todo o lado a Universidade perdeu o seu caráter e objetivo original e tornou-se numa versão melhorada da escola como fábrica, em que o conhecimento é simplesmente disseminado como dado adquirido e o estudante tem pouca margem para criar ou dar um contributo seu.

A evolução histórica dos estudos no âmbito das ciências sociais

A questão que poucas pessoas levantam é: por que motivo os indianos ou os iranianos, ou mesmo os chineses, aceitam o que os europeus e os norte-americanos decidem que são as ciências sociais? É possível que tenham sobrevivido durante milhares de anos sem um conhecimento abrangente acerca da organização social, política, científica ou militar? Por que razão somos incapazes de resistir à ideia de que a sociologia ou a antropologia europeia, ou a ciência política ou a psicologia norte-americana são algo de absoluto que não pode ser questionado? Ou será que somos simplesmente demasiado preguiçosos para renunciar a esta herança colonial e repensar algo de novo?

Poderá ser útil, neste momento, averiguar (resumidamente) o surgimento desta situação.

A história intelectual das sociedades que se tornaram colónias sob o domínio da Europa e, mais tarde, dos Estados Unidos, apresenta duas fases principais. Na primeira fase, dá-se um firme ataque às suas tradições intelectuais e espirituais, o que é muitas vezes interiorizado e frequentemente aceite de forma acrítica pelos segmentos mais poderosos e influentes da população subjugada. Em qualquer caso, não têm alternativa.

Depois, numa segunda fase, há uma tentativa explícita de substituir completamente os sistemas indígenas por ideias associadas à experiência do colonizador – uma característica sistemática do exercício de poder.

A metodologia adotada nestes ataques foi desenvolvida com veemência em 1612 por Sir John Davies, Procurador-Geral da Irlanda, no seu livro intitulado *A Discovery of the True Causes Why Ireland Was Never Subdued and Brought Under Obedience of the Crown of England Until the Beginning of His Majesty's Happy Reign* [A revelação das verdadeiras causas pelas quais a Irlanda nunca foi subjugada e forçada a obedecer à coroa de Inglaterra até ao início do feliz reinado de Sua Majestade]. Ao escrever sobre a Irlanda (ela própria uma colónia europeia), as palavras de Davies refletem o projeto relativo aos países que vieram a estar sob o jugo político de poderes coloniais:

> Um país bárbaro deve primeiro ser debilitado pela Guerra antes de ser capaz de se governar bem; e quando estiver completamente subjugado e conquistado, se não for bem estabelecido e governado após a conquista, regressará rapidamente à anterior barbárie. A verdade é que nunca houve uma mudança nesta abordagem principal do imperialismo e nos seus métodos daí em diante. (Davies, 1890 [1612]: 291)

O ataque às tradições da Índia, por exemplo, começou por ser oficialmente anunciado por William Wilberforce, no início do século XVIII.

Em 1835, no entanto, uma abordagem profundamente nova cristalizou-se na forma de um "Memorando" do Governador-Geral Lord Babington Macaulay, que veio a ser a fundação da instituição académica moderna e deu provas de sucesso para além das expectativas, quer dos governantes coloniais, quer dos pós-coloniais. Nesse influente Memorando, Macaulay derrubou liminarmente toda a produção intelectual da Índia e do Oriente, incluindo a Europa de Leste, com palavras que são bem conhecidas:

> Quer olhemos para o valor intrínseco da nossa literatura [inglesa] ou para a situação particular deste país [Índia], teremos uma forte razão para pensar que, de todas as línguas estrangeiras, a língua inglesa é aquela que será mais útil para os nossos súbditos nativos. [...] As línguas da Europa Ocidental civilizaram a Rússia. Não tenho dúvidas de que farão ao hindu o mesmo que fizeram ao tártaro. (Macaulay *apud* Trevelyan, 1876: 401, 403)

Esta bem conhecida enunciação dos objetivos do projeto educacional colonial, juntamente e em simultâneo com as demonstrações de arrogância civilizacional, foi repetida até à exaustão em países tão diversos como a Turquia, a Indonésia, as Filipinas, a *Aotearoa* (Nova Zelândia) etc. Estes países tornaram-se, de um momento para o outro, sociedades "vítimas" ou civilizações "derrotadas" e as suas luminárias também aplicaram prontamente este sentimento coletivo de inferioridade aos produtos das suas mentes. No contexto africano, Ngugi wa Thiong'o escreveu:

> A maior arma empunhada e, na verdade, lançada diariamente pelo imperialismo contra o desafio coletivo [foi] a bomba cultural. O resultado de uma bomba cultural é o de aniquilar as crenças de um povo nos seus nomes, nas suas línguas, no seu ambiente, na sua herança de luta, na sua unidade, nas suas capacidades e, por fim, neles próprios. [...] Fá-los identificar-se com o que é decadente e reacionário, com todas essas forças que fariam parar as suas próprias fontes de vida. (Thiong'o, 1981: 3)

É verdadeiramente surpreendente descobrir que tantos segmentos escolarizados da população de praticamente todas as sociedades colonizadas acabaram por ser convencidos da sua própria falta de valor – e do valor da sua civilização – ao ponto de permitirem ser roubados de tudo aquilo que as suas civilizações tinham para oferecer e submeter-se docilmente a uma remodelação, adquirindo os hábitos e pensamentos daqueles que vieram de longe e de fora das suas fronteiras.

A escala desta falta de vigor civilizacional só não veio a ter um alcance maior por uma razão inusitada: a dificuldade que o poder imperial enfrentou – como o próprio Macaulay admitiu – em "educar" toda a população! Por outras palavras, sobrevivemos com a nossa identidade simplesmente porque muitos de nós não falávamos as línguas coloniais, continuámos a falar nas nossas próprias línguas maternas e a maioria das nossas populações mostrou pouco interesse em obter certificação em sistemas de conhecimento ocidentais. Permaneceram simplesmente alheados, desinteressados, desvinculados.

O resultado, em todo o lado, foi a criação de duas sociedades totalmente diferentes, fiéis a sistemas de conhecimento e de crença distintos, mesmo quando ocupavam o mesmo espaço geográfico. No seu notável trabalho de antropologia *México Profundo*, o antropólogo mexicano Guillermo Bonfil Batalla (1996) fez uma referência crítica ao "México imaginário" imposto à sociedade por académicos ocidentais. Designou-o de "imaginário" não porque não existisse, mas porque negava a realidade cultural vivida diariamente pela maioria dos mexicanos.

Segundo Batalla, as vidas das comunidades rurais mestiças "des-indianizadas", bem como o vasto número de migrantes a viver nas cidades, abrangiam aquilo que ele designou de *México profundo*. Esta vida tinha raízes na civilização mesoamericana baseada no fornecimento dos seus próprios alimentos. Trabalhar, nesta sociedade, ainda hoje é entendido sobretudo como uma forma de manter um relacionamento harmonioso com o mundo natural. A saúde é relacionada com a conduta humana e o serviço comunitário faz frequentemente parte das obrigações de cada indivíduo. O tempo é cíclico e os humanos cumprem o seu próprio ciclo em relação com outros ciclos do universo. Poder-se-ia dizer que, para o *México profundo*, a Europa, enquanto sistema de ideias pelas quais a vida se rege ou enquanto ideal, simplesmente não existe. Apesar de a ideia de Batalla parecer radical, a sua descrição de uma sociedade que funciona de forma distinta do que é o entendimento de académicos estrangeiros e dos seus apaniguados locais poderia aplicar-se a qualquer sociedade do mundo não ocidental. Na Índia, esta realidade é o que designamos de "a outra Índia" – maior do que a Índia – que, no seu sentido mais profundo, está preocupada unicamente consigo própria e totalmente alheada da Europa.

Apenas duas categorias de pessoas chegaram à conclusão de que a ciência europeia era a única base para um avanço bem-sucedido do conhecimento (e do bem-estar humano) no futuro: em primeiro lugar os europeus (naturalmente); depois, aqueles que foram educados entre os colonizados, especialmente a comunidade académica. Ambos pelas razões erradas.

É um princípio básico das análises e avaliações o facto de deverem ser efetuadas – no interesse da objetividade e da credibilidade – por pessoas que não estejam relacionadas com o seu objeto. As análises e avaliações do Ocidente, da sociedade ocidental, do alegado dinamismo e sucessos associados à história ocidental, são efetuadas por intelectuais, historiadores e escritores ocidentais. Glorificam despudoradamente o que eles próprios conseguiram alcançar, tornaram-se historiadores de si próprios, propõem a sua própria grandeza e eles próprios certificam e celebram a qualidade única do seu próprio estilo de vida. O ato final de arrogância foi defender, recentemente, que a sociedade norte-americana simbolizava "o fim da história", o fim da evolução; que não havia qualquer outro estádio do progresso humano necessário ou concebível à exceção de intermináveis aperfeiçoamentos da tecnologia (Fukuyama, 1992).

A ausência de objetividade foi levada a extremos de tal forma absurdos que, muitas vezes, toda a história de várias atividades humanas é compilada por escritores ocidentais que não têm sequer em consideração a existência de pessoas de outras partes do globo. Esta ignorância do papel e dos contributos intelectuais de pessoas que vivem fora das fronteiras da Europa deve-se, por vezes, a uma educação reconhecida como limitada ou paroquial. Frequentemente, também advém da recusa em admitir contributos intelectuais de outros, o que desvalorizaria a ideia que o Ocidente tem do seu próprio desenvolvimento como um movimento autodirigido ao longo da escada do progresso humano pela sua suposta superioridade cultural sobre o resto da humanidade.

As ciências sociais ocidentais não são irrevogáveis, divinas, infalíveis ou dotadas de um maior significado epistemológico do que outras tradições intelectuais ou outras etnociências.

Atormentado com esta capitulação mental generalizada e com a rendição de uma geração inteira de intelectuais, Syed Hussein Alatas (1972) escreveu uma avaliação contundente daquilo que designou como "a mente cativa", na qual expôs os intelectuais do Terceiro Mundo pela sua incessante obsessão com teorias do conhecimento importadas e transmitidas que pouco tinham que ver com as suas sociedades, a sua experiência e as suas próprias tradições intelectuais. "É o triunfo final de um sistema de dominação", escreve Ngugi wa Thiong'o, "quando os dominados começam a cantar as suas virtudes" (1981: 20).

A resistência significativa à colonização intelectual acabou por não chegar através desta classe cativa e escravizada de académicos universitários, mas, sim, dos grupos mais marginalizados, incluindo os Índios norte-americanos, os Maoris de *Aotearoa* (Nova Zelândia), os Aborígenes da Austrália e do Canadá, e de um grupo significativo de académicos de países africanos. Veio também do Islão, embora de formas mistas, pois a maioria das sociedades islâmicas não foi capaz de resolver a questão da compatibilidade das suas tradições religiosas com o conhecimento ocidental (de orientação secular, positivista e materialista). Os muçulmanos, na verdade, acabaram por ser certificados em massa pelo conhecimento ocidental. Ainda hoje os países muçulmanos permanecem profundamente esquizofrénicos relativamente às suas abordagens ao conhecimento ocidental, incluindo a filosofia, incapazes de repor a harmonia produtiva entre ciência e Islão que floresceu durante a Idade das Trevas ocidental. O conhecimento materialista ocidental – que nega a própria existência de Alá – é ensinado lado a lado com a teologia islâmica, muitas vezes na mesma universidade.

Na Índia, a ciência ocidental, incluindo as ciências sociais ocidentais, é aceite sem questionamento pelos seus czares académicos, mostrando a total derrota intelectual do seu pensamento e das classes académicas. As (pretensas) "melhores" mentes do país são colhidas em várias instituições importadas que servem de terreno de recrutamento despudorado para sistemas de produção e economias estrangeiras.

Depois de os EUA se terem tornado na força dominante da economia mundial, o domínio dos currículos académicos deslocou-se para as universidades norte-americanas e as suas fórmulas académicas tornaram-se no Novo Testamento para o resto do mundo. Uma vez que os EUA passaram a assumir o controlo sobre o que deveria ser o ensino superior, os conteúdos universitários passaram a basear-se em padrões de pensamento de um país que condensava pouco mais do que uma visão do mundo e as preocupações de uma população predominantemente masculina e branca, que nele tinha estabelecido o seu domínio através de pura e irrestrita violência e que toleraria, apenas, o crescimento de setores que estivessem em sintonia com as suas ideias.

O problema enfrentado pelo sistema educativo branco norte-americano no século XIX prendeu-se com a falta de uniformidade do que era ensinado em diferentes escolas e universidades no país. A questão da diversidade foi finalmente resolvida pelo relatório da Comissão dos Dez, elaborado em 1982 sob a presidência de Charles W. Eliot, reitor da Universidade de Harvard. As disciplinas consideradas necessárias para uma adequada educação de pessoas criadas nos Estados Unidos foram decididas por esta comissão e viriam depois a ser regra em todo o mundo académico, chegando aos dias de hoje com pequenas alterações. As disciplinas, bem como a definição do tempo de ensino dessas mesmas disciplinas, foram determinadas pela Comissão.[1]

O que importa sublinhar é que esta tentativa de criar e aplicar um regime uniforme para todos os estudantes dos sistemas educativos de todos os países – com ambientes, histórias intelectuais e tradições culturais diferentes – nunca

[1] As nove disciplinas fundamentais eram: 1. Latim; 2. Grego; 3. Inglês; 4. Outras Línguas [Europeias] Modernas; 5. Matemática; 6. Física, Astronomia, Química; 7. História Natural; 8. História, Governo Civil e Economia Política; 9. Geografia Física, Geologia e Meteorologia (National Education Association, 1894).

foi questionada. O novo currículo foi adotado em todo o mundo porque a cultura universitária moderna manteve um caráter profundamente imitador ou mimético. De facto, Rabindranath Tagore, o conhecido homem de letras da Índia, escreveu há mais de 100 anos uma história acerca de um papagaio na qual faz uma paródia ao sistema educativo.

Na nova cultura, o manual impresso enquanto instrumento essencial para a aprendizagem ocupava uma posição de supremacia porque estes académicos sentiam-se mais confortáveis com livros do que com o mundo real do qual o texto os poderia isolar de forma segura. Tal facto veio a facilitar ainda mais quem defendia a "universalização", pois a experiência local não era considerada necessária para a teoria e a teoria vinha, de qualquer forma, do mundo académico ocidental.

Em momento algum se questionou criticamente nas nossas sociedades as direções que a aquisição do conhecimento tinha começado a tomar. Apenas os indivíduos prescientes perceberam as terríveis consequências que daqui adviriam para a sua própria gente. Apesar de ser um indivíduo geralmente pacífico, Mahatma Gandhi ficou tão revoltado com a ideia de se estar a transformar o seu povo em ocidentais de segunda categoria que, em 1909, declarou em *Hind Swaraj* que "a deportação perpétua para [a colónia penal n]as ilhas Andamão não é expiação suficiente para o pecado de estimular a civilização europeia" (1938: 68). Como Vinay Lal refere (2002: 143), não é nada surpreendente que a miséria dos seres humanos tenha aumentado numa razão quase direta com a expansão das ciências sociais ocidentais – da antropologia à geografia e à economia – no resto do mundo.

O imperialismo permanece assim uma característica intrínseca do sistema de conhecimento mundial. Ainda hoje o poder para manter este domínio continua a ser exercido através do controlo do comércio de manuais, da autenticação da literatura em ciências sociais, do uso seletivo ou promoção de académicos, da ordenação das universidades, da supressão e do descrédito de ideias de outras tradições intelectuais, da apropriação indevida e sem escrúpulos de tais ideias sempre que possível e do controlo da circulação de ideias através do sistema de grupos de pares associado à indústria editorial e das revistas científicas.

É por esta razão que Mahatma Gandhi, Tolstoy, Aurobindo, Mao Zedong e outras pessoas eminentes trabalharam todas na reformulação dos sistemas educativos que herdaram como um elemento importante do seu trabalho político. Gandhi introduziu o sistema *Nai Talim*,[2] no qual os estudantes trabalham com as suas mãos para aprender e ganhar dinheiro enquanto o fazem.

[2] *Nai Talim* foi concebido como uma experiência de resistência – quer contra o modelo britânico de ensino, quer contra as estruturas político-económicas coloniais.

Os comentários anteriores referem-se à atividade educativa como um todo. Irei debruçar-me sobre algumas ciências sociais de forma individual. Mas, antes de o fazer, é necessário analisar uma questão em particular, o problema dos pressupostos por trás das ciências sociais dos nossos dias.

O referencial dos Estudos Brancos e a crítica dos seus pressupostos

Existe uma história indiana popular sobre a fundação do nosso universo. À semelhança do que acontece com a maior parte das histórias, existem variadas versões dependendo do propósito que se pretende atingir ao contá-la. Na versão que prefiro, um sábio indiano é questionado acerca da base sobre a qual o mundo assenta. A sua resposta é: uma plataforma que repousa sobre um tigre. E o tigre, sobre o que repousa? Num elefante. E esse elefante está assente em quê? Numa tartaruga. E a tartaruga? Bem, depois disso, responde o sábio homem, quase exasperado: "São só tartarugas por aí abaixo". Façamos perguntas semelhantes acerca da ciência ou das ciências sociais, ou mesmo da matemática: em que fundamentação se baseia o seu corpo de premissas e métodos? Tal como acontece na história da tartaruga, descobrimos que cada ciência assenta, afinal, num conjunto de pressupostos que, eles próprios, se colocam fora do domínio do questionamento ou da verificação ou que assentam noutros pressupostos ou premissas metafísicas ou religiosas.

Um pressuposto, por definição, é uma tábua, uma plataforma ou uma premissa cuja verdade simplesmente assumimos ou damos por garantida, que não pode ser negada empiricamente, nem está aberta ao escrutínio científico ou crítico. Pressupostos não são crenças universais, mas, sim, "Verdades do Evangelho" adotadas por grupos minoritários, como os membros de comunidades científicas específicas. Por outras palavras, nunca conseguimos encontrar a justificação para a razão por que usamos um pressuposto ou nos baseamos nele preferindo-o a outros pressupostos, exceto talvez quando se trata de razões externas como a utilidade ou o desempenho ou o poder explicativo.

No entanto, quando solicitados a fazê-lo, rapidamente nos apercebemos de que a ideia de universalismo ou de pressupostos universalmente válidos ou premissas nas ciências sociais é falsa, uma vez que tais universalismos são criados por seres humanos e são, portanto, tão frágeis e instáveis quanto os seres humanos e os seus produtos. A ideia de que seres falíveis podem criar conhecimento infalível acerca de si próprios é, ela própria, uma impossibilidade metodológica, um contrassenso.

Se isto é verdade, então cada cultura ou corpo de conhecimento pode *de facto* criar os seus próprios universalismos, ou seja, os princípios que são adotados para guiar os seus próprios discursos civilizacionais. Pelas mesmas razões, poderá não concordar, rejeitar ou pôr de lado os produtos intelectuais de outras culturas, especialmente quando se considera ser necessário rejeitar os pressupostos nos quais se baseia tal conhecimento ou se tal conhecimento é sentido ou entendido como irrelevante.

Atualmente, esta discussão assume frequentemente a forma de etnociências e a sua relação com os supostos universalismos dominantes. Hoje, a modernidade ou a civilização moderna é identificada por certas características que estão também associadas ao – ou prevalecem no – Ocidente moderno. A ideia base é a de que há uma ciência dominante e que há – abarcadas pelo seu abraço tolerante – várias etnociências. O problema desta ideia é que a ciência designada de dominante, sendo culturalmente determinada, é ela própria uma etnociência. Ela reflete as preocupações e perceções de uma só área cultural, um grupo de sociedades que adotaram certos pressupostos, princípios e valores. Assim que a sociologia ou a ciência política ocidentais forem vistas como uma etnociência, haverá progresso.

A menos que delicadamente não aceitemos os pressupostos eurocêntricos nos quais as ciências sociais modernas se baseiam, não poderá pôr-se fim ao imperialismo académico.

Tomemos o exemplo de algumas disciplinas das ciências sociais e analisemos o quão profundamente a estrutura do conhecimento eurocêntrico aí se encontra firmemente entrincheirado.

O ensino da filosofia como um exemplo do imperialismo académico

As universidades asiáticas e africanas têm vindo a oferecer cursos de graduação e de pós-graduação em "filosofia" há várias décadas. Na Índia, por exemplo, a maioria dos departamentos de filosofia depara-se com falta de estudantes. Esta triste situação não está relacionada apenas com a ideia da inutilidade da filosofia para questões de emprego, mas também com a atual irrelevância daquilo que é ensinado sob o rótulo da "filosofia" para as questões com que os países se deparam, para as questões prementes do nosso tempo.

A Universidade de Deli é disto um exemplo clássico. Esta universidade importante da capital da Índia ainda leciona um curso ao nível dos estudos de graduação que inclui a quase totalidade dos filósofos ocidentais, as questões filosóficas e métodos ocidentais.

Embora ocasionalmente se facultem artigos sobre filosofia indiana, o trabalho disponível é tão estéril e pouco atrativo que acaba por dissuadir quem pudesse interessar-se por ele. O pensamento filosófico indiano é transmitido como se se tratasse de um sistema de ideias fossilizado: arcaico, desatualizado e excêntrico, com conceitos-chave expressos numa língua morta, propriedade de indologistas ou estudiosos do sânscrito; poderá também haver tentativas para a apresentar como estando à altura dos padrões modernos do Ocidente, realizando o mesmo tipo de análise detalhada das questões, por exemplo, em *Nyāya* e *Navya Nyāya*.[3] Assim, para os professores de filosofia dos nossos dias, a sua ementa de questões para raciocinar filosoficamente de forma ativa provém, quase na totalidade, da tradição académica ocidental. A situação é pouco diferente noutras universidades ou noutros países do Sul global.

Em *White Studies* [Estudos Brancos], Ward Churchill faz a seguinte observação acerca dos estudos de graduação em filosofia nos EUA:

> Considere-se um curso típico de introdução à filosofia. Muito provavelmente os estudantes irão explorar as obras de filósofos da Grécia antiga, os fundamentos da lógica cartesiana e Espinoza, visitar a obra de Thomas Hobbes, David Hume, e John Locke, estudar um capítulo ou dois da estética de Kant, mergulhar um pouco na dialética de Hegel, e analisar as variadas divagações de Nietzsche. Um bom professor de esquerda poderá acrescentar um pouco da famosa "inversão" de Hegel feita por Marx e, num dia bom, os seus comentários sobre as fragilidades de Feuerbach. Numa aula exemplar, a matéria terminará no século XX com discussões sobre Schopenhauer, Heidegger e Husserl, Bertrand Russell e Alfred North Whitehead, talvez um resumo "ousado" do existencialismo de Sartre e de Camus. [...] Os cursos de graduação avançados costumam explorar os mesmos temas, acrescentando assuntos como "Filosofia Tardo-Medieval", "Monismo", "Rousseau e a Revolução", "A Moralidade de John Stuart Mill", "Einstein e as Gerações da Ciência", "A Fenomenologia de Merleau-Ponty", "A Filosofia da Ciência de Popper", "Benjamin, Adorno e a Escola de Frankfurt", "Significado em Marcuse", "Estruturalismo/Pós-Estruturalismo" e mesmo "A Teoria Crítica de Jürgen Habermas". O trabalho ao nível da graduação consiste habitualmente em produzir uma síntese coerente de uma combinação destes elementos. (Churchill, 2002: 10-11)

Os estudantes que tenham completado os seus estudos de licenciatura (e de pós-graduação) em filosofia em universidades indianas ou africanas irão prontamente reconhecer que, à exceção de poucos casos, foram educados precisamente à base da mesma ementa de materiais exóticos.

[3] O *Navya-Nyāya* (Neológico) *darśana* (perspetiva, sistema ou escola) de lógica e de filosofia indiana resultou do desenvolvimento do *Nyāya darśana*. Foi criado no século XIII.

No ensino e estudo da história, a maioria das universidades regressaram gradualmente às suas próprias histórias civilizacionais. No entanto, o mesmo não acontece com disciplinas como a filosofia e a sociologia. Mogobe Ramose referiu que se poderia argumentar que a filosofia ocidental ensinada no Ocidente poderia ser contextual ou mesmo indígena. Mas o mesmo não se poderá dizer sobre o ensino da filosofia ocidental em África, uma vez que foi descontextualizada no sentido em que sistemática e continuamente ignorou e excluiu a experiência de se ser africano em África (Ramose, 2002: 29).

Filósofos provenientes de África têm, na verdade, acusado importantes filósofos ocidentais de racismo. A lista de filósofos ocidentais que são abertamente racistas nos seus escritos e que tentaram mesmo defender as suas convicções em profundidade inclui Aristóteles, Bentham, Hegel e Nietzsche, Locke, Kant e Hume. Atualmente, críticos africanos questionam como é que académicos puderam permitir que os escritos de tais filósofos pudessem ser ensinados a jovens africanos.

Na Índia, enuncia-se um certo grau de adesão à "espiritualidade" indiana, mas a verdadeira filosofia apenas é, em regra, praticada fora da academia, sob a tutela de gurus, em locais como os *ashrams*, e por mentores famosos, como Baba Ramdev, que tem mais estudantes hoje do que todos os departamentos de filosofia do mundo juntos.

No ano 2000, a University Grants Commission (UGC) [Comissão de Bolsas Universitárias] da Índia analisou o curso de filosofia como parte do seu esforço para renovar estudos em 32 disciplinas. Este modelo curricular tenta colocar a filosofia indiana a par da filosofia ocidental: em termos de peso e em termos de tempo, parece que igual atenção é dada agora a ambas as áreas. A dificuldade da abordagem 50-50 é a de seguir como uma linha férrea, sobre carris paralelos, em que cada lado não interage com o outro nem o reconhece, nem luta contra o outro, cada um usando categorias que se opõem ao outro em questões fundamentais. No entanto, apesar do modelo curricular UGC ter sido enviado para todas as universidades indianas para consideração e uso, poucas universidades parecem tê-lo utilizado, incluindo a Universidade de Deli.

O que é característico dos currículos praticados em departamentos de filosofia indianos é o ensino da filosofia ocidental sem que se proceda a uma discussão comparativa do seu método epistemológico ou das suas conjeturas ou pressupostos. As filosofias ocidental e indiana são estudadas de forma independente sem qualquer tentativa para as ver como duas respostas fundamental e metodologicamente diferentes a uma problemática comum, ou mesmo como duas formulações diferentes da mesma problemática. Esta abordagem não permite ver a tradição filosófica indiana no contexto da história, como tendo um princípio de movimento, de reforma dinâmica e de constante reformulação;

a ênfase continua, por norma, a ser colocada numa tradição indiana autêntica, mas basicamente fossilizada. O esquema geral da filosofia ocidental e das suas preocupações ao longo dos tempos continua a ser o enquadramento dos estudos filosóficos na Índia.[4] Continua a aceitar-se como dado adquirido que este enquadramento é basilar, absoluto, não deve ser questionado – a única tradição desenvolvida em comparação com a qual todas as outras são étnicas, excêntricas, subdesenvolvidas e anacrónicas.

Quando se procura conhecer o que está por trás dos pressupostos que estão na base da filosofia ocidental, depara-se com uma surpresa ainda maior. As filosofias islâmica e indiana não são consideradas como "filosofia" pelas escolas de filosofia ocidentais por recusarem ambas a dar destaque ou primazia à razão como instrumento para se atingir a verdade absoluta. A filosofia islâmica é rotulada de "teologia", enquanto a filosofia indiana é relegada para a esfera da "religião" (como é entendida no Ocidente). No entanto, a própria filosofia ocidental baseia as suas próprias premissas em pressupostos sem fundamento que são tão fundamentalistas, religiosos ou teológicos como aqueles de que considera conseguir distinguir-se.

Uma análise cuidadosa do trabalho realizado no curso de filosofia por estudantes de licenciatura em universidades como Harvard, Califórnia, Oxford etc., revela que nestas instituições académicas só é ensinada filosofia ocidental, excluindo-se quase totalmente os sistemas de pensamento de outras partes do mundo. Na verdade, a filosofia é identificada completa e unicamente com filósofos ocidentais. Na Índia e em variadas outras universidades localizadas em antigas colónias, a posição é a inversa: suprimimos as nossas próprias tradições filosóficas e pomos no centro da nossa atenção o pensamento ocidental. Mesmo onde se ensina a filosofia indiana, tal é feito aceitando-se os padrões e os parâmetros ocidentais da discussão filosófica.

O que acontece se se defender que estas diferentes tradições (indiana, africana, chinesa e ocidental) são incomensuráveis, baseadas num conjunto separado de pressupostos, com fundações baseadas em fés e convicções completamente diferentes e irreconciliáveis? Esta possibilidade deveria ser trazida para a sala de aula e as implicações destas diferenças deveriam ser discutidas.

Ou ainda se se desenvolvesse um curso de filosofia que permitisse aos estudantes reconhecer que as tradições filosóficas da Índia dão resposta a questões a que as tradições filosóficas ocidentais não conseguiram responder. Ou que permitisse aos estudantes ver as tradições intelectuais ocidentais como intrinsecamente insuficientes ou desnecessárias, levando inevitavelmente a becos sem saída?

[4] Caso se substitua o termo "filosofia" na frase anterior por outro termo, como "sociologia" ou "antropologia", o sentido da frase mantém-se válido.

O ensino da economia como um exemplo do imperialismo académico

A maioria das universidades hoje dedica-se ao ensino de um currículo em economia no qual a economia liberal – com a sua doutrina dos mercados e da concorrência – é considerada conhecimento dominante. A ideia do "mercado" não se refere já à diversidade de instituições envolvidas na venda de produtos (incluindo bazares e *haats*[5]), que continuam a proliferar, nem está associada à cultura liberal do Samudri Raja de Calcutá que, em 1498, protegeu o acesso de comerciantes europeus aos mercados locais durante as suas primeiras visitas à Índia. Pelo contrário, atualmente é inteiramente associada à ideia liberal ocidental do "mercado livre" que, paradoxalmente, está a ser imposta a todas as nações de forma não liberal. Este tem sido o caminho desde a instituição do cartaz[6] pelos portugueses, há 500 anos. Hoje, o enquadramento do currículo da economia liberal que foi herdado permanece intacto apesar de os argumentos intelectuais ou da "ciência" que está por trás deste enquadramento terem colapsado em várias ocasiões, incluindo a recente crise das hipotecas nos EUA (2008) e a forma como o governo dos EUA, bem como outras administrações fiscais, intervieram descaradamente no sentido de evitar a eliminação de várias agências ineficientes e culposas, algo completamente contrário aos próprios princípios da economia liberal que pregam incansavelmente ao resto do mundo.

Deste modo, o facto de a economia liberal continuar a ser ensinada como "sabedoria do evangelho" tem pouco que ver com qualquer associação a princípios racionais ou com conhecimento fundado em quaisquer cânones de objetividade. A maior parte deste *corpus* da economia liberal é sobretudo uma contrarresposta organizada a um outro dos seus economistas, John Maynard Keynes, que negava o princípio fundamental do sistema capitalista – o de que funcionava melhor se o deixassem funcionar sozinho, independente das intervenções do governo.

Está abundantemente documentada a forma como o neoconservador Frederick Hayek foi importado da Escola Austríaca de Liberalismo Económico para a Inglaterra, em 1931, apenas para contrabalançar a influência de Keynes. O seu livro, *Road to Serfdom* [O caminho para a servidão] (Hayek, 1944),

[5] *Haats* são mercados periódicos organizados regularmente na Índia rural. Um *haat* ocorre com uma frequência semanal ou quinzenal e é um elemento chave de qualquer campanha de marketing rural.

[6] Cartaz era uma licença ou um passe de comércio marítimo emitido pelos portugueses no oceano Índico durante o século XVI (aproximadamente entre 1502-1750), sob o domínio do império português.

propunha-se provar que o totalitarismo seria a consequência natural de se admitir a economia keynesiana, especialmente as suas propostas para o pleno emprego. Mas, além disso, Hayek foi depois fundamental na formação da Sociedade Mont Pelerin, um grupo semissecreto de neoconservadores que pretendia converter a geração seguinte de intelectuais às doutrinas neoliberais. Na conferência inaugural da Sociedade, além de Hayek, estiveram presentes Karl Popper, Lionel Charles Robbins, Milton Friedman e outros notáveis, cujo trabalho continuou a dominar e adornar os currículos das universidades não ocidentais. Dos 39 participantes, 24 eram provenientes dos EUA e do Reino Unido e os restantes da Europa continental. Não veio nenhum do mundo não ocidental, que viria, no entanto, a ser em breve atingido pelas ondas de choque académicas dali resultantes. As conferências da Sociedade foram, daí em diante, organizadas de dois em dois anos, com a comparência de um número crescente de académicos.

Apesar dos seus membros, a influência da Sociedade Pelerin não foi suficientemente pronunciada. A situação mudou com a chegada de Anthony Fisher, um avicultor bem-sucedido (a quem Thatcher atribuiu o título de cavaleiro em 1988). Fisher financiou o início do Institute of Economic Affairs (IEA) e de outros grupos de reflexão sobre o mercado livre. O objetivo do IEA era difundir um pensamento económico "sólido" nas universidades e em todas as instituições educativas.

Em 1974, o IEA criou o Centre for Policy Studies e, em 1980, a Social Affairs Unit para fazer pela sociologia o que o IEA tinha feito pela economia. Proliferaram mais instituições, incluindo o Adam Smith Institute e a Heritage Foundation. O próprio Anthony Fisher tornou-se o primeiro presidente do Fisher Institute no Canadá e, em 1977, criou o International Center for Economic Policy Studies, em Nova Iorque. Para coordenar estes "institutos", Fisher criou a Atlas Economic Research Foundation, com o objetivo de constituir uma estrutura institucional central. Em 1991, considerava ter ajudado, criado, financiado ou aconselhado de alguma forma 78 institutos e tinha estabelecido uma relação com 91 outras instituições em 51 países. Depois da queda do Muro de Berlim, muitos dos seus funcionários mais importantes mudaram-se para a Europa de Leste e para a União Soviética em desintegração, tendo em vista assegurar que o ensino académico nesses locais era ministrado de maneira a acolher as virtudes da economia capitalista.

A Sociedade Mont Pelerin e o exército privado de Fisher, constituído por grupos de reflexão do comércio livre, patrocinaram instituições que propagavam a filosofia económica liberal por todo o mundo ocidental, e os seus economistas tornaram-se consultores e conselheiros políticos de governos nacionais. Exerceram, naturalmente, uma grande influência no ensino da economia também em universidades não ocidentais, dado que estas últimas tinham pouca confiança no seu próprio entendimento dos sistemas económicos.

Na verdade, a "economia do desenvolvimento" foi originalmente inventada no Ocidente e depois levada para o Sul (Alvares, 1992: 95-100). Os seus pressupostos eram iguais aos que sustentavam os pressupostos económicos das economias ocidentais. A única diferença era a sua aplicação um pouco arrogante, sem princípios, irresponsável, aos países do Sul. Os principais economistas do desenvolvimento do "Terceiro Mundo" eram pessoas do "Primeiro Mundo": Lord Bauer, Colin Clark, Albert O. Hirschman, Sir Arthur Lewis, Gunnar Myrdal, Raúl Prebisch, Paul Rosenstein-Rodan, Walt Rostow, Hans Singer e Jan Tinbergen. Estes vieram a dominar o pensamento sobre a economia e o desenvolvimento.

Que relação têm estes economistas neoclássicos e por vezes keynesianos com os problemas do Sul global? Habitualmente, muito pouca. No entanto, a independência das colónias e a sua transformação em novos Estados criou uma nova categoria de oportunidades de emprego para estes economistas: consultores dos governos do Sul. Só muito mais tarde estes peritos confessaram que estavam a "aprender", e que, por isso, cometeram erros graves. Estes erros constituíram a base de políticas que afetaram negativamente as vidas de milhões de pessoas. Foram também ensinados convictamente nas universidades.

Quais eram os elementos da estratégia de desenvolvimento? Teríamos de enumerar, desnecessariamente, os princípios fundamentais da teoria convencional do crescimento: o modelo Harrod-Domar, no qual poupança e investimento eram considerados elementos cruciais para o crescimento. Tal como o modelo de Arthur Lewis: como fazer com que uma sociedade habituada a uma taxa de poupança de 5% atinja uma taxa de poupança de 12 a 15%? E há ainda a hipótese de Clark Fisher de que as economias avançam à medida que o trabalho se vai deslocando de atividades económicas do setor primário para o setor secundário e, daí, para o setor terciário. Finalmente, a ajuda exterior é um estímulo crucial para fazer sair as economias estagnadas do Sul de ratoeiras ou círculos viciosos, provocados, por exemplo, pelo aumento da população. Não se consideraram os fatores estruturais. Supunha-se que o crescimento era linear e automático. Mais tarde, quando os planeadores descobriram que o seu modelo era demasiado simplista, decidiram que eram necessárias mudanças ao nível dos valores, das instituições e das atitudes: estas teriam também de ser substituídas através da engenharia social. É reconfortante descobrir que não precisavam de uma população inteiramente nova para substituir a existente (que foi o que tentaram fazer quando nos aconselharam a optar por vacas de Jersey, porcos de Yorkshire e galinhas legorne).

A economia do desenvolvimento nada mais foi, deste modo, do que a economia dominante do Norte global aplicada ao Sul global. Hoje, não há uma única pessoa no mundo que não fique horrorizada com a contínua degradação das economias de África. Quem formou os economistas africanos? Há alguma convenção do pensamento económico nas cabeças de economistas da Índia, África ou Brasil que não tenha lá sido colocada por algum padrinho obstinado do Ocidente? Atualmente, o regime dos cursos de economia em universidades continua a ser uma tal miscelânea de discursos económicos subjetivos que é de surpreender que tenha alguma vez reclamado para si o estatuto de "ciência" que vale a pena ser ensinada em qualquer universidade, em qualquer parte do mundo.

O ensino da psicologia como um exemplo do imperialismo académico

Não há melhor exemplo da total discrepância entre currículos universitários e perceção pública da utilidade do conhecimento do que o ensino da psicologia. Considere-se o caso de um país como a Índia. Enquanto literalmente milhões de pessoas recebem instrução de gurus ou vêm para a Índia para aprender a fazer yoga ou para ouvir os discursos do Dalai Lama ou dos seus acólitos, os departamentos de psicologia continuam mergulhados no ensino e prática de uma psicologia clínica totalmente importada dos EUA.

Mas isto não sucedeu sem rebelião. Durante os últimos 50 anos tem havido muitos críticos do ensino da psicologia oriundos de áreas muito diferentes, especialmente no contexto africano e na Índia.

Académicos africanos juntaram-se aos indianos na crítica ao eurocentrismo na psicologia. Vernon Naidoo (1996), por exemplo, declarou que o ensino da psicologia na África do Sul tem sido tradicionalmente eurocêntrico, sendo os seus conhecimentos decorrentes de um sistema de valores da classe média branca. As questões e problemas que dizem respeito a outros grupos sociais não estavam presentes nas suas preocupações. Naidoo apelou a um paradigma afrocêntrico de psicologia para contestar o "substrato eurocêntrico da psicologia" e a sua "pretensão de universalidade". Rejeitou o mito da similaridade – de que pessoas formadas em perspetivas monoculturais poderiam aplicar a sua teoria a todas as populações.

À semelhança do que acontece com a ciência política, o argumento geral contra trabalhar com as tradições psicológicas da Índia ou de qualquer outra parte do mundo é o de que, mesmo que sejam eficazes enquanto "terapia", há uma ausência de quadro teórico que se possa tornar objeto de investigação. No entanto, importa reconhecer que tais declarações ou opiniões vêm invariavelmente de intelectuais que têm pouco acesso a – ou experiência com – tradições e teorias psicológicas nativas. Assim, têm pouco entendimento destas tradições por causa do seu conhecimento limitado ou inexistente das línguas, literaturas e textos locais. Afirmações infundadas semelhantes têm sido feitas não só acerca das tradições psicológicas indígenas da Índia, mas também acerca de outras disciplinas.

Sem dúvida que a situação está a mudar devido à influência de estudos e abordagens multiculturais nos quais se questiona a psicologia branca com base na sua aplicabilidade e relevância. O único problema dos estudos multiculturais é o de que continuam a avaliar e a trabalhar no âmbito da base conceptual e metodológica da psicologia eurocêntrica. De acordo com Naidoo, não só o conceito europeu de ciência e de investigação deve ser contestado, mas também o foco na abordagem clínica, com a sua ênfase excessiva no diagnóstico e no tratamento da doença mental individual, deverá ser igualmente questionado. A psicologia deve ser envolvida numa promoção da saúde mais vasta.

O ensino da sociologia como um exemplo de imperialismo académico

Se a psicologia dos nossos dias é quase totalmente norte-americana (com todas as suas patologias evidenciadas), o campo da sociologia encontra-se firmemente radicado nos métodos, problemas, crenças e experiências da Europa. É totalmente inapropriado, se não mesmo absurdo, tentar encaixar a história social indiana nos limites de uma sociologia que tem refletido a organização da sociedade na Europa nos últimos 300 anos, quando, na verdade, a pouca interação que houve entre as duas nunca assentou em qualquer tipo de igualdade.

A discussão mais recente acerca do quanto o discurso eurocêntrico conseguiu infetar o ensino da sociologia em quase todas as sociedades não brancas está patente no trabalho de Farid Alatas. No seu livro, *Alternatives Discourses in Asian Social Science* [Discursos Alternativos na Ciência Social Asiática], Alatas (2006) discute várias questões-chave que podem ser identificadas com o atual estado das ciências sociais (muitas destas podem ser aplicadas com proveito também nas outras ciências sociais herdadas ou importadas). Listo aqui algumas delas:

- O principal impulso dos desenvolvimentos na área das ciências sociais continua a ter origem no trabalho de académicos norte-americanos, britânicos, franceses e alemães (o designado Gangue dos Quatro Poderes das Ciências Sociais). Universidades de outras partes do mundo limitaram-se a copiar ou a estudar os resultados produzidos por cientistas sociais destes países principais, incluindo novas ideias, seleção de problemas, metodologias e prioridades de investigação;

- Por esta razão, dá-se pouca atenção às tradições literárias e filosóficas. Invariavelmente, estas nunca são consideradas como fontes adequadas para conceitos (teoria) nas ciências sociais. O habitual é serem completamente esquecidas;
- Paralelamente, há a crença de que os cientistas sociais fora da área cultural euro-americana são incapazes de gerar teorias e métodos originais quando trabalham nas suas áreas. Há ainda uma total falta de confiança entre os académicos não ocidentais. Acredita-se que existe muito pouca capacidade para criar novos modelos teóricos ou metodologias;
- Os modelos, teorias ou conceitos ocidentais são adotados e aplicados nas sociedades de forma acrítica, o que resulta em teorias ou trabalhos com muito pouca utilidade ou valor. Enfrentamos também o problema do "auto-orientalismo", em que as ideias orientalistas são, elas próprias, adotadas como imagens verdadeiras de sociedades não ocidentais por académicos e intelectuais em sociedades não ocidentais;
- Os discursos europeus sobre as sociedades não ocidentais tendem invariavelmente a produzir construções essencialistas destas sociedades, "confirmando" assim que são o oposto do que a Europa representava e por esta razão podem ser rotuladas de "bárbaras", "retrógradas" e "irracionais";
- A maioria das perspetivas das ciências sociais são elitistas. Centram-se em grupos dominantes da sociedade e nos seus problemas. Não têm em consideração a existência de pontos de vista minoritários. Também não olham seriamente para minorias étnicas, grupos desfavorecidos ou subalternos;
- A maioria das ciências sociais alinha com o Estado nacional e os seus problemas. Neste sentido, os cientistas sociais são na sua maioria conservadores, apologistas do *statu quo*. Atualmente, o papel de antropólogos e geógrafos é assumido por antropólogos e geógrafos indianos e malaios. A relação com o Estado não sofreu transformações (Alatas, 2006: 32).

O ensino da ciência política como um exemplo de imperialismo académico

Quase todos os cursos de ciência política tiveram origem na Europa ou, mais recentemente, nos EUA. As teses de doutoramento sobre o Sul global são elaboradas com base numa qualquer nova ideia ou livro de ciência política proveniente dos EUA. Os seguidores de David McClelland, Michel Foucault, Derrida ou de outros intelectuais europeus e norte-americanos são omnipresentes no Sul global. A dependência e escravidão intelectual é total e vergonhosa.

É uma situação tanto mais surpreendente porquanto quase ninguém no seu perfeito juízo iria negar que as sociedades não brancas tiveram tradições políticas fortes. Na Índia e na China, por exemplo, temos vários tratados políticos influentes, incluindo o *Livro de Mêncio*, *Os Analectos*, de Confúcio, e o *Artaxastra*, de Cautília. No entanto, os conteúdos transmitidos aos estudantes de ciência política baseiam-se exclusivamente na importância de *O Príncipe*, de Maquiavel.

É incrível que epopeias como a *Ramayana* e a *Mahabharata*, dois dos mais extraordinários textos sobre ciência política na Índia, não estejam presentes nos cursos de ciência política na Índia, apesar de estes textos constituírem fontes para discussão sobre filosofia, ética e política. Na verdade, no *Mahabharata*, a discussão sobre a natureza da violência acontece no meio do campo de batalha, com setas a voar enquanto os protagonistas discutem argumentos minuciosos.

Apesar destas críticas bastante vigorosas (que já são feitas há algum tempo), temos ainda o espetáculo pouco edificante de uma universidade como a de Nova Deli, localizada na capital de um país independente como a Índia, que continua a expor sem pruridos o seu "encanto" pelas ideias e métodos da Europa. Durkheim, Weber, Marx podem ser uma boa escolha para universidades europeias. Tal como o impacto da repetição da publicidade à Coca-Cola na televisão, também nós poderemos vir a ser convencidos de que estes são bons produtos, com valor, especialmente quando a nossa educação inglesa consegue eliminar todas as outras opções e não conseguimos aceder a pensadores diferentes simplesmente porque ignoramos as suas línguas.

A minha pergunta é: o que temos em comum com estes economistas, pensadores e cientistas políticos? Por que razão não admitimos simplesmente que aceitamos a sua grandeza apenas porque esta ideia nos foi servida dia sim, dia não? Nós próprios acabámos por não tomar qualquer decisão independente sobre eles. Como o poderíamos ter feito? Estes pensadores escreveram primeiro em alemão ou noutras línguas europeias há um século ou dois. Depois, foram traduzidos para inglês. Tivemos que aprender inglês ou alemão para os podermos ler. Nenhum deles escreveu na nossa língua materna. Por que não paramos completamente de nos referir a eles? Ficaríamos, de alguma forma, mais pobres? Não ficaríamos mais livres para fazer algo mais sensato do que o que tentamos fazer agora, ou seja, continuar a analisar o mundo através dos filtros com que eles percecionavam e entendiam o seu mundo há décadas, se não mesmo séculos? Por que aceitamos que não podemos trabalhar e pensar sem as muletas mentais que acreditamos que só estes fantasmas nos podem dar?

A prioridade para qualquer académico no Sul global é resistir ao imperialismo na academia, trabalhando no sentido de transcender o discurso eurocêntrico e os quadros teóricos de perceção e compreensão eurocêntricos. Se o resultado for umas ciências sociais mais diversas, plurais, menos facilmente inteligíveis por todos, mais impenetráveis para cada membro das ciências sociais, então que assim seja. Um bom exemplo desta situação é a escrita atual dos Maoris em inglês, que é impenetrável a menos que se consiga entender os termos-chave Maori. Este seria um cenário infinitamente mais interessante – e mais criativo e produtivo – do que o presente sistema em que uma forma homogénea de se pensar e fazer, proveniente de uma pequena classe de indivíduos de uma ou duas sociedades e a elas adaptada, se torna a norma para toda a gente em todo o lado.

Na secção final, descrevo de forma sucinta alguns esforços e propostas no sentido de se obter umas ciências sociais mais diversas, plurais e não eurocêntricas.

Ultrapassar o eurocentrismo: notas para o desenvolvimento de novos enquadramentos e metodologias

a) Para um trabalho credível e significativo no sentido de um enquadramento teórico não eurocêntrico na área das ciências sociais, é necessária uma decisão prévia e firme, ou um compromisso, no sentido de uma dissociação intelectual entre as teorias existentes e o corpo das ciências sociais eurocêntricas e europeias ao nível de cada conselho académico ou universidade. Devem ser desenvolvidos esforços sérios no sentido de se discutir pressupostos enraizados na cultura e aceites culturalmente para a investigação e metodologia, métodos que estejam em harmonia com os nossos valores culturais, com o nosso ambiente e toda a vida. Devemos ligar-nos novamente e de forma crítica às tradições intelectuais indígenas (Tuhiwai Smith, 1999).

b) Pensar em termos de um "discurso alternativo" pode ser enganador, pois poderia levar a assumir a contínua existência de um discurso "dominante". Em vez disso, seria muito melhor imaginar-se um discurso plural – não derivativo, não alternativo, mas, sim, plural – por uma questão de princípio. Tal permitiria a centenas de flores das ciências sociais florescer.

c) É necessária uma séria reorientação para pensadores que não provenham da academia ou de instituições culturais europeias ou norte-americanas, mas, sim, das nossas próprias regiões. A prática de se ir beber à tradição académica ocidental deveria ser gradualmente substituída por uma procura confiante dentro das nossas próprias tradições.

d) Como exercício prático, encorajar a escrita de artigos sem recurso ou sem citação de fontes ou livros ocidentais. Se tal não for possível, reduzir o número de citações de académicos ocidentais e aumentar o número de citações de académicos não ocidentais. Melhor ainda, encorajar os estudantes a escrever artigos sem fazer referências a fontes intermináveis, isto é, mostrar-lhes como fazer uma escrita sem citações. A melhor literatura do mundo – histórias – nunca tem citações. A verdade não precisa de muletas. Se não se consegue defender uma ideia baseada na sua própria experiência, não será o recurso às citações que irá ajudar.

e) Haveria muito mais clareza se incitássemos ao uso mais rigoroso ou à rotulagem das ciências sociais. Usar as palavras "sociologia europeia" quando se discute trabalho sociológico da Europa, ou sociologia iraniana ou islâmica ou sociologia norte-americana etc., quando se discutem outros trabalhos. Isto introduzirá equilíbrio e confirmará a ideia de que as ciências sociais europeias são etnociências, a par de outras etnociências. Elas podem ser boas para a Europa, mas inúteis e sem sentido para nós.

f) As metodologias positivistas euro-americanas devem ser revistas criticamente e, quando necessário, deitadas fora. É importante almejar-se uma universidade enquanto centro criativo de conhecimento que tem importância para os seres humanos e outras formas de vida e em que a ecologia do planeta é, em geral, respeitada. A universidade deve, sim, ser vista como um centro em que interagem semelhantes. Tal não elimina por completo a disseminação, nem garante a conservação de conhecimento útil e válido, mas passaremos a estar conscientes de que o ato de disseminação restringirá sempre as abordagens criativas.

g) As metodologias de investigação devem incluir o diálogo e meios bem mais variados do que a confiança generalizada apenas em leituras e manuais. Os manuais do nosso tempo são um símbolo da degeneração do conhecimento, um contributo peculiar da universidade na era moderna. Na verdade, clássicos como o *Corão* ou o *Mahabharata* deveriam tornar-se textos básicos para a maioria das disciplinas e ser retirados da esfera da mitologia ou dos textos religiosos, pois discutem com bastante competência as questões mais importantes no domínio das ciências sociais.

h) Impedir profissionais ocidentais das ciências sociais de fazer investigação nas nossas universidades até que se consiga negociar um equilíbrio no sentido de se fazer investigação paralela pelos nossos investigadores nas suas universidades sobre as suas sociedades.

i) Acima de tudo, resistir a algumas das propostas atuais que defendem que a ciência ocidental se torne mais "inclusiva", isto é, que sejam feitos mais esforços para incluir factos do mundo não ocidental nos quadros teóricos deficitários em que o Ocidente continua a predominar. Tais ações não mudam nada visto que deixam a superestrutura intacta. Podem melhorar o estado do conhecimento ocidental, mas não conseguem melhorar a qualidade do estado do nosso conhecimento.

Meros remendos nos currículos existentes, aqui e ali, não nos ajudarão a desfazer-nos da influência eurocêntrica, nem trarão o espírito da ciência criativa para as nossas instituições académicas. Dissociarmo-nos quer das ciências sociais eurocêntricas, quer dos modelos de ensino europeus garantirá pelo menos a perspetiva de um novo início, em que as universidades de todo o mundo se reapropriarão da sua função predominante de serem centros para a criação de conhecimento que aborda os problemas da vida real de todos os povos e sociedades do mundo.

Referências

Alatas, Farid S. (1972), "The Captive Mind in development studies", in *International Social Science Journal*, XXIV(1), 9-25. Disponível em http://unesdoc.unesco.org/images/0000/000025/002582eo.pdf.

Alatas, Farid S. (2006), *Alternative Discourses in Asian Social Science: Responses to Eurocentrism*. New Delhi: Sage.

Alvares, Claude (1992), *Science, Development and Violence: The Revolt against Modernity*. Delhi: Oxford University Press.

Batalla, Guillermo Bonfil (1996), *Mexico Profundo: Reclaiming a Civilization*. Austin, TX: Texas University Press.

Churchill, Ward (2002), *White Studies: The Intellectual Imperialism of Higher Education*. Penanag: Citizens International.

Davies, Sir John (1890 [1612]), "A Discovery of the True Causes Why Ireland Was Never Entirely Subdued nor Brought Under Obedience of the Crown of England Until the Beginning of His Majesty' s Happy Reign", in Henry Morley (ed.), *Ireland Under Elizabeth and James the First*. London: George Routledge and Sons, Ltd, 213-342.

Fukuyama, Francis (1992), *The End of History and the Last Man*. New York: Free Press.

Gandhi, Mohandas K. (1938), *Hind Swaraj or Indian Home Rule*. Ahemadabad: Navajivan Publishing House. Disponível em http://www.mkgandhi.org/hindswaraj/hindswaraj.htm.

Hayek, Friedrich A. (1944), *Road to Serfdom*. London: Routledge.

Lal, Vinay (2002), "The Disciplines in Ruins: History, the Social Sciences, and Their Categories in the 'New Millennium'", *Emergences*, 12(1), 139-155. Doi: https://doi.org/10.1080/1045722022000003480.

Naidoo, Anthony Vernon (1996), "Challenging the Hegemony of Eurocentric Psychology", *Journal of Community and Health Sciences*, 2(2), 9-16. Disponível em http://academic.sun.ac.za/psychology/TVNaidoo/Art-3-Eurocentric-Psychology.pdf.

National Education Association (1894), *Report of the Committee of Ten on secondary school studies with reports of conferences arranged by the committee*. New York: American Book Company.

Ramose, Mogobe B. (2002), *African Philosophy through Ubuntu*. Harare: Mond Books.

Thiong'o, Ngugi Wa (1981), *Decolonizing the Mind: The Politics of Language in African Literature*. London: James Currey.

Trevelyan, George Otto (1876), *Life and Letters of Lord Macauly by his nephew, George Otto Trevelyan, M.P*, vol. 1. London: Longmans, Green and Co.

Tuhiwai Smith, Linda (1999), *Decolonizing Methodologies*. London: Zed Books.

CAPÍTULO 3

A ideia da intersubjetivação na construção de "Epistemologias do Sul"

José Castiano

Introdução

A África deveria abrir-se para um movimento de intercâmbio horizontal entre as culturas epistemológicas. "Horizontal" aqui quer dizer abrir-se para aquela dimensão da intercultura que pressupõe um diálogo entre as diversas culturas endógenas, ou seja, entre as culturas locais nacionais. Este "movimento" de interação entre as culturas endógenas nacionais deve completar os esforços do movimento de um processo intercultural "vertical". Isto é, reforçando a criação de cada vez maiores espaços de interação entre as epistemologias do Norte e do Sul.

Está claro que aspetos das culturas africanas, como a do Yorubá por exemplo, ou das mulheres (ou homens) da cultura moçambicana, como é o caso de Reinata Sadimba (ou de Malangatana), são mais conhecidos na Europa e nas Américas do que em países africanos ou no seio de outras culturas nacionais, isto é, dentro do próprio Moçambique. As obras de Reinata, por exemplo, são expostas e apreciadas em cidades europeias; porém têm despertado pouco interesse no interior de Moçambique (excetuando, é claro, a dita indústria do "turismo cultural") e muito menos noutros países africanos. Em contrapartida, se perguntarmos a qualquer estudante universitário das ciências sociais ou de humanidades em Moçambique, e não só, se conhece algum autor da cultura francesa (Foucault, Rousseau, Derrida, entre outros), a possibilidade de a resposta ser um "não" é muito pouca, se compararmos com o inverso na Europa para com os/as "nossos/as" homens e mulheres de cultura.

Os contactos ditos interculturais – sejam eles entre as culturas do "Norte" e as do "Sul", sejam entre as culturas do Sul ou do Norte entre si mesmas –

realizam-se *sempre* por via de indivíduos concretos com nomes e apelidos bem determinados. Isto é, não existem contactos interculturais anónimos, sem a participação concreta de indivíduos que se identificam antes e se convidam para estarem presentes nos contactos ou debates. As instituições que se criam e estes indivíduos representam apenas podem facilitar ou tornar difícil este movimento, tanto na sua dimensão vertical, como na sua dimensão horizontal. A estes indivíduos concretos que participam nas trocas culturais e epistémicas, cada um (ou uma) e em cada momento a representar uma determinada cultura – dado que culturas, *in stricto sensu,* não "falam" entre si –, designo de sujeitos epistémicos culturais. Estes chamam a si a responsabilidade de, no meio de uma determinada ronda ou espaço intercultural, representarem ou falarem "em nome" das suas culturas de origem, donde pensam retirar a firmeza e legitimidade de serem os "porta-vozes" desses espaços: sejam académicos, sejam de natureza cultural, política ou artística. Em alguns casos – se não tomam para si esta responsabilidade de representatividade –, no mínimo são convocados/as na sua qualidade de pertença a uma determinada cultura e epistemicidade para as "zonas de contacto" e espaços de debates considerados interculturais.

Tomando a perspetiva subjetiva da representatividade cultural, os espaços de encontros entre culturas e epistemologias do Sul e do Norte, à semelhança dos espaços horizontais, tornam-se *espaços de* "intersubjetivação". Ou seja, espaços, por excelência, de interação entre os sujeitos "representantes" das diversas culturas, onde os sujeitos estão presentes para dar voz a cada uma delas.

Entretanto, um pressuposto fundamental para que estes espaços epistémicos interculturais na sua vertente horizontal possam florir é a existência de uma sociedade epistemologicamente aberta. Esta caracteriza-se, entre outros elementos, pela pluralidade de espaços (de preferência institucionalizados, como nas universidades, por exemplo) nos quais as diferentes formas de conhecimento e comunidades de culturas podem conviver livremente. E caracteriza-se, sobretudo, pela maneira como esta mesma sociedade, com base nas estruturas e instituições sociais e políticas existentes, suporta e absorve os conflitos de interpretações sobre os fenómenos sociais, sobre a história comum, ou ainda pela maneira como nestes espaços se podem resolver as confrontações culturais e epistémicas. E este ambiente de interação entre as diferentes culturas só é possível na sua forma de "diálogo" se os sujeitos convocados para as trocas interculturais forem "sujeitos críticos", oriundos do interior de cada cultura.

Se é certo que da diversidade de comunidades de culturas e das respetivas formas de conhecimento podem resultar conflitos entre as interpretações disponíveis sobre o contexto social, sobre a sua história e sobre a natureza ambiental em que assenta a mesma comunidade ou sociedade, no entanto, não é menos verdade que esses conflitos – assim como os caminhos para o entendimento –

entre epistemologias e culturas são "representadas", no "diálogo intercultural" ou na interação entre elas, por pessoas concretas que aparentemente ganham o direito e a legitimidade de emitirem juízos em nome dos outros, do coletivo. Estes "sujeitos culturais epistémicos" podem ser cientistas, pintores, escultores, escritores, filósofos, sábios etc. desde que chamem a si mesmo a responsabilidade de ser a voz falante.

A questão, no entanto, é: como colocar diferentes culturas – do Norte e do Sul, assim como as culturas de África ou, ainda, de um país pluricultural como Moçambique – a "falar", a comunicar-se, para viverem juntas? Podem as culturas "falar" entre si? Ou sempre que surge a oportunidade de comunicação intercultural são sempre sujeitos concretos que aparecem por trás e em representação das culturas? Não será que as culturas "falam" entre si por via de sujeitos concretos que transportam uma carga de interesses próprios e que, muitas vezes também, escondem relações de poder?

Por consequência, as sociedades mais aptas para se comunicarem no seu interior e com as outras comunidades epistémicas e culturais são aquelas onde o valor dos seus "sujeitos culturais epistémicos" é *formalmente* reconhecido pelas estruturas e instituições existentes. Dito de forma contrária: nas sociedades onde os seus sábios tradicionais ou sujeitos críticos culturais são marginalizados a partir do interior delas mesmas, há poucas condições estruturais para o crescimento e consolidação de espaços de trocas culturais e epistémicas. Consequentemente, não há democracia política, dado que esta assenta, em grande parte, na possibilidade de circulação do saber entre os cidadãos. Porque simplesmente carecem de uma cultura de troca livre de saberes dada a impermeabilização dos saberes tradicionais culturais.

Num tom mais positivo, defendo que as sociedades e comunidades devem estar de tal forma estruturadas que o génio, o talento e a inteligência possam brotar do seu seio e possam comunicar livremente, independentemente da sua origem formal, informal ou tradicional. Por exemplo, seria impossível imaginar que um "homem da cultura" como Günter Grass e uma "mulher da cultura" como Amália Rodrigues não fossem reconhecidos como representantes (sujeitos) culturais no seio das instituições formais (educacionais, por exemplo) da Alemanha e de Portugal, respetivamente. Por outro lado, é sabido que uma certa base de democraticidade é necessária para que floresça o espírito de trocas culturais que anime os seus cultores para os debates.

Na sociedade moçambicana, porém, e na africana em geral, as estruturas e instituições da modernidade, no seu formato atual, não estão preparadas para aceitar formalmente um médico tradicional, um *sage,* um mestre do protocolo das cerimónias tradicionais etc., como sujeito cultural e do saber, embora os mesmos estejam sobejamente legitimados na perspetiva da sua comunidade cultural de origem. Este, aliás, parece ser a crítica exercida por Kajibanga (2015) em relação ao "perigo" do desenvolvimento de uma "escola Moçambicana de filosofia" hesitante em entrar num diálogo profícuo com a culturalidade e tradições africanas de Moçambique.

No entanto, enquanto não se mobilizarem estes sujeitos formalmente periferizados e marginalizados pelas sociedades africanas – embora reconhecendo-se-lhes a sua condição de "produtores" e "críticos" do próprio saber tradicional e cultural que são chamados a representar –, qualquer movimento de intercultura e de interação entre epistemologias, seja na vertente vertical, seja na horizontal, não irá resistir à crítica do *myth of primitive unanimity*, desencadeada por Paulin Hountondji em relação a Tempels e às etnociências em geral. Isto porque, segundo o comentário de Hountondji, a argumentação de Tempels parece sugerir que "nas sociedades 'primitivas' [...] todos est[ariam] sempre de acordo com todos. Daí resultando que nessas sociedades não exist[iria] a possibilidade de crenças ou de filosofias individuais" (Tempels *apud* Hountondji, 1983: 60).[1]

A ideia da intersubjetivação[2] não é contrária à da intercultura, pelo contrário. A intersubjetivação é um complemento necessário à intercultura. A intercultura é assumida aqui como um ato voluntário de "renúncias fundamentais" (Fornet-Betancourt, 2004) das suas próprias tradições para poder assumir, mesmo que temporariamente, aquilo que se supõe ser as posições culturais da outra ou das outras culturas. Por outro lado, a ideia da intersubjetivação faz ressaltar o lado ativo da participação do sujeito que faz essas renúncias ou que se coloca na posição de "representante" de cada cultura.

Assim, a intersubjetivação, como complemento da intercultura, pressupõe apresentar o sujeito na sua qualidade e oportunidade, até mesmo no seu génio de ser uma espécie de "embaixador da sua cultura" sobretudo, como dissemos, a partir da perspetiva da sua participação na produção do saber que se quer culturalmente sensível ou tradicional.

O valor de fundo das *Epistemologias do Sul*, de Boaventura de Sousa Santos (2006a, 2014), a meu ver, reside no facto de abrir espaços *formais* no Norte e no Sul para o que chamo de intersubjetivação; isto é, criação deliberada de espaços institucionais formais – por exemplo, a iniciativa da "universidade popular" proposta por Santos (2006b) – onde o contacto entre sujeitos culturais

[1] Sobre a posição de Hountondji em relação ao *true pluralism*, veja-se Hountondji (1983: 160-163). Sobre a crítica do mesmo autor ao unanimismo, veja-se também o capítulo 3 (*Anger*) em Hountondji (2002).

[2] Sobre o conceito e os fundamentos de intersubjetivação, veja-se Castiano (2010), especialmente o capítulo 3.

epistémicos é livre, voluntário e engajado. Este espaço é deliberadamente criado para ouvir e fazer ouvir o discurso e a retórica do outro. Numa perspetiva mais filosófica, o conceito de epistemologias do Sul de Boaventura de Sousa Santos representa a possibilidade e a condição epistémica para o diálogo "crítico" entre sujeitos culturais e epistémicos do nosso "pluriverso".

Segundo ainda Boaventura de Sousa Santos, o desafio agora não é somente o de buscar novas epistemologias e novas formas de fazer política (ou de política). O desafio é, sobretudo, de buscar novas relações entre a epistemologia e a política. E entre a epistemologia e a subjetividade (Santos, 2014: 72).

No que diz respeito a uma nova relação entre a epistemologia e a política, a intersubjetivação aqui defendida reforça (ou melhor, procura fundamentar a necessidade de) um ambiente institucional democrático de trocas de cosmovisões individuais de sujeitos, cosmovisões estas profundamente embebidas dos respetivos referentes culturais. Deste modo, com a ideia da intersubjetivação, penso ser possível superar a já velha crítica de falta de diálogo entre as políticas e as culturas nacionais para o caso de Moçambique. A essência desta crítica é a falta de uma inspiração cultural endógena no desenho das nossas instituições políticas (um poeta amigo ironizava assim sobre esta alienação cultural das nossas instituições: "Diz-me, Malume, reconheces nestas instituições da modernidade os nossos costumes? E nestes edifícios, Malume, a nossa arquitetura?").

Por outro lado, no que diz respeito ao aspeto levantado por Boaventura de Sousa Santos (2014: 97) sobre a relação entre as epistemologias do Sul e a subjetividade, penso que os que designo por sujeitos culturais poderão superar a ideia etnofilosófica do unanimismo, esta também uma "velha" crítica, aliás já feita por Hountondji – como se viu acima – e superar as hesitações da *sage philosophy* de Odera Oruka (1991). Se, no quadro da Epistemologias do Sul (Santos, 2014), a sociologia das ausências desempenha um papel "desestabilizador" em relação a uma subjetividade com certeza do futuro (podemos até dizer de utopias sociais),[3] no contexto da intersubjetivação o sujeito cultural apresenta-se como um reconstrutor crítico do seu meio cultural, social e político. Este meio até então dado por mítico de cujo intérprete se supunha ser o sábio local.

O conceito de "tradução intercultural" defendido por Boaventura de Sousa Santos (2014: 215) no quadro das epistemologias do Sul (que o autor, aliás, deriva do conceito gramsciano de *living philology*) defende que a

[3] Segundo Boaventura de Sousa Santos, devemos interrogar a subjetividade de forma radicalmente diferente da que foi colocada por John Locke: "Ao contrário de Locke, interrogamo-nos sobre a subjetividade que culmina com a não evolução [...]. Uma sociologia das ausências é assim tão importante como uma sociologia das presenças na construção social da subjetividade desestabilizadora" (Santos, 2014: 97).

tradução cultural é um processo de (con)viver com interações complexas entre artefactos heterogénicos – linguísticos e não-linguísticos – que se combinam em processos de trocas que pressupõem a superação de discursos logocêntricos.

Neste sentido, a ideia da intersubjetivação reforça menos o momento da interculturalidade, privilegiando o "processo" da criação e da estruturação deliberada dos espaços onde devem decorrer as trocas de significações e interpretações. Por outras palavras, a intersubjetivação preocupa-se com a estruturação do que Boaventura de Sousa Santos chama de "zonas de contacto", referindo-se aos "entre-espaços" (*in-between space*) onde a tradução intercultural se torna possível. Emprestando dele esta teorização de zonas de contacto, poderia formular (com ele) que os espaços de intersubjetivação são essas "zonas" onde diferentes mundos culturais se encontram, medeiam, negoceiam e se confrontam (Santos, 2014: 218). Concluindo, é natural perceber-se que o pressuposto básico – aliás, até o seu fundamento – é que cada cultura deve perceber-se incompleta em termos de ser apenas uma oferta interpretativa ou apenas uma das possibilidades explicativas sobre o mundo social, natural e metafísico. Ou seja, em diálogo com Fornet-Betancourt,[4] cada cultura, no seu contacto intercultural, deveria partir de uma posição de renúncias fundamentais, prescindir das suas posições fundamentais, para se mover para o campo da zona de contacto onde os sujeitos culturais respetivos cruzam diferentes "pontos-de-vistas".[5]

Interessa, a seguir, apresentar exemplos de sujeitos epistémicos culturais. Aleatoriamente, vou considerar os casos de Michel Foucault (França) e Reinata Sadimba (Moçambique) como "representantes" do Norte global e do Sul global.

O génio do "Norte"

O "Norte" aqui tem o seu significado formal do que comumente se chama de Ocidente, ou seja, a tradição cultural euro-cristã predominante na Europa e na América do Norte. Vou tomar como exemplo um sujeito epistémico "representativo" do Norte, Michel Foucault.

[4] Fornet-Betancourt classifica a Intercultura como sendo uma "disciplina pendente" (*não* é, para ele, uma posição teórica, nem um diálogo entre culturas e muito menos um diálogo entre tradições filosóficas); para este autor a Interculturalidade quer designar "[...] aquela *postura* ou *posição* pela qual o ser humano se capacita para, e se habitua a viver 'suas' referências identitárias *em relação* com os chamados 'outros', quer dizer, compartindo-as em convivência com eles" (2004: 13).

[5] Sobre o conceito "pontos-de-vistas", veja-se Castiano (2015).

François Ewald e Alessandro Fontana descrevem, de forma emocionante, como decorriam as lições de Michel Foucault, tomando como exemplo a sua lição inaugural de 2 de dezembro de 1970.

Porém, antes da descrição, é necessário saber o seguinte sobre Foucault: lecionou no Collège de France de 1970 até à sua morte, em 1984; a cátedra que ocupava chamava-se História dos Sistemas de Pensamento. O ensino do Collège de France obedece a duas regras: primeiro, os professores lecionam 25 horas/ano, metade das quais têm que ser "seminários"; todos os anos têm que apresentar uma investigação original; a assistência aos cursos é totalmente livre ("os professores não têm alunos, mas sim, ouvintes", como escrevem François Ewald e Alessandro Fontana). A assistência – composta por estudantes, professores, investigadores, curiosos e até estrangeiros – era tão numerosa que Foucault decidiu mudar o horário das 17h45 para as 9 horas para escapar ao público e, desta forma, como ele se queixava, permitir essencialmente a presença do seu "público".

> Quando Foucault entrava na arena, rápido, decidido, como alguém que pula na água, tem de passar por cima de vários corpos para chegar à sua cadeira, afasta os gravadores para pôr seus papéis, tira o paletó, acende um abajur luz e arranca, a cem por hora. Voz forte, eficaz [...]. Há trezentos lugares e quinhentas pessoas aglutinadas, ocupando todo e qualquer espaço livre [...]. Foucault tem doze horas por ano para explicar, num curso público, o sentido da sua pesquisa durante o ano que acaba de passar. Então, compacta o mais que pode e enche as margens [...]. 19h15. Foucault para. Os estudantes se precipitam para a sua mesa. Não é para falar com ele, mas para desligar os gravadores. (Petijean, 1975 *apud* Ewald; Fontana, 2010: x)
>
> M. Foucault abordava seu ensino como um pesquisador: explorações para um livro, desbravamento também de campos de problematização, que se formulavam muito mais como um convite lançado a eventuais pesquisadores. Assim é que os cursos no Collège de France não repetem os livros publicados. Não são o esboço desses livros, embora certos temas possam ser comuns a livros e cursos. Têm o seu estatuto próprio. [...].
>
> Os cursos também tinham uma função na atualidade. O ouvinte que assistia a eles não ficava apenas cativado pelo relato que se construía semana após semana; não ficava apenas seduzido pelo rigor da exposição; também encontrava neles uma luz sobre a atualidade [...], falasse de Nietzsche ou de Aristóteles, da perícia psiquiátrica no século XIX ou da pastoral cristã, mas o ouvinte sempre tirava do que ele dizia uma luz sobre o presente e sobre os acontecimentos contemporâneos. A força própria de Michel Foucault em seus cursos vinha desse sutil cruzamento entre uma fina erudição, um engajamento pessoal e um trabalho sobre o acontecimento. (Ewald e Fontana, 2010: xi)

Destas citações, destacam-se dois pressupostos para construção do que chamarei de escolas de pensamento:

1. Trata-se, sobretudo, de um empenho na produção do conhecimento e pouco na sua reprodução. Este aspeto parece óbvio para o contexto europeu. Entretanto, apesar dos avanços, no caso moçambicano, ainda existe uma mão-cheia de docentes que somente reproduzem conhecimentos quase que unicamente livrescos perante os seus alunos e estudantes.

2. Trata-se da produção de um conhecimento específico, que se debruça sobre a atualidade (no texto fala-se de "acontecimento") de um determinado contexto. Mesmo que se recorra ao conhecimento ou a teorias do passado, a sua escolha, porém, não é aleatória, é, sobretudo, baseada num considerando da sua força ou poder explicativo (no texto emprega-se o termo "esclarecimento") sobre os processos da atualidade do contexto.

Entretanto, embora pareça ser o "génio" individual de Foucault como cientista que o pode elevar à categoria de representante do Norte global quando o assunto respeitar a diálogos epistémicos entre culturas dos dois hemisférios (não imagino Foucault, em qualquer das circunstâncias, a representar o Sul, sendo que, no mínimo, pode ter posições simpáticas sobre esta parte), foram, de facto, as condições formais institucionais e históricas que favoreceram e determinaram a sua produção intelectual. Naturalmente que os ditos "fatores formais" ajudam a construir um ambiente de "produção" do tal conhecimento: por exemplo, o facto de o professor ser "obrigado" a fazer leituras de livros que abordem as investigações em curso no interior de cada disciplina. Isto obriga o professor e os outros a entrarem num debate entre sujeitos produtores do conhecimento, ou intersubjetivo.

Acima de tudo, o que faz com que sujeitos como Foucault se tornem epistémicos é o facto de serem "críticos" do contexto em que vivem.[6] É sobretudo

[6] Não irei entrar aqui no conteúdo das aulas de Foucault no Collège de France, compiladas no *Nascimento da Biopolítica*. Numa altura em que o neoliberalismo era praticamente diabolizado pela esquerda militante e intelectual, incluindo o próprio autor do *Nascimento da Biopolítica*, Foucault consegue reconhecer que haveria "alguma coisa de libertador, de emancipador, de crítico que se elabora e também se instaura através do neoliberalismo", segundo a reinterpretação que faz Geoffroy de Lagasnerie (2013) em *A Última Lição de Michel Foucault*. Em vez de se empenhar numa crítica cega contra o neoliberalismo, Foucault vê nesta doutrina possibilidades novas de repensar o papel do Estado sugerido pelo Iluminismo, a forma de conduzir a política em Estados democráticos, mas, sobretudo, o sistema económico, em particular dos socialismos. Para a matéria que nos interessa neste capítulo, Foucault representa um "crítico" da sua própria cultura e sistema. Será que não encontramos as mesmas atitudes entre os sujeitos culturais tradicionais no Sul em relação às próprias tradições? E nisto se constituírem também como sujeitos de pleno direito para o diálogo epistémico Norte e Sul?

nesta condição – a de sujeito crítico da sua própria cultura científica – que ganham legitimidade para sentar-se ou serem convocados aos espaços institucionalizados de debate.

O génio do "Sul" (ou "panelas e bilhas que falam")

Chamo formalmente "Sul global" no contexto destes apontamentos aos sujeitos culturais epistémicos africanos. Restrinjo-me ao africano por razões óbvias de proveniência.

Se no Norte busquei um cientista social como exemplo, no Sul busco uma artista plástica e mulher: Reinata Sadimba, exemplo de um sujeito cultural epistémico. Este é sobretudo um exemplo de um sujeito que produz formas de confrontação com a sociedade e de conhecimento do mundo na "sombra", isto é, na periferia dos acontecimentos científicos. Enquanto o anterior, Michel Foucault, mostra o seu génio e saber num ambiente formalizado (universidade) e produz o seu saber em confrontação com os outros conhecimentos científicos, a Reinata produz o seu saber e exibe os resultados num pequeno "palco", sem público, nas arrecadações do Museu de História Natural, em Maputo.

Reinata Sadimba nasceu em 1945[7] – numa pequena aldeia do Planalto de Mueda, Norte de Moçambique. A morte prematura do seu pai deixou Reinata sozinha com a mãe e três irmãos. Participa na Luta Armada de Libertação de Moçambique, ajudando guerrilheiros no transporte do material de guerra, mas sobretudo produzindo recipientes de barro como bilhas para conservar a água e panelas para a confeção de alimentos. Pensa a projetar o "para além" das bilhas e panelas.

Fruto de uma sociedade matrilinear, como o é no Norte de Moçambique, cedo Reinata Sadimba se torna uma mulher independente, construindo com as suas próprias mãos e suor a sua personalidade: "Reinata transforma, gradualmente, os potes em figuras antropomorfas, passa de produção utilitária à criação artística", escreve Gandolfo (2012: 4). Das mãos de Reinata, uma panela simples, para uso diário, transforma-se rapidamente num objeto que dialoga connosco. As panelas e bilhas transformam-se em homens e mulheres que nos revelam sentimentos, sobretudo em leituras de verdades profundas da natureza humana. São *panelas e bilhas que falam*.

Reinata escolheu a forma mais sublime e completa de dizer a verdade e de se comunicar: através das artes plásticas, cuja base é a forma redonda de

[7] Gianfranco Gandolfo (2012), numa antologia sobre as suas esculturas, suspeita que, na verdade, ela teria nascido dez anos antes.

uma panela ou de uma bilha. Enquanto nas ciências institucionalizadas (como o direito, as ciências políticas, a sociologia, a filosofia etc.) a verdade é procurada despedaçando a realidade em conceitos e teorias – por vezes, mesmo incompreensíveis –, das bilhas e das panelas da Reinata a verdade é-nos dita de forma mais direta, crua, sobretudo irónica, cínica e muitas vezes obscena.

Reinata cultiva o "para além" do que a bilha e a panela socialmente representam, trazendo-nos as tristezas e as alegrias que elas geram e alimentam a nossa realidade. Ela consegue prender uma grande verdade num momento, num instante, suspendendo-a em figuras humanas que brotam das suas mãos fabricando panelas e bilhas. Note-se o desgarro com que cada figura tenta "sair sem sair" da sua prisão-casa, a bilha ou a panela. Parece estar a representar muito bem a arte africana que nasce diretamente do seu valor de uso (a panela para confecionar comida, a bilha para conservar a água fresca) para o seu valor estético e assimétrico de crítica social, sem, entretanto, libertar-se totalmente da representatividade da simbologia do seu uso.

A sociedade burguesa capitalista introduziu em África formas alienadas da cultura do belo: o padrão dos ricos, dos palácios, das mansões, das compras, da moda. Enfim, do "desprezo" pelas (culturas) de "massas", como diz Sloterdijk (2002). Segundo este filósofo: "O desprezo [pelas massas] é um constituinte da estrutura social moderna" (2002: 78). Assim, sendo o colonialismo um subproduto da modernidade, na sua qualidade de país colonizado, Moçambique "herdou" a (in)cultura do desprezo pelas manifestações tradicionais endógenas, habituado a fascinar-se pelos padrões exógenos que entraram profundamente na sua estrutura política e práxis social. A esse desprezo estruturado pelo que é popular e tradicional, a arte popular e tradicional endógena somente poderia contrapor uma arte que se mostrasse cínica e "contra-hegemónica" (para usar um conceito de Sousa Santos), na qual Reinata se revela representante. E, através dela, revela a sua liberdade e competência de praticar a sua crítica social.

Reinata cultiva uma arte do cinismo de "nobreza de espírito" (que Bob Riemen [2011] reclama perdida hoje) que se encontra em pessoas livres: das panelas e bilhas dela "saltam" línguas de fora, bocas retorcidas, sorrisos maldosos e cínicos, outras bocas rindo às gargalhadas, olhos semicerrados, mãos, peitos, cabeças e rabos de todos os lados. Até um "vai à merda" de uma manduca sai das suas panelas. O sorriso da boca e nos olhos semicerrados (quase somos confrontados com olhos "chineses" ou ainda com um tipo de *troll* norueguês) dos seus objetos de arte mostra-nos a imagem plebeia, popular, simples, realista, mas ao mesmo tempo superior e de vigor no pensamento.

Como exemplo, as esculturas *Gémeas Coladas*, *Nandenga com a Esposa*, *Mãe deficiente e o Filho* da autoria de Reinata mostram esta ética superior que ela quer fazer despertar em nós, a cada momento que "conversamos" com as imagens dela.

Reinata possui a arte de nos embaraçar: não sabemos se devemos rir ou ficar tristes perante as impressões da vida que estas figuras nos procuram insistentemente lembrar quando as contemplamos. A arma da artista é esta: deixa-nos escolher entre o riso e a tristeza. E isto embaraça-nos, sobretudo se não somos livres como ela o é. Esta arma põe-nos permanentemente na condição de estudantes eternos do que ela quereria dizer, sem, no entanto, haver muita intriga.

Não resisto a uma comparação: Se o chamado pai do cinismo – Diógenes – procurava um "verdadeiro homem" com uma lanterna ao meio-dia na praça pública na Grécia Antiga, Reinata procura um ser humano livre que mostra a sua liberdade rindo-se ou fazendo o desgostoso gesto de língua de fora no Moçambique dos nossos dias. É esta a forma mais natural e original que o ser humano tem para criticar e criticar-se que Reinata escolheu.

No entanto, urge perguntar, o que falta a Reinata, quando a assumimos como sujeito cultural e epistémico, para que ela participe como representante da sua cultura nos espaços de intersubjetivação? Talvez não seja esta a questão correta. O mais sensato seria questionarmo-nos sob que condições e possibilidades pode Reinata, e o que ela representa, tornar-se participante ativa nos espaços de intersubjetivação? E isto ainda equivale a indagar sobre as condições e as possibilidades para construção de escolas de pensamento, ou seja, de produção de conhecimento no contexto africano, sabendo-se que, nas condições atuais, as epistemologias deste continente permanecem na condição periférica dentro e fora dele.

Sobre as condições

A condição fundamental para o desenvolvimento de escolas de pensamento, considerando o atual contexto de África, e de Moçambique em particular, é a desconstrução dos mitos ligados aos pressupostos da produção e legitimação de um conhecimento que se adjetiva por "ciência". Estes mitos estão ligados ao surgimento da dita ciência moderna, como bem escreveu Boaventura de Sousa Santos (1987) no seu *Um discurso sobre as ciências*.

Já Voltaire (1963 [1756]) via o desenvolvimento da história da humanidade como sendo uma evolução do que ele chamou por "espírito humano", reivindicando com isso a ideia de que a dita história universal caminha para a sabedoria; ou seja, que o espírito humano não é mais do que o reconhecimento progressivo da razão ou da racionalidade universal. Por outras palavras, para ele, a história marca-se pelo sucessivo distanciamento dos seus colonizadores.

Se para Voltaire o colonizador da história era o magistério teológico, para nós, hoje, em África, o desenvolvimento de racionalidades próprias parece estar duplamente colonizado: (1) pelos mitos em volta da própria ciência ocidental e (2) pelos mitos do que chamo tradicionalismo.

Temos aí, portanto, uma dupla desconstrução a fazer, a saber: dizer um adeus à mistificação dos poderes da ciência produzida em contextos alheios ao nosso e, por outro, um adeus à mistificação das ditas tradições.

Comecemos brevemente pela primeira parte. Achille Mbembe classifica como *o* grande acontecimento dos nossos dias – que refere como a "experiência fundamental da nossa época" – o facto de a Europa ter deixado de ser "o centro de gravidade do mundo" (Mbembe, 2014: 9). No entanto, parece que este "grande acontecimento", ou seja, a perda da paternidade da Europa sobre tudo o que pensamos e fazemos, ainda não está suficientemente refletida na consciência dos cientistas e académicos universitários africanos na sua missão de produzir, e não somente reproduzir, conhecimentos. Nós retomamos essa "tutoria" pela nossa própria conta e responsabilidade quando, principalmente nos nossos programas de pesquisa e de ensino, passamos a reproduzir aqueles conhecimentos sem focalizarmos o contexto em que surgem e muito menos a sua conflitualidade.

Para recuperar o termo usado por Voltaire, e confirmado por Hegel, se o Ocidente, nos séculos XVII, XVIII e sobretudo XIX, nos negou a nós, africanos, a capacidade de elaborar o nosso próprio espírito humano, nós mesmos, já no século XX, na era pós-libertária, decidimos habitar voluntariamente numa casa (universidade, país), onde não se produz a razão a partir de si mesmo ou do espírito humano. Abdicamos (repito, na condição de intelectuais) de construir alternativas e as respetivas ferramentas de interpretação da nossa própria realidade social, material, cultural e espiritual. O desenho das instituições políticas adaptadas à realidade sociocultural sofreu mais perante esta abdicação.

Por isso, o primeiro passo que devemos dar, a primeira condição fundamental, é desconstruir, em nós mesmos, os mitos ligados à forma como procedemos na apropriação da ciência ocidental.

Quais são esses mitos?

Molefi Asante (1998: 10) reconhece três mitos eurocêntricos através dos quais a ciência ocidental parece estar a impor-se sobre nós. Trata-se dos mitos do universalismo, da objetividade e do classicismo. No seu conjunto, os três mitos fazem com que os teóricos sociais ou os cientistas naturais africanos continuem ainda a usar formas e métodos paroquiais quando se trata de interpretar a sua própria realidade natural, social, política e espiritual.

A pretensão universalista não é mais do que ter a intensão, preconcebida, de produzir interpretações científicas sobre processos e fenómenos da realidade natural, social, política e espiritual, partindo do pressuposto de que as interpretações em produção devem ser tomadas como sendo válidas para todas as regiões culturais do mundo. Portanto, o pressuposto da sua produção é a sua pretensa "validade universal".

Vou agora destacar duas características deste "universalismo pretensioso" que tem particular efeito na nossa incapacidade de construir, por nós próprios, sistemas de pensamento e de interpretação sobre a nossa própria realidade. Em primeiro lugar, trata-se da incapacidade de "localizar" os instrumentos de análise ou de interpretação da realidade cultural concreta da qual vivemos. O local (*locus*) é fundamental para a produção de qualquer conhecimento, e principalmente o de natureza científica. Na verdade, para Asante o "lugar" não determina somente a posição geográfica e nem se trata apenas de uma "posição cultural":[8] ele é sobretudo uma posição epistémica e ética na produção do saber de natureza científica.

Sem reconhecermos, como proponho, o local como um epicentro epistémico e ético, será impossível produzir um conhecimento engajado, que dialogue e confronte os problemas humanos concretos. A alternativa que nos resta será a de recorrer à reprodução (em vez de produção) de conhecimentos produzidos em outras regiões culturais, o que em si não é mau; porém, ao assim proceder, pecamos em não reconhecer o local como o centro para interpretar o conhecimento exógeno.

A segunda característica de que se reveste o universalismo pretensioso está escondida por trás do ritual da definição. Como Asante (1998: 35) demonstra, a tradição de "definir conceitos" que orientam a investigação e sua textualização revela o estabelecimento de ritos (ritualização) que tornam a atividade de produção científica numa espécie de autoperpetuação ou autofechamento que acaba por sufocar a emergência de outros discursos, principalmente dos seus "opostos". A definição cria a ordem, hierarquias no discurso das ciências e, ao assim proceder, exclui, logo à partida, as posições que saem fora da

[8] "O afrocentrista vê o conhecimento desta perspetiva do 'local' como uma regra fundamental da investigação intelectual, porque o seu conteúdo é uma obliteração autoconsciente da dualidade sujeito/objeto e a entronização de um holismo africano. É necessária uma disciplina rigorosa para fazer avançar o movimento intelectual em direção a um conceito significativo de local". Mais adiante, Asante torna-se mais incisivo na importância que dá ao conceito de local (*place*), numa linguagem paradoxal ao que ele mesmo defende com pretensão universalista: "Todo o conhecimento resulta de uma ocasião de encontro no local [...] para colocar os ideais e os valores africanos no centro da investigação" (Asante, 1990: 5).

ordem preestabelecida pela própria definição. A definição carrega a opressão dentro de um texto e, por consequência, de uma teoria. Ela controla o oposto criando as suas próprias margens opressoras. Trata-se de uma territorialização da produção do saber de natureza científica. Poderíamos até dizer que é um ponto de "extermínio" das outras formas de conhecimento que poderiam estar a germinar num certo contexto.

O segundo mito destacado por Asante (1990: 111) é o da "objetividade", segundo o qual, no processo da construção do conhecimento, estão sempre envolvidos o sujeito e o objeto. Entre ambos, segundo Asante, deve existir uma certa "distância mental". Esta distância, que o sujeito deve procurar manter a todo o custo, é a fonte da subjetividade. Em que consiste a dita distância? Dela fazem parte os preconceitos, as crenças, as tradições etc. que deveriam ser "purgadas" do processo de conhecimento para não "poluírem" os resultados da investigação. Francis Bacon (1963 [1620]), na sua obra *Novum Organum,* foi "o" responsável pela elaboração dos *idola,* neste caso, o da caverna, que lançaram o espírito científico do empirismo.

Ora, para Asante (1990), esta distância deveria ser de carácter "transitório" porque os produtos do conhecimento deveriam regressar ao seu meio cultural, ao *locus*, que é marcado por essas mesmas crenças. De facto, segundo Asante (1990), o que chamamos hoje de "objetividade" é, na realidade, uma espécie de "subjetividade coletiva europeia" (1990: 111) na sua visão sobre a possibilidade do conhecimento humano.

O terceiro mito que deveria ser desconstruído é o do "classicismo". De forma breve, trata-se do transporte do mito das "primeiras civilizações" como pressuposto para a formulação do conhecimento. A Europa construiu, ao longo dos últimos séculos, uma imagem de si mesma em nós: um modelo de historiografia de ideias e da produção do conhecimento no qual deve haver, necessariamente, lugar para um período "clássico" onde "tudo começou" ou onde, no mínimo, se atingiu o "apogeu". Neste modelo, ela, a Europa, colocou-se a si mesma como sendo "esse" lugar e "tempo". Um exemplo mais comum é o lugar da Grécia, que, na historiografia da produção do saber científico, particularmente do filosófico, aparece sob a forma de "civilização clássica". As ditas civilizações clássicas surgem no discurso científico como sendo os centros de produção e de propagação da cultura material e do saber científico acumulado. Todo o resto ou é anterior, ou é posterior ao "clássico".

Este mito e o rito do classicismo penetraram também, subtilmente, no interior da historiografia de cada ciência. Assim, começamos quase sempre com a "história" de um campo do saber e a busca dos "pais" que determinaram o desenvolvimento de um certo paradigma do conhecimento. E, como consequência, quando quisermos "fazer" ciência nos países e instituições africanas (moçambicanas), não resistimos ao classicismo; ou seja, em buscar os clássicos ocidentais, a partir dos quais se procura erguer todo o edifício científico e/ou se organizam os dados recolhidos no Sul.

De facto, o mais dramático para a África, desta feita olhando para a contribuição de Cheikh Anta Diop (1955, 1960, 1967) sobre o recentramento deste continente no desenvolvimento de outras civilizações, é o do não reconhecimento do Egipto como uma civilização com um certo classicismo e como parte do continente africano. Nenhum classicismo teria saído deste continente. E, hoje, nós mesmos, africanos, retomamos este classicismo euro-ocidental incapazes de cultivar o nosso próprio, isto é, de reconhecer no – mas mais do que isso, de "cultivar" do – Egipto as fontes do nosso saber em diversas áreas do conhecimento.

Théophile Obenga chama a este fenómeno de "helenomania" e declara o seu combate como um dos "grandes desafios intelectuais do nosso tempo" (2013: 25).

No meu livro *Referenciais da Filosofia Africana* (Castiano, 2010) chamei a esta tripla desconstrução da ciência dita ocidental como sendo os "três momentos libertários" na produção do conhecimento africano/moçambicano. Por outras palavras, estas são as condicionantes legadas pelas epistemologias euro-americanas (do Norte global) para a produção do saber das quais urge descolonizar-se, sem necessariamente com isso significar um dos dois extremos: ignorá-las ou simplesmente endogeneizá-las.

Sobre a possibilidade da intersubjetivação

Cheikh Anta Diop (1960) acautela-nos para o seguinte: o problema não reside simplesmente em refletir sobre a "diferença". Segundo este autor, o imperativo seria colocar termo a uma perspetiva em que o discurso sobre o Outro se impõe constantemente como o discurso proveniente de um mestre ou soberano, de um tutor ao qual devemos obediências epistémicas e éticas. Nas palavras de Jean-Marc Ela: "Este discurso deve ser alvo de suspeita uma vez que dissimula uma vontade de dominação anexando o saber a um projecto hegemónico" (2014: 29). Ou seja, se o interpretarmos bem, Anta Diop alerta-nos para não nos darmos ao luxo de parar apenas no esforço de desconstruir as condições da produção do saber segundo a dita ciência ocidental/norte, pois, mais do que este esforço caracterizado por grande negatividade, interessa agora explorar as possibilidades de construção das nossas próprias epistemologias, epistemologias que deem conta das condições locais sob as quais os sujeitos produzem conhecimento e emitem juízos éticos (contextualidade e eticidade).

Sempre achei que a resposta é "não" à pergunta se é possível pensar cientificamente a partir de um contexto e de uma posição sobre a qual não se conhece a cultura subjacente, ou seja, duma posição em que não se domina as variantes locais de interpretação dos fenómenos da natureza, da sociedade e das formas de construção do discurso.

É possível entrar no comboio da globalização sem conhecer o próprio vagão? – esta foi uma das perguntas colocadas por José Mucavele (2015), "clássico" da música ligeira tradicional moçambicana, numa recente sessão de "Noites de Sociologia" promovida pela Faculdade de Ciências Sociais e Filosóficas da Universidade Pedagógica, realizada na sede da Associação dos Escritores Moçambicanos em 23 de junho de 2015.

A angústia do sujeito epistémico e cultural local é esta: é possível "estar 'tudo bem'" com ele num mundo cada vez mais, como se diz, multicultural, diverso, intercultural, sem que ele domine os alicerces da sua própria cultura? Aos que direta ou indiretamente acreditam numa "hibridez" sem que cada sujeito apareça na sua individualidade, terei de dizer: estão perdidos! Descobrir-nos-emos, um dia, a nadar em águas ou culturas outras, desprezando as nossas próprias. Seremos os assassinos da nossa própria forma de ser se não conhecermos as nossas origens.

A ideia da intersubjetivação, em termos de conteúdos, consiste, resumidamente, num duplo programa ou agenda de investigação e de ações interventivas.

Uma parte do "programa" de investigação consiste na desconstrução contínua do discurso científico e político da modernidade que, como Sousa Santos (2014) sustenta, na sua essência periferizou as epistemologias e as formas de organização social do Sul global. A desconstrução epistémica é uma atitude de vigilância epistemológica para com a modernidade eurocêntrica e parte da convicção de que todo o processo de periferização das sociedades, formas de organização, das culturas e religiões do Sul global por parte da modernidade cumpriu e cumpre um programa político (colonização) concentrado (ou mesmo preparado e antecipado pela) de investigação. Não é por acaso que se fundaram as sociedades geográficas na maioria das capitais europeias, sociedades que financiavam os programas de investigação destinados a dar a conhecer as terras e as gentes do chamado ultramar, em volta das quais se construiu toda uma artimanha de uma epistemologia de colonização (antropologia, missionarismo, geografia baseada em recursos etc.). Assim, justifica-se a vigilância sobre os "produtos da modernidade" eurocêntrica – a escravatura, a colonização, a neocolonização, o liberalismo e recentemente o neoliberalismo – para África. Particularmente, o neoliberalismo e as suas vertentes económicas e políticas devem constituir o foco da vigilância epistémica por parte do génio do Sul.

A segunda parte do programa de desconstrução da intersubjetivação é a vigilância epistémica endógena contra o tradicionalismo. Se é verdade que a antropologia colonial terá negado o estatuto de "cultura" e "civilização" aos povos africanos ao reduzi-los a práticas tradicionais, hábitos e costumes, ritos, crenças ou ainda superstição e folclore, também é verdade que, em reação a isto, encontramos africanistas radicais que veem no regresso às tradições locais e ao conhecimento indígena o lugar onde todos os problemas modernos da África poderão ser resolvidos. O tradicionalismo seria esta atitude epistémica de procurar encontrar, a todo o custo, os fundamentos para a construção de novas epistemologias num passado já ultrapassado e não em tradições vivas. O advento da modernidade e colonização em África é passado por cima e visto como um "não-acontecimento".[9]

Embora reconhecendo o vínculo histórico que une os génios do "Norte" e do "Sul", possibilitado pelo processo da globalização capitalista desde as "descobertas" até ao neoliberalismo, passando pela escravatura e pelo colonialismo, a possibilidade do diálogo epistémico pela intersubjetivação põe a sua tónica na interação entre os sujeitos culturais e epistémicos "dentro" do "Sul" mesmo. Diríamos, de novo com Boaventura de Sousa Santos (2014: 212-235), que a dimensão horizontal da intersubjetivação constitui-se, de facto, num processo de "tradução intercultural", desta feita endógeno, no qual a figura central se torna o sujeito epistémico cultural visto não somente na sua dimensão de "representante", mas sobretudo na sua dimensão crítica do próprio contexto; efetivamente, na sua posição de reconstrutor do conhecimento contextualizado tendo na perspetiva a possibilidade (não pretensão) da sua universalidade.

Como defendi no livro *Saberes Locais na Academia* (Castiano, 2013) e continuei no livro *Da Sagacidade à Intersubjectivação com Viegas* (Castiano, 2015), o que-fazer imediato da filosofia africana formal e profissional é o reconhecimento do potencial crítico que estes sujeitos culturais possuem em duas direções: uma primeira direção como desconstrutores da modernidade eurocêntrica baseados na sua experiência histórica com a modernidade colonialista e capitalista neoliberal; neste sentido, estes sujeitos guardam e constroem utopias

[9] Este conceito tomo-o emprestado de José Gil (2004), em *Portugal, hoje: o Medo de Existir*. Refiro-me, porém, ao facto de, em certas épocas históricas, haver tendência social de apagar as páginas negras da história (guerras civis, sistemas autoritários etc.) da memória coletiva. Os tradicionalistas recorrem às culturas africanas (tradições!) como se a África não tivesse sido confrontada com a modernidade através do colonialismo e como se nesse período a África estivesse num longo sono sem ter apresentado as suas próprias contramodernidades ou, para ser mais suave, as suas leituras alternativas aos produtos da modernidade eurocêntrica. Daí que a modernidade e o colonialismo em África apareçam como um "não-acontecimento" na perspetiva do tradicionalista. Sobre este tema, veja-se "Contra o Tradicionalismo", em Castiano (2015).

contra-hegemónicas a partir do seu imaginário cultural. Uma segunda direção como sujeitos críticos dos seus próprios mundos culturais relativamente aos contravalores de cariz tradicional. De facto, há "velhos" e outros que, no quadro da sua localidade epistémica, também constroem discursos contra as hegemonias masculinas, rácicas, etnocêntricas e até mesmo ideológicas de um grupo ou pessoa para com o Outro.

Estes sujeitos críticos epistémicos do "interior" de cada cultura constituem a perspetiva principal da intersubjetivação nas suas dimensões horizontal e vertical. O "Norte" e o "Sul" somente se podem encontrar nesta linha de interseção de denúncia contra-hegemónica em defesa da humanidade perdida. Uma humanidade que foi perdida com as práticas da escravidão, do colonialismo e do *apartheid*, mas sobretudo ainda hoje pela superveniência excessiva dos interesses económicos, que estão na base do neoliberalismo capitalista ou do ultraliberalismo.

Referências

Asante, Molefi Kete (1990), *Kemet, Afrocentricity and Knowledge*. Trenton, NJ: Africa World Press.

Asante, Molefi. Kete (1998), *The Afrocentric Idea*. Philadelphia: Temple University Press.

Bacon, Francis (1963 [1620]), *Novum organum*. New York: Washington Square Press.

Castiano, José P. (2010), *Referenciais da filosofia africana: Em busca da intersubjectivação*. Maputo: Njira.

Castiano, José P. (2013), *Os saberes locais na academia: Condições e possibilidades da sua legitimidade*. Maputo: Educar.

Castiano, José P. (2015), *Filosofia africana: Da sagacidade à intersubjectivação, com Viegas*. Maputo: Educar/ISOED.

Diop, Cheikh Anta (1955), *Nations nègres et culture: de l'antiquité nègre-égyptienne aux problèmes culturels de l'Afrique noire d'aujourd'hui*. Paris: Éditions Africaines.

Diop, Cheikh Anta (1960), *L'Afrique noire pré-coloniale. Étude comparée des systèmes politiques et sociaux de l'Europe et de l'Afrique noire, de l'antiquité à la formation des états modernes*. Paris: Présence Africaine.

Diop, Cheikh Anta (1967), *Antériorité des civilisations nègres: mythe ou vérité historique?* Paris: Présence Africaine.

Ela, Jean-Marc (2014), *Cheikh Anta Diop ou a honra de pensar*. Lisboa: Edições Pedago.

Ewald, François; Fontana, Alessandro (2010), "Nota", in Michel Foucault, *O governo de si e dos outros*. São Paulo: Martins Fontes, ix-xiii. Tradução Eduardo Brandão.

Fornet-Betancourt, Raul (2004), *Interculturalidade. Críticas, diálogo e perspectivas*. São Leopoldo: Nova Harmonia.

Gandolfo, Gianfranco (2012), *Reinata Sadimba – Esculturas*. Maputo: Norprint e Kapicua.

Gil, José (2004), *Portugal, hoje: o medo de existir*. Lisboa: Relógio d'Água.

Hountondji, Paulin J. (1983), *African philosophy: myth or reality*. Bloomington, IN: Indiana University Press.

Hountondji, Paulin J. (2002), *The Struggle for Meaning: Reflections on Philosophy, Culture and Democracy in Africa*. Athens, OH: Ohio University Press.

Kajibanga, Victor (2015), "Notas sobre a 'problemática' da filosofia africana", *in* C. Serra (coord.), *O que é filosofia africana?* Maputo: Escolar Editora, 11-38.

Lagasnerie, Geoffroy (2013), *A última lição de Michel Foucault. Sobre o neoliberalismo, a teoria e a política*. São Paulo: Três Estrelas.

Mbembe, Achile (2014), *Crítica da razão negra*. Lisboa: Antígona.

Mucavele, José (2015), *Apontamentos das noites de sociologia*, AEMO, 23 de junho, Maputo.

Obenga, Teofile (2013), *O Sentido da luta contra o africanismo eurocentrista*. Lisboa: Edições Pedago.

Oruka, Henry Odera (ed.) (1991), *Sage philosophy: Indigenous thinkers and modern debate on African philosophy*. Nairobi: ACTS Press.

Riemen, Bob (2011), *Nobreza de espírito. Um ideal esquecido*. Lisboa: Bizâncio.

Santos, Boaventura de Sousa (1987), *Um discurso sobre as ciências*. Porto: Afrontamento.

Santos, Boaventura de Sousa (2006a), *A gramática do tempo. Para uma nova cultura política*. Porto: Afrontamento.

Santos, Boaventura de Sousa (2006b), "A universidade popular dos movimentos sociais", in Boaventura de Sousa Santos, *A gramática do tempo. Para uma nova cultura política*. Porto: Afrontamento, 155-168.

Santos, Boaventura de Sousa (2014), *Epistemologies of the South. Justice against epistemicide*. London: Palgrave.

Sloterdijk, Peter (2002), *O desprezo das massas: Ensaio sobre as lutas culturais na sociedade moderna*. São Paulo: Estação Liberdade.

Voltaire, François-Marie Arouet (1963 [1756]), *Essai sur les mœurs et l'esprit des nations*, 2 vols., editado por R. Pomeau. Paris: Garnier.

CAPÍTULO 4

Dignidade e libertação: teologias contra-hegemónicas na América Latina

Juan José Tamayo

A Boaventura de Sousa Santos, colega, amigo, professor das epistemologias do Sul e teólogo político da libertação.

Desejo expressar o meu agradecimento a Boaventura de Sousa Santos por incluir nesta obra a teologia, uma disciplina habitualmente ausente deste tipo de debates (creio que com razão) e que outrora se apresentava a si mesma com o arrogante título de rainha das ciências. Nunca o foi, mas ela assim se julgava. Hoje, apresenta-se de maneira mais modesta como teoria crítica das religiões em diálogo com outras disciplinas que se ocupam do estudo do facto religioso – filosofia da religião, fenomenologia da religião, sociologia da religião, psicologia, antropologia religiosa, ecologia da religião, geografia e história das religiões – e com as ciências sociais. Boaventura começou a desenvolver a sua peculiar teologia nessa direção na sua obra *Se Deus fosse um ativista dos direitos humanos* (Santos, 2013), pelo que pertence de pleno direito ao grupo dos/as teólogos/as políticos/as da libertação. É neste horizonte que a teologia pode contribuir para as epistemologias do Sul.

Duas teologias contra-hegemónicas

Começo com uma experiência pessoal, relacionada com o título e o tema deste capítulo. No final de setembro de 2008, terminei o meu livro *La teología de la liberación en el nuevo escenario político y religioso* (Tamayo, 2011) em dois lugares emblemáticos do Peru: Machu Picchu, em Cusco, e Cerro de

San Cristóbal, em Lima, onde redigi o respetivo prólogo intitulado "Entre Machu Picchu y el Cerro de San Cristóbal".

A razão para concluir a redação do livro nestes dois lugares prende-se com o facto de ali terem nascido, com vários séculos de distância, mas em continuidade ideológica e cultural, duas teologias contra-hegemónicas em luta contra o Império, ou melhor, contra os Impérios: a teologia indígena e a teologia da libertação. Ambas as teologias criaram outra gramática da dignidade humana, que questiona o discurso universalista descontextualizado e idealista e que vincula a dignidade humana aos processos históricos de libertação dos seres humanos e dos povos, à indignação coletiva de quem – natureza e seres humanos – se viu privado dela, e à utopia de uma eco-humanidade cósmico-fraterno-sororal sem discriminações.

A ambas as teologias julgo ser aplicável o que afirma Pedro Casaldáliga do Cristianismo na apresentação de *Agenda Latinoamericana 2005* sob o sugestivo e desestabilizador título "Desnudando al nuevo imperio":

> Cristãmente falando, a ordem é muito clara (e muito exigente) e Jesus de Nazaré deu-no-la tornada mensagem e vida e morte e ressurreição: contra a política opressora do Império, a política libertadora do Reino. Esse Reino do Deus vivo, que é dos pobres e de todos aqueles e aquelas que têm fome e sede de justiça. Contra a "agenda" do Império, a "agenda" do Reino. (Casaldáliga, 2005: 11)

No mesmo artigo, Casaldáliga citava as palavras de Arundhati Roy no Fórum Social Mundial de 2003:

> Nós, todos nós aqui reunidos, cada qual à sua própria maneira, sitiámos o império. Talvez não o tenhamos parado, ainda, mas desnudámo-lo, desmascarámo-lo. Forçámo-lo a sair para campo aberto. Agora está diante de nós, no palco do mundo, em toda a sua brutal e iníqua nudez. (Roy *apud* Casaldáliga, 2005: 11)

Teologia indígena

A "teologia indígena" é a mais antiga do continente ameríndio, que resistiu ao império hispânico e que conseguiu não ser controlada nem destruída apesar dos massacres humanos (verdadeiros crimes contra a humanidade), homicídios, infanticídios, feminicídios, biocídios, culturicídios, ecocídios, deicídios, religiocídios, etnocídios e epistemicídios cometidos pelos conquistadores e por não poucos missionários em aliança entre o trono e o altar, a cruz e a espada, a religião católica e a monarquia, que destruíram o tecido social, a economia comunitária e os centros religiosos, políticos e administrativos das comunidades de Abya-Yala.[1] E tudo pela voraz, compulsiva, louca e idólatra demanda e apropriação do ouro; para assegurar a conquista das "novas" terras à monarquia espanhola: a religião e a realeza em simbiose hegemónica.

A apropriação do ouro era a condição necessária para a salvação das almas dos indígenas, conforme revelou Gustavo Gutiérrez no seu livro *Dios o el oro en las Indias*, citando Bartolomé de Las Casas, bispo de Chiapas, o livro de José de Acosta *De Procuranda Indorum Salute* e o documento conhecido como *Parecer de Yucay*: "Então, boas são as minas entre estes bárbaros, pois Deus lhas deu para que lhes levassem a fé e a cristandade, e sua conservação, e para a sua salvação" (Gutiérrez, 1989: 110). A inversão estava servida. Aquilo que Jesus de Nazaré chama "esterco do demónio" e "dinheiro da injustiça", os conquistadores e missionários ao serviço da monarquia hispânica converteram em condição necessária para entrar no reino dos céus: ouro em troca da salvação eterna. Esta tornava-se um produto venal, uma mercadoria. *Corruptio optimi pessima!*

Da incompatibilidade entre servir (adorar) Deus e o dinheiro, que o Evangelho estabelece, passou a considerar-se o ouro como "o verdadeiro *mediador* da presença de Deus nas Índias [...]. Digo que é tão necessário, moralmente falando, haver minas nestes Reinos, que se não as houvesse, não haveria nem rei nem Deus" (Gutiérrez, 1989: 113). O rei apresenta-se como representante de Deus, de quem recebe o poder, e que transforma a imagem da transcendência em Deus opressor, Deus conquistador. Se não houver ouro, não existe Deus nas Índias [Ocidentais], resume Gutiérrez.

Aquilo que diz Eduardo Galeano das culturas indígenas e afrodescendentes aplica-se à teologia cristã dominante, não apenas à da conquista e da colonização, mas também à moderna, em relação com a teologia contra-hegemónica indígena:

> A cultura dominante [a teologia cristã hegemónica] admite os indígenas e os negros como objeto de estudo, mas não os reconhece como sujeitos da história; têm folclore, não cultura; praticam superstições, não religiões; falam dialetos, não idiomas; fazem artesanato, não arte. (*apud* Tamayo, 2011: 148)

E eu acrescento: têm ídolos, não "deuses"; praticam cultos idólatras, não "ritos sagrados"; têm superstições, não "sacramentos".

[1] Nome dado à América pelo povo Kuna antes da conquista e que significa "terra em plena madurez" ou "terra do sangue quente" (López Hernández, 2004: 4).

Pois bem, a teologia índia pré-colombiana sobreviveu durante séculos de domínio colonial na experiência religiosa das populações indígenas e conseguiu sobreviver no silêncio meditativo da sabedoria popular, tornando realidade a canção de Atahualpa Yupanqui: "Da voz não necessito; sei cantar mesmo no silêncio". É a teologia da Terra da qual fazem parte os seres humanos. Somos a Terra que anda, dizia o cantor argentino; a Terra que pensa, que ama, que sonha, que venera, que cuida, diz Leonardo Boff (1995). É uma teologia vivida eco-humanamente durante séculos, em harmonia com a Pacha Mama, em diálogo com os antepassados e num ambiente comunitário fraterno-sororal; uma teologia transmitida oralmente que possui algumas das mais belas utopias de outro mundo possível, concebidas pela humanidade como expressão da consciência antecipatória.

Esta teologia reverte a história e reconhece às comunidades indígenas e afrodescendentes a presença continuada da sua dignidade, que foi reprimida, silenciada, negada pelo imperialismo, pelo colonialismo, pelo patriarcado e pelo fundamentalismo cristão. Mais ainda, considera-as sujeitos da história, donas do seu destino, portadoras de utopia e defensoras da natureza.

A teologia indígena opera como um relato alternativo ao da modernidade ocidental colonial e como "teologia da resistência" perante a globalização neoliberal, que: a) pretende apropriar-se das suas terras com o objetivo confesso de as modernizar, mas com a intenção não confessa de as explorar, de destruir o tecido da vida, de toda a vida, a humana e a da natureza, como sacrifício ao Deus-Mercado; b) procura eliminar a diversidade cultural, a pluralidade religiosa, a riqueza multiétnica e a biodiversidade; c) empenha-se em impor um pensamento único, o ocidental, como se fosse universal.

A teologia indígena "renasce hoje" como narrativa mítico-simbólica, como relato discursivo no horizonte da libertação e dos movimentos alterglobalizadores: não como imitação de algumas teologias cristãs da libertação, também colonizadoras à sua maneira, mas com identidade própria, ainda que em diálogo interidentitário com outras tradições culturais, com a sua própria metodologia; sem se deixar submeter à epistemologia dominante, embora sempre aberta à comunicação com a metodologia e a epistemologia de outras teologias libertadoras, com conteúdos próprios segundo as suas melhores tradições; em diálogo com os novos climas culturais, mas sem sucumbir mimeticamente, nem se assimilar acriticamente a eles.

Teologia da libertação

O outro discurso religioso contra-hegemónico é a "teologia latino-americana da libertação" (TL), que nasceu no final da década de 1970, no meio do Cerro de San Cristóbal (Lima), numa das igrejas do bairro do Rimac, onde se reúne uma pequena comunidade cristã animada durante várias décadas pelo teólogo Gustavo Gutiérrez, um dos iniciadores da TL com o seu livro programático *Teología de la liberación. Perspectivas* (Gutierréz, 1972).

A teologia da libertação é uma teologia da resistência perante o Império norte-americano – novo poder colonial que pretende dominar o continente –, a colonialidade, o colonialismo interno e o subimperialismo.

Arguedas e Gutiérrez

Um dos intelectuais latino-americanos que mais precocemente e com mais lucidez souberam captar a importância, a originalidade e o caráter revolucionário do novo paradigma teológico da libertação foi o escritor José María Arguedas, a quem o seu compatriota Gustavo Gutiérrez dedica a *Teología de la liberación. Perspectivas*, que começa precisamente com um texto da novela de Arguedas *Todas las sangres*.[2]

Entre eles existiu uma profunda e libertadora relação de cumplicidade. Sybila Arredondo, esposa de José María Arguedas, recorda que enquanto Arguedas escrevia o livro em Chimbote, conheceu três sacerdotes norte-americanos e o sacerdote Gustavo Gutiérrez. Em *El zorro de arriba y el zorro de abajo*, Arguedas (1990 [1971]: 245) define Gutiérrez como "o teólogo do Deus libertador", e contrapõe-no ao "padre do Deus inquisidor" do romance *Todas las sangres*. Mais ainda, estabelece uma similitude entre as "lúcidas e comoventes conferências" pronunciadas por Gustavo Gutiérrez em Chimbote e as palavras do sacristão e cantor de San Pedro de Lahuaymarca em *Todas las sangres* (Arguedas, 1990 [1971]: 245), que o próprio Gutiérrez escutou com extraordinário interesse. "É muito menos o que sabemos do que a grande esperança que sentimos, Gustavo?", pergunta o escritor peruano ao seu compatriota teólogo. Gutiérrez foi um dos teólogos que melhor entenderam a denúncia de Arguedas contra a exploração dos indígenas e o vislumbre do Deus libertador na narrativa do escritor peruano.

Recordemos a cena para confirmar o quão acertada era a apreciação de Arguedas. Trata-se de um diálogo muito peculiar, com uma profunda mensagem teológica, entre o sacerdote de um bairro vizinho que vinha celebrar a festa maior a São Pedro, uma aldeia destroçada por uma empresa mineira, e o velho sacristão, a quem o sacerdote pede que o ajude na missa, embora

[2] Em *El zorro de arriba y el zorro de abajo*, Arguedas (1990 [1971]: 245) diz que ele mesmo leu a Gustavo Gutiérrez, em Lima, o texto *Todas las sangres* (1987 [1964)], com o qual o teólogo inicia o livro *Teología de la liberación. Perspectivas*.

em Lahuaymarca houvesse um sacristão índio. O sacerdote não aceita a ajuda do sacristão índio:

> – Esse não sabe. Repete as palavras como papagaio, não entende; quase não é cristão. Tu és mestiço, organista, respondes em latim. A missa será mais grandiosa contigo. [...]
> – Queimado, eu, padre. A minha igreja dentro do meu peito, queimado. Como vou cantar? A Gertrudes igual a anjo canta – responde o sacristão.
> – A Gertrudes não pensa em Deus, canta triste, sim, porque é deformada.
> – Padrezinho, tu não entendes a alma dos índios. A Gertrudes, mesmo não conhecendo Deus, de Deus é. Quem, se não Deus, lhe deu essa voz que lava o pecado? Consola o triste, faz pensar o alegre, retira do sangue qualquer impureza.
> – Está bem, teimoso. Não posso obrigar-te. Essa "kurku" tem algo, algo estranho que dói.
> – Deus, pois então, padrezinho. Ela sofreu entre os senhores. O Deus dos senhores não é igual. Faz sofrer sem consolação [...]. Deus é esperança. Deus alegria. Deus ânimo. [...] [Deus] de São Pedro foi-se, creio para sempre. (Arguedas, 1987 [1964]: 413)

O sacerdote responde com a doutrina tradicional, com um discurso anistórico e pretensamente – ou melhor, falsamente – universal sobre a presença etérea e inofensiva de Deus, que desmente as afirmações de quem proclama: "Deus está em toda a parte". E conclui que, após tantos anos como sacristão, não é cristão verdadeiro.

O sacristão nega com a cabeça e interpela o sacerdote desta forma:

> – Havia Deus no peito dos que rasgaram o corpo do inocente professor Bellido? Deus está no corpo dos engenheiros que estão a matar "La Esmeralda"? Do senhor que tirou aos seus donos esse milheiral onde brincava a Virgem com o seu Filhinho em cada colheita? Não me faças chorar, padrezinho. Eu também como morto ando. O senhor Demetrio [o sacristão índio] tem Deus, na "kurku" [corcunda que foi violada pelo senhor Bruno] está Deus, cantando; no senhor Bruno luta Deus com o demónio; para mim não há consolação, de ninguém.
> – Nem do Demetrio, nem da Gertrudes? – pergunta-lhe o sacerdote entre o desconcerto e a curiosidade.
> – De ninguém – reitera o sacristão. Mestiço sou; o meu povo morreu. Era sacristão. Negra de carvão está a minha igreja. Vou morrer. (Arguedas, 1987 [1964]: 413)

Neste texto de *Todas las sangres*, Gutiérrez constata a distância radical que existe entre o Deus dos senhores e o Deus da *kurku*. O primeiro é o Deus inquisidor, o Deus de quem despoja os pobres e que faz sofrer as pessoas boas e inocentes; o segundo é o Deus libertador, o que consola e libera. A presença ou a ausência de Deus joga-se na defesa da dignidade e do respeito pelos outros. Nisto concordam Arguedas e Gutiérrez, que contrapõem o padre do "Deus inquisidor" ao sacristão de São Pedro, considerado "precursor da teologia da libertação".

Arguedas afirma que talvez com ele comece a fechar-se um ciclo e a abrir-se outro, no Peru:

> Fecha-se o da calandra consoladora, do açoite, do arreamento, do ódio impotente, dos fúnebres "levantamentos", do temor a Deus e do predomínio desse Deus e dos seus protegidos, dos seus fabricantes [e abre-se o ciclo] da luz e da força libertadora invencível do homem do Vietname, o da calandra de fogo, o do deus libertador. Aquele que se reintegra. (Arguedas, 1990 [1971]: 246)

O princípio-libertação

A teologia latino-americana da libertação é uma das correntes mais criativas do pensamento cristão nascidas no Sul, longe dos centros de poder político, económico e religioso, com sinais de identidade e estatuto teológico próprios. Não é, portanto, uma sucursal da teologia elaborada no Norte global. Bem pelo contrário: quebrou o norte-centrismo teológico, seja o moderno ou o pós-moderno, o europeu ou o norte-americano, o conservador ou o progressista.

É uma teologia que se localiza "socialmente" no mundo da marginalização cultural e da exclusão social da América Latina e das Caraíbas; "culturalmente" no contexto da filosofia da libertação e da pedagogia libertadora de Paulo Freire; "politicamente" no paradigma de uma democracia participativa; "economicamente" no horizonte do socialismo humanista. Põe-se do lado das vítimas das sucessivas colonizações e recupera o caráter originariamente subversivo do Cristianismo. Deixa ouvir novamente a proclamação de Jesus de Nazaré contra os poderes políticos, económicos e religiosos do seu tempo e a denúncia profética de Bartolomé de Las Casas contra os *encomenderos*.[3]

O princípio teológico que rege o novo modo de fazer teologia é o da "libertação", entendido como "correlato" do tema socioanalítico da "dependência" e como superação do conceito de desenvolvimento, que muito rapidamente adquiriu conotações ideológico-políticas e revelou a sua falsidade. Se a "dependência" punha em marcha uma nova metodologia nas ciências

[3] Pessoas que, por concessão da autoridade competente, tinham índios. *(N. do Revisor.)*

sociais, a "libertação" exercia uma função similar na mudança do paradigma teológico latino-americano (Assmann, 1973: 33 e ss.).

Gustavo Gutiérrez distingue três níveis de significação no conceito de "libertação": libertação política, libertação do ser humano ao longo da história e libertação do pecado. Os três níveis são parte de um único e complexo processo global. O seu lugar de encontro é a utopia entendida como criação permanente de uma nova humanidade numa sociedade solidária e qualitativamente distinta. A partir daqui clarifica-se a relação entre salvação e processos de libertação, que é uma das questões centrais do novo paradigma teológico (Gutiérrez, 1972: 68-69, 226 e ss.).

A metodologia desta teologia caracteriza-se pelo recurso a uma "dupla mediação: socioanalítica e hermenêutica", e pela orientação para a práxis, que exerceu uma influência significativa nos diferentes âmbitos da vida religiosa, política e social e nos diferentes campos do saber.

Os seus contributos metodológicos e epistemológicos constituem hoje referências importantes para outras teologias e são reconhecidos e tidos em conta pela antropologia, pela sociologia do direito e pelas ciências sociais e políticas.

A teologia libertadora abandonou as certezas dogmáticas do passado e percorre as terras inexploradas da complexidade; deixou de seguir os caminhos da repetição exaurida e abriu novas veredas no pensamento religioso. Desceu dos cumes altos onde repousam passiva e inativamente as verdades eternas e iniciou uma demanda da verdade na História, mas não da verdade como adequação do entendimento à realidade, senão da verdade em sentido bíblico, a verdade-em-ação, a verdade que se realiza na práxis de libertação.

Ao contrário da teologia tradicional – de preferência a neoescolástica –, esta teologia deixou de dar respostas do passado a perguntas do presente e reinstalou-se no novo cenário político, pluricultural e multirreligioso da América Latina e das Caraíbas. Caminha ao ritmo da História e avança pelas veredas da interculturalidade, da descolonialidade, dos diferentes feminismos, da alterglobalização, da ética libertadora, do pensamento crítico, do ambientalismo e do pensamento ecológico. Concilia tradição e criatividade, razão e compaixão, espiritualidade e teoria e práxis, fidelidade às origens e transgressão.

O método de historização dos conceitos

Emmanuel Lévinas afirma que a ética é a filosofia principal. Esta asserção pode ser aplicada à teologia latino-americana da libertação e também às teologias da libertação das três religiões monoteístas: Judaísmo, Cristianismo e Islão, que se caracterizam por um "monoteísmo ético", que concebe Deus não como motor imóvel e ser *per se subsistens*, mas, antes, como Deus da natureza e história, do êxodo e da esperança no futuro, que convida a assumir, partilhar e acompanhar a práxis libertadora dos povos oprimidos.

Na melhor tradição profética, conhecer Deus é praticar a justiça. Não é suficiente pensar em Deus, refletir sobre Deus; é preciso praticá-lo, historizá-lo. Uma das principais contribuições para a teologia da libertação neste campo é o "método de historização dos conceitos filosóficos e teológicos" do teólogo hispânico-salvadorenho Ignacio Ellacuría, assassinado pelo exército salvadorenho em novembro de 1989, juntamente com outros cinco companheiros jesuítas e duas mulheres.

Este método tem como objetivo situar os conceitos filosóficos e teológicos em relação com a História, libertá-los "do reducionismo idealista" (Ellacuría, 1988), por outras palavras, superar os processos de idealização e ideologização de que são objeto por parte de ambas as disciplinas, e descobrir a sua função libertadora. Implica uma nova epistemologia com três momentos: o noético, o ético e o práxico, que Ellacuría formula assim: a) "Considerar a realidade", que consiste num estar "real" na realidade das coisas através das mediações materiais e ativas; b) "carregar com a realidade", ou seja, ter em conta o caráter ético fundamental da inteligência; c) "encarregar-se da realidade", que significa assumir até às suas últimas consequências a dimensão práxico-emancipatória da inteligência (Ellacuría, 1990a).

Utopia e profetismo

Ellacuría historiza os principais conceitos teológicos: Jesus de Nazaré, Revelação, Salvação, Reino de Deus, Igreja, Graça, Pecado, Fé, Esperança, Amor, Opção pelos pobres, Paz, Profetismo, Religiões monoteístas etc. (Ellacuría, 1990a; Tamayo, 2012; Tamayo e Alvarenga, 2014). Num dos seus últimos escritos, que pode ser considerado o seu testamento intelectual, *Utopía y profetismo*, Ellacuría estabelece uma vinculação intrínseca entre utopia e profetismo. Se utopia e profetismo aparecem separados,

> tendem a perder a sua efetividade histórica e propendem a converter-se em escapismo idealista, em vez de se constituírem como forças libertadoras. Ficam reduzidos, no melhor dos casos, a funcionar como conforto subjetivo dos indivíduos ou dos povos. (Ellacuría, 1990b: 393)

Os dois conceitos, historizados, constituem as candeias que iluminam os caminhos a seguir pela humanidade para alcançar a sua emancipação, possibilitam a recuperação dos diferentes cristianismos proféticos – segundo os distintos contextos socioculturais, políticos e económicos – libertos do assédio do mercado e oferecem alternativas à desordem global existente a partir das suas melhores tradições.

Ellacuría considera a América Latina um lugar privilegiado de utopia e profetismo e que o profetismo utópico aponta para uma nova forma de liberdade e humanidade mediante um processo histórico de libertação, que deve transformar as relações Norte-Sul e Leste-Oeste. Denuncia "a malícia intrínseca do sistema capitalista e a mentira ideológica da aparência de democracia que o acompanha, legitima e encobre" (Ellacuría, 1990b: 415). A denúncia também se dirige à Igreja latino-americana institucional, a qual critica por ter sido demasiado tolerante com a injustiça estrutural e a violência institucional da região, e à Igreja universal, pela sua cegueira e silêncio perante a responsabilidade dos países desenvolvidos em relação à referida injustiça.

A utopia cristã, historizada, constitui a consciência antecipatória da criação histórica do novo ser humano, da nova terra e do novo céu. O novo ser humano caracteriza-se pela solidariedade com a causa dos oprimidos, pelo protesto ativo, pela luta permanente, pela esperança aberta e incansável na construção de um mundo mais justo, pela contemplação e ação, pela misericórdia e pelo amor, pela relação harmoniosa com os demais seres humanos e com a natureza.

A criação da nova terra comporta a utopia de uma nova ordem económica, social, política e cultural. Ellacuría entende o ideal utópico histórico como a criação de uma nova "civilização da pobreza solidária" que substitua a civilização da riqueza ou do capital, de uma civilização do bem comum que substitua a do "mal comum". Este ideal utópico converte-se numa força de libertação maior do que a das armas.

A nova ordem cultural na América Latina não considera os modelos ocidentais como os mais adequados para o aperfeiçoamento e a felicidade dos seres humanos. "Apenas se despojando e libertando do engano de que a cultura ocidental já encontrou pelo menos a via do verdadeiro progresso humano se pode começar a criar outro tipo de cultura" (Ellacuría, 1990b: 437). É necessário criar novos modelos não impostos de fora, mas, antes, nascidos da própria identidade latino-americana, abertos aos valores de outras culturas, que possibilitem a superação dos preconceitos, estereótipos, medos e pressões externas e internas.

Nas diferentes teologias latino-americanas da libertação, o horizonte ético é inseparável da "espiritualidade", dimensão fundamental do ser humano, como também o são a corporalidade, a sociabilidade, a praticidade. Nelas se dá assim o encontro entre transcendência e história, esperança cristã e utopias históricas, salvação e libertação na sua unidade diferenciada e numa síntese harmónica (Sobrino, 1985: 189-202).[4]

Novos sujeitos, plurais teologias da libertação: novos desafios

Tal como nas suas origens a TL tentou responder aos desafios sociais, económicos, religiosos, espirituais e culturais do continente latino-americano, hoje continua a fazê-lo partindo dos novos sujeitos que estão a emergir e a protagonizar as alterações estruturais na sociedade e nas religiões. Estes novos sujeitos são: as mulheres, dupla ou triplamente oprimidas pela ditadura do patriarcado, do capitalismo e do colonialismo, os três em aliança e cumplicidade; a Terra, submetida a uma predação irracional; o campesinato sem-terra, que se organiza e luta contra as novas formas de escravidão; os povos indígenas e as comunidades afro-americanas, humilhadas durante séculos de dominação colonial; os coletivos humanos, cada vez mais numerosos, excluídos pela ação globalizadora neoliberal, as religiões e as espiritualidades outrora destruídas pelo Cristianismo imperial; e as identidades sexuais, estigmatizadas e perseguidas.

São todas elas alteridades que formam os diferentes rostos da pobreza e da marginalidade, a quem a TL reconhece como sujeitos ativos que estão a empoderar-se e que, através do seu empoderamento, contribuem para a superação do racismo, da xenofobia, do colonialismo, do sexismo, do classismo, da homofobia, do machismo e da destruição da natureza.

Os novos sujeitos emergem com força e protagonizam as mudanças estruturais que acontecem no continente, guiando-os em direção à transformação das estruturas e ao despertar das subjetividades plurais em interação. Coincido a este respeito com a antropóloga mexicana Marcela Lagarde em que

> os novos sujeitos, com as suas antigas e novas histórias e os seus rostos mutáveis, revelam as várias formas da alienação e lutam por eliminar as práticas, as relações e a cultura que geram opressão e miséria. Enfrentam de forma dramática a adversidade e determinam novos esforços sociais para convencer, ser escutados e dialogar. É notável que apesar das normas e dos pactos de poder que os excluem, estes novos sujeitos alcançaram feitos enormes, ainda que insuficientes. (*apud* Tamayo, 2010)

São sujeitos conscientes de que o atual modelo de desenvolvimento globalizador neoliberal, radicalmente injusto e uniforme, não apenas não lhes

[4] Veja-se Tamayo (1985: 399-430).

proporciona possibilidades de melhoria, mas os submete a um processo de marginalização e exclusão crescente.

Monoculturas, culturas inclusivas e sujeitos emergentes

Os novos sujeitos da TL questionam o mundo construído sobre as "cinco monoculturas" que desperdiçam a experiência, segundo Boaventura de Sousa Santos (2005: 151-192): a) a monocultura do "saber", que crê que a única sabedoria é o saber rigoroso; b) a monocultura do "progresso", do tempo linear, da filosofia teleológica da história, que entende com um sentido único, o de que na frente vai o mundo avançado, o desenvolvido, e o demais é residual, obsoleto; c) a monocultura da "naturalização das hierarquias", que considera a hierarquização dos seres humanos por razões de raça, etnia, classe e género um fenómeno inscrito na natureza e, portanto, imodificável; d) a monocultura do "universal como único válido, à margem do contexto", em que o oposto ao universal é o vernáculo, que carece de validade, e o global ganha precedência sobre o local; e) a monocultura da "produtividade", que define a realidade humana pelo critério do crescimento económico como objetivo racional inquestionável, que se aplica ao trabalho humano, mas também à natureza, convertida em objeto de exploração e predação – quem não produz é um preguiçoso, um vagabundo.

Estas cinco monoculturas provocam cinco formas sociais principais de não-existência legitimadas pela razão metonímica: o não credível, o ignorante, o residual, o local e o improdutivo. Estas formas costumam ser aplicadas de forma espontânea às cosmovisões – culturas e espiritualidades – indígenas para justificar mais facilmente a sua marginalização cultural, política, económica e religiosa. Mas, na realidade, trata-se de construções interessadas da modernidade ocidental e do Cristianismo.

Como alternativa às cinco monoculturas excludentes, Santos propõe cinco culturas inclusivas: a) perante a monocultura do saber científico, a "ecologia dos diferentes saberes", com o necessário diálogo e o inevitável confronto entre eles; b) perante a lógica do tempo linear, a "ecologia das temporalidades", que valoriza positivamente os distintos tempos como formas de viver a contemporaneidade, sem estabelecer hierarquias ou juízos de valor quanto a elas; c) perante a monocultura da classificação social, a "ecologia dos reconhecimentos", que procura uma nova articulação entre ambas as noções, dando lugar a "diferenças iguais"; d) perante a monocultura do universal como único válido, a "ecologia das transescalas", que consiste em valorizar o local como tal, situando-o fora da globalização hegemónica em que o local é subvalorizado, mais ainda, desprezado; e) contra a monocultura produtivista da ortodoxia capitalista, que prioriza os objetivos da acumulação em relação aos da distribuição, a "ecologia das produções e distribuições sociais".

Novas teologias da libertação

Hoje estamos perante uma TL latino-americana mais plural, inclusiva e aberta do que a da década de 1970, que centrava a sua atenção mais no fator económico e desconhecia ou descuidava outros aspetos igualmente relevantes, como o género, a sexualidade, a etnia, a cultura, a religião etc. Julgo que à TL podemos aplicar o que diz o teólogo francês Jacques Pohier da teologia em geral: que é um "saber parcial sobre um objeto parcial" e que "o conhecimento de Deus é fragmentário, aleatório e limitado, não porque Deus não seja o infinito, mas porque eu sou finito" (1978: 226).

O caminho epistemológico a seguir na teologia não é, portanto, o saber totalizador, que frequentemente desemboca em totalitarismo epistémico, mas a – aparentemente contraditória – *docta ignorancia* do teólogo e filósofo alemão Nicolás de Cusa (1401-1467), que soube lançar pontes de comunicação em várias direções: entre Oriente e Ocidente, o Cristianismo e o Islão, no trânsito da Idade Média para a Idade Moderna. O autor defende a necessidade de conseguir a paz através do diálogo e do respeito pelas diferentes crenças, sem recorrer à violência. Esse foi o objetivo que propôs na sua obra *La paz de la fe* (Cusa, 1999 [1453]), escrita em setembro de 1453, uns meses depois de os turcos conquistarem Constantinopla, centro do Oriente cristão, após um assédio de quase dois meses, nos quais se sucederam inúmeras crueldades.

Num sugestivo estudo sobre Nicolás de Cusa, Boaventura de Sousa Santos apresenta-o como paradigma de pensamento ocidental "não ocidentalista", que se antecipa em cinco séculos ao princípio de incerteza de Heisenberg.

Diz Nicolás de Cusa, "com efeito, nenhum outro saber mais perfeito pode advir ao homem, mesmo ao mais estudioso, do que descobrir-se sumamente douto na sua ignorância, que lhe é própria, e será tanto mais douto quanto mais ignorante se souber" (Santos, 2009: 465).

Ao ser finito o nosso pensamento, tudo o que conhecemos está submetido a essa limitação e não se pode pensar o infinito.

Nas suas origens, a TL latino-americana não abordava todos os âmbitos da libertação. Isto aconteceu no seu itinerário posterior, quando se foi abrindo às novas formas de dominação e opressão e descobrindo os novos caminhos de libertação em contacto com os novos climas culturais e os movimentos sociais e em diálogo com a teoria crítica. Assim surgiram novas tendências teológicas contra-hegemónicas da libertação: teologia feminista, afrodescendente, camponesa, ecológica, *queer*, teologia do pluralismo religioso, teopoética da libertação –

um mosaico completo de teologias e sabedorias que formam o panorama plural da TL na América Latina enquanto visibilização dos sujeitos emergentes, invisibilizados durante séculos.

Teologia feminista

Creio que à primeira TL se pode aplicar o que Celia Amorós diz da filosofia:

> O discurso filosófico é um discurso patriarcal, elaborado a partir da perspetiva privilegiada e simultaneamente distorcida do homem, e que toma o homem como destinatário, na medida em que é identificado como o género na sua capacidade de se elevar à autoconsciência. (Amorós, 1985: 27)

As teólogas latino-americanas, excluídas outrora do campo do conhecimento – tanto filosófico como teológico –, estão a assumir hoje o protagonismo na reflexão teológica e a conduzir a teologia pela via do feminismo ou, melhor, dos feminismos, de preferência dos feminismos descoloniais, críticos dos feminismos ocidentais devido à sua insensibilidade, mais ainda, devido à sua cumplicidade na marginalização das mulheres dupla ou triplamente oprimidas (Támez e Aquino, 1998). Com a ajuda da teoria feminista descolonial, a TL, a partir da perspetiva de género, revolucionou não poucos dos conceitos androcêntricos utilizados pela primeira TL, que as mulheres teólogas articulam em torno das categorias de género e vida. Incorpora a experiência de sofrimento das mulheres, sem cair na vitimização, e as suas lutas de libertação, sem cair no heroísmo.

A teologia feminista da libertação entende-se como teoria crítica da religião patriarcal, do discurso androcêntrico sobre Deus, da aliança do Deus-homem com o poder patriarcal, da organização patriarcal das religiões e da sua aliança e legitimação com o patriarcado político e com o modelo económico capitalista, que sustenta o dito patriarcado. Nesta teologia, a categoria de género é articulada com as categorias de etnia, classe, sexualidade e ecologia para identificar as discriminações plurais de que as mulheres são objeto e lutar globalmente contra elas.

Dentro da teologia feminista latino-americana da libertação desenvolve-se a teologia ecofeminista, cuja base é a teoria ecofeminista enquanto resposta à insustentabilidade do desenvolvimento científico-técnico da modernidade – aliado ao sistema capitalista colonial –, predador da natureza, e ao escandaloso crescimento da desigualdade Norte-Sul. Insustentabilidade e desigualdade com frequência legitimadas pelo Cristianismo institucional e questionadas pelo Cristianismo libertador (Ruether, 1993; Gebara, 2000).

Ecoteologia

A Terra converteu-se num dos princípios inspiradores da atual TL. "Ciência de Deus" (= Teologia) e "Ciência da Terra" (= Ecologia) não são discursos paralelos e menos ainda defrontados. Ambos partem, como diz Boff, de duas feridas que sangram: a da pobreza, que rompe o tecido social de milhares de milhões de seres humanos, e a da violência contra a natureza, que quebra o equilíbrio do ecossistema. Ambas defendem por igual a dignidade dos seres humanos oprimidos e da natureza predada (Boff, 1995). A perspetiva ecológica resulta fecundadora para a TL, pois incorpora no seu discurso os contributos das ciências relacionados com a realidade cósmica e com a vida ameaçada: geologia, biologia, cosmologia, bioética, ecologia, etologia etc. A TL, por sua vez, enriquece o paradigma ecológico, dado que introduz o elemento histórico-crítico e a perspetiva humana e emancipatória.

O discurso ecoteológico não é construído em abstrato, mas ligado às organizações camponesas, indígenas e ambientais. Com elas luta contra a contaminação das águas e dos alimentos, o abate das florestas, a destruição do património ecocultural, os megaprojetos, e defende a soberania alimentar, a recuperação do território, a autonomia local, a própria cultura e a língua como fontes de identidade coletiva.

São de destacar a este respeito os contributos da encíclica *Laudato Si'. Sobre o cuidado da casa comum*, do Papa Francisco (2015). Nela é feita uma descrição rigorosa da devastação ecológica planetária causada pelo capitalismo: a mudança climática, o aquecimento da terra, a alteração e a mercantilização dos ciclos naturais de fertilidade, os efeitos nocivos da produção industrial na atmosfera, a destruição dos ecossistemas sensíveis, a acidificação dos oceanos, a perda da biodiversidade, o agronegócio baseado em monoculturas etc.

A encíclica associa a predação ambiental e a degradação humana, que, em seu entender, vão de mãos dadas, e reconhece a dívida ecológica que o Norte tem com o Sul. Defende a necessidade de trabalhar pela justiça ecológica e pela justiça económica, considera inseparáveis a preocupação com a natureza, a luta pela justiça com os pobres, o compromisso com a sociedade e a paz interior, e convida a procurar outros modos de entender a economia e o progresso e um novo estilo de vida e de desenvolvimento sustentável e integral.

Teologia afro-latino-americana

Entre os novos sujeitos da TL é necessário referir as comunidades afro-latino-americanas, humilhadas na sua dignidade e tratadas como estrangeiras no seu próprio lar. A elas é-lhes negado o seu campo estruturante do quotidiano: os seus símbolos, tradições, religiões, deuses, a sua conceção do mundo, língua, arte, a relação com a terra. A teologia afro-latino-americana da libertação leva a cabo uma reflexão a partir da própria cultura negra, com a intenção de reconstruir as alteridades negadas pelo Cristianismo imperial e colonial (AA. VV., 1997).

Teologia económica da libertação

Uma linha transversal percorre as novas formas de TL: a *crítica da religião económica do mercado e da sua lógica idolátrica*, que exige o sacrifício de vidas humanas e o holocausto da natureza. A teologia económica da libertação estuda as relações entre as práticas e os discursos religiosos e as práticas e os discursos económicos, e analisa a economia como sistema de crenças com pressupostos teológicos (Richard *et al.*, 1980; Assmann e Hinkelammert, 1989; Santa Ana, 1991; Löwy, 1999). Opta pelo Deus da vida perante os ídolos de morte da religião do mercado sem entranhas, e por uma ética compassiva e solidária em convergência com a ética contra-hegemónica dos movimentos alterglobalizadores e com o *sumak kawsay* (o bem viver) das comunidades indígenas.

Esta teologia não se fica pelas declarações retóricas do discurso abstrato e pseudouniversalista da dignidade e dos direitos humanos, mas, antes, defende a dignidade e os direitos humanos das pessoas, os coletivos, os povos e os continentes, a quem se lhes nega a sua dignidade e os seus direitos por causa de uma conceção neoliberal da vida, que rejeita a fundamentação antropológica da dignidade e dos direitos humanos e os reduz ao direito de propriedade como fonte de todos os direitos.

Teologia do pluralismo religioso

A América Latina é um mosaico de culturas e religiões, antigas e novas, em diálogo e mútuo enriquecimento. Atualmente estão a ser dados passos importantes na elaboração de uma teologia do pluralismo religioso conhecida também como teologia libertadora das religiões. O contributo mais importante neste campo é o ambicioso projeto *Por los muchos caminos de Dios*, da Comissão Teológica Latino-americana da Associação Ecuménica de Teólogas e Teólogos do Terceiro Mundo, com a colaboração de teólogos e teólogas de África, Ásia e América Latina, que conta com cinco volumes, nos quais o pluralismo cultural e religioso e o correspondente diálogo intercultural e inter-religioso simétrico constituem um dos principais eixos em torno dos quais gira hoje a TL (Vigil, Tomita e Barros, 2003, 2004, 2006a, 2006b, 2010.)

Teologia *queer* da libertação

A teologia *queer* da libertação tem vindo a ser desenvolvida na América Latina durante as duas últimas décadas. Apoiando-se na teoria *queer* de autoras como Judith Butler, María Lugones e outras, considera que não apenas o género é uma construção social como também o é o sexo. Reconhece a existência de múltiplas formas de expressão da sexualidade que não se reduzem à sexualidade heteropatriarcal, nem à dicotomia homo-hétero, e defende identidades sexuais nómadas perante as identidades fixas estereotipadas (Lugones, 2008, 2011; Butler, 2011).

A teologia *queer* é uma teologia contextual, que estende a opção pelos pobres e excluídos às pessoas e coletivos que se situam nas margens das ideologias e das práticas heterossexuais e que não são reconhecidos como sujeitos sexuais pela Igreja Católica e pela sua teologia oficial, e menos ainda como sujeitos teológicos. Desconstrói aquelas identidades políticas, culturais e sexuais que se tinham convertido em pressupostos de fé e exerciam uma função reguladora e inclusive idolátrica do Deus-homem, heterossexual e homofóbico (Althaus-Reid, 2003, 2005).

O seu objetivo é *libertar Deus das construções ideológicas de poder na sua intersectorialidade*: sexismo, patriarcado, heteronormatividade, sexualidade binária, antropocentrismo, colonialismo, etnocentrismo, orientalismo etc. Por outras palavras, tirar Deus do armário das ideologias sexuais e políticas que não permitem caminhar como Deus entre os seres humanos, nem sofrer a fragilidade humana, a dúvida, a fome e o desejo, a amizade e o carinho. Um Deus que abandona o trono da sua glória, que assume a pobreza e a exclusão. Um Deus estranho, torto, *queer*, instável como instáveis somos, os seres humanos.

Teopoética da libertação

A teopoética da libertação não é propriamente uma nova corrente dentro da teologia da libertação, mas um género literário que expressa os conteúdos utópico-libertadores ao ritmo da poesia (Cardenal, 1971; Alves, 1997; Casaldáliga, 2006). Caracteriza-se pela correta articulação entre o bem dizer e o bem agir, a ética e a estética, a poesia e a revolução, a mística e a libertação, a imaginação e a práxis, a utopia e a sabedoria, a criação literária e a militância sociopolítica, o símbolo e a narrativa, a voz e a escrita, a oração e a luta, o silêncio e a palavra, a denúncia profética e o sussurro, o compromisso e a contemplação, a solidão e a solidariedade, a privacidade e o espaço público, a vivência individual e a convivência, a crítica e a autocrítica.

A linguagem é a casa do ser, dizia Heidegger. A poesia é o lar onde habitam os poetas teólogos da libertação que reescrevem os textos bíblicos. A sua palavra é palavra-ação, interioridade-exterioridade, experiência-reflexão.

Teologia intercultural, inter-religiosa, interétnica e descolonial da libertação

A TL latino-americana depressa transcendeu o palco geocultural latino-americano e se converteu numa grande corrente de pensamento crítico e de práxis emancipatória de alcance mundial com numerosas ramificações nos diferentes continentes, em conformidade com os traços de identidade e os desafios de cada região do mundo. Bem pode afirmar-se que se trata de uma teologia cuja universalidade se expressa de maneira polifónica no contexto cosmovisionário, cultural, étnico e religioso. A TL cresce hoje por tudo o Sul e nos âmbitos de marginalização do Norte, dando lugar a uma pluralidade teológico-libertadora conforme às diferentes identidades culturais e geopolíticas em diálogo simétrico. O resultado do dito diálogo é uma teologia inter-religiosa, intercultural, interétnica e descolonial da libertação a partir da perspetiva de género.

Desde a década de 1970 que as teologias da libertação do Sul têm os seus lugares de encontro, onde se reúnem os seus principais cultores e dialogam com as diferentes epistemologias, antropologias, cosmologias, religiões e espiritualidades da Ásia, África e América Latina, e com os movimentos sociais. Em 1976, foi criada a Associação Ecuménica de Teólogas e Teólogos do Terceiro Mundo (sigla inglesa, EATWOT), em Dar es Salaam (Tanzânia), que se reúne nos diferentes países do Terceiro Mundo e dispõe da revista *Voices of South: Theological Journal of the Ecumenical Association of Third World Theologians*. Na EATWOT existe a Comissão Teológica Latino-americana, que realiza um ambicioso programa de diálogo entre as teologias da libertação e a teologia do pluralismo religioso, à qual me referi mais acima ("Teologia do pluralismo religioso").

Em 2005, foi criada em Porto Alegre (Brasil) o Fórum Mundial de Teologia e Libertação (FMTL), espaço socioteológico e alterglobalizador dentro do Fórum Social Mundial (FSM), que realiza os seus encontros coincidindo com os do FSM. Desde a sua criação e até 2016, foram realizados os seguintes Fóruns: 2005, Porto Alegre – "Teologia para outro mundo possível"; 2007, Nairobi – "Outra espiritualidade é possível"; 2009, Belém do Pará – "Terra, Água e Teologia"; 2011, Dakar – "Teologia do pluralismo religioso"; 2013, Tunes – "Dignidade e Teologia"; 2015, Tunes – "Dignidade e diálogo intercultural"; 2016, Montreal – "Um outro mundo é necessário, junt@s torna-se possível".

O FMTL reconhece e promove o pluralismo religioso e cultural como expressão da diversidade e riqueza das religiões, espiritualidades e culturas, questiona as crenças crédulas, revoluciona as consciências dos crentes e pretende transformar a credulidade em fé crítica, as consciências tranquilizadoras em subversivas e as práticas alienantes em práxis emancipatórias, em sintonia com a proposta dos Fóruns Sociais do "Outro mundo é possível" e em diálogo com as epistemologias do Sul que estão a ser desenvolvidas entre os diferentes saberes, disciplinas e práticas sociais (Tamayo e Susin, 2006).

Como observa Enrique Dussel, a teologia da cristandade latina colonialista da metrópole constitui a quintessência do eurocentrismo, que apresenta o Cristianismo ocidental como a religião por excelência, a única verdadeira e universal, que nega toda a pretensão de verdade a outras religiões e espiritualidades e apresenta a teologia ocidental como o cânone a seguir por outras teologias. Pensar fora das categorias teológicas eurocêntricas é considerado uma heresia.

Hoje, a resposta das diferentes teologias latino-americanas da libertação à dita imposição é a das teologias pós-coloniais que analisam criticamente as repercussões negativas do colonialismo nos discursos religiosos, procuram a descolonização epistemológica da teologia, desenham um novo método para elaborar uma teologia descolonizada, despatriarcalizada, ecológica e contra-hegemónica. Não poucas destas teologias da libertação foram perseguidas e condenadas, não por serem doutrinalmente heterodoxas ou heréticas, mas pela pretensão de pensar fora da Europa e contra a Europa moderna colonial, que confundira a sua particularidade com uma pretensão de universalidade (Dussel, 2015: 321-339).

Para concluir, podemos dizer que as teologias pós-coloniais e feministas dentro da teologia da libertação ajudam a reconhecer que nenhum género, etnicidade ou religião, como afirma Edward Said, "possui o monopólio da beleza, da inteligência e da força" e que "há um lugar para todos no encontro da vitória" (1993: 280, *apud* Kang, 2013: 84).

Referências

AA.VV. (1997), *Teologia afro-americana. Consulta ecuménica de teologia e culturas afro-americana e caribenha*. São Paulo: Paulus.

Althaus-Reid, Marcella (2003), *The Queer God. Sexuality and liberation theology*. London: Routledge.

Althaus-Reid, Marcella (2005), *La teología indecente. Perversiones teológicas en sexo, género y política*. Barcelona: Bellaterra.

Alves, Rubem (1997), *Tempus fugit*. México: MCCLP.

Amorós, Celia (1985), *Hacia una crítica de la razón patriarcal*. Barcelona: Anthropos.

Arguedas, José María (1987 [1964]), *Todas las sangres*. Lima: Horizonte.

Arguedas, José María (1990 [1971]), *El zorro de arriba y el zorro de abajo*. Madrid: CSIC.

Assmann, Hugo (1973), *Teología desde la praxis de la liberación. Ensayo teológico desde la América dependiente*. Salamanca: Sígueme.

Assmann, Hugo; Hinkelammert, Franz (1989), *A idolatria do mercado. Ensaio sobre economia e teologia*. Petrópolis: Vozes.

Boff, Leonardo (1995), *Ecologia: grito da Terra, grito dos pobres*. São Paulo: Ática.

Butler, Judith (2011), *El género en disputa. El feminismo y la subversión de la identidad*. Barcelona: Paidós.

Cardenal, Ernesto (1971), *Antología*. Buenos Aires: Carlos Lohlé.

Casaldáliga, Pedro (2005), "A manera de introducción fraterna: Desnudando al nuevo imperio", in José María Vigil e Pedro Casaldáliga (orgs.), *Agenda Latinoamericana Mundial 2005*. Saragoça: Comité Óscar Romero. Disponível em http://www.comitesromero.org/latinoamericana.htm.

Casaldáliga, Pedro (2006), *Antología personal*. Madrid: Trotta.

Cusa, Nicolás de (1999 [1453]), *La fe de la paz. Carta a Juan de Segovia, estudio preliminar*. Madrid: Tecnos.

Dussel, Enrique (2015), *Filosofías del Sur. Descolonización y transmodernidad*. Madrid: Akal.

Ellacuría, Ignacio (1988), "La superación del reduccionismo idealista en Zubiri", *ECA – Estudios Centroamericanos*, 477, 633-650.

Ellacuría, Ignacio (1990a), *Filosofía de la realidad histórica*. Madrid: Trotta.

Ellacuría, Ignacio (1990b), "Utopía y profetismo", in Ignacio Ellacuría e Jon Sobrino (orgs.), *Mysterium Liberationis. Conceptos fundamentales de la teología de la liberación*. Madrid: Trotta, 393-442.

Francisco (2015), *Carta Encíclica Laudato Si' do Santo Padre Francisco sobre o cuidado da casa comum*. Disponível em http://w2.vatican.va/content/francesco/pt/encyclicals/documents/papa-francesco_20150524_enciclica-laudato-si.html.

Gebara, Ivone (2000), *Intuiciones ecofeministas. Ensayo para repensar el conocimiento y la religión*. Madrid: Trotta.

Gutiérrez, Gustavo (1972), *Teología de la liberación. Perspectivas*. Salamanca: Sígueme.

Gutiérrez, Gustavo (1989), *Dios o el oro en las Indias*. Salamanca: Sígueme.

Kang, Namsoon (2013), "Teología desde un espacio de intersección del poscolonialismo y el feminismo. Más allá del etno/geocentrismo, el androcentrismo y el heterocentrismo", *Concilium*, 350, 73-84.

López Hernández, Miguel Ángel (2004), *Encuentros en los senderos de Abya Yala*. Quito: Abya Yala.

Löwy, Michael (1999), "La idolatría del mercado y la crítica del fetichismo capitalista. De Marx a la Teología de la Liberación", *Pasos*, 86, 2-9.

Lugones, María (2008), "Colonialidad y género", *Tabula rasa*, 9, 77-101.

Lugones, María (2011), "Hacia un feminismo descolonial", *La manzana de la discordia*, 6(2), 105-119. Doi: https://doi.org/10.25100/lmd.v6i2.1504.

Pohier, Jacques-Marie (1978), "Teología y psicoanálisis", *Concilium*, 135, 221-231.

Richard, Pablo *et al.* (1980), *La lucha de los dioses. Los ídolos de la opresión y la búsqueda del Dios liberador*. San José, Costa Rica: DEI.

Ruether, Rosemary Radford (1993), *Gaia y Dios: una teología ecofeminista para la recuperación de la Tierra*. México: DEMAC.

Santa Ana, Julio (1991), *La práctica económica como religión. Crítica teológica de la economía política*. San José, Costa Rica: DEI.

Santos, Boaventura de Sousa (2005), *El milenio huérfano. Ensayos para una nueva cultura política*. Madrid: Trotta.

Santos, Boaventura de Sousa (2009), "Um Ocidente não-ocidentalista? A filosofia à venda, a douta ignorância e a aposta de Pascal", in Boaventura de Sousa Santos e Maria Paula Meneses (orgs.), *Epistemologias do Sul*. Coimbra: Almedina, 445-486.

Santos, Boaventura de Sousa (2013), *Se Deus fosse um ativista dos direitos humanos*. Coimbra: Almedina.

Sobrino, Jon (1985), *Liberación con espíritu*. Santander: Sal Terrae.

Tamayo, Juan José (1985), "Utopías históricas y esperanza cristiana", in Casiano Floristán e Juan José Tamayo (orgs.), *El Concilio Vaticano II, veinte años después*. Madrid: Cristiandad, 399-430.

Tamayo, Juan José (2010), "Desafíos de la teología latinoamericana de la liberación al Primer Mundo", in *SICSAL.net*, janeiro. Disponível em http://www.sicsal.net/teologicas2.php.

Tamayo, Juan José (2011), *La teología de la liberación en el nuevo escenario político y religioso*. Valencia: Tiran Lo Blanch.

Tamayo, Juan José (dir.) (2012), *Ignacio Ellacuría. Intelectual, filósofo y teólogo*. Valencia: ADG-N LIBROS.

Tamayo, Juan José; Alvarenga, Luis (orgs.) (2014), *Ignacio Ellacuría. Utopía y teoría crítica*. Valencia: Tirant lo Blanch.

Tamayo, Juan José; Susin, Luiz Carlos (orgs.) (2006), *Teología para otro mundo posible*. Madrid: PPC.

Támez, Elsa; Aquino, María Pilar (1998), *Teología feminista Latinoamericana*. Quito: Abya-Yala.

Vigil; José María; Tomita, Luiza; Barros, Marcelo (orgs.) (2003), "Por los muchos caminos de Dios", in *Desafíos del pluralismo religioso a la teología de la liberación*, vol. I. Quito: Verbo Divino.

Vigil; José María; Tomita, Luiza; Barros, Marcelo (orgs.) (2004), "Por los muchos caminos de Dios", in *Hacia una teología cristiana y latinoamericana del pluralismo religioso*, vol. II. Quito: Abya-Yala.

Vigil; José María; Tomita, Luiza; Barros, Marcelo (orgs.) (2006a), "Por los muchos caminos de Dios", in *Teología latinoamericana pluralista de la liberación*, vol. III. Quito: Abya-Yala.

Vigil; José María; Tomita, Luiza; Barros, Marcelo (orgs.) (2006b), "Por los muchos caminos de Dios", in *Teología liberadora intercontinental del pluralismo religioso*, vol. IV. Quito: Abya-Yala.

Vigil; José María; Tomita, Luiza; Barros, Marcelo (orgs.) (2010), "Por los muchos caminos de Dios", in *Hacia una teología planetaria*, vol. V. Quito: Abya-Yala.

CAPÍTULO 5

Sobre a procura do cendrário para o *ubuntu* por cremar

Mogobe Ramose

Introdução

Proponho-me analisar a seguinte questão: o que significa continuar a ignorar o *ubuntu*, ou seja, tratá-lo como uma nota de rodapé na história e no discurso da ética, política, economia e direito na África do Sul? É de notar que vacilarei entre o "eu" e o "nós" no que diz respeito ao estilo deste ensaio. A minha primeira preocupação é usar o "nós" como identificação, identificando-me historicamente como pertencente aos "desgraçados da Terra" especialmente, aos "mil milhões do fundo" (Collier, 2008).

O meu argumento de base relativamente à questão apresentada é de que todos os seres humanos têm o direito a existir e a pensar (Gutierrez, 1983: 101). Este argumento é contra os dogmáticos do epistemicídio. Eles perpetuam o epistemicídio através de meios subtis e, por vezes, absolutos de exclusão do *ubuntu* do conceito definido unilateralmente e, por isso, contestável, de "ciência". Começo por uma crítica a este conceito.

Crítica ao conceito de ciência

A ciência é a construção de conhecimento de acordo com normas e procedimentos prescritos. O conhecimento obtido pela experiência e o senso comum são a base necessária para a construção de conhecimento científico. O segundo distingue-se do primeiro precisamente por incluir apenas os fragmentos selecionados do primeiro e depois por elevar esses fragmentos a "conhecimento científico". Isto exclui, evidentemente, elementos da realidade. Com essa exclusão, a ciência afirma o caráter necessariamente incompleto do conhecimento científico (Santos, 2014: 201). O presente ensaio não é científico no sentido convencional, porém, não pretende ser completo. O seu ponto de partida é a resistência ao cientificismo da ciência. O cientificismo tende a sofrer de "opinionite": a pulsão aparentemente irresistível para discordar de outros cientistas, mesmo que o ponto de discórdia seja, incontestavelmente, desprovido de conteúdo.

A minha resistência ao cientificismo não é inspirada pelo método, conforme foi definido por Feyerabend (1975), nem é contra ele. O meu método não pretende reivindicar qualquer tipo de brincadeira ou jogo, pois isso poderia levar a supor, erradamente, que pertenço ao grupo dos *homo ludens*, ao estilo de Huizinga (1955). Também não é inspirado pela conhecida e amplamente criticada afirmação de Senghor, segundo a qual "a emoção pertence ao Negro, tal como a razão pertence ao Helénico". Para mim, é evidente que Senghor parece ter esquecido que a condição que torna possível uma afirmação como esta é, precisamente, a capacidade de pensar. Assim, por que alienar a razão do "Negro" e dá-la ao "Helénico"?

Exige-se que a linguagem científica seja desprovida de emoções. Defende-se que a paixão tem de ser suprimida e excluída do discurso científico, pois tende a corromper a objetividade. Por extensão, a vida profissional tem de ser desprovida de paixão pois ceder à paixão é comprometer a objetividade. A equanimidade é o mandamento da ciência. A obediência a este mandamento é uma concessão ao princípio, bastante discutível, de que não existe qualquer relação e, consequentemente, nenhuma influência mútua entre razão e emoções (Bohm, 1994: 18). Contra isto, argumento que a razão sem paixão é vazia, um coma intelectual sem vida. Neste ensaio, não obedeço ao mandamento da "ciência".

O método – *caordem*

Escreverei num misto de razão e paixão, reconhecendo que a dança do *ser* é um *reomodo*[1] complexo que requer ritmo sincronizado. A divisão do ser humano em "emoção" e "razão" é uma fragmentação arbitrária da unicidade do ser humano. O problema com esta fragmentação (Bohm, 1971, 1993) é que os fragmentos tendem a ser interpretados como sendo a realidade. É frequente o fragmento ser apresentado de forma dogmática como a verdade, tal como é o caso do conceito unilateralmente definido de "ciência". Assim, o

[1] Em inglês, *rheomode*, que significa uma forma experimental de linguagem baseada em verbos. O termo é da autoria de David Bohm e apareceu pela primeira vez no livro *Wholeness and the implicate order*, Londres, Routledge & Kegan Paul, 1980. (*N. do Revisor.*)

presente ensaio não segue um método "científico", que é para poder sublinhar o imperativo ético de reconhecer e implementar a descolonização das metodologias (Smith, 1999: 104).

O meu repúdio do método científico não significa que o ensaio seja completamente desprovido de um método no sentido corrente da palavra. Tem um método que não procura a ordem. A ordem pressupõe o caos. Requer regras e procedimentos que canalizam e policiam o raciocínio daqueles que escolhem adotá-los e segui-los. Vista desta perspetiva, a ordem é arbitrária e ditatorial relativamente àquilo que tem de ser considerado racional ou irracional, relevante ou irrelevante e válido e inválido em relação à realidade.

O meu método não é desprovido de ordem apenas porque não procura a ordem segundo a perspetiva da "ciência". Também não pretende alcançar o caos, pois não considera que o caos seja o contrário da ordem. Em vez disso, é o movimento de razão crítica que encoraja uma complexidade de experiências contrastantes e conflituantes que defendem que o movimento é o princípio do *ser*. O meu método pode ser descrito como *caordem*, caos e ordem juntos, por entender que a conjunção "e" é inaceitável, na medida em que estabelece uma divisão entre caos e ordem (Prigogine, 1985: 310).

Quando a filosofia, através da meditação crítica, chega à profundidade abismal do *ser*; quando o seu olhar pensativo não consegue ter uma visão total do *ser* em permanente expansão, torna-se *poiesofia*: a imersão e difusão na plenitude do *ser* que reemerge sob a forma de sabedoria silenciosa que fala sem sentido: *setu botlhale bja lesilo*, na minha língua nativa. A *poiesofia* é uma negação filosófica da fragmentação da plenitude *do ser*. É um desafio ao cientificismo e ao dogmatismo. Para pôr em prática este desafio, escreverei parte deste ensaio na minha língua nativa, sotho do Norte.

A classificação "conquistado" e "não conquistado" retém o caráter histórico da presente discussão. É diferente da linguagem da marginalidade, fronteiras e subalternidade, referindo-se em particular à sua ligação, implícita e explícita, à ideia de que existe um "universo" com o ser humano como o "centro". Justificarei agora o uso da minha língua nativa, justificação essa que dará azo a uma crítica da linguagem da marginalidade, fronteiras e subalternidade.

Uso da língua vernácula

O meu vernáculo, sotho do Norte – um ramo das línguas banto –, não é utilizado em primeiro nem em último lugar neste ensaio, para não encorajar a hierocracia vertical que facilmente se presta às estratificações eticamente questionáveis de opostos, tais como "superior" e "inferior", "mais acima" e "mais abaixo", bem como "topo" e "base". Em vez disso, é preferível o raciocínio horizontal como forma de reconhecimento do princípio da igualdade entre seres humanos. O uso da minha língua vernácula, sem a traduzir, não é uma vingança pela imposição, na África do Sul, de currículos escolares que exigem o uso do inglês ou do africâner como meios de instrução e como discursos, quer nas humanidades e ciências sociais, quer nas ciências físicas. Deve, sim, ser interpretado como um desafio a este dogmatismo e cientificismo. O ponto fundamental deste desafio é a afirmação de que nenhuma língua humana do planeta Terra tem um direito principal, superior e exclusivo a ser o meio de expressão do discurso científico. Séculos deste dogmatismo e cientificismo em relação, por exemplo, ao inglês, francês, alemão, italiano, português e espanhol, serviram e continuam a servir, objetivamente, a ideologia de exclusão, opressão, supressão e exploração dos alienados, os "desgraçados da Terra". O domínio destas línguas demonstra o reconhecimento da diferença apenas num sentido: o da indiferença, da supressão ou da tolerância condescendente eufemisticamente chamada de tradução.

A utilização do nosso vernáculo como resposta ao cientificismo e ao dogmatismo equivale a dar aos sucessores legais do colonialismo uma dose do seu próprio veneno, ou seja, a "fazer aos outros o que queres que te façam". Da mesma forma, o uso do meu vernáculo é, acima de tudo, um apelo ético à justiça social e epistémica. Na mesma linha deste apelo, este ensaio deve ser encarado como uma vasta superfície em expansão, habitada por humanos e outros seres que existem no contexto da interseção e da transação holocíclica e de relações de atravessamento e desvio. É nesta superfície em expansão que os seres humanos ocupam determinados espaços que, sem que se ponha em causa o princípio da igualdade entre estes seres na sua qualidade de humanos, são qualitativamente diversos. A diferença é um problema ético que deve ser sempre abordado de forma a demonstrar o reconhecimento, o respeito e a promoção do princípio da igualdade entre seres humanos enquanto tais (McCarthy, 1992: 369). Contém também o imperativo ético de estar recetivo a ouvir e aprender com o outro (Bohman e Kelly, 1996: 97; Healy, 1998: 63-65, 2000: 71-73; Kimmerlee e van Rappard, 2011: 12). Exige um diálogo transformacional (Healy, 2011: 302-303).

A condição indispensável a que se consiga atingir uma aprendizagem transformacional deve assentar no reconhecimento de que o modo de cada um pensar e fazer está ao mesmo nível dos modos dos outros, com que se poderão, então, fazer comparações. Esta comparação é não-odiosa (Healy, 2000: 64-65), uma vez que não tem como objetivo estabelecer uma hierarquia de modos de pensar e fazer aliada a uma avaliação de caráter ético. A questão fundamental que aqui se trata é o da validade das comparações realizadas sem a legitimação prévia e coordenada quer dos métodos quer da finalidade dessas comparações. A suspensão do julgamento dos métodos e das finalidades da comparação é decisiva, uma vez que abre o espaço para a discussão dialética e crítica com o outro: uma verdadeira "igualdade dialógica" (Healy, 2000: 65). A linguagem da marginalidade, fronteiras e subalternidade nem sempre é sensível a estas considerações. Passarei de seguida à crítica desta linguagem.

Crítica da marginalidade, fronteiras e subalternidade

A minha crítica da linguagem da marginalidade, fronteiras e subalternidade parte de duas premissas: uma é a de que esta linguagem tende a criar a ilusão de que o orador que comunica uma determinada experiência fá-lo a partir do centro do pluriverso; outra é a de que, frequentemente, a voz do orador é substituída pela do autor. Com vista à superação destes problemas, incluí um subtítulo: sobre a sabedoria de rua da filosofia. No que diz respeito à primeira premissa, é um erro considerar o "eu" como estando no centro do pluriverso, já que é discutível que o pluriverso tenha um centro (Cantore, 1977: 403). O conceito de "centro do universo" é, de certa forma, arcaico e discutível, uma vez que é evidente que há mais do que um universo (Hawking e Mlodinow, 2011: 183).

A descoberta de que o pluriverso não parece ter qualquer centro constitui um desafio ao raciocínio segundo o qual o "eu" se presume no "centro" a partir do qual, e em direção ao qual, todo o pensamento tem lugar. O desafio central é a busca pelo "des-centramento" do "eu" – um "eu" descentrado é parte inseparável da integralidade do *ser*. Deve pensar a partir, através e em sintonia com as vibrações e as variações do ser na sua revelação contínua. A lógica que daqui emana deve ser tão *reomodal* quanto a linguagem *reomodal* do *ser*: uma linguagem sem centro. O pensamento "reomodal" não representa a eliminação do "eu" (Foucault, 1970: 315), mas o seu descentramento, precisamente aquilo que a linguagem da marginalidade ainda não conseguiu alcançar.

A linguagem da marginalidade é bastante clara na utilização de "centro" e "periferia" (Dussel, 1985: 2). Habitualmente, o "centro" é concebido como tendo um poder magnético que atrai para o seu interior o que quer que esteja à sua volta. Raramente se considera que o "centro" – de acordo com a sua própria dinâmica política interna – poderia expulsar do seu círculo alguns seres humanos. A ênfase no poder magnético do "centro" serve para destacar a visão segundo a qual o ser humano se encontra no centro do universo. Esta ideia é contrária à filosofia *ubuntu* (Ramose, 2002: 43-53).

A linguagem das fronteiras (Escobar, 2007: 180) caracteriza-se pela aceitação tácita – do ponto de vista epistemológico, mas não do ponto de vista ético – das fronteiras erigidas ao longo da história entre colonizador e colonizado, conquistador e conquistado. A dimensão ética é inequivocamente afirmada enquanto argumento

> para intervir decisivamente na própria discursividade das ciências modernas, de forma a criar um outro espaço para a produção de conhecimento – outra forma de pensar, *un paradigma otro*,[2] a própria possibilidade de falar acerca de "mundos e de conhecimento de outra forma". (Escobar, 2007: 179)

Assim, apesar da sua "intervenção decisiva", a dimensão epistemológica conservará as fronteiras epistémicas erigidas ao localizar, paralelamente ao paradigma das "ciências modernas" já existentes, "outro espaço para a produção de conhecimento". O que resta, nesta situação, é o raciocínio com base em limites, ou seja, uma racionalidade limitada. Segundo esta lógica, "teorizar a partir das fronteiras" é um regresso sub-reptício ao modo de pensar em torno do "centro" e da "periferia", mesmo quando se autointitula de "racionalidade crítica de fronteira" (Mignolo; Tlostanova, 2006: 206). É significativo que, nos parágrafos seguintes, estes autores utilizem o termo "crítica" entre aspas e argumentem claramente que "o pensamento de fronteira é a epistemologia do futuro sem a qual outro mundo é impossível" (Mignolo; Tlostanova, 2006: 207). A linguagem das fronteiras permanece, assim, cativa da racionalidade limitada.

A subalternidade refere-se a uma estratificação que descreve e define relações de poder entre seres humanos. A ordem desta estratificação é hierárquica (Santos, 2014: 172, 184, 200). Com base nisto, a verticalidade ou o raciocínio vertical é o ponto de partida fundamental para a subalternidade (Grosfoguel, 2007: 213). Desta forma, a subalternidade lembra o conhecido "quadrado lógico das oposições" (Bello, 2011: 109). A "oposição", ou até mesmo a alternância entre o "sobrealterno" e o "subalterno", é afirmada explicitamente. Se considerarmos os prefixos, "sobre" e "sub" em latim, a distância entre isto e "supra" e "infra" é manifestamente curta. A partir desta perspectiva, não é difícil sugerir que "subalternidade" faz eco do pensamento de Marx relativamente à "supraestrutura" e a "infraestrutura". Enquanto Marx mantinha a lógica de Hegel, mas rejeitava a sua substância, nomeadamente, o idealismo, também a "subalternidade" mantém a racionalidade vertical, apesar de estar pronta para o pôr em causa.

Existem dois problemas inter-relacionados no que diz respeito à racionalidade subalterna. O primeiro é o facto de assentar no pressuposto de uma racionalidade limitada. O segundo é o facto de estabelecer uma hierocracia.

2 Em castelhano no original.

Ao fazê-lo, encoraja a dualidade problemática entre alto e baixo, superior e inferior. O efeito deste encorajamento é que a racionalidade subalterna sustenta epistemologicamente a própria estrutura opressiva de relações a que eticamente se opõe. A ética de oposição tem de ser combinada com uma linguagem de oposição que não esteja conceptualmente comprometida com o paradigma epistemológico ao qual está a resistir, ou seja, tem de usar "ferramentas conceptuais e políticas que não reproduzem" o paradigma epistemológico a que se opõem (Santos, 2014: 213). Adicionalmente, tem de se basear no princípio da igualdade enunciado pela perspetiva da racionalidade horizontal. Irei de seguida esclarecer o que entendo por racionalidade horizontal.

Racionalidade horizontal

Aqueles que lutam pela sua sobrevivência (Lukacs, 1980: 3-4) na máquina de emprego assassina do capitalismo são vistos como vivendo "fora" dela, como se existissem provas de que eles alguma vez quiseram viver dentro das suas fronteiras. Aqui, o meu argumento quanto às provas está relacionado com as duas seguintes razões. A primeira é que são raros os indivíduos que decidem deliberadamente contra a posse da riqueza que herdaram. A recusa destes indivíduos baseia-se no ponto de vista ético segundo o qual a riqueza em questão é o produto de um sistema económico a que se opõem. A segunda é a de que há indivíduos pobres em termos materiais que são intelectualmente ricos. Estes indivíduos rejeitam o emprego e recusam outras oportunidades disponibilizadas por um sistema económico ao qual se opõem eticamente. O fio condutor que une estes tipos de indivíduos é a ética. Vivem "fora" da máquina assassina de emprego capitalista por sua própria decisão e, por isso, não pretendem estar "dentro" das suas fronteiras. A sua opção questiona o significado epistemológico da racionalidade limitada. Estas considerações mostram que a linguagem de marginalidade, fronteiras e subalternidade não é necessariamente a titular da perspetiva daqueles sobre os quais fala. Falarei agora sobre a sabedoria de rua da filosofia, como forma de ilustrar esta questão, focando-me nas promessas dos políticos.

Sobre a sabedoria de rua da filosofia

Foi conferida à rua a dignidade biológica de ser a mãe das "crianças de rua". O seu discurso é: nenhum de nós tem tempo para ler livros porque a nossa luta pela sobrevivência é um assunto urgente e imediato de vida ou morte. Para vocês, nenhum de nós tem o direito de acesso a livros que alimentarão a nossa razão com ferramentas para nos libertarmos da injustiça epistémica e social. Conseguimos construir a nossa filosofia sem livros e explicar-vos uma parte dela (Santos, 2014: 211). Esta sabedoria de rua da filosofia é o *caordem* a convidar-vos a aprender a ler, a ouvir e até a viver segundo a *setu botlhale bja lesilo* [sabedoria silenciosa que fala sem sentido]. Convidamos-vos a ouvir o que pensamos sobre as promessas dos políticos.

As promessas dos políticos

Vivemos agora. A cúpula celestial é o nosso teto. A Mãe Terra é a nossa cama. A nossa lareira está em todo o lado onde os raios de luz brilhantes e quentes aquecem os nossos corpos. Não precisamos de uma casa-de-banho, pois a chuva dá-nos duches gratuitos. Não precisamos de sanitas, pois qualquer lugar cómodo nos vossos majestosos edifícios imaculados serve para o efeito. Afinal de contas, já precisávamos de sanitas antes do nascimento histórico dos vossos direitos humanos. Os nossos amantes não precisam de um quarto fechado com uma luxuosa cama ortopédica. O nosso direito à privacidade está garantido, pois somos acolhidos e protegidos pelos insetos, répteis e todos os arbustos espinhosos e macios que nos foram oferecidos pela Mãe Terra.

Vocês estão longe de nós e não precisam de se interrogar se nós queremos estar dentro da vossa zona de conforto. Vocês estão longe de nós, ocupando um espaço diferente do nosso. Os nossos espaços existem um ao lado do outro. Por isso, não existem fronteiras entre nós. Mas temos consciência de que vocês estão cativos da racionalidade limitada. Para nós, a Mãe Terra não ergueu muros entre nós. Evidentemente, decidiu que haveria diferenças, tais como entre macho e fêmea. A diferença é, na verdade, celebrada, como acontece tantas vezes quando mulheres e homens de culturas e países diferentes destroem fronteiras artificiais no êxtase da união sexual. Vivemos agora.

Conhecemos as aclamações temporárias da democracia durante as campanhas eleitorais. São aclamações desconsoladas porque, pouco depois de se saber os resultados das eleições, somos depositados no limbo do esquecimento. Seremos resgatados dele pela memória oportunista quando se aproximarem novamente eleições. Sabemos que a democracia hoje é gerida por negócios e atende de forma subserviente à vontade dos negócios (Beder, 2010). E, portanto, sabemos que vivemos na era da timocracia e não da democracia (Ramose, 2012).

Sentamo-nos "em louvor da inação" (Russell, 1935), interrogando-nos em profunda contemplação por que motivo os líderes políticos em África – Kwame Nkrumah, Mohammed Naguib, Haile Selassie, Patrice Lumumba, Farik Aboud, Habib Bourguiba, Philibert Tsiranana, Léopold Senghor, Jomo Kenyatta, Ahmadou Ahidjo, Ahmed Ben Bella, Nnamdi Azikiwe, Julius

Nyerere, Houphouët-Boigny, Agostinho Neto, Samora Machel, Emperor Bokassa, Robert Mugabe, Thomas Sankara e Seretse Khama – tiveram tão pouco sucesso na busca de uma vida melhor para todos. Sim, a santidade política não é para todos (Sobrino, 1988: 81).

As casas minúsculas que nos disponibilizam em nome de uma habitação decente para seres humanos violam o nosso direito e o dos nossos filhos à privacidade. A manutenção destas casas espacialmente limitadas é demasiado cara para nós. Só as mantemos para receber rendimentos. Vida longa à vossa visão do futuro que enche a Mãe Terra com estufas de descontentamento inflamado. Por isso, regressamos para as nossas *mekhukhu*, favelas e *matyotyombe*, não porque gostamos de viver como porcos, mas porque o vosso sistema económico considera o nosso direito à vida inferior ao dos porcos.

Vivemos agora. Não somos uma estatística sem vida, atrativa para o talento do matemático e do cientista social. Não estamos à espera do veredito do atuário que agora se tornou a nova autoridade judiciária, condenando pessoas à morte porque se tornam um fardo financeiro quando vivem além da sua esperança de vida cientificamente predeterminada. Não somos o objeto passivo da conspiração dos vossos grandiosos planos estratégicos e unilaterais, que prometem uma vida melhor para todos num futuro imprevisto que poderemos não chegar a conhecer (Santos, 2014: 182).

Vivemos agora. Por nós próprios, pelos nossos filhos e pelos nossos bisnetos, recusamo-nos a ser peões perpetuamente hipotecados a credores predadores que prometem um futuro que agora se torna a nossa fome e pobreza. Denunciamos esta condição porque sustenta os poucos iluminados sob a luz da riqueza excessiva e de farras hedonistas. Não temos motivos para ser os espectadores passivos da vossa insaciável acumulação de riqueza às nossas custas. Recusamo-nos a ser destinados a uma morte feliz enquanto vocês se banqueteiam com a nossa pobreza científica. A justiça para todos ou nenhum é a questão ética e principal que defendemos (Santos, 2014: 42).

Quem recebe os rendimentos não repara em nós, apesar de pilhas dos nossos pertences terrenos estarem alinhados junto aos muros estritamente protegidos dos seus fantásticos edifícios. Não semeamos nem colhemos e estamos desempregados, mas os pássaros do céu ensinaram-nos a viver de barriga cheia. A Mãe Terra continua a dar-nos saúde, mantendo-nos longe de médicos que exigem dinheiro ou seguros de saúde para atender os doentes. Não somos doentes que sofrem da epidemia mortal universal do amor ao dinheiro: *pecunimania,* uma epidemia que mata a multidão suavemente ou com instantânea brutalidade. A Mãe Terra recebe-nos quando estamos mortos apesar de não termos feito um seguro para o funeral quando estávamos vivos. A morte, a equalizadora, é o complemento inevitável da nossa igualdade à nascença.

E, por isso, é melhor parar de procurar um cendrário para o *ubuntu,* porque a morte é o destino inevitável de tudo o que tem vida. A Mãe Terra é o derradeiro cremador e o melhor crematório. A Mãe Terra não sofre de necrofilia, mas é a melhor necrópole de tudo o que tem vida.

Sobre a unicidade dos seres humanos

Somos as filhas e os filhos da Mãe África; a mãe que fez "o mundo tornar-se africano" como diz a inscrição no Museu Nacional da Etiópia, em Addis Abeba. Isto é corroborado pela inscrição no Museu Nacional na Hungria, em Budapeste: "Há aproximadamente um milhão, um milhão e meio de anos, os primeiros humanos, que já produziam ferramentas simples, começaram em África uma viagem que tinha como destino povoar o Mundo". O êxodo (Stringer; McKie, 1998) dos "primeiros humanos" vindos de África para o resto do mundo estabelece e afirma a unicidade dos seres humanos onde quer que possamos estar. Um apelo à diferença qualitativa radical como seres humanos não pode ser sustentado, pois todos os seres humanos têm a sua ancestralidade no útero da Mãe África.

O êxodo africano é muito menos celebrado do que o êxodo muito mais recente da Bíblia. É frequente ouvirmos ou lermos sobre a síndrome mórbida de "Fora de África" [*Out of Africa*], há sempre algo novo. Quando "o mundo se tornou africano", a Mãe África vivia entre alguns dos seus filhos apenas como o objeto de nostalgia libidinosa. Ela foi violada de dia e durante a densa e impenetrável escuridão da noite. Ela continua a ser oprimida e explorada. A pobreza material e a pobreza intelectual, ambas evitáveis, continuam a sugá-la até à morte. Assim, "*et verbum caro factum est, et habitavit in nobis*" (João 1:14) foi complementado pela aplicação violenta da Comissão Petrina: "tu és Pedro, e sobre esta pedra edificarei a minha igreja" (Mudimbe, 1988: 45).

Desde tempos imemoriais, os povos que falam banto viviam, e continuam a viver, entre outros, em Bathonia. Foi renomeada África do Sul pelo poder da espada empunhada de forma selvagem e cega pelas nossas irmãs e pelos nossos irmãos acidentalmente alienados. A sua história relega os povos Khoi e San para a "pré-história", permitindo-lhes crescer como erva do fértil solo preto de Bathonia. Somos iguais na nossa condição humana a qualquer outro ser humano. Isto é precisamente o que o conquistador continua a ignorar na sua prática na África do Sul. Os povos indígenas de Bathonia continuam a resistir porque a sua filosofia legal defende que *Molato ga o bole* (Sesotho), *Ondjo kai uoro* (Herero), *Mhosva haiori* (Shona) e *Ityala ali boli* (Xhosa), ou seja, um ferimento ou uma injustiça têm de ser remediados, independentemente do tempo que demorar. A memória é uma parte fundamental desta filosofia legal.

Não temos qualquer desejo de ser ocupantes em *Kakania* (Santos, 2014: 12), a capital do planeta Terra. Porém, estamos proibidos de sequer sonhar em ser cidadãos porque não temos nenhuma *Excrementia* (Santos, 2014: 8) para oferecer. Nunca renunciaremos ao nosso direito soberano ao território que herdámos dos nossos antepassados de tempos imemoriais. Esta determinação em ganhar novamente o direito ao território é um primeiro passo decisivo para promover a causa da renúncia total e completa do direito soberano ao território e à propriedade privada (*Populorum Progressio*, § 23, 24 e 34), em nome da justiça e da paz. O Tratado da Lua de 1979 (AGNU, 1979) é um exemplo louvável que ilustra que a racionalidade lunática não é um sinal de demência no que toca à busca da justiça e da paz. Entretanto, temos de recordar aos sucessores legais da conquista colonial o aviso de John Locke: "É óbvio que quem conquista numa guerra injusta não poderá ter direito à submissão e obediência do conquistado" (Locke, 1690, Cap. XVI). Para nós, a luta pela restauração do direito soberano ao território é um momento na transição para a justiça e paz à escala global.

Batho kamoka re a lekana

Motho ga a gona yo a kileng a ikgethela go tla lefatsheng. Re lekana ka gore re no ba mo lefatsheng re sa ikgethela go ba gona. Tokelo ye ya goba gona lefatsheng e sepedisana le gore motho mang le mang o a kgona ebile o a inaganela kwa ntle ga go kgopela tumelelo ya yo mongwe motho. Yo ke wona motheo wa gore batho kamoka re a lekana. Ka fao ra re go ba ntshe lefatsheng le go kgona go nagana ke tokelo ya motho mang goba mang.

*Etse re tshwanetse go tseba gore motho bjaleka ge re mo tseba lehono o tlholega mabung a Afrika. Tlhago e tlhotse bofaladi go tswa Afrika gomme ya tlisa diphetogo tse dintshi go tshwana le gore mebala ya letlalo la motho e ile ya fapafapana le dipolelo ke tse dintshi kudu. Batsebi ba laodisa gore go nale le botlhatse bja gore le tsona dipolelo tse dintshi tse di nale le modu yo tee gona mo Afrika. Na le ile la ipotsisa gore go tla bjang gore dinaga tse di leng kgole magareng ga tsona di be le mafelelo a go tshwana bjaleka: Ethiop-**ia**, Alban-**ia**, Boliv-**ia**, Thuring-**ia**, Austral-**ia**, Syr-**ia**, Pennsylvan-**ia**, Croat-**ia**, Malays-**ia**, Lithuan-**ia**, Russ-**ia**, Tanzan-**ia**, Bosn-**ia**, Tunis-**ia**, Colomb-**ia**, Mongol-**ia**, Alger-**ia**, Serb-**ia**, Latv-**ia**, Liber-**ia**, Sardin-**ia**, Niger-**ia**, Ind-**ia**, Moral-**ia**, Indones-**ia**, Armen-**ia**, Mauritan-**ia**? Afrika ke mmabatho kamoka lefatsheng le ge re fapafapana ka mekgwa, setso esita le mmala wa letlalo. Tlaisego magareng ga rena e no ba e sa nyakege ka gore re makala le diengwa tsa modu wa motlhare wo tee. Go bakisana ga rena le makgowa go fitlhela lehono ke go ba lemosa gore seo se tlhokagalang magareng ga rena ke kagisano yeo e tlhomphang e bile e obamelang toka le khutso.*

Senzeni na?

Bothata ke gore ba gona batho bao ba latolang tokelo ya goba gona lefatsheng. Batho ba ke makgowa. Ba rile go thopa dinaga tsa Afrika ka dikgoka ba tswelela ba dira bana ba thari makgoba. Go ya ka bona, mothupi o nale tokelo ya go laela le go laola bathopja ka mokgwa yo yena a ratang. Aowa, rena bana ba thari e sale re ganana le "tokelo ya mothupi". Setshaba gase no thopelwa naga yaba se no homola se re go lokile go lekane. Tshomiso ya maatla a "tokelo ya mothupi" e namile ya dira bana ba thari ya Afrika makgoba a mmele le moya; makgoba a go naganelwa a ganetswa go inaganela. Tsebo e namile ya ba tsebo go ya ka thato le taelo ya mothupi. Bathupi ba ba makgowa ba agile, ka kgapeletso, legora go tlhoma phapano magareng ga bana ba thari ya Afrika le bona. Re tshwanetse go kwisisa gore gase legora le tee leo le agilweng, ke a mantshi. A mangwe ke a. Legora la go laetsa gore batho ke bona fela. Legora le le namile la ba bulela tsela ya go tlema le go disa bana ba thari ya Afrika bjalo ka makgoba go fitlhela lehono.

Legora le la gore batho ke makgowa fela, le tlogile le somiswa go aga le lengwe. Lona ke legora la bahumanehi le bahumi. Mokgwa wa bona wa go phedisana gase letsema. Aowa, ke semphete-ke-go-fete lehumo le botlhokwa go feta bophelo bja motho. Mokgwa wo wa phedisano o ganetsana le wa seAfrika wo re tsebang o re: feta kgomo o tshware motho. Makgowa ga a kwane le ga tee le mokgwa wo. Erile mmusi wa Tanzania Julius Nyerere a re o theya phedisano nageng ya gabo ya Tanzania ka wona mokgwa wa setso – o bitswa Ujama ka segagabo, makgowa a mo tlhokisa boroko. Ujamaa e nabile Afrika. Ka seIbo nageng ya Nigeria ke Umunna, ka seSwahili kua nageng ya Kenya ke Harambee, nageng ya Ethiopia ke debo ka polelo ya seOromo goba guza ka polelo ya seAmharic mola kua Ghana o tsebja ka obra ye nnoba ka polelo ya seAkana. Geso Afrika-Borwa ke ubuntu wona motheo wa letsema.

Maikemisetso a makgowa a dinaga tsa Bodikela go lwantsha letsema ke ona a ileng a tlisa kago ya legora leo le arogantshang dinaga tse le dinaga tsa Botlhaba tsatsi. Ntwa ka ntle ga tshollo ya madi magareng ga diripa tse pedi tse tsa lefatshe e fitlhile mo e leng gore bjale go na le dibetsa tseo di ka fisang lefathse kamoka lorelore gomme tsa bolaya le bona beng bja tsona. Dibetsa tse di swerwe ke dinaga tse pedi, Russia le Amerika. Dinaga tse pedi tse di sa tshwere dibetsa tse gomme di tshosetsana ka tsona gore go be le kgotso magareng ga bona le lefatsheng ka bophara. Kgotso ye e dio rothela ganenyane lefatsheng ka gore dintwa tse dintshi di sa no ba gona lefatsheng ebile wona mafatshe a mabedi a a di tsenatsene. Seo se tlhokagalang ka tshoganetso ke go fediswa fedi-fedi ga dibetsa tse e le lona legato la go fedisa "dintwa le matshwenyego" Afrika le lefatsheng ka bophara.

Tatelano le nyepo ya melaotheo ya Afrika-Borwa

Go tlhoka botho le meharo ke tsona motheo wa phedisano ya semphete ke-go-fete: lehumo le botlhokwa go feta bophelo bja motho. Phuthulogo ya molaotheo wa Afrika

Borwa ya bathupi go fitlhela lehono e laetsa gore banye mabu ba be ba gopolwa fela ka maemo a bona a go somiswa go kgoboketsa lehumo lesakeng la bathupi. Banye mabu ba be ba sena lentsu godima ga tshepediso ya maphelo a bona. Kgoro ya go dira melao e be e le ya makgowa fela. Makgowa a ile a mema bana ba moloko ma "Coloured" le maIndia go tsena kgorong eupja ka mokgwa wa go tsewletsa pele tlhabologo go ya ka magoro. Molaotheong yo wa 1983, barena e be e sano ba bona makgowa. Nakong ye kamoka, banye mabu ba be ba fela ba bitswa, "native" gosasa "non-Europeans" lehono "Bantu". Molao wa banye mabu o be o le ka mafuri gomme le bjale ka diphetogo tsa 1994 o tloga o le ka mafuri. Molao wo o rutwang gona kua didibeng tsa dithuto tseo diphagameng, o tloga o gatelela gabotse gore molao wa bathupi ke wona ngkwethe. Dipolelo-polelo tsa baatlhodi dikgorong tsa tsheko mabapi le botho e dio ba dikgabisa polelo. Botho gase lentsu le le tswelelang le ga tee mo molaotheong yo wa 108 1996. Gase taba ya gore botho bo lebetswe. Bothata ke gore botho bo kwisisa gabotse gore molato ga o bole. Go leng bjale, bathupi ba tla tshwanela ke go busetsa naga go beng gore go boledisanwe gabotse ka phedisano ye e theilweng godimo ga "feta kgomo o tshware motho".

Go kgonthisa kganetso ya bona ya phedisano ya botho, bathupi ba namile bare aowa, go tloga lehono ge bathopja le bona ba tsena kgorong, gona re tla latlha motheo wa gore sephetho sa kgoro ke sona gomang ka nna. Go dira bjalo ke gore kgoro e lego yona moemedi le lentsu la batho e tla no bolela ya tsea diphetho eupja diphetho tse di ka ganetswa tsa be tsa gafelwa thoko ke molaotheo. Ka bjalo molaotheo yo mofsa wona o re ke wona o nang le maatla a go neya taelo ya mafelelo-felelo. Yela yeso ya gore kgosi ke kgosi ka batho e tla no ba leseganyana go ya go ile le tataiswa ke wona molaotheo. Gase rena kamoka bana ba thari ya Afrika re dumelelanang le phetogo ye ya gore molaotheo e be wona gomang ka nna. Nnete ke gore bao ba kgethilweng go ya kgorong ke barongwa bao ba tshwanetseng go kwisisa gore lentsu la batho ke lona gomang ka nna. Kgosi ke kgosi ka batho.

À procura de um cendrário para o *ubuntu*

Nesta secção, centrar-me-ei na tentativa de encontrar um cendrário para o *ubuntu* mesmo antes de os povos banto terem sido cremados. Por razões éticas e históricas respeitantes à África do Sul, os povos bantos, os Khoi e os San, juntamente com os "de cor" e os indianos, são todos vistos como os povos conquistados da África do Sul. Esta designação será usada desde que seja coerente com o contexto. Caso contrário, os povos bantos serão especificamente referidos como tal.

O foco principal estará na legislação da África do Sul, particularmente na evolução da legislação constitucional. O argumento-chave aqui é o de que, desde a conquista dos povos indígenas da África do Sul, a "legislação sul-africana" continua a ser sinónimo de legislação do conquistador. Apesar disto, o *ubuntu* é a filosofia viva dos povos conquistados. As várias e sucessivas tentativas de epistemicídio (Santos, 2014) continuam a ser usadas pelo conquistador para transmitir a falsa ideia de que o *ubuntu* morreu e foi cremado há muito tempo, dando origem à necessidade de procurar um cendrário para preservar as suas cinzas. Contra isto, argumentamos que o *ubuntu* sobreviveu às múltiplas tentativas de epistemicídio. A afirmação, por parte do conquistador, de que o *ubuntu* morreu só pode ser verdadeira se todos os povos bantos, dentro e fora da África do Sul, forem realmente exterminados. Enquanto não for este o caso, o conquistador procura um cendrário para o *ubuntu* por cremar.

A União da África do Sul foi a única união de todos os conquistadores coloniais sujeitos à soberania do Reino Unido. Os povos conquistados da África do Sul foram tratados como politicamente irrelevantes e, consequentemente, não tinham voz na determinação da sua vida económica, cultural e social. Um estudo das constituições de 1961, 1983, 1993, bem como de 1996, da África do Sul, reflete a implementação sucessiva e ininterrupta desta lógica de exclusão. Da mesma forma, as instituições académicas na África do Sul continuam a manter a primazia do paradigma epistemológico do conquistador. Agora, vou ilustrar esta ideia tendo como ponto de referência os estudos jurídicos.

A academia e a legislação na África do Sul – o fio condutor da exclusão

Aparentemente, os autores de *The South African legal system and its background*, Hahlo e Kahn (1968), inspiraram-se naquilo a que se pode chamar de direito de conquista (Ramose, 2003) para escrever o seu livro. O livro é composto por duas partes. "A segunda parte faz uma excelente introdução à história legal da Holanda e da África do Sul" (Honoré, 1969: 800). Por que a "Holanda" quando o centro da questão é a África do Sul? Porque os holandeses invadiram e conquistaram, numa guerra injusta, os povos indígenas da África do Sul (Troup, 1972: 53). Então, qual é o conteúdo da legislação da "África do Sul"? Para obter uma resposta, tomemos outra recensão ao referido livro.

Stein observa que o capítulo de final é dedicado à lei Romana-Holandesa na África do Sul. Aqui, os autores escrevem com óbvia autoridade e fluência acerca da *tese*, a legislação do século XVIII da Companhia Holandesa das Índias Orientais, da *antítese*, a influência inglesa durante o século XIX, e da *síntese*, a legislação sul-africana que se desenvolveu a partir de 1910 (Stein, 1970: 148).

Aqui, somos transportados para fora da própria "Holanda", até ao Império Romano. Assim, é a lei Romana-Holandesa que é a parte fundamental dos "antecedentes" legais da África do Sul dos conquistadores. Assim sendo, não é difícil compreender por que é que, no passado, o estudo do latim era obrigatório para quem estudava Direito na África do Sul. Além disso, é clara a razão pela qual os juristas holandeses, tais como Grotius, eram considerados autoridades na validação e no esclarecimento da legislação da África do Sul dos conquistadores. O conhecimento de latim foi formalmente abolido para os estudos de Direito da África do Sul dos conquistadores. Contudo, o paradigma epistemológico legal mantém-se e perdura. É o paradigma legal dominante no estudo e na aplicação da lei na África do Sul.

A legislação respeitante aos povos bantos foi intitulada de "nativa", tal como a Lei da Terra Nativa de 1913.[3] A terminologia de "nativos" e "europeus" foi usada durante muito tempo. Acabou quando o conquistador aparentemente reconheceu que "nativos" estava fortemente conotado com o direito ao território e reconheceu, assim, os povos bantos como os proprietários legítimos da África do Sul. A designação "europeu" acentuava esta divisão, pois representava o conquistador como um forasteiro proveniente da Europa. Por conseguinte, era necessário abolir a divisão "nativo"/"europeu" para afirmar a validade e a irreversibilidade do "direito de conquista".

A lei do conquistador na África do Sul foi concebida como um "sistema": uma estrutura composta por unidades funcionais coordenadas para servir um ou mais propósitos. Este conceito de sistema evoca os grandes sistemas filosóficos. A descrição do livro feita por Stein em termos de "tese, antítese e síntese" traz-nos à memória, em especial, o sistema filosófico de Hegel. De acordo com a filosofia da História de Hegel (1975: 25), a África subsaariana não pode pertencer à História e muito menos à sua teleologia cegamente conjetural da história (Hegel, 1956 [1840]: 99). Trata-se aqui de sugerir que, da mesma forma que Hegel excluiu a África subsaariana da bússola da sua História especulativa e artificial, também os autores do "Sistema legal sul-africano e os seus antecedentes" excluíram os povos bantos e, consequentemente, o *ubuntu* do "sistema legal" da África do Sul dos conquistadores.

A Lei da República da África do Sul N.º 32 de 1961 foi a única constituição dos conquistadores. Além desta, tinha outras quatro características principais. A primeira era o facto de declarar ter sido fundada com base na crença religiosa de que o "Deus" cristão ofereceu a África do Sul como presente ao conquistador. "Em humilde submissão ao Deus Todo-Poderoso, Que controla os desígnios de nações e a história dos povos; Que juntou os nossos antepassados de muitas terras e lhes deu esta para ser sua; [...]." A posteridade dos conquistadores coloniais reconhece livremente que, historicamente, estes são originários de "muitas terras" fora da África do Sul. Atualmente, alguns deles têm dupla nacionalidade por terem antepassados fora da África do Sul.

[3] Native Act Land N.º 27, de 1973.

Ao declarar a África do Sul uma "terra oferecida por Deus", o preâmbulo desta constituição evidencia a sua segunda característica, nomeadamente, que o "Deus" do conquistador aprovou as guerras injustas da colonização. Existem duas canções cristãs manifestamente militaristas que atestam isto. Uma é "*Onward Christian soldiers*" [Avante, soldados cristãos], a outra, encontrada nos livros de hinos da Igreja Católica Romana, é "*Christus vincit, Christus regnat, Christus, Christus imperat*" [Cristo conquista, Cristo reina, Cristo comanda]. O hino intitula-se: *Ahe! Ahe! Kriste morena*, em sesotho. O hino não refere se a conquista de Cristo ocorreu, ou não, numa guerra justa ou injusta. Mas sabemos que *Dum Diversas*, a bula do Papa Nicolau V, aprovava explicitamente expropriações e matanças se os potenciais convertidos se recusassem a ser cristãos (Mudimbe, 1988: 45). É, portanto, duvidoso que o "Deus" cristão pudesse alguma vez tornar-se "um ativista dos direitos humanos" (Santos, 2013).

A terceira característica prende-se com o facto de a constituição ter caráter republicano, realçando o facto de a abolição da soberania do Reino Unido sobre a Africa do Sul dos conquistadores ter sido o único acordo realizado pelos conquistadores (Wiechers, 1967: 248; Ramose, 2005).

A quarta característica consiste em que também reconhecia a supremacia parlamentar como o princípio constitucional básico. A constituição de 1961 revogou o direito dos povos conquistados à autodeterminação. Via-os como uma nota de rodapé acidental, sujeita a manipulação e controlo por parte do conquistador. Isto encorajou a continuação da longa resistência dos povos conquistados da África do Sul. A constituição de 1983 – Lei da Constituição da República da África do Sul N.º 110 de 1983 – foi engendrada como resposta a esta resistência.

A constituição de 1983 manteve a característica da supremacia parlamentar, mas continha dois novos elementos. O primeiro consistia em considerar que a África do Sul era composta por três grupos populacionais, nomeadamente, os "brancos", os "de cor" e os indianos. O *apartheid* desta nova característica foi destacado pelos conceitos de assuntos "próprios" e "plurais". Na esfera dos assuntos "plurais", os "de cor" e os indianos ascenderam ao estatuto de coconquistadores honorários. Dentro do campo dos assuntos "próprios", foi dada a cada grupo populacional a liberdade de autogoverno. O segundo elemento novo desta constituição foi a definição da África do Sul como "uma federação racial" (Booysen e Van Wyk, 1984: 45), num aparente reconhecimento inadvertido de que nem os "de cor" nem os indianos poderiam ter direito a um território verdadeiramente "próprio" na África do Sul. Este reconhecimento tem especial significado porque no "novo" regime político da África do Sul, os "brancos" exigiram e receberam um território exclusivo para eles próprios, designadamente, *Orania*: um país dentro do país África do Sul.

A "federação racial" da constituição de 1983 ignorava a existência dos povos banto. Foi mais uma aplicação prática da lógica de exclusão do conquistador.

A constituição de 1993 é vista como a constituição "ponte" ou de "transição". A ideia subjacente é a de que esta era uma constituição que permitiria a passagem da velha África do Sul para a "nova" África do Sul. A "nova" África do Sul iria, posteriormente, elaborar a constituição "final". Com efeito, isso aconteceu com a entrada em vigor da Lei n.º 108, da Constituição da República da África do Sul, de 1996. Uma das características da constituição de 1993 foi ter substituído o princípio da supremacia parlamentar pelo da supremacia constitucional. A justificação para esta substituição prende-se com o argumento de que as leis criadas pelo parlamento têm de ser verificadas pelos tribunais para garantir que são compatíveis com o reconhecimento, a proteção e a promoção dos direitos humanos (Dugard, 1990a; Dugard, 1990b). Alguns adeptos desta perspetiva referem o famoso caso Harris[4] como um exemplo que demonstra a impotência dos tribunais para declarar a invalidade das leis manifestamente injustas. Impõem-se algumas observações quanto a esta justificação.

A primeira é a pergunta: por que razão foi a supremacia parlamentar considerada adequada para a África do Sul dos conquistadores na história constitucional do país antes de 1993? Há que relembrar que, mesmo do lado do conquistador, havia vozes da razão predispostas à justiça que declaravam a necessidade de uma supremacia constitucional (Davenport, 1960: 13). A resposta a esta pergunta foi a indiferença. Em segundo lugar, não existe nenhuma contradição necessária entre a supremacia parlamentar e a democracia, por um lado, e a defesa dos direitos humanos, por outro (Campbell, 1980). A constituição não escrita do Reino Unido é um exemplo vivo disto, mesmo depois da incorporação legal de uma carta dos direitos humanos (Malleson, 2011: 752). A democracia é um meio, mas não é um fim. Não é necessariamente mais bem servida por aquilo que se escreve sobre ela (Mancini, 1998: 41). O que é decisivo é o que as pessoas fazem num regime democrático (Weiler, 1998: 97). Em terceiro lugar, a referência ao caso Harris não é convincente porque é análoga ao argumento de que a Bíblia deve ser rejeitada na África do Sul por ter sido usada como fonte do *apartheid*. Essa mesma Bíblia foi usada, por exemplo, como fonte de teologias negras e da libertação que contribuíram para a abolição do *apartheid*. A suscetibilidade ao abuso não é razão suficiente para a substituição da supremacia parlamentar pela supremacia constitucional.

Não terá constituído um abuso da constituição dos Estados Unidos da América a defesa, por parte do Supremo Tribunal, de que a escravatura era compatível com a constituição? Na verdade, foi a Quarta Emenda – cláusula de

[4] Ver Harris *vs*. Minister of the Interior (1952) (2) SA 428 (A).

igualdade de proteção – que anulou a decisão de Dred Scott contra Sandford, na qual se defendia que

> a raça negra africana era vista pelos criadores da Constituição como seres de uma ordem inferior e totalmente inaptos para se associarem com a raça branca, seja em relações sociais ou políticas; e tão inferiores que não tinham direitos que os brancos tivessem a obrigação de respeitar.[5]

Assim, uma constituição não é, por definição, ética. Mesmo que uma constituição reconheça o direito à igualdade, tal não significa necessariamente que esse reconhecimento confere uma igualdade substantiva a todos. A igualdade formal não é necessariamente a melhor resposta para a justiça (Westen, 1982: 547-548). A transição da supremacia parlamentar para a supremacia constitucional não garante que uma carta de direitos materialize direitos substantivos. Tão pouco é uma solução automática para títulos históricos revogados por razão de injustiça.

Outra característica da constituição de 1993 é a de que continha a palavra *ubuntu*, mas só na peroração que discutia a futura legislação sobre "unidade nacional", subsequentemente aprovada como a Lei de Promoção da Unidade e Reconciliação Nacional, em 1995.[6] Já escrevi abundantemente sobre este ponto noutra ocasião (Ramose, 2012). Aqui, limitar-me-ei aos seguintes pontos. Em primeiro lugar, a "promoção" no nome da Lei tem de ser devidamente compreendida como imposição, uma vez que a lei impôs a obrigação de trabalhar com vista à "unidade e reconciliação nacional". Em segundo lugar, a obrigação legal de criar "unidade nacional" serviu como o precursor da utilização oportunista do *ubuntu* para atingir objetivos eticamente duvidosos em nome da paz no país: uma paz baseada numa verdade legalmente definida. A verdade da lei relativamente a "unidade nacional" exigiu "total divulgação" do envolvimento das pessoas na atividade política. A "total divulgação" serviu de fundamento para a amnistia que exonerava as pessoas de acusação judicial. Desta forma, até a justiça segundo a lei era objeto de derrogação. Em terceiro lugar, apesar de a palavra "verdade" estar ausente do título da Lei, é significativo que a Comissão estabelecida nos termos da Lei fosse popularmente conhecida como a "Comissão da Verdade e Reconciliação" (TRC). Também é relevante que a palavra "justiça" não fizesse parte do título da Lei. Todavia, muitos organismos eclesiais na África do Sul tinham, ao mesmo tempo, departamentos de "Justiça e Reconciliação".

[5] Dred Scott *vs*. Sandford, 60 US (19 How.) 393 (1857).

[6] Promotion of National Unity and Reconciliation Act N.º 34, de 1995.

A Constituição de 1993 também se caracterizava por conter uma carta de direitos baseada numa classificação e hierarquização questionável dos direitos humanos (Bokor-Szego, 1991). Isto constitui um problema, uma vez que se tem por ponto de partida a experiência histórica de um segmento da humanidade que insiste em traduzir esta experiência para a experiência de toda a humanidade. Se os direitos humanos são tão "universais", por que é que o colonialismo, enquanto crime contra a humanidade (Schwelb, 1946: 178, 195), suscita apenas uma reação do colonizador, nomeadamente, a recusa intransigente em pagar indemnizações ao colonizado? Se os direitos humanos são tão "universais", por que é que, enquanto membro dos "Grupo de contacto ocidental de cinco nações", a Alemanha Ocidental se recusou a aceitar a exigência ética de pagar indemnizações à futura Namíbia pelo genocídio cometido pelo General alemão Von Trotha e o seu exército contra os povos do Sudoeste Africano? Por que razão essa mesma Alemanha Ocidental teve, sem qualquer obrigação legal, a nobre atitude moral de pagar indemnizações (Honig, 1954) a Israel, mas recusou-se a manter a mesma nobre atitude moral em relação à Namíbia? Por que é que à África deveria bastar um pedido de desculpa, tardio mas bem-vindo, pela colonização e pelo comércio de escravos, feito pelo Papa João Paulo II em 1992? (Bujo, 1992: 6).

Estas perguntas sugerem que a prática em política internacional revela que os "direitos humanos" são definidos como "universais" com base em relações de poder e não na verdade: *auctoritas non veritas facit legem*. Face ao exposto, a transição de supremacia parlamentar para supremacia constitucional na África do Sul não poderá ser incondicionalmente considerada como uma tentativa de manter a verdade de que todos os seres humanos são iguais na sua humanidade. A constituição de 1996 é o apogeu da lógica de exclusão, tanto em termos epistémicos como sociais. O fosso cada vez maior entre os ricos e os pobres mostra que a libertação económica ainda está longe de ser alcançada na África do Sul e, a nível global, por todos.

Conclusão

Todos os seres humanos têm direito a existir e pensar. A razão não foi doada por um qualquer ser humano. Manifesta-se na prática da luta em desenvolvimento entre o Bem e o Mal, a verdade e a justiça. A lei nasce da razão, mas a razão não é a criatura da lei. Assim, a razão resiste a ser contida e restringida no seio de qualquer crença religiosa ou ideologia política. Demonstrei que a persecução da lógica de exclusão pelos sucessores da colonização apela à exigência ética de justiça epistémica e social. Por esse motivo, é inútil procurar um cendrário para o *ubuntu*. O *ubuntu* como a ética de "promover a vida e evitar a morte" não morrerá mesmo que todos os povos Bantu sejam, por algum ato humano misterioso, total e completamente obliterados do planeta Terra. Nesse misterioso momento, não haverá ninguém a tentar encontrar o cendrário para o *ubuntu* por cremar.

Referências

AGNU – Assembleia Geral das Nações Unidas (1979), *The Agreement Governing the Activities of States on the Moon and other Celestial Bodies* [UNGAR 34/68, 1979]. Disponível em http://www.unoosa.org/oosa/en/ourwork/spacelaw/treaties/moon-agreement.html.

Beder, Sharon (2010), "Business-managed democracy: the trade agenda", *Critical Social Policy,* 30(4), 496-518. Doi: https://doi.org/10.1177/0261018310376803.

Bello, A. G. A. (2011), *Introduction to logic.* Ibadan: University Press PLC.

Bohm, David (1971), "Fragmentation in science and society", in W. Fuller (ed.), *The Social Impact of Modern Biology.* London: Routledge and Kegan Paul, 24-39.

Bohm, David (1993), *The undivided universe.* London: Routledge and Kegan Paul.

Bohm, David (1994), *Thought as a system.* London: Routledge and Kegan Paul.

Bohman, James; Kelly, Terrence (1996), "Intelligibility, rationality and comparison", *Philosophy and Social Criticism,* 22(1), 81-100. Doi: https://doi.org/10.1177/019145379602200105.

Bokor-Szego, Hanna (1991), "The classification of certain types of human rights and the development of constitutions", in Hanna Bokor-Szego (ed.), *Questions of International Law, Hungarian Perspectives,* Volume 5. Budapest: Akademiai Kiado, 19-44.

Booysen, Hercules; Van Wyk, D. (1984), *Die '83 grondwet.* Cape Town: Juta & Kie.

Bujo, Bénézet (1992), *African theology in its social context.* Nairobi: Paulines Publications Africa.

Campbell, Colin M. (ed.) (1980), *Do we need a bill of rights?* London: Temple Smith.

Cantore, Enrico (1977), *Scientific man. The Humanistic Significance of Science.* New York: ISH Publications.

Collier, Paul (2008), *The Bottom Billion. Why the Poorest Countries are Failing and What Can Be Done About It.* Oxford: Oxford University Press.

Davenport, T. R. H. (1960), "Civil rights in South Africa, 1910-1960", *1960 Acta Juridica,* 11-28.

Dugard, John (1990a), "Towards a democratic legal order for South Africa", *African Journal of International and Comparative Law,* 2, 361-383.

Dugard, John (1990b), "A bill of rights for South Africa?", *Cornell International Law Journal,* 23(3), 441-466. Disponível em http://scholarship.law.cornell.edu/cilj/vol23/iss3/2.

Dussel, Enrique (1985), *Philosophy of liberation.* Maryknoll, NY: Orbis Books.

Escobar, Arturo (2007), "Worlds and knowledges otherwise", *Cultural Studies*, 21(2-3), 179-210. Doi: https://doi.org/10.1080/09502380601162506.

Feyerabend, Paul K. (1975), *Against method. Outline of an Anarchistic Theory of Knowledge*. London: New Left Books.

Foucault, Michel (1970), *The order of things*. London: Tavistock. Translated by R. D. Lang.

Grosfoguel, Ramón (2007), "The epistemic decolonial turn", *Cultural Studies*, 21(2-3), 211-223. Doi: https://doi.org/10.1080/09502380601162514.

Gutierrez, Gustavo (1983), *The power of the poor in history*. Maryknoll, NY: Orbis Books.

Hahlo, H. R.; Kahn, Ellison (1968), *The South African Legal System and its Background*. Cape Town: Juta & Co.

Hawking, Stephen; Mlodinow, Leonard (2011), *The Grand Design*. London: Bantam Books.

Healy, Paul (1998), "Dialogue across boundaries: on discursive conditions necessary for a 'politics of recognition'", *Res Publica*, 4(1), 59-76. Doi: https://doi.org/10.1007/BF02334933.

Healy, Paul (2000), "Self-other relations and the rationality of cultures", *Philosophy and Social Criticism*, 26(6), 61-83. Doi: https://doi.org/10.1177/019145370002600604.

Healy, Paul (2011), "Rethinking deliberative democracy: from deliberative discourse to transformative dialogue", *Philosophy and Social Criticism*, 37(3), 295-311. Doi: https://doi.org/10.1177/0191453710389439.

Hegel, G. W. F. (1956 [1840]), *The philosophy of history*. New York: Dover Publications.

Hegel, G. W. F. (1975), *Lectures on the Philosophy of World History*. Cambridge: Cambridge University Press. Doi: https://doi.org/10.1017/CBO9781139167567.

Honig, Frederick (1954), "The reparations agreement between Israel and the Federal Republic of Germany", *American Journal of International Law*, 48(4), 564-578. Doi: https://doi.org/10.2307/2195023.

Honoré, A. M. (1969), "Review of H. H. Hahlo, and Ellison Kahn 'The South African Legal System and its Background'", *International and Comparative Law Quarterly*, 18, 799-800. Doi: https://doi.org/10.1093/iclqaj/18.3.799.

Huizinga, Johan (1955), *Homo ludens a study of the play element in culture*. London: Routledge.

Kimmerlee, Heinz; van Rappard, Hans (2011), *Afrika en China in dialog*. Garant: Antwerpen-Appeldoorn.

Locke, John (1690), *Two Treatises of Government*. Consultado em abril de 2016, em http://www.johnlocke.net/two-treatises-of-government-book-i.

Lukács, György (1980), *The ontology of social being. Vol. 3 – Labour*. London: Merlin Press.

Malleson, Kate (2011), "The evolving role of the UK Supreme Court", *Public Law*, 4, 754-772.

Mancini, G. Federico (1998), "Europe: the case for statehood", *European Law Journal*, 4(1), 29-42. Doi: https://doi.org/10.1111/1468-0386.00041.

McCarthy, Thomas (1992), "Doing the right thing in cross-cultural representation", *Ethics*, 102(3), 635-649. Disponível em https://www.jstor.org/stable/2381842.

Mignolo, Walter D.; Tlostanova, Madina V. (2006), "Theorizing from the borders: shifting to geo- and body-politics of knowledge", *European Journal of Social Theory*, 9(2), 205-221. Doi: https://doi.org/10.1177/1368431006063333.

Mudimbe, Valetin I. (1988), *The invention of Africa*. Bloomington, IN: Indiana University Press.

Prigogine, Ilya (1985), *Order out of chaos, Man's dialogue with nature*. London: Fontana.

Ramose, Mogobe B. (2002), *African philosophy through ubuntu*. Harare: Mond Books Publishers.

Ramose, Mogobe B. (2003), "I conquer, therefore, I am the sovereign: reflections upon sovereignty, constitutionalism and democracy in Zimbabwe and South Africa", in P. H. Coetzee, e A. P. J. Roux, (eds.), *The African philosophy reader*. London: Routledge, 463-500.

Ramose, Mogobe B. (2005), "The philosophy of the Anglo-Boer war", in Ina Snyman *et al.* (eds.), *A Century is a Short Time: New Perspectives on the Anglo-Boer War*. Pretoria: Nexus Editorial Collective, 11-24.

Ramose, Mogobe B. (2012), "Reconciliation and reconciliation in South Africa", *Journal on African Philosophy*, 5, 20-39. Disponível em http://www.africaknowledgeproject.org/index.php/jap/article/view/1649.

Russell, Bertrand (1935), *In Praise of Idleness and Other Essays*. London: George Allen & Unwin.

Santos, Boaventura de Sousa (2014), *Epistemologies of the South*. Boulder, CO: Paradigm.

Santos, Boaventura de Sousa (2013), *Se Deus fosse um activista dos Direitos Humanos*. Coimbra: Almedina.

Schwelb, Egon (1946), "Crimes against humanity", *British Year Book of International Law*, 23, 178-181.

Smith, Linda T. (1999), *Decolonizing methodologies: Research and Indigenous Peoples*. Boulder, CO: Zed Books.

Sobrino, Jon (1988), *Spirituality of liberation. Toward political holiness*. Maryknoll, NY: Orbis Books.

Stein, P. (1970), "Review of 'The South African legal system and its background'", *Cambridge Law Journal*, 28(1), 146-148. Doi: https://doi.org/10.1017/S0008197300011697.

Stringer, Chris; McKie, Robin (1998), *African exodus. The origins of modern humanity*. New York: Henry Holt & Company.

Troup, Freda (1972), *South Africa*. Harmondsworth: Penguin Books.

Weiler, Joseph H. H. (1998), "Europe: the case against the case for statehood", *European Law Journal*, 4(1), 43-62. Doi: https://doi.org/10.1111/1468-0386.00042.

Westen, Peter (1982), "The empty idea of equality", *Harvard Law Review*, 95(3), 537-596. Doi: https://doi.org/10.2307/1340593.

Wiechers, Marinus (1967), *Staatsreg*. Durban: Butterworths.

CAPÍTULO 6

Povos problemáticos e descolonização epistémica. Rumo ao pós-colonial no pensamento político da diáspora africana

Lewis Gordon

Introdução

No pensamento político, a relação entre o Ocidente e o resto do mundo tem sido uma das construções do mundo em que o resto foi localizado do lado de fora e, portanto, literalmente, não tem um lugar onde possa permanecer. Os adjetivos ocultos entre parênteses, como "europeu", "ocidental" e "branco", têm sido as características marcantes dessa reflexão sobre a realidade política e a antropologia que a informa. Para os forasteiros, as técnicas explícitas de adjetivação da aparência tornaram-se, assim, a regra, de que são testemunho, por exemplo, "africano", "asiático" ou "nativo", entre outros, que servem de marcadores do seu estatuto subalterno no contexto de disciplinas hipoteticamente mais vastas. No entanto, o papel dessas subcategorias não é estático e, a par das mudanças nas circunstâncias históricas, tem havido reversões irónicas nos seus vários papéis. No caso da teoria política liberal (ocidental e branca), por exemplo, o compromisso com a objetividade por intermédio da apresentação de um agente moral e político de valor supostamente neutro foi tido como universal numa época em que essa formulação não enfrentava a sua própria especificidade cultural. Sempre que o adjetivo entre parênteses é explicitado pela crítica da teoria política liberal, esta filosofia vê-se colocada diante da sua própria particularidade cultural – e, pior, vê-se colocada dessa forma sem que tenha feito o trabalho de casa no que diz respeito a um mundo que transcende essa sua particularidade. Por um lado, o liberalismo e outras formas de teoria política ocidental poderiam comprometer-se com esse outro mundo em nome do seu próprio rigor ou, mais generosamente, do rigor em geral. Mas tal abordagem comporta o perigo do simples ajustamento e aplicação sistémicos. Por outras palavras, tratar-se-ia de um simples caso de recentramento do Ocidente através da demonstração de como o não ocidente proporciona meios para o fortalecimento do pensamento ocidental, na mesma linha do argumento utilizado nas universidades de elite segundo o qual a presença de crianças de cor melhorará a educação das crianças brancas. Por outro lado, poderia haver a compreensão de que o não ocidental está sempre presente no próprio desenvolvimento do ocidental. Assim como a afirmação do "branco" requer a oposição dialética do negro (visto como a ausência de branco), a formulação coerente do Ocidente *enquanto tal* requer os seus termos suprimidos ou reprimidos. As discussões ocidentais modernas acerca da liberdade requerem reflexões sobre a escravatura que se tornam mais aparentes nos seus deslocamentos: pensemos em como a escravatura na antiguidade grega foi alvo de maior atenção por parte dos pensadores políticos ocidentais – com poucas exceções, como Marx e Sartre – do que as formas de escravatura que marcaram o mundo moderno.[1]

No entanto, mesmo nesta instância, a representação da própria estrutura da exclusão é deturpada. Paradoxalmente, o "forasteiro" é, afinal, também alguém que está do lado de "dentro". É que ao lado dos pensadores políticos ocidentais brancos sempre estiveram os seus equivalentes do pensamento da *diáspora africana*, híbridos do mundo ocidental e de outros mundos que, com as suas críticas e inovações, expandiram o significado e o alcance do Ocidente. Anton Wilhelm Amo, filósofo de origem axante,[2] que foi educado no sistema holandês e no alemão, e ensinou na Universidade de Halle, propôs, no século XVIII, não só as suas leituras do direito internacional e das questões de igualdade política, mas também desafiou a dicotomia mente-corpo que informou a sua antropologia política do membro-forasteiro.[3] Ottobah Cugoano, de origem fante,[4] trouxe para primeiro plano, da mesma forma e no mesmo século, esta questão do membro-forasteiro na sua discussão sobre a teodiceia que dominava as racionalizações cristãs da escravatura e do racismo.[5] A teodiceia, que explica a bondade de um Deus omnipresente perante o mal e a injustiça, é frequentemente identificada pelos pensadores da diáspora africana

[1] Para uma discussão destes temas de reconhecimento e suas limitações, ver Gordon (2006a, especialmente o capítulo final) e Gordon e Gordon (2006a, 2006b).

[2] Referência ao Império Axânti ou Axante, um Estado pré-colonial da África Ocidental, situado no que é hoje a região Axânti, no Gana. *(N. do Revisor.)*

[3] Ver Abraham (2004).

[4] Referência a uma das línguas faladas no Gana, e que foi fundamental na comunicação entre os vários reinos do Fanti, no período pré-colonial. *(N. do Revisor.)*

[5] Ver Bogues (2003: 25-46).

como uma característica marcante do pensamento político ocidental (branco).[6] Mesmo nos casos em que o pensador (branco) admite a injustiça do sistema e mostra como ele poderia ser corrigido, a lógica da bondade total está inscrita no âmbito explícito do sistema alternativo que tudo abarca. O rigor desse novo sistema exige, de facto, a eliminação de todos os forasteiros em virtude da sua assimilação. Este é um paradoxo da questão da autocrítica sistémica: é neste esforço que reside o potencial para um sistema atingir a sua completude através da sua incompletude, bem como a sua continuada suscetibilidade à incoerência, ao erro e, por vezes, à injustiça. O que isto significa é que tornar um sistema mais rigoroso não é necessariamente positivo. O resultado poderia ser a declaração de que uma injustiça completa corresponde à consumação da justiça. O "papel" do pensador político da *diáspora africana* exige, portanto, fazer mais.

Num determinado sentido, o papel do pensador político da *diáspora africana* não é diferente do papel do pensador ocidental tradicional, que consiste na enunciação do pensamento com o qual se debate no mundo político. Mas, noutro sentido, o papel do pensador político da diáspora africana passa por trazer para o primeiro plano as dimensões do pensamento que foram tornadas invisíveis por via da legitimidade duvidosa daqueles que as formulam. Esta linha de pensamento depara-se com uma bifurcação. O primeiro caminho é o da questão do reconhecimento. Se se trata de uma questão de reconhecimento por parte daqueles que tradicionalmente os excluíram, então a lógica desse grupo como centro é confirmada. Nesse caso, essa contribuição, embora de grande interesse, seria conservadora.[7] O segundo caminho consiste num apelo à realidade que vai além de questões de reconhecimento centrado. Neste caso, o projeto consiste em enunciar a própria realidade política, o que implica realizar uma crítica do ponto de vista centrado e da sua própria particularidade: o ponto de vista centrado corresponde a uma falsa representação da realidade. A tarefa então enfrentada pelo pensador político da *diáspora africana* ocidental torna-se múltipla: (1) uma vez que o mundo político moderno formulou a humanidade não ocidental – particularmente a África indígena e os povos indígenas dos Novos Mundos – como sub-humana ou mesmo não humana, é necessária uma antropologia filosófica que sirva de fundamento a mudanças sociais e políticas libertas de forças desumanizadoras; (2) uma vez que o

[6] Isto não quer dizer que os problemas teodiceicos não existam no pensamento africano e no pensamento *diaspórico africano*. Ver Gyekye (1995: 123-128).

[7] Este é um dos temas de Fanon (1967 [1952]) em *Peau noire, masques blancs* [Pele negra, máscaras brancas], em que a pequena burguesia negra pretende alcançar o reconhecimento num mundo no qual essa pequena burguesia não é, tal como os seus sistemas de valores *não poderiam ser*, o padrão, afirmando, assim, a sua própria inferioridade.

pensamento não flui ao deus-dará, mas exige uma infraestrutura para aparecer e tornar-se consequente, é necessário um trabalho criativo na construção dessas infraestruturas, o que inclui os tipos de instituições políticas imprescindíveis ao seu florescimento; e (3) a metarreflexão sobre o processo de tal indagação é necessária para que as próprias ideias estejam à altura do teste do escrutínio.[8]

No meu próprio trabalho sobre a filosofia da *diáspora africana* (Gordon, 2000, 2008), explorei a forma como a filosofia da *diáspora africana* contemporânea – enquanto híbrido de pensamento da diáspora africana no mundo moderno – propõe um conjunto de questões desafiadoras e respostas inovadoras que a humanidade deve abordar. Esses trabalhos mostram a importância da fenomenologia na teoria política e, com efeito, a importância da filosofia da *diáspora africana* na fenomenologia. Neste capítulo, proponho um esboço do argumento que sustenta esse trabalho através da exploração da forma como a construção moderna de pessoas problemáticas e a estrutura epistémica que sustenta essa categoria são teorizadas por W. E. B. Du Bois e Frantz Fanon. Após delinear as posições destes pensadores, irei discutir a forma como a sua compreensão inovadora do colonialismo epistemológico – nos níveis semântico e sintático (ou seja, mesmo ao nível do método e da metodologia) – aborda as tarefas da antropologia filosófica, das condições de infraestrutura e da metarreflexão crítica que aqui se apresentam.

O que significa ser um problema?

Du Bois (1982 [1903]), em *The Souls of Black Folk* [As almas do povo negro], apresentou inicialmente esta visão sobre a condição do povo negro nos termos de uma formulação subjetivista: como é *sentir-se* um problema. As suas próprias meditações sobre a problematização haviam começado alguns anos antes, quando redigiu "The Study of the Negro Problems" [O estudo dos problemas dos negros] (Du Bois, 1898), designadamente, que há grupos de pessoas que são estudados como problemas em vez de serem estudados como grupos de pessoas com problemas. Desta lógica resultou o surgimento de "pessoas problemáticas" e, uma vez que o curso lógico de ação em relação aos problemas é a sua resolução, a sua eliminação, o destino das pessoas problemáticas era, infelizmente, sinistro.

É significativo que Du Bois tenha formulado este problema de forma experiencial e até hermenêutica, desde a forma como se sente quem é um problema até – em *Darkwater* [Água escura] (Du Bois, 1920) – ao significado

[8] Eu também faço uma exploração de como esses temas se têm revelado na filosofia da *diáspora africana* em Gordon (2008).

do sofrimento causado por esse sentimento. Donald Matthews (2005) argumenta que as raízes desta reflexão podem ser encontradas no pensamento de Wilhelm Dilthey, que, juntamente com Husserl (1965), propôs uma abordagem fenomenológica ao estudo da humanidade moderna. A fenomenologia examina a constituição do significado a partir da realidade consciente. Dilthey e os seus descendentes intelectuais europeus, que incluem Karl Jaspers, estavam interessados no entendimento das ciências humanas como fundamentalmente mais interpretativas do que exatas. Esta era uma preocupação comum no pensamento europeu do século XIX, em que se incluem as tentativas de Max Weber de criação de ciências sociais rigorosas e as preocupações de Bergson com as relações da mente com a matéria, e a articulação da consciência e da duração, muitas das quais convergiram no pensamento de Alfred Schutz, na Viena da década de 1920. Essas preocupações foram introduzidas nos Estados Unidos pelo pensamento de Du Bois, mas não devemos esquecer que as questões que levaram Du Bois a essa reflexão teórica e social precederam os seus confrontos enquanto doutorando na Alemanha. Du Bois foi, afinal, animado pela perceção de que, embora partilhasse o mundo social do Outro branco, o seu alcance era limitado pelo seu caráter transgressivo. As atividades comuns nesse mundo social ficavam deslocadas quando ele tentava ocupar os papéis anónimos que tornavam essas atividades possíveis. Du Bois não era simplesmente um estudante e, depois, um professor; ele não era simplesmente um homem e, depois, um cidadão. Sendo negro, viu-se como um problemático adjetival em todas as instâncias. Uma vez que o seu entendimento vivido do eu enquanto problemático constituiria uma contradição do seu entendimento de si próprio enquanto ser humano, a questão da interpretação trazia consigo a esperança da explicação. Por outras palavras, a sua situação não era ontológica; não se tratava de uma questão acerca do que ele "é". A situação tinha que ver com a forma como ele é interpretado, sobre o que as outras pessoas pensam que ele é. A relação entre significado e ser atrai-o, então, de forma irónica, pois no mundo humano o significado funde-se com o ser, mas o ser não precisa de ter significado.

Embora não o tenha explicitado, a análise de Du Bois sobre a situação das pessoas problemáticas implica uma acusação das dimensões teodiceicas do mundo moderno. A teodiceia, como vimos, implica a prova da compatibilidade entre a bondade de Deus e a presença do mal e da injustiça. A prevaricação, segundo esta conceção, é externa a Deus. No mundo moderno, em que as racionalizações foram secularizadas, o papel de Deus é substituído por sistemas que são declarados como sendo deontológicos ou absolutos. A bondade do sistema significa que o mal e a injustiça são extrassistémicos. As pessoas problemáticas são, então, extrassistémicas; o lugar delas é fora do sistema.

Na verdade, elas não pertencem a lugar algum, e os seus problemas, que são elas próprias, significam que não lhes é possível obter a força legitimadora do reconhecimento. É a noção de um sistema completo e perfeito que permite aos membros do sistema negar a existência de problemas dentro do sistema.

Um sistema que nega a sua incompletude é um sistema que enfrenta a constante negação das suas contradições. No mundo moderno, esta situação exigiu a conceção da liberdade em simultâneo com a manutenção da escravatura; o humanismo conviveu com o racismo; o livre comércio fez-se por intermédio do colonialismo.[9] Du Bois, ao levantar a questão do significado de viver estas contradições, de lembrar a base dialética da escravatura, do racismo e do colonialismo sobre a qual se sustentam os triunfos modernos, trouxe para o primeiro plano uma lógica de reversões. Assim, identificou várias contradições. O "universal" era, e continua a ser, uma particularidade excessivamente afirmada. As disciplinas através das quais o conhecimento é produzido geralmente escondem, ao dá-lo como adquirido, um prefixo eurocêntrico e racial em que a autorreflexão europeia e branca se tornou a suposta história do mundo. Uma vez que o estudo do negro particularizado implica a compreensão da relação com branquidade através da qual aquele é constituído, o alcance da particularidade negra demonstrou ser mais amplo do que a negação da particularidade branca. Em suma, o universal, se existisse, certamente seria de cor. Mas a lógica do universal e do particular já apresentava deficiências, em virtude da ansiedade que deveria ocorrer no momento em que cada fronteira humana se apresenta como completa. Aqui, Du Bois desloca a questão das pessoas problemáticas para a realidade vivida: "o que significa ser um problema?" volta a ser "como é sentir-se um problema?" e torna-se também "como se vive sendo um problema?" e, nestes movimentos, surge a questão da vida interior das pessoas problemáticas – um problema em si, já que deve ser considerado autocontraditório. O que se pode dizer da vida interior daqueles que não deviam ter uma vida interior?

Du Bois, como é sabido, formulou estas questões como problemas de dupla consciência. Na sua primeira etapa, o problema envolve a submissão aos pontos de vista dos outros, o que não permite ao sujeito ver-se através dos seus próprios olhos. A dialética do reconhecimento que se segue reduz-se à subordinação, a viver e a ver o eu apenas através dos padrões e pontos de vista de outros. Sem o reconhecimento por parte dos outros, o sujeito simplesmente não existe. Existir significa aparecer com um ponto de vista no mundo intersubjetivo dos outros. Mas esta possibilidade exige que se abordem as

[9] Sobre este tema, particularmente sobre como ele se desdobrou em debates sobre o negro da República do Haiti, ver Fischer (2004).

contradições que militam, desde logo, contra a existência de alguém. Paget Henry (2005: 90) descreveu este passo como "dupla consciência potenciada", que requer uma "segunda visão" em que as contradições da sociedade e do sistema de valores sejam postas a nu (Henry, 2005: 89). A dupla consciência, nesse sentido, desmascara as dimensões teodiceicas do sistema. Quando o sistema político se apresenta como plenamente justo, completo, o resultado é a revogação da responsabilidade pelos problemas sociais. Mas como poderiam existir problemas sociais sem pessoas que são responsáveis por eles em virtude de constituírem a base do próprio mundo social?

Quem é responsável pelo mundo social?

"[A sociedade,] contrariamente aos processos bioquímicos", escreveu Fanon em *Peau noire, masques blancs* [Pele negra, máscaras brancas], "não pode escapar à influência humana. É o homem que confere existência à sociedade" (Fanon, 1967 [1952]: 11). Os seres humanos são responsáveis pelo mundo social, a partir do qual e através do qual o significado é construído, bem como, consequentemente, novas formas de vida. Fanon reconheceu que o processo de criação dessas formas de vida também manteve e gerou os seus próprios problemas; por outras palavras, o combate contra a colonização do conhecimento e o conhecimento colonizador exigiu que se abordasse a sua fonte ao nível do próprio método. Dito de outra forma, o colonialismo tem a sua metodologia, e o seu objetivo requer a colonização do próprio método. A batalha contra o colonialismo epistemológico exige, então, uma crítica radical e reflexiva (bem como uma crítica radicalmente reflexiva), e foi essa a tentativa de Fanon em *Pele negra, máscaras brancas* (1967 [1952]), em que todos os esforços para afirmar um entendimento do comportamento humano num sistema de acomodações – um sistema cujos membros tinham lugares predefinidos – resultaram em falhas. Ao anunciar que preferia examinar essas falhas, Fanon deu origem a uma metodologia paradoxal que consistia em suspender o método. Tornar o ser humano um sujeito da ação – que era o seu objetivo declarado – exigia mostrar as falhas de um mundo em cujas mãos repousava uma semente repugnante: o escravo feliz.

Que o escravo feliz fosse um projeto da liberdade moderna levou Fanon a considerar as implicações contraditórias das lutas da liberdade. O colonialismo, por exemplo, levantava um peculiar problema ético. Agir "eticamente" exigia o compromisso de não prejudicar os outros. Mas se a inação significasse a continuação de uma situação colonial, a noção de que o dano está ausente somente quando certos grupos de pessoas são prejudicados torna-se a regra. O dano seria mantido no interesse de evitar danos. A ideia de Fanon era de que esta situação contraditória não poderia ser resolvida *eticamente*, uma vez que a ética, tal como o método, estava sob escrutínio. Por outras palavras, o colonialismo introduziu uma desigualdade fundamental que, desde logo, bania a possibilidade de ter a ética como fundamento. Ao argumentar que é preciso colocar a humanidade no lugar certo, Fanon quer significar que esse problema ético tem uma causa política. Por outras palavras, e ao invés do paradigma liberal moderno, que procura uma ética sobre a qual possa construir a sua dimensão política, Fanon argumenta que o colonialismo criou uma situação na qual é necessário criar uma dimensão política sobre a qual se possa construir uma ética. Trata-se daquilo que, no meu livro *Fanon and the Crisis of European Man* [Fanon e a crise do homem europeu] (Gordon, 1995a), designei por tragédia da condição colonial.

Quando a ética é suspensa, tudo é permitido. E, onde tudo é permitido, o consentimento tornar-se-á irrelevante e a violência será um resultado inevitável. As meditações de Fanon sobre a violência ganharam destaque precisamente por terem sido tão mal interpretadas neste aspeto. Enquanto a ética do colonialismo – na verdade, a ética colonial – constituísse a *ética* dominante, a descolonização seria o seu inimigo; seria antiético lutar contra a ética colonial. Como observou Fanon, foi esta a base da racionalização do colonialismo enquanto desígnio ético operado através da interpretação dos colonizados como inimigos dos valores:

> A sociedade nativa não é simplesmente descrita como uma sociedade sem valores. Não é suficiente para o colonizador afirmar que esses valores desapareceram, ou, melhor ainda, nunca existiram, no mundo colonial. O nativo é declarado insensível à ética; o nativo representa não apenas a ausência de valores, mas também a negação de valores. É, permitamo-nos admiti-lo, o inimigo dos valores e, neste sentido representa, o mal absoluto. (Fanon, 1967 [1952]: 41)

O "pedestal greco-latino", como Fanon lhe chama (1963 [1961]: 46), constituiria um entrave à ação, ao impor à descolonização uma situação neurótica: uma condição de membro que não poderia ser cumprida sob pena de desqualificar o clube. Fanon, o psiquiatra e teórico da descolonização, compreendeu que a exigência de descolonização sem sofrimento de inocentes não leva em linha de conta aqueles que sofrem com a colonização. Na verdade, uma vez que há sofrimento de inocentes, qualquer que seja a via seguida, trata-se de um critério irrelevante.

É talvez esta ideia sobre a suspensão da ética que fez da preocupação de Fanon com os herdeiros da descolonização – aqueles que foram encarregados de forjar uma realidade *pós*-colonial – mais do que uma reflexão dialética. É que, tal como Moisés só podia liderar o povo, mas não entrar na Terra Prometida, assim também as gerações que travam a luta descolonizadora se deparam com a sua própria ilegitimidade no mundo pós-colonial. O tipo de pessoas que pode fazer o que precisa de ser feito num ambiente de compromissos éticos suspensos não corresponde ao tipo de pessoas mais adequado para o governo da vida quotidiana. A análise de Fanon da burguesia nacional pós-colonial é um exemplo disto mesmo. Presos na armadilha das mediações políticas com os ex-colonizadores, em resultado das quais se tornam novos colonizadores, a tarefa de construir a infraestrutura das suas nações permanece incumprida e, muitas vezes, abandonada. Esta captura do processo de pós-descolonização conduz à subjugação da consciência nacional pelo nacionalismo, à fusão do interesse da nação com o interesse de grupos dentro da nação que se apresentam *como* a nação, bem como a um retorno da condição política que precede a ética. Parte da luta de libertação consiste, então, na emancipação da vida ética.

Quem manda no mundo?

Esta questão, levantada por Ortega y Gasset (1932) em *The Revolt of the Masses* [A revolta das massas], vai ao âmago da colonialidade e da questão da pós-colonialidade e da sua relação com a teoria política. O mando não é, afinal, o mesmo que a política. A política envolve, por definição, a determinação de padrões, e a antiga relação de líderes sacerdotais e de reis com os seus súbditos era livre de política na medida em que as desigualdades fundamentais assentavam em fundamentos divinos e cósmicos. As questões entre sacerdotes, entre os reis e a nobreza, ou mesmo entre sacerdotes e reis, constituíam outro assunto. Foi quando surgiu um nível suficiente de igualdade entre poderes que se tornou possível invocar recursos de retórica e persuasão, e foi a partir desta transformação discursiva dos conflitos que a política nasceu. Esta atividade, conforme sugere a etimologia, está radicada na cidade, um espaço e um lugar que muitas vezes era fechado, se não mesmo cercado, de tal forma que exigia um conjunto de normas diferentes conforme se estivesse do lado de "dentro" ou do lado de "fora". Dentro, existe um acordo tácito de que os conflitos não precisam de resvalar para a guerra, o que significa, de facto, a manutenção da oposição sem violência, da "guerra por outros meios", como refere o adágio. Neste caso, a oposição interna proporcionava uma relação com o mundo diferente da que se encontrava fora das muralhas da cidade. Do lado de fora estava o espaço da violência por excelência, o abismo em que tudo é proverbialmente permitido. Governar a *polis* exigiu, portanto, um conjunto de normas exclusivas de um lugar tão precioso – e, sempre que o mando é partilhado por quase todos, os conflitos em relação aos padrões exigem salvaguardas discursivas.

No entanto, o mundo moderno foi marcado pela preponderância do mando sobre a política em relação a determinadas populações.[10] O colonialismo – o seu *epistema*, na linguagem foucaultiana (1973), e a sua *gnose*, na de Mudimbe (1988) – determina que populações inteiras recebam as suas ordens como modo sintático da própria existência. Os padrões são definidos, mas são-no por intermédio de uma lógica que tanto nega como afirma os espíritos que a modernidade deveria manter ao largo. A análise que faço em relação a Du Bois e Fanon revela que um dos problemas do colonialismo consiste em que ele cria uma estrutura de preponderância do mando sobre a política em relação ao colonizado. Uma vez que, como se acabou de ver na discussão sobre as raízes da política *versus* a mera governação, as dimensões discursivas da política exigem um nível suficiente de igualdade entre os contendores, o apelo às soluções políticas também requer a construção de instituições igualitárias ou de lugares para o surgimento desse tipo de relações necessárias a uma esfera política. Encontra-se, então, outra dimensão da ética em relação ao político, pois a construção política de ordens igualitárias também constitui a base para novas relações éticas. Por outras palavras, a construção de um padrão que permita a vida ética exige, também, uma transformação da vida política que a afaste da violência no seio da qual nasceu e a conduza à suspensão da própria violência. Tal suspensão não seria menos do que a introdução de um domínio público, um lugar em que, e através do qual, a oposição poderia ocorrer sem a estrutura da autoridade. Mas aqui encontra-se um paradoxo, pois como poderia existir tal espaço sem estruturas periféricas unidas pela força?

Uma fenomenologia pós-colonial

A análise da consciência e das realidades que dela nasceram deu lugar a várias fenomenologias no mundo moderno. Aqui, no entanto, estou interessado em análises de consciência que surgem de uma suspensão daquilo que por vezes é designado como ponto de vista natural, mas a que eu prefiro chamar de ato de suspensão ontológica. Suspender os nossos compromissos ontológicos não significa erradicá-los, mas, sim, que mudámos e aprimorámos a nossa atenção. Tal ato de suspensão também afeta os nossos pressupostos, o que

[10] Há muitos estudos sobre este tema, mas, para África, consultar o clássico de Fanon (1963 [1961]) *Les Damnés de la Terre* [Os condenados da Terra] e, para as Américas, *The Conquest of America*, de Tzvetan Todorov (1984). Consultar também *Citizen and Subject*, de Mahmood Mamdani (1996), para uma discussão mais recente sobre política e domínio no contexto colonial.

significa, tal como nas reflexões de Fanon sobre a colonização epistemológica, que nem o nosso método pode ser presumido. Podemos questionar-nos sobre o momento inicial da suspensão ontológica. Reintroduzir o compromisso ontológico numa dada etapa da nossa reflexão implicaria presumir a validade desse compromisso, o que significa que a objeção exige a necessidade da suspensão contra a qual foi colocada. A compreensão deste facto constitui um movimento epistémico em frente.

Em muitos aspetos, o termo "fenomenologia pós-colonial" é redundante neste contexto, pois o ato de suspensão ontológica significa que nenhum momento de indagação está epistemologicamente fechado. Enquanto rejeição do fechamento epistémico, esta forma de fenomenologia é confrontada com o colonialismo, precisamente porque este fenómeno requer esse fechamento, que, num sentido que é mais do que metafórico, consiste na construção de "colonatos" epistemológicos. Esses colonatos conduzem a formas de crises.

Há crises em todo o mundo moderno e o seu aumento é quase exponencial. No entanto, uma característica curiosa das crises é a de que elas são sociogénicas. As suas soluções também devem ser uma função do mundo social. No entanto, as crises são vividas como se tivessem surgido dos céus ou fora dos mecanismos da natureza. As crises parecem "acontecer-nos". A própria palavra tem origem no termo grego *krinein*, que significa "decidir". Paradoxalmente, decidimos ou escolhemos as nossas crises escolhendo não escolher, escondendo-nos de nós mesmos como agentes da escolha. Convencemo-nos, de má-fé, de que não acreditamos. As crises sociais são apenas isto: formas institucionais de má-fé. Trata-se de instâncias em que o mundo social está saturado com um fechamento da sua própria agência. Como é isto possível?

Segundo um determinado ponto de vista, o próprio mundo social é um conceito generativo, ou seja, faz parte de uma complexa teia de afirmações de conhecimento ou significados na qual determinadas formas de subjetividade são produzidas. A imposição histórica desta ordem das coisas torna quase impossível viver fora desta organização da realidade, ao mesmo tempo que, ironicamente, a concretiza e mantém. A partir deste ponto de vista, que designarei de ponto de vista arqueológico pós-estrutural, a narrativa fenomenológica fica diminuída porque o seu fundamento, nomeadamente, a consciência, também é um efeito dessa ordem, que poderia muito bem mudar à medida que emergem novas e futuras constelações de elementos. No entanto, essa afirmação enfrenta a sua própria contradição ao nível da realidade vivida: a sua completude é pressuposta quando é colocada como objeto de investigação e os seus limites são transcendidos. É, por outras palavras, um particular apresentado como um universal, ao mesmo tempo que se presume a sua própria variabilidade. Assim, descartar a consciência a um nível simplesmente conceptual constitui um erro, porque a questão de propor um conceito está pressuposta na própria gramática e na semântica da sua rejeição. A ideia introduzida pela fenomenologia, neste sentido de suspensão dos compromissos ontológicos, é a de que o conceito surge como um objeto de investigação sem que haja a presunção de um método para a sua colocação. Por outras palavras, o próprio ato da investigação pressupõe a validade da *forma* da consciência. E, uma vez que essa forma transcende a sua própria domesticação ou subordinação, ela não pode funcionar como uma subcategoria de uma ordem de coisas. Por outras palavras, a crítica arqueológica pós-estrutural diz respeito apenas a uma *forma* particular de consciência, ou seja, a uma forma de consciência que já está associada a uma determinada ordem das coisas.

E a crítica genealógica? Quais são os interesses do poder na afirmação de uma abordagem fenomenológica? A resposta é que não são mais do que interesses genealógicos. Os pontos de vista genealógicos encaram as disciplinas e as abordagens metodológicas como "ferramentas" – como Foucault (2003: 6) admite –, como recursos úteis, mas não absolutos, nos processos de reflexão. Uma vez que uma fenomenologia pós-colonial começa com um ato de suspensão ontológica, cada uma das suas etapas de reflexão, incluindo as suas próprias avaliações metacríticas, não pode ser afirmada como ontológica sem entrar em contradição.

O impacto continuado da identificação de contradições em momentos de asserção ontológica dá a entender que há limites para o que pode ser permitido mesmo em atos de suspensão ontológica. Tomemos, por exemplo, o problema da evidência. Uma crítica que poderia ser feita a estas reflexões refere-se ao seu autocentramento, como se uma consciência individual pudesse simplesmente suspender e construir o próprio pensamento. Essa seria uma crítica justa se se tratasse de um processo *psicológico*. É esta a questão que se coloca acerca de uma forma particular de consciência em si mesma. Mas o tipo de consciência não é aqui classificado nem presumido no âmbito dos fenómenos naturais; não é, por outras palavras, consciência subordinada pelo relativismo de estruturas naturalistas ou, para simplificar, pela ciência moderna. Não se pode presumir, portanto, que corresponda a um ato de um único indivíduo. Trata-se, contrariamente, da articulação de um processo através do qual mesmo o indivíduo que reflete sobre o processo não se posiciona como seu sujeito, mas, sim, como um participante anónimo num esforço de compreensão; não é o peixe dentro de água, mas a tomada de consciência por parte de um peixe de que está dentro de água e, potencialmente, em muitas outras camadas ou enquadramentos através dos quais se posiciona em algum lugar. No entanto, o problema da evidência surge precisamente porque se trata de um conceito que exige mais do que um ponto de vista. Para que algo seja evidente, deve aparecer potencialmente a outros. Assim, mesmo quando algo nos surge como evidente, é-o, do nosso ponto de vista, enquanto um Outro. Por outras palavras, há uma socialidade inerente à evidência. E, uma vez que uma reflexão intelectual não faz sentido sem evidenciar as suas afirmações, a importância desta visão para o próprio *pensamento* também é evidente.

A questão da socialidade surge, assim, sob a forma de algo que se torna evidente. Contudo, esta tarefa é dificultada pela necessidade de continuar estas reflexões na ausência de um ato de compromisso ontológico. O mundo social terá de ser *entendido* por intermédio de ser tornado evidente. Em muitos aspetos, como argumentei em *Existentia Africana* (Gordon, 2000: 74-80), já temos aqui um argumento transcendental em ação, uma vez que a socialidade é uma condição prévia da evidência, cuja necessidade para as nossas reflexões já havíamos estabelecido. O projeto torna-se mais complicado porque pressupor os outros é diferente de enunciar a realidade presumida por um mundo de outros. Afinal, os outros genuínos muitas vezes fazem o que desejam e, quando se trata do nosso mundo de coisas e significados partilhados, coloca-se a questão complicada de saber se eles estão dispostos a admitir o que veem, sentem, ouvem, cheiram ou sabem. Mas já revelámos muito com esta admissão, pois de que outra forma poderiam os outros e as suas variações de sentido independentes ser significativas sem a adição individualizadora da sua corporização?

Que os outros são corporizados é algo que levanta a questão de como surge o mundo social. É que, dada a metafísica que domina a maioria das discussões dos corpos vivos, existe o problema cartesiano de como é que uma consciência pode alcançar outra para lá da mera aparência do seu corpo. A nossa resposta poderia ser que algo está errado com o modelo cartesiano, mas isso implicaria explicar exatamente de que maneira ele está equivocado. O primeiro problema reside na noção de "mente e corpo". Na sua introdução e primeiro capítulo de *The Invention of Women* [A invenção das mulheres], Oyèrónkẹ Oyěwùmí (1997) propõe uma crítica pós-colonial e pós-estrutural *diaspórica africana* a este problema ao desafiar as afirmações de conhecimento e a ciência biológica que delas decorre, que, desde logo, sobrepõe o corpo físico às relações sociais. A dimensão pós-colonial *diaspórica africana* desta crítica consiste em que o cartesianismo criou um modelo epistemológico do eu que exigia a colonização do corpo pela mente ao ter de criar um problema do corpo. A história do colonialismo vista como uma situação em que os grupos colonizadores se construíram como mentes que controlam os seres colonizados e escravizados, cujo único modo de ser é o próprio corpo, traz para o primeiro plano a dimensão colonial desta dicotomia. No entanto, esta crítica, embora seja poderosa, não explica a realidade de como vivemos como seres extensos no mundo. Por outras palavras, trata-se verdadeiramente de uma crítica a um *excesso de ênfase* no corpo ou na mente, especialmente quando encarados como realidades separadas, mas não a como os vivemos na qualidade de criaturas que se movem pelo mundo. Mesmo as atividades sociais como o comércio ou a convivialidade exigem uma interação dos significados de estar "aqui" *versus* "ali" e de comunicar a aceitação ou a rejeição por intermédio de apertos de mãos, abraços ou, simplesmente, ficar à parte, todas elas atividades expressas não "através" do corpo, mas, literalmente, nesse sentido enquanto singular – isto é, *corporizado*. Além do mais, baseando-se em premissas similares que tornam os colonizadores a mente e os colonizados o corpo, Fanon observou, na década de 1950, na sua discussão sobre negrofobia, fobogénese e o atleta negro em *Pele negra, máscaras brancas* (1967 [1952]), no capítulo "The Negro and Psychopathology" [O negro e a psicopatologia], que esse reducionismo leva, em última instância, ao medo do biológico, que faz com que, aos olhos do negrófobo, o macho negro, por exemplo, seja eclipsado pelo seu pénis. Este argumento indica que rejeitar o compromisso com o biológico pode não constituir a direção certa para uma crítica pós-colonial. Para capturar essa dimensão da corporização social – que talvez desejemos designar como a sua realidade "vivida" – enquanto abordamos os limites do cartesianismo exigirá algumas considerações adicionais.

O cartesianismo apresenta o ser humano como um encontro de duas substâncias, mas, na verdade, muitos dos problemas que enfrentamos emergem da primeira substância, pelo que não precisaríamos de ir até à segunda. Por outras palavras, como consegue a mente alcançar a mente? Mas agora vemos a dificuldade com que nos deparamos quando o corpo é negado; ou, por outras palavras, a mente não pode "alcançar" a mente quando nenhuma das mentes existe nalgum lugar. Estar em algum lugar significa ocupar um espaço num determinado tempo, o que significa ser corporizado.[11] Poder-se-ia apresentar um argumento semelhante acerca das distinções cérebro-corpo; mas, neste caso, a diferença consiste em que as fronteiras constituem sucessões de corpos físicos. Consideremos, no entanto, o seguinte exercício intelectual. O que seria necessário para que uma consciência ou uma mente se corporizasse? Teria de conseguir ganhar extensão no mundo, o que significa que teria de ser capaz de ter suporte ou orientação de algo. Do mesmo modo, não poderia ser ativa sem que tivesse a possibilidade de ganhar extensão para além da sua posição inicial, o que significa que necessitaria de ter membros e, à medida que se projetasse no seu ambiente de modos que envolveriam a deteção de radiação eletromagnética ou a identificação de produtos químicos e gases com os quais entrasse em contacto, veríamos a revelação de um corpo com frente

[11] Para uma discussão mais longa deste argumento, ver Gordon (1995b).

e costas e lados, bem como partes de cima e de baixo. Em suma, "o corpo" é outra maneira de dizer "um cérebro com extensão" ou "uma coisa viva e consciente". E embora o cartesiano possa apontar que os membros podem ser cortados sem que isso implique a destruição do eu, um cirurgião pode fazer notar que se pode remover bocados do cérebro sem que essa mesma destruição ocorra. A contingência das partes de um organismo não significa que essas partes não sejam expressões extensas desse organismo. Por outras palavras, a mente vai dos dedos dos pés aos dedos das mãos e à testa. O que tudo isto significa é que a consciência/mente *aparece* no mundo, é evidente para outras mentes e é lida e presta-se à interação precisamente porque é evidente, aparece.

O mundo social é, assim, um mundo complexo de intersubjetividade, mas isso não significa um misterioso mundo espiritual por trás da realidade física. Existe dentro e através dessa realidade e é evidente na multidão de significantes que constituem a expressão da realidade do mundo social, que é aquilo que Fanon, na sua introdução a *Pele negra, máscaras brancas* (1967 [1952]), quer dizer com *sociogenia.*[12] É por esta razão que seria correto dizer que aprendemos a ler o nosso mundo e que inscrevemos e constituímos o nosso relacionamento com ele. Adicionalmente, também podemos verificar que se trata de um relacionamento em que desempenhamos o papel ativo de produzir significados perante um mundo de significados já disponíveis. É nesse sentido que o mundo social e a sua infinidade de significados são uma conquista. Entre esses significados está, à partida, o sujeito que constitui o foco das lutas descolonizadoras, ou seja, o ser humano.[13]

O ato de suspensão ontológica e a necessidade de consciência corporizada levantam a questão da antropologia filosófica. Ao contrário da antropologia empírica, que se concentra nos fenómenos empíricos e na aplicação de métodos desenvolvidos para esse estudo, a antropologia filosófica explora os conceitos através dos quais qualquer compreensão do ser humano é possível e faz sentido.[14] Também envolve as implicações destas ideias *enquanto ideias*,

[12] Para discussão adicional, ver Wynter (2001) e Gordon (2005, 2006b).

[13] A filosofia *africana* e, consequentemente, o pensamento pós-colonial *africano* trazem esta questão do ser humano para o primeiro plano, pela razão óbvia de, pelo menos na sua concretização moderna, se tratar de uma teoria proposta através do mundo dos sujeitos cuja humanidade foi denegrida ou negada. Ver Gordon (2000) e Bogues (2006).

[14] Existem muitos caminhos para a antropologia filosófica na Idade Moderna e no pensamento pós-colonial. A colocação desta questão foi levantada, de forma infame, na filosofia prática de Immanuel Kant, embora tenha sido um *leitmotiv* do pensamento moderno desde a filosofia natural atomista de Hobbes, que tentou criar uma teoria da natureza humana como base do seu argumento para uma ordem política legítima. Contudo, o humanista haitiano Anténor Firmin (2000 [1885]) demonstrou que as afirmações de Kant, e também de Hegel, de uma antropologia filosófica não eram verdadeiramente

tal como são, isto é, quando libertadas, tanto quanto possível, do domínio das forças epistémicas colonizadoras. De certa forma, o movimento fenomenológico pós-colonial exige a compreensão do ser humano enquanto sujeito sobre o qual as leis se aplicam com limites. Com efeito, a questão humana, deste ponto de vista, torna-se a questão de estudar um ser que não possui uma natureza, mas que, no entanto, é uma consequência de fenómenos naturais – ainda que essas razões já tenham sido delineadas em termos fenomenológicos, têm que ver com o facto de outro ser humano se relacionar connosco enquanto parte de um mundo que transcende o eu. O que isto significa é que a contingência do outro implica a liberdade do outro e que, dada essa liberdade, a antropologia filosófica que se segue constitui um tema aberto e não fechado. Noutro sentido, a abertura da subjetividade humana já está pressuposta no projeto de libertação e mudança social. Por outras palavras, um ser humano tem de poder ser capaz de viver de outra forma para que a sua libertação faça sentido. E, ao nível dos grupos, regressamos ao argumento sociogénico: o que é criado pelos seres humanos pode ser alterado pelos seres humanos. Dito de outra forma, o ser humano é a introdução do artificial no mundo. Assim, impor a máxima da natureza ao ser humano corresponde a colocar o elemento humano num caminho que conduz à sua própria destruição. E, por fim o argumento reconhece a relação entre conhecimento e ser, que as novas formas de vida também são uma consequência da produção do conhecimento. Este resultado é, também, outro desenvolvimento natural de uma realidade não natural.

A abertura da antropologia filosófica também surge da contingência da subjetividade humana. Os seres humanos trazem novos conceitos ao mundo e, ao fazê-lo, enfrentam a ansiedade da imprevisibilidade. No mundo humano, é frequente as coisas não funcionarem e parte da luta intelectual tem consistido em enfrentar essa dimensão de viver num mundo humano, um mundo de outros. Os modelos teóricos que apelam às necessidades humanas enfrentam muitas vezes o perigo de requerer uma disciplina do comportamento humano

antropológicas de todo, mas, sim, *geográficas*. O legado dessa construção política geológica permanece nas construções contemporâneas de povos inteligentes e civilizados das regiões nórdicas por oposição aos supostamente estultos e selvagens das zonas tropicais. Mais recentemente, a questão passou por uma viragem substancial, com o marxismo existencial de Sartre (2004), conforme se pode ler em *Critique of Dialectical Reason*, que fez este autor entrar em conflito com a antropologia estruturalista – e podemos ver a forma como esta questão do ser humano como limite a estruturas impostas regressou na arqueologia e na genealogia de Foucault, em que a produção do ser humano enquanto sujeito de indagação surgiu no âmbito do papel do sujeito enquanto produtor e produto. Ver Bogues (2006), que refere, a este propósito, vários escritores pós-coloniais da diáspora *africana*. Para um argumento semelhante, ver também o ensaio de Henry (2005) sobre a dupla consciência potenciada, e Gordon (1995a, 2000).

e das instituições humanas que os remete para noções claramente definidas, como, por exemplo, a distinção entre negro e branco. No entanto, como a maioria dos adultos humanos sabe, o mundo não é simples e as consequências da vida nem sempre são justas. Os humanos enfrentam, então, o problema de viver num mundo sem as prescrições bem definidas da teodiceia, em que o mal e a injustiça ficam de fora. Estes fenómenos são aspetos da vida através dos quais devemos viver e que nem sempre surgem sob formas grandiosas, mas, sim, ao nível da vida do dia-a-dia. O que esta reflexão traz aos discursos sobre a mudança social é uma pergunta bastante estranha: criarão estes esforços um mundo no qual os seres humanos possam realmente viver? Viver exige – a partir do complexo conjunto de inter-relações que constituem o mundo social – a vida quotidiana, e o desafio que a descolonização dessa vida representa é uma função do que é abrangido pela tentativa de cada grupo de pessoas para atingir aquilo a que poderíamos designar de "trivialidade".[15]

As opções disponíveis para uma existência quotidiana não são as mesmas para todos os grupos presentes num mundo colonial. Num mundo deste tipo, a ausência de esforços espetaculares facilita a vida quotidiana do grupo dominante. Poderíamos simplesmente chamar a essa existência uma existência simples. Para o grupo dominado, a conquista da trivialidade exige esforços extraordinários. Verificamos aqui a presença de outra dessas categorias subvertidas pela lente da dupla consciência de Du Bois, pois a mediania da vida quotidiana do grupo dominante esconde as instituições que apoiam essa trivialidade. Esta realidade revela, por exemplo, um grande problema nos recentes apelos ao "cosmopolitismo" no pensamento liberal *diaspórico africano*, algo que está patente no trabalho de Kwame Anthony Appiah (2005) ou na posição feminista e cosmopolita de Martha Nussbaum (1996).[16] Embora seja louvável defender a interconexão da espécie humana e, no caso de Appiah, criticar o "universalismo forte", estes autores apresentam um sistema

[15] Para a formulação do valor do trivial, ver: Natanson (1986) e Gordon (1995a).

[16] O argumento de Appiah implicaria que o seu trabalho não fosse considerado como pertencendo ao pensamento liberal da *diáspora africana*. Que ele apresente curiosidades acerca do Gana e que tenha construído as suas ideias a partir do trabalho que desenvolveu sobre a teoria da raça traz, no entanto, a questão do que significa para um filósofo da *diáspora africana* escrever partindo do princípio de que o mundo africano desempenha um papel relevante na construção das condições de acesso global disponíveis para seus membros. Que a dissociação, em termos materiais, de "africano" e "negro" desempenhe um papel relevante quando comparada com o acesso que está disponível a um europeu, que é fortemente identificado com a branquidade, lança a noção de cosmopolitismo *diaspórico africano* no campo da autoilusão. Podemos colocar a mesma questão relativamente a Nussbaum, no que respeita à distinção entre mulheres que fazem parte de comunidades de mulheres que estão incluídas na governação do mundo *versus*, basicamente, o resto.

de valores assente num indivíduo que – como as elites de *O Grande Gatsby* de F. Scott Fitzgerald (1995) – se pode dar a esse luxo.[17] Podemos acreditar que somos cidadãos do mundo quando a maioria das instituições globais está concebida para nosso benefício (e não para benefício de outros). A insensatez desta posição torna-se visível quando se imagina o quão ridículo seria escarnecer de uma pessoa pobre por ela não ser cosmopolita. É tão ridículo quanto aplaudir uma pessoa rica ou com alguns meios por viajar pelo mundo todo. O que é o cosmopolitismo, então, na sua prática concreta, senão a afirmação dos valores dos abastados como padrões para todos – incluindo os pobres? Afinal, o cosmopolitismo é proposto pelos cosmopolitas como a sua reivindicação de uma lógica universal ou, pelo menos, quase universal. Como poderia esse sistema de valores ser coerente sem que se procedesse ao apagamento total de todos aqueles que o contradizem ou sem os tornar simplesmente irrelevantes?[18] Estas formas de teorização política tratam os indivíduos e os seus valores como se não estivessem assentes em infraestruturas sociais. Sempre que as instituições estão contra um grupo particular, esse grupo enfrenta um problema constante de insuficiência. Como pode um grupo ser suficientemente bom quando as ações dos seus membros não qualificam a sua qualidade de membros em virtude de nunca servirem como padrão de associação?

Uma antropologia filosófica radical assinalaria a contradição de um sistema governado por esta lógica de associação, uma vez que tal sistema implicaria a

[17] F. Scott Fitzgerald foi, no entanto, muito menos ingénuo sobre estas matérias, conforme evidenciado pela sua interpretação da atitude insensível destes cosmopolitas dominantes, cujas viagens pelo mundo dependem de se encontrarem uns aos outros, constantemente, em todos os lugares. Os cosmopolitas contemporâneos continuam a viver segundo o pressuposto de que as elites dominantes se ralam minimamente com o sofrimento das pessoas do resto do mundo e com os sistemas sociais que suportam as desigualdades sobre as quais esse sofrimento é construído. Como podemos julgar este reconhecimento e esta bondade para com os "estranhos" quando o sujeito em questão controla todas as condições de intercâmbio?

[18] Não se pretende com isto dizer que globalismo e cosmopolitismo são idênticos. Comprar o acesso ao mundo tem consequências globais, mas como poucas pessoas podem fazê-lo torna-se claro que se trata de um caso de confusão entre aquilo que é o seu acesso global e aquilo que seria um acesso universal. Esses indivíduos só poderiam tornar-se universais se, e só se, fossem os únicos indivíduos a ser considerados. Com efeito, encontramo-nos no campo da teodiceia, embora inadvertidamente. Aqueles que não podem pagar o acesso global são simplesmente colocados fora do sistema de valores cosmopolitas, ou, simplesmente, presume-se que estão fora desse sistema, se pudessem dar-se a esse luxo. Isto significa que a questão não tem verdadeiramente que ver com os valores mas com o acesso. Com efeito, a crítica de Fanon aos valores coloniais modernos regressa, já que a economia política da transformação social se sobrepõe à ética que se presumia ser independente das infraestruturas sociais.

apresentação de alguns grupos de pessoas como sendo epistemologicamente fechados, ao mesmo tempo que faria de outros grupos o padrão pelo qual a humanidade é forjada, o que, ironicamente, também seria uma forma de fechamento epistémico, embora apenas enquanto ideal. Com efeito, este sistema eliminaria alguns seres humanos da comunidade humana através da criação de um padrão não humano de ser humano. A questão da realidade vivida desintegrar-se-ia, uma vez que cada conjunto de seres humanos "seria" uma existência superficial e não a complexa dinâmica de uma vida interior expressa *no mundo*. Faltando essa dimensão, o mundo humano transformar-se-ia simplesmente numa ossificação dos valores e o objetivo declarado de libertar a humanidade redundaria no seu oposto.

Qual a razão deste centramento no ser humano no âmbito de uma fenomenologia pós-colonial? Por um lado, a resposta é histórica. O colonialismo, a escravatura e o racismo degradaram a humanidade. A reafirmação da humanidade exige a afirmação da humanidade do aviltado. Mas tal asserção é, como vimos, não tão simples como parece, pois não havia, e continua a não haver, uma noção coerente do sujeito humano sobre a qual a emancipação possa sustentar-se. É muito mais fácil afirmar uma humanidade que apoia a opressão do que construir uma que carrega, paradoxalmente, o peso da liberdade. Por outro lado, a resposta é "puramente" teórica. Uma análise radicalmente crítica das práticas de colonização epistémicas tem de ser metacrítica, o que significa, como vimos por intermédio de Fanon, ser radicalmente autorreflexivo. Só de má-fé se poderia negar que este processo representa um questionamento da nossa própria humanidade.

Uma conclusão geopolítica

Até ao momento, as nossas explorações movem-se para a frente e para trás através de duas conceções de teoria que não foram explicitadas. A palavra "teoria" provém de noções teológicas. Partindo da palavra grega antiga *theoria*, que significa "visão", ou, no infinitivo, "visionar" ou "ver", uma rutura etimológica subsequente revela a palavra *theo*, da qual decorrem *theus* ou *Zdeus* (*Zeus*) ou, em termos contemporâneos, "Deus". Realizar trabalho teórico significava, então, tentar ver o que Deus vê. Como Deus tem o poder da omnisciência, isso significava ver tudo. E o que poderia ser essa realização senão alcançar a própria verdade? No entanto, está implícito neste exercício o facto de que os seres humanos só poderiam fazer essa tentativa *enquanto tentativa*, uma vez que os seres humanos não são deuses e, embora os deuses por vezes sorriam para um ser humano individual e, assim, estimulem um momento de fugaz clareza, geralmente a maioria de nós permanece na escuridão proverbial ou, pelo menos, no crepúsculo. Num mundo sem Deus, a teoria é, de certa forma, como a gramática permanente que apoia uma racionalização sem o Deus que a animava. O "teórico" torna-se assim uma figura embaraçosa, um pesquisador que busca um resultado que se envergonharia das suas origens. Por outras palavras, o que significa fazer teoria num universo sem Deus?

Uma resposta possível seria abandonar a teoria e concentrar-se simplesmente nas críticas, na demonstração de que o exercício continuado de fazer teoria conduz a resultados embaraçosos e infrutíferos. Outra resposta consistiria em abordar as ideias como objetos numa sala às escuras. O trabalho teórico torna-se, em primeiro lugar, o acender de um fósforo com o qual se acende uma vela com a qual se encontra o caminho até ao interruptor da luz. Em cada etapa, os conteúdos da sala, incluindo as suas paredes, tornam-se mais claros e proporcionam um contexto mais coerente sobre o qual tomar decisões acerca de como viver na sala. O processo de aumento da clareza continua muito para além do interruptor da luz sob a forma do próprio pensamento, muitas vezes apreendido pelo termo "iluminação". Há ainda outro modelo, em que o próprio pensamento cria novos relacionamentos e coisas, como na conceção do *Big Bang* de um universo em expansão; tal como se verifica uma expansão da matéria, também se verifica uma expansão do pensamento. Pode a forma como se manifestam estas conceções do pensamento no âmbito do pensamento pós-colonial ser vista através de uma metáfora recente bastante influente? Na década de 1980, Audre Lorde (1984), na sua coletânea *Sister Outsider* [Irmã forasteira], argumentou que as ferramentas do amo nunca desmantelarão a casa do amo. O resultado desta conceção foi, no entanto, positivo e negativo. Por um lado, tem sido uma palavra de ordem contra o eurocentrismo e os conceitos colonizadores, contra a dialética do reconhecimento na qual os ideais dominantes imperam. Mas, por outro lado, também atendeu ao interesse dos grupos "que apenas criticam", aqueles que consideram a teoria como fundamentalmente imperial e, historicamente, Ocidental. Esta resposta surge do aspeto negativo da metáfora, ou seja, da demolição da casa do amo. É bizarro que uma metáfora que se baseia nas lutas dos escravos não tenha considerado outros aspetos da realidade vivida dos escravos. Por exemplo, por que razão haveriam as pessoas que estão ligadas à produção de se considerar apenas em termos destrutivos? Sim, querem acabar com a escravatura. Mas também querem *construir a liberdade*. Para o fazer, o uso que podem querer dar às ferramentas do amo é utilizá-las, *juntamente com as ferramentas que trouxeram consigo e que facilitaram a sua sobrevivência*, para construir as suas próprias casas. Como poderia a casa do amo funcionar enquanto tal num mundo composto por muitas casas que não se baseiam no domínio? Numa tal situação, não seria essa casa remetida à irrelevância e, final e efetivamente, privada dos alicerces do domínio?

Tal mudança ocorreria tanto ao nível do espaço como do lugar. O pensamento pós-colonial não pode dar-se ao luxo de ficar preso ao papel da crítica negativa. Uma inauguração de uma mudança na geografia da razão precisa de ser realizada para que as dimensões produtivas do pensamento possam florescer. Por outras palavras, o pensamento precisa de um lugar para viver. As ideias habitam, ao longo dos séculos, os conceitos e instituições que os seres humanos construíram e quanto mais habitáveis essas instituições forem para os seres humanos, mais saudável essa relação simbiótica será, sem dúvida, uma vez que assumirá o legado desse eco a partir do qual a vida simbólica nasceu há muito tempo.

Referências

Abraham, William E. (2004), "Anton Wilhelm Amo", in Kwasi Wiredu (org.), *A Companion to African Philosophy*. Malden, MA: Blackwell, 191-199.

Appiah, Kwame Anthony (2005), *Cosmopolitanism: Ethics in a World of Strangers*. New York: W.W. Norton.

Bogues, B. Anthony (2003), *Black Heretics, Black Prophets: Radical Political Intellectuals*. New York: Routledge.

Bogues, B. Anthony (org.) (2006), *After Man, Towards the Human: Critical Essays on the Thought of Sylvia Wynter*. Kingston: Ian Randle.

Du Bois, W. E. B. (1898), "The Study of the Negro Problems", *Annals of the American Academy of Political and Social Science*, XI: 1-23. Doi: https://doi.org/10.1177/000271629801100101.

Du Bois, W. E. B. (1920), *Darkwater: Voices from within the Veil*. New York: Harcourt, Brace & Howe.

Du Bois, W. E. B. (1982 [1903]), *The Souls of Black Folk*. New York: New American Library.

Fanon, Frantz (1963 [1961]), *The Wretched of the Earth*. New York: Grove Press.

Fanon, Frantz (1967 [1952]), *Black Skin, White Masks*. New York: Grove Press.

Firmin, Anténor (2000 [1885]), *The Equality of Human Races*. New York: Garland Publishing.

Fischer, Sibylle (2004), *Modernity Disavowed*. Durham, NC: Duke University Press. Doi: https://doi.org/10.1215/9780822385509.

Fitzgerald, F. Scott (1995), *The Great Gatsby*. New York: Scribners.

Foucault, Michel (1973), *The Order of Things: An Archaeology of the Human Sciences*. New York: Vintage.

Foucault, Michel (2003), *"Society Must Be Defended": Lectures at the Collège de France (1975-1976)*. New York: Picador.

Gordon, Lewis R. (1995a), *Fanon and the Crisis of European Man: An Essay on Philosophy and the Human Sciences*. New York: Routledge.

Gordon, Lewis R. (1995b), *Bad Faith and Antiblack Racism*. Amherst, NY: Humanity Books.

Gordon, Lewis R. (2000), *Existentia Africana: Understanding Africana Existential Thought*. New York: Routledge.

Gordon, Lewis R. (2005), "Through the Zone of Nonbeing: A Reading of Black Skin, White Masks in Celebration of Fanon's Eightieth Birthday", *The C.L.R. James Journal*, 11(1), 1-43. Doi: https://doi.org/10.5840/clrjames20051111.

Gordon, Lewis R. (2006a), *Disciplinary Decadence: Living Thought in Trying Times*. Boulder, CO: Paradigm Publishers.

Gordon, Lewis R. (2006b), "Is the Human a Teleological Suspension of Man? A Phenomenological Exploration of Sylvia Wynter's Fanonian and Biodicean Reflections", in Anthony Bogues (org.), *After Man, Towards the Human: Critical Essays on the Thought of Sylvia Wynter*. Kingston: Ian Randle, 237-257.

Gordon, Lewis R. (2008), *An Introduction to Africana Philosophy*. Cambridge: Cambridge University Press. Doi: https://doi.org/10.1017/CBO9780511800726.

Gordon, Lewis R.; Gordon, Jane Anna (orgs.) (2006a), *Not Only the Master's Tools: African-American Studies in Theory and Practice*. Boulder, CO: Paradigm.

Gordon, Lewis R.; Gordon, Jane Anna (orgs.) (2006b), *A Companion to African-American Studies*. Malden, MA: Blackwell Publishers. Doi: https://doi.org/10.1002/9780470996645.

Gyekye, Kwame (1995), *An Essay on African Philosophical Thought*. Philadelphia: Temple University Press.

Henry, Paget (2005), "Africana Phenomenology: A Philosophical Look", *The C.L.R. James* Journal, 11(1), 79-112. Doi: https://doi.org/10.5840/clrjames20051113.

Husserl, Edmund (1965), *Phenomenology and the Crisis of Philosophy*. New York: Harper & Row.

Lorde, Audre (1984), *Sister Outsider: Essays and Speeches*. New York: Crossing Press.

Mamdani, Mahmood (1996), *Citizen and Subject: Contemporary Africa and the Legacy of Late Colonialism*. Princeton, NJ: Princeton University Press.

Matthews, Donald H. (2005), "Du Bois, the Black Dilthey: W. E. B. Du Bois, Wilhelm Dilthey and the Study of African American Culture", comunicação apresentada na *American Academy of Religion*, Philadelphia.

Mudimbe, Valentin Y. (1988), *The Invention of* Africa. Bloomington, IN: Indiana University Press.

Natanson, Maurice (1986), *Anonymity: A Study in the Philosophy of Alfred Schutz*. Bloomington, IN: Indiana University Press.

Nussbaum, Martha C. (1996), *For Love of Country: Debating the Limits of Patriotism*. Boston: Beacon Press.

Ortega y Gasset, Jose (1932), *The Revolt of the Masses*. New York: W. W. Norton.

Oyewùmí, Oyèrónké (1997), *The Invention of Women: Making an African Sense of Western Gender Discourses*. Minneapolis, MN: University of Minnesota Press.

Sartre, Jean-Paul (2004), *Critique of Dialectical Reason*, vol. 1. London: Verso.

Todorov, Tzvetan (1984), *The Conquest of America: The Question of the Other*. New York: Harper & Row.

Wynter, Sylvia (2001), "Towards the Sociogenic Principle: Fanon, identity, the puzzle of conscious experience and what it is like to be 'Black'", in Mercedes Durán-Cogan e Antonio Gómez-Moriana (orgs.) *National Identities and Sociopolitical Changes in Latin America*. New York: Routledge, 31-66.

PARTE II

Sentir e gostar para libertar

CAPÍTULO 7

A comida como uma metáfora das hierarquias culturais

Gopal Guru

Introdução

Os alimentos cozinhados derivam dos cereais alimentares, mas diferem destes num aspeto fundamental. São diferentes na medida em que remetem para uma sobrevivência significativa e não apenas uma mera sobrevivência. São os alimentos cozinhados que se tornam uma fonte principal de múltiplas leituras; materiais, morais, metafísicas, sociais, culturais, políticas etc. Os alimentos cozinhados são uma potencial fonte de humilhação, se não de violação de direitos humanos. Como irei discutir neste capítulo, os alimentos cozinhados geram hierarquias culturais, quer entre grupos sociais, quer dentro desses grupos, o que cria condições para a humilhação. As hierarquias culinárias e as atitudes subjetivas daí resultantes constituem a preocupação básica deste trabalho. Antes de prosseguir, importa que dê alguns esclarecimentos sobre a outra dimensão dos alimentos cozinhados.

Os alimentos cozinhados foram utilizados de várias formas, tanto por mentes filosóficas como por estudiosos do folclore, como uma poderosa metáfora para chegar às pessoas comuns. Daí que Buda tenha usado sementes de mostarda para fazer sobressair a luz da verdade universal nas pessoas emocionalmente motivadas. Alguns académicos defendem que Platão considerou a comida um constrangimento para a mente filosófica. É o mesmo que dizer que ocupar-se demasiado com comida não é uma preocupação para a mente filosófica. Mas, ao mesmo tempo, podem alimentar-se de comida produzida por escravos e cozinhada por mulheres (Curtin; Heldke, 1992). Mais recentemente, os líderes políticos usaram os alimentos cozinhados como metáfora para sublinhar e subsequentemente comunicar um significado normativo mais sério às pessoas comuns.

Permitam-me aprofundar esta dimensão dos alimentos cozinhados através da apresentação de alguns exemplos. Uma vez que estou mais familiarizado com a cultura alimentar de Maarastra, vou, por razões de conveniência, recorrer ao *Bhakari* (pão de painço), que tem sido utilizado por algumas das personalidades mais destacadas de um outro universo de imaginação. Essas personalidades escolheram o *Bhakari* como metáfora porque este constitui uma parte importante da alimentação básica diária das massas operárias em Maarastra. Assim sendo, o *Bhakari* pode, de acordo com estas personalidades, servir como uma poderosa metáfora para comunicar – de forma bastante eficaz – um significado difícil, com conotações filosóficas. Entre as personalidades que usaram esta metáfora está Sharad Pawar, um destacado líder político de Maarastra. No contexto do revés que o partido dele sofrera numas recentes eleições para a Casa do Povo (câmara baixa do parlamento indiano), utilizou a metáfora do *Bhakari* para explicar aos trabalhadores do seu partido a importância da rotação enquanto princípio de justiça. Ele disse, "*Jar ka Bhaakri firwali nahi tar thi karapte*"[1] (se não virarem o pão de painço na fritadeira, ele fica queimado – *karapte* – ou, literalmente, corrompido). Usou a metáfora de *Bhakari* apenas para veicular que é importante promover a rotatividade de candidatos distribuindo-os pelas candidaturas de forma genuína. Pawar pretende concretizar o significado social do *Bhakari* a partir da experiência concreta do *Bhakari*, que só se torna uma possibilidade quando, de facto, se tem *Bhakari* na frigideira (*Tawa*). Por sua vez, Narayan Surve, um poeta revolucionário de Maarastra, também usou a metáfora da lua para o *Bhakari*. Este poeta parte do abstrato para o concreto, do utópico para o real. Esta metáfora, ao contrário da de Pawar, não resulta no contexto da justiça, mas no da igualdade. O poema muito famoso de Surve, "*Ardhy Bhakaricha Chandar*" (meia-lua é como meio *Bhakari*), implica um significado contraditório (Surve, 1987). Por um lado, sugere que ter meio *Bhakari* significa ter uma metade duradoura; para alguém faminto a alegria é equivalente à de ter a própria lua. Por outro lado, esta metáfora da lua para *Bhakari* pode também ser interpretada como tendo o significado oposto, o de que ter meio *Bhakari* é tão difícil como alcançar a meia-lua no céu. É devido a esta impossibilidade de conseguir um *Bhakari* que Surve começa pela lua e não pelo *Bhakari*, uma substância concreta, pois este não está, no dia-a-dia, ao alcance dos pobres. É possível interpretar esta metáfora mais aprofundadamente e afirmar que as pessoas podem, ao menos, ver a lua todos os dias, mas podem não conseguir ver metade ou um quarto de *Bhakari*. Por isso, o poema de Surve implica uma ordem diferente de estética. Foca-se mais na lua imaginada ou abstrata, ao passo que a estética de Pawar

[1] *Loksatta*, Mumbai (jornal diário em marata), 17 de junho, 2009.

emerge do concreto, do *Bhakari*. A estética na metáfora do *Bhakari* de Pawar reflete a beleza do *Bhakari*, que é feito num formato perfeitamente redondo, com um tamanho atraente e num tom dourado esbatido. Estou certo de que os poetas de outros contextos culturais usam itens alimentares como metáforas para veicular significados diferentes que têm relevância para as condições existenciais de milhões de trabalhadores famintos.

Ainda noutro contexto, alguns poetas de topo de diversas zonas da Índia usaram "pão envenenado" como metáfora para *Jhootan, Bhakari* "apodrecido" (Dangle, 1983). Os poetas *dalits* recorreram ao *Jhootan* enquanto metáfora para criar algum respeito próprio que contrarie o *Jhootan*, que representa o estado de servidão (Valmiki, 1996). A um nível mais abstrato, algumas mentes criativas usaram *Jhootan* para explicar a dialética marxista. *Jhootan* é, normalmente, um alimento "apodrecido", mais fermentado; se for comido, pode gradualmente adormecer uma pessoa. Quanto mais *Jhootan* se comer, mais sonolenta a pessoa se começa a sentir. Portanto, *Jhootan* sugere a mudança de quantitativo para qualitativo.

Finalmente, permitam-me apresentar um tipo interessante de metáfora usado pelo famoso Dr. Babasaheb Ambedkar. Ambedkar recorreu a outro item alimentar que não é específico dos *dalits*, mas mais geral, o *puran poli* (*paratha* recheada com pasta doce no meio) como metáfora em que capta a dinâmica da história e da mudança radical. O Dr. Ambedkar usou o *puran poli* (Kambel, 1996) como metáfora para descrever a importância histórica ou as sequências de duas revoluções importantes: a Revolução Francesa e a Revolução Russa. A Revolução Francesa para ele era como a camada exterior do *poli* dobrado; a Revolução Russa era como o *puran*, que é o recheio do *poli*. *Puran* (pasta doce) é o núcleo, aquilo que define o *puran poli*, mas estes dois elementos são igualmente importantes para fazer um *poli* completo. Um fica incompleto sem o outro.

Contudo, no universo cultural dos *dalits* encontram-me diferentes usos de metáforas relacionadas com comida. Estas diferenças têm de ser entendidas em termos da mudança ontológica dentro da comunidade *dalit* propriamente dita. Aqueles que conseguiram alcançar algum sucesso material e estabilizaram a sua dieta alimentar adquiriram as aspirações culturais da casta/classe superior e utilizam a metáfora de acordo com o seu novo gosto cultural. E aqueles que não foram suficientemente "afortunados" para mudar a sua condição material irão naturalmente utilizar a metáfora mais aproximada à sua condição existencial. Passo a explicar esta diferenciação ontológica, discernível na perceção diferencial que os *dalits* têm da filosofia de Ambedkar.

Nas famílias *dalits* de classe média, itens doces passaram a fazer parte das suas refeições diárias. A imaginação literária dos *dalits* de classe média usa os doces como metáfora para aceder à filosofia de Ambedkar. Por isso, doces, seja por que razão for, fazem parte da sua imaginação cultural. Este domínio do doce perpassa do foro cultural para o intelectual. Esta realidade é evidenciada no seguinte ditado marata que os *dalits* de classe média usam com frequência: "*Baba Sahebanchi wani, Jusi Barphi Pedhywani*",[2] (A filosofia de Ambedkar é como os doces). Esta metáfora procura detetar a localização social dos *dalits* e também sumariza com precisão o desejo de acomodação nas estruturas pacificadoras. O doce é tão pacificador como é neutralizador. Utiliza-se o doce para neutralizar o impacto criado pela malagueta picante. Pode argumentar-se que a metáfora do doce nega o caráter subversivo da filosofia de Ambedkar. O mesmo não acontece com as metáforas usadas sobretudo pelos *dalits* comuns. Atentemos nos *dalits* subalternos e na metáfora que utilizam. Eles dizem: "*Baba sahebanchi wani jashi Bhakari Chatani wani*",[3] querendo significar que a filosofia de Ambedkar é como *Bhakari* (pão) e *Chatani* (pasta de malagueta verde) e, portanto, subversiva como malagueta picante. Esta perceção subalterna particular, que envolve pasta de malagueta picante como metáfora poderosa sugere dois aspetos importantes. Primeiro, torna a filosofia de Ambedkar tão subversiva como a malagueta; *Chatani* como uma metáfora sugere simbolicamente uma imaginação oposta e os *dalits* subalternos veem esta imaginação refletida na filosofia de Ambedkar. Em segundo lugar, a metáfora de *Chatani* também sublinha a diferenciação interna dentro da comunidade *dalit* quanto a gostos culturais e intelectuais. A classe média *dalit* utiliza a comida como metáfora para a harmonia, ao passo que os *dalits* subalternos usam a metáfora que sugere subversão. A metáfora do doce, na forma como é utilizada pela classe média *dalit*, pode não estar gasta, mas aparenta ser desprovida de poder subversivo. Paradoxalmente, não é o chili que determina a noção de sabor, mas, sim, o doce. O sabor, como vou discutir nas secções seguintes, pode ser definido em termos de diferença e não de uniformidade.

O que é o sabor?

Definir o sabor não é uma tarefa fácil, pois "sabor" é um termo utilizado num sentido muito genérico. Assim sendo, vou tentar defini-lo em termos mais específicos através da relação contraditória entre a língua e a pele. É a língua que desempenha um papel crucial na definição do sabor de um determinado

[2] Foi o poema lido por um conhecido poeta *dalit* no canal de televisão Marathi Door-Darshan há alguns anos.

[3] Esta visão está disponível na tradição oral das mulheres *dalits* em zonas da região Vidarbha de Maarastra.

alimento cozinhado. Pode também haver uma contradição secundária entre a língua e o estômago. A comida é aprovada ou permitida pela língua e, por sua vez, a língua rejeita tudo o que um estômago doente aprovar. Malagueta picante, particularmente malagueta em pó ou malagueta verde picada, se aplicada topicamente em qualquer parte do corpo, vai certamente produzir universalmente o impacto de uma sensação de queimadura pelo corpo inteiro e não só na língua. É a pele que cria as condições de prova de um alimento preparado com malagueta verde ou vermelha; é a pele que produz uma experiência similar enquanto a língua produz uma diferença no sabor. Dito de outra maneira, a língua decide o alcance do sabor, enquanto a pele delineia a sua extensão. A língua pode determinar o que é amargo, salgado, doce e azedo; a língua, e não a pele, desempenha um papel importante na classificação da comida. Tem um poder legislativo, digamos. Por isso, só a língua consegue definir sabores doces. Se aplicarmos uma substância doce em qualquer outra parte do corpo, esta não produzirá qualquer impacto, como acontece com a malagueta. Portanto, para os que comem doces, é a malagueta que decide o sabor e para os que consomem malagueta como alimento básico é o doce que vai decidir o sabor.

No contexto indiano, a malagueta constitui um ingrediente básico nas refeições diárias das massas operárias (se tiverem a sorte de comer regularmente). Os itens doces constituem uma presença episódica nas refeições diárias dessas massas pobres. Estas massas só preparam comida doce nas ocasiões especiais, isto é, nalgumas festividades importantes. Sal e cebola são os outros dois ingredientes que acompanham a malagueta nas refeições diárias dos pobres, mas não são a malagueta ou as especiarias que definem o sabor, até para os pobres (são os camponeses pobres das outras castas inferiores e as massas trabalhadoras).[4] Ironicamente, na perceção dos milhões de trabalhadores, é o doce que define o sabor. Isto é evidente a partir da própria forma como avaliam a receita picante que usam para cozinhar. Quando alguém pobre pede a outra pessoa pobre a opinião sobre o sabor da preparação culinária, esta responde, por exemplo, em marata, invariavelmente "*lai god zala*" (está bom de doce). Atenção! Trata-se da comida cozinhada com especiaria picante. Podia esperar-se que lhe chamassem "*Lai Khamang*" ou "*Zanzanit zala*" (ficou muito picante e apetitoso). Contudo, é o elemento em falta que tem peso na ideia de sabor para as massas trabalhadoras. Até das comunidades tribais foi esta a perceção.

[4] Estas são sobretudo as castas de agricultores que, em tempos, foram a casta de serviço e artesã no sistema *jajmani* (um termo que se referia ao sistema social de castas hereditário e à interação entre as castas superiores e as inferiores) na economia da aldeia durante o período feudal.

Por exemplo, num importante filme marata, *Jait Re Jait*, um sacerdote brâmane pede ao grupo tribal para não comer ratazana porque esta é portadora de *Ganexa*. Inicialmente, o herói tribal do filme não concorda com esta proposta e diz que o sabor da ratazana é simplesmente soberbo, é muito doce (*Undir lai goad lagato*). Ou seja, os sabores doces têm uma presença hegemónica nas práticas culturais dos pobres. Além do doce, que serve como critério maior para decidir o sabor, há fatores adicionais que influenciam a definição de sabor. São alimentos frescos cozinhados e não *Jhootan*. Por razões óbvias, sobras e comida estragada não podem facultar um critério definidor do sabor. Uma vez que o sabor contém algum tipo de autenticidade em si mesmo, só pode ser concretamente realizado ou desfrutado comendo alimentos cozinhados frescos. As famílias *dalits* que tinham o controlo de *watan* (direitos feudais dados aos *dalits* pelo poder político local) raramente cozinhavam alimentos frescos em casa. A partir daqui, pode argumentar-se que os *dalits* começaram a definir o sabor só depois de deixarem de comer comida podre e carne de gado morto e de começarem a cozinhar com alimentos frescos. Por que razão deixaram de comer carne de gado morto? Foi porque consumir esta comida os incluía naquilo a que poderíamos chamar de "identidade selvagem". Vou explicar mais aprofundadamente referindo o debate que teve lugar entre académicos da comunidade mahar e da casta brâmane de Maarastra.

Começo pela afirmação de que a comida, sobretudo cozinhada, não está relacionada simplesmente com o sabor ou com a fome, mas, mais importante, fornece um critério decisivo para a construção de uma identidade cultural. Por outras palavras, a comida cozinhada ou as práticas alimentares fornecem critérios culturais para a atribuição de identidade cultural a uma certa secção social na sociedade. Assim, na perceção comum dos subalternos, particularmente dos *dalits*, a preparação de doces de forma diferente, como *Shreekhand, Puri* e *Deshi Ghee*, eram exclusivamente associadas aos brâmanes, sobretudo durante o período Peshwa na Maharastra do século XIX.[5] Não estou com isto a sugerir que as castas superiores são completamente contrárias à comida não vegetariana. Como é bem sabido, os *pandits* de Caxemira têm receitas para cozinhar carne de cabra de inúmeras formas diferentes e os *bhadraloke*[6] de Bengala comem peixe, a chamada comida vegetariana de mar. Contudo, estes hábitos alimentares são uma afirmação de identidade cultural. Isto porque são seguidos por pessoas de castas inferiores. Esta imitação das receitas e das

5 Esta história cultural tem sido comumente aceite por historiadores que trabalharam em Maarastra. Pode citar-se o trabalho de Eleanor Zelliot (1992) como relevante neste contexto.

6 São a casta superior de Bengala. Ver Código de Manu.

práticas culturais relacionadas com a comida dos superiores sociais chama-se "sanscritização", um conceito cunhado por M. N. Srinivas (1952), um dos mais destacados antropólogos sociais da Índia.

As castas superiores não só estabelecem qual a sua comida, fazem-no também para as outras castas. Por exemplo, nas escrituras do ritual Manu, *Jhootan* e carne de gado morto eram prescritas aos intocáveis como comida fundamental. A questão que necessita de ser respondida é: por que razão comiam os intocáveis a carne do gado morto? E também: como sobreviveram as outras castas durante a grave situação de fome? Não comeram gado morto? A distribuição de meios de subsistência, que se tornou estritamente organizada em redor da compartimentação em grupos estanques de casta da Índia, empurrou os intocáveis completamente para fora do domínio da distribuição. Os Intocáveis estavam no fim da linha dos recursos descartados; o *Jhootan*, tecido deitado fora e gado morto. Ironicamente, os intocáveis produziam cereais, mas era-lhes negada legitimidade para ficar com uma parte. Só recebiam a parte inferior do produto (cereal secundário, grão recolhido de bosta de vaca, *Jhootan* e roupa deitada fora).

Contudo, durante os tempos difíceis, os intocáveis eram forçados a depender dos recursos disponíveis e a carne de gado morto estava facilmente disponível, mesmo em tempos difíceis. Secavam a carne e armazenavam-na nas suas pequenas barracas de bairro da lata; durante a estação das chuvas, secavam a carne pendurando-a numa corda que se estendia de uma ponta à outra de uma barraca ou casa *dalit*. Era chamado *Chanyanche Toran* no vocabulário *dalit*. A prática de secar carne durante a estação das chuvas colocava os membros dos agregados familiares intocáveis em sério risco, uma vez que a carne atraía para as suas casas cobras e, por vezes, até tigres da selva em redor.

A carne de gado morto não só ajudou os intocáveis a sobreviver durante os tempos difíceis, como foi também usada por algumas famílias mahar para definir preferências nas relações matrimoniais dentro da comunidade dos intocáveis. Hoje em dia, seria deveras inacreditável reconhecer que, há apenas 70 anos, para os mahar de Maarastra a carne de gado morto era um dos critérios levados em consideração aquando da decisão de incluir, pela via do matrimónio, uma rapariga numa família com acesso a mais carne de gado morto (Kamble, 2008). Na casta mahar, os pais consideravam uma sorte e um privilégio casar a filha com alguém de uma família mahar detentora de maior quantidade dessa carne. Portanto, a carne de gado morto tem um significado moral para os intocáveis. Mas os intocáveis de Maarastra não mantiveram este recurso devido apenas à sua importância moral.

Na história cultural dos *dalits* em Maarastra, a carne de gado morto servia como o "dote" do agregado *dalit*. Contudo, os mahar perderam esta fonte de dote quando deixaram de comer carne de gado morto. Eles, no entanto, não lamentam esta perda. Liderados por Bhimrao Ambedkar, descobriram um valor moral mais elevado ao desistir desta prática em favor de dignidade e autoestima. O padrão da sua dieta alimentar sofreu uma mudança radical, passando de *Murdada* (carne retirada de gado morto) para *Hatfatka* (carne obtida através da caça) e para *Toliv* (a carne de um animal abatido). A maior parte dos *dalits* na Índia come carne de vaca. Mesmo que tenham deixado de comer a carne de gado morto, a sua identidade cultural parece estar permanentemente ligada a este alimento. Alguns pensadores pioneiros e líderes da Maarastra moderna identificam a genealogia da identidade mahar com a carne de gado morto. Gostaria de argumentar, nas páginas que se seguem, que os alimentos cozinhados não são politicamente neutros. Pelo contrário, sugerem fortemente uma dimensão política, construída em torno da noção de que a comida opera necessariamente no seio da configuração dupla de poder, local e nacional.

Certas tentativas para associar um grupo social – neste caso, os mahar de Maarastra – à carne de gado morto são influenciadas pela necessidade de manter a pretensão hegemónica de regionalismo, assim como de nacionalismo. Esta pretensão é obrigatoriamente mediada através da invocação da associação de uma determinada casta a certos tipos de alimentos. Mantêm-se afirmações de uma identidade cultural mais abrangente através desta mediação com o objetivo de sustentar o domínio social total das hierarquias perpetuadas por esta prescrição cultural. Passo a dar um exemplo de Maarastra. Um grupo de académicos usou a comida como marcador de identidade sociocultural de um grupo em particular. Estes académicos defenderam que os mahar se tornaram mahar porque eram *Mrutahari* (aqueles que comem animais mortos – ver Joshi, 1972: 190). Por exemplo, alguns académicos construíram a identidade cultural dos mahar apenas em torno do seu consumo de carne de gado morto. Isto, com efeito, atribuiu um crescente sentido de desprezo e repulsa para com os mahar (Joshi, 1972; Kharat, 1987). Adicionalmente, a perceção da casta superior também remete a identidade mahar para os seus hábitos alimentares. Assim, segundo este entendimento, os mahar são aqueles que são *Maha-ahari*, que significa "comedores vorazes" (Joshi, 1972). Consequentemente, o doce está conotado com uma crescente superioridade social do consumidor de doce que se situa, em grande medida, no topo dos nascidos duas vezes[7] na Índia. Como foi já discutido por académicos da casta mahar, "esta interpretação particular da

[7] "Nascidos duas vezes" no Hinduismo refere-se a membros das castas indianas dos brâmanes, kshatriyas e vaisyas, que passam por um renascimento espiritual e iniciação na adolescência.

comida que procurou construir a comunidade mahar como detentora da dita 'identidade selvagem' foi proposta por académicos da classe alta com a intenção de contrariar a construção mais positiva da Identidade mahar" (Kharat, 1987). Segundo alguns dos pensadores pioneiros não-brâmanes, como Jotirao Phule e V. R. Shinde, os mahar não eram os *Mrut-Aahari* (como a academia bramânica gostaria de os caracterizar) mas o *Maha-ari* (o grande inimigo). Contudo, usar comida para imobilizar algumas secções sociais numa caixa cultural não é exclusivo de Maarastra. De facto, a comida não vegetariana também é usada pelas castas superiores de outras partes do país para construir a "identidade selvagem". Assim, em zonas de Uttar Pradesh e Bihar, uma franja dos ditos intocáveis é apelidada de *Musahari* (os comedores de ratazanas).[8]

Em confronto com esta cultura alimentar *dalit*, está o *Shreekhand* (doce de Maarastra) e outras práticas de alimentação vegetariana que conferem automaticamente à casta superior uma identidade civilizada de vegetarianos, que são maioritariamente não-*dalit*.[9] Para além disto, o doce também é projetado como representativo da totalidade da cultura alimentar não apenas de uma região, mas do país inteiro.

Ou seja, houve tentativas para associar o vegetarianismo ao nacionalismo.[10] Por exemplo, é frequente depararmo-nos com pessoas que projetam a comida vegetariana (sobretudo a doce, como *Shreekhand*) como a única prática alimentar representativa de toda a Maarastra.[11] Não usam *Shreekhand* apenas para manter a casta ou a hierarquia de estatutos; este doce também é utilizado para humilhar aqueles que não passam pela experiência de o provar. Em tais situações, estas pessoas são bastante vulneráveis à humilhação. *Shreekhand* é fonte de humilhação porque, devido à sua cor e consistência fina, tem a capacidade enganadora de se parecer com *Pithala* (uma pasta feita de farinha de grão e cozinhada de forma muito diluída). Uma pessoa que não consegue perceber a diferença entre *Shreekhand* e *Pithala* vai, provavelmente, ser ridicularizada. Tal acontece na festividade coletiva onde aqueles que não conhecem *Shreekhand* enfrentam frequentemente situações de humilhação.[12] No entanto, os *dalits* subalternos contestam esta alegação universalista acerca da comida vegetariana e almejam reduzir a importância desta reafirmando a sua comida como

[8] Estudo dos *musahar* do Distrito de Motihari e Maharajganj em Uttar Pradesh elaborado por mim.

[9] No Seminário de Goa, uma pessoa de Kerala disse isto mesmo.

[10] Os nacionalistas hindus atribuem esta associação a Anandibai Joshi. Na verdade, ela era muito peculiar na observação da tradição "indiana".

[11] Em Kolkatta Maarastra Mandal, encontram-se este tipo de afirmações.

[12] Um dos intelectuais públicos Marata partilhou esta informação em 1982, em Kolhapur.

uma alternativa cultural da região. Esta contestação acontece dentro da configuração local do poder cultural.

No contexto da configuração local de poder, a noção homogénea da *Thali* indiana,[13] que é definida tanto pela sua natureza elaborada quer pelo doce que a domina, veio a ser profundamente contestada, em particular pelos *dalits*. Os *dalits* usam comida não vegetariana como uma fonte poderosa de contestação à construção nacionalista da *Thali* indiana. Vamos ver como os *dalits* utilizaram comida não vegetariana, sobretudo a carne de vaca, como um meio cultural poderoso para diminuir o estatuto culturalmente superior das castas superiores, que pretendem acorrentar os *dalits* a uma "identidade selvagem". Esta contestação cultural tem estado bastante presente nas políticas culturais dos *dalits* em Maarastra, onde esta contestação se articula com a literatura popular dos *dalits*. Segue-se um exemplo de uma canção tradicional, cantada sobretudo por mulheres *dalits*:

> *Pati bhar Laddu Kai kamache, wati bhar pahije Matan,*
> *ani wati bhar matana sathi zurate man na ho;*
> *Bajar chya divashi matan nasel tar kasa divas legato Bhanbhan*
> *An wati bhar matana sathi zurate man na ho.*[14]

Esta canção tradicional sugere um cenário cultural que envolve uma divisão notória entre duas noções contrastantes de comida. Por um lado, uma mulher *dalit* reclama a superioridade da comida não vegetariana (carne de vaca) em relação à vegetariana (*laddoos* doces) que é geralmente associada à alimentação da casta superior na maior parte da Índia. Esta afirmação da carne de vaca em detrimento dos doces tornou-se significativa quando a casta superior usou a vaca para empurrar os *dalits* para além das fronteiras da "sociedade civilizada". Uma mulher *dalit*, numa tentativa de atribuir mais peso à vaca do que aos doces, revela que um cesto cheio de *laddoos* não pode sequer ser o substituto cultural de um prato pequeno de vaca. É neste mesmo contexto que os *dalits* pretendem politizar as suas práticas alimentares como sendo superiores às dos "nascidos duas vezes". Tentam atribuir um novo significado ao que é diminuído ou categorizado como impuro. No contexto dos gostos culturais dos *dalits*, até carne de cabra é considerada inferior à de vaca. Na estética *dalit*, tanto carne de cabra como de galinha são bastante insonsas e desprovidas de

[13] Uma refeição composta de uma seleção de vários pratos, incluindo uma conjugação equilibrada de seis sabores diferentes: doce, salgado, amargo, azedo, adstringente e picante, servido num único prato.

[14] É popular em partes de Maarastra, sobretudo em três distritos, Akola Amaravati, Yeotmal e Buldhana, distritos da região Vidarbha (Guru, 2000).

sabores reais e autênticos. Eles, contrariando a perceção ocidental, não associam carne vermelha à masculinidade, pois é consumida tanto pelos homens como pelas mulheres da comunidade *dalit*. Claro que, no seio dela o padrão de consumo pende a favor do homem em detrimento da mulher. Na comunidade *dalit*, a preferência por vaca, mais do que por ser barata, é também entendida não em termos do desenvolvimento de um corpo que consome, mas, mais importante, da alimentação de um corpo que merece. Em segundo lugar, os *dalits* também perfilham esta perspetiva em relação à carne de vaca porque esta tem uma textura áspera e fibra que outras variedades de carne não têm. Até para os *dalits*, comer carne vermelha implica a consideração da nutrição.

A carne de vaca também serve aos interessados em contrariar a hierarquia social, que usam o seu consumo como critério para a transformação social. Na Índia, alguns ativistas sociais mais empenhados utilizaram a carne de vaca como o padrão pelo qual se mede o radicalismo de uma pessoa. Por outras palavras, na perceção desses ativistas sociais, comer carne de vaca serve como critério importante para aferir do radicalismo social de alguém. Estas tentativas e este pensamento têm uma importância simbólica, particularmente no seguinte contexto: comer carne de vaca ganha um significado no contexto religioso que tem sido central à vida pública da Índia. Nesse contexto, comer vaca foi considerado um tabu social, sobretudo depois de os brâmanes terem deixado de comer carne de vaca. Também ganha relevância quando, na política, Hindutva sugere que os *dalits* não deviam comer carne de vaca. Este apelo contra o consumo de carne de vaca foi visível na campanha levada a cabo por Arya Samaj. O *pandit* Madan Mohan Malviya, do partido Hindu Mahasabha,[15] tentou ensinar os *dalits* a não comer carne de vaca. Portanto, esse hábito passou a ser associado a um tipo de política que pode não ser convincente no que respeita à total emancipação dos *dalits*. Quando o ato de comer carne de vaca se associou à política, funcionou como o padrão para a manutenção da hierarquia social, mesmo entre as sub-castas dos *dalits*,[16] donde decorre que é justificável utilizar o consumo de vaca ao serviço do radicalismo. Porém, este consumo não pode ser considerado como condição suficiente para avaliar o radicalismo de alguém. Isto porque estes esforços ou intenções, independentemente de quão louváveis sejam, aparentam ser um método demasiado simplificado para converter alguém de conservador em radical. Não se pode concluir que comer vaca é condição suficiente para ser progressivo e radical. Se fosse o caso, não teríamos tido intelectuais conservadores como F. A. Hayek

[15] Trata-se de um partido nacionalista. *(N. do Revisor.)*

[16] Rao sahib Kasbe, no seminário Pune, disse que não podia prescindir da casta porque não podia comer vaca preparada por um *mating*.

e Karl Popper, para nomear alguns, e estadistas problemáticos como Hitler, em particular no ocidente. Por outro lado, não teríamos tido pensadores críticos no "oriente vegetariano". Buda e, nos tempos modernos, Mahatma Gandhi poderiam ser citados como exemplos significativos a este respeito. Como veremos nas linhas que se seguem, Buda, por preferência, era vegetariano, mas, por compulsão pode não o ser. Adicionalmente, estas recomendações parecem débeis, uma vez que lhes falta força analítica e fundamento. Dito de outra forma, estes esforços atribuem naturalidade ao radicalismo. Segundo esta lógica, aqueles que comem carne de vaca são automaticamente radicais. Já mencionámos que não é o caso. E aqueles que não comem carne de vaca são automaticamente conservadores ou ortodoxos. Será assim? Se a consciência cultural emanada e formada pelo consumo de carne de vaca fosse uma garantia de acesso ao radicalismo, Buda jamais passaria o teste de tais fundamentalistas da carne de vaca. Buda foi radical não por escolha, mas por destino da sua existência. Como todos sabemos, evitava fazer escolhas alimentares e, em última análise, acabou por ser esta a causa do *Mahaparinirvana*. A ética budista exclui qualquer coerção cultural que emane de tais escolhas dolorosas. Neste sentido, Buda não foi pragmático. Não sugeriu que se usasse algo como meio para se atingir um fim. É possível ter uma postura radical mesmo sem comer carne de vaca. Inversamente, é bastante possível assumir a posição mais fanaticamente conservadora e comer carne de vaca. Quando isto acontece, dá-se uma afirmação da carne de vaca.

Contudo, no universo cultural dos *dalits*, a classe média *dalit* parece ter-se movido em duas direções principais: sanscritização e globalização. Num contexto sociológico, estritamente organizado em redor da ideologia da poluição e da pureza, a comida desempenhava um papel importante, o de tornar uma grande parte das pessoas, os intocáveis, invisíveis e inacessíveis. Os alimentos cozinhados adquirem uma distinção, sendo que detêm um significado forte e diferente. Com efeito, uma parte significativa da interação social é dominada pela comida. A relação de poder é mediada através da sua restrição. Escusado será dizer que a comida, quando articulada através da ideologia da poluição e da pureza, cria hierarquias sociais e cerimónias que podem parecer completamente absurdas a algumas mentes racionais. Não quero elaborar sobre este ponto, pois já foi amplamente discutido pela literatura socioantropológica na Índia e sobre a Índia. Contudo, o caso da comida e da discriminação relacionada com ela não trata apenas de procurar divertimento através da descrição antropológica da alimentação, incluindo a comida *dalit* (Khare, 1992), mas suscita uma questão muito mais fundamental de dignidade humana. Vimos na secção anterior que as condições sociais indianas relacionam comida com os *dalits* apenas num sentido negativo e não afirmativo. Estas condições também mudaram ao longo de um determinado período, levando a um tipo de sanscritização dos *dalits*, que agora podem cozinhar pratos doces em suas casas. A viragem para o doce, contudo, é mais devido a compulsão social do que a compulsão do estômago. Os *dalits* gostavam de continuar a ser não-vegetarianos, particularmente com o peixe, mas não podem (Pawar, 2005). A supressão cultural ou a supressão que sugere uma incapacidade de comer a comida de que se gosta tem de ser entendida em termos de compulsão. Talvez estes *dalits* residam na localidade da casta superior e, por isso, tenham de mudar para o doce só para afastar a suspeita e a ira da casta superior e libertar-se dessa ansiedade. Mas esta escolha continua a fazer parte do enquadramento assimétrico em que os *dalits* imitam a cultura gastronómica de alguém, assim desviando-se das suas preferências autênticas por carne de vaca. Vou agora debruçar-me sobre as condições em que a escolha de comida garante tanto sabor como dignidade. Qual é a condição? Alguns podem sugerir, sem qualquer hesitação, a "globalização" como condição com potencial para dar gosto e dignidade aos *dalits*.

Na verdade, pode-se argumentar que os *dalits* fizeram uma viragem progressiva do doce e da carne de vaca para um leque de sabores disponibilizados pela globalização. Atualmente, têm uma maior escolha de *fast food*, como o McDonald's e o Kentucky Fried Chicken, assim como comidas étnicas, chinesa, mexicana ou tailandesa. Pode ainda ir-se mais longe e argumentar que os *dalits* estão a desfrutar do "sabor duplo", digamos assim, na era da globalização; um para a língua (comida cozinhada) e um para o coração (música). Um da comida global e outro da música que está a tocar enquanto se come nos grandes restaurantes das áreas metropolitanas. A comida também tem uma dimensão estética. Por exemplo, nos centros urbanos passa-se música para se criar um ambiente agradável e para que ninguém seja condenado a comer melancólico. Alguns dos pró-modernos, e, portanto, pró-globais, podem até justificar esta situação no sentido de que está a oferecer aos *dalits* uma oportunidade de se verem no papel oposto ao que tiveram de desempenhar no período feudal. Durante o período feudal, os *dalits* eram forçados a usar instrumentos musicais – um tambor no norte da Índia, *halgi* no sul ou o *Ghungarachi Kathi* (pau com sinos no topo) no oeste – não para entreter o senhor da aldeia, enquanto este comia, mas para emitir um aviso suave e melodioso ao senhor para que ele pudesse atrasar ou concluir as refeições da tarde. A entrada de um *dalit* era considerada perigosa, particularmente no tempo sagrado em que as castas superiores, os brâmanes, comiam as refeições. Ingerir alimentos à tarde era considerado o acontecimento mais sagrado e auspicioso na vida cultural do *pandit* da aldeia. A presença de intocáveis nas proximidades da aldeia nesta altura auspiciosa era, assim, tida como poluente e, portanto, indesejada. O objetivo da música era avisar que os *dalits* estavam a chegar à aldeia, para que a casta superior pudesse organizar as suas refeições sagradas. A música era tocada para garantir o bem-estar das castas superiores. O *sandhy* é menos para alimentar a barriga e mais para criar harmonia entre o espiritual e o material através destes rituais performativos. A música *dalit* tem a função de evitar qualquer interrupção poluente produzida pela simples presença dos intocáveis. Neste contexto, há que mencionar que, numa perspetiva mais abrangente, a música que é tocada por ocasião do jantar pode não servir para invocar prazer ou evitar a repulsa, mas ser uma fonte indesejada de asco.[17] Imagine um músico no restaurante a tocar uma canção romântica para uma pessoa com o coração partido.

Pode argumentar-se que a globalização cultural chega num tempo de tentação para os *dalits*. Agora, são livres de escolher a comida e têm o direito a uma variedade de comidas – quer crua, quer cozinhada – em restaurantes. Este direito é importante num contexto em que os *dalits* não podiam escolher a sua comida. Sobreviviam com restos que lhes eram dados pelos patronos locais. Os *dalits* sempre consideraram o *Jhootan* "pão venenoso", como um escritor literário *dalit* procurou definir a comida *dalit* durante o período feudal. Se a sociedade está igualmente podre e em decomposição, como a comida que só dava direitos negativos aos *dalits*, há que apoiar a capacidade racional dos *dalits* de escolher a comida a seu gosto. Alguns *dalits* podem achar o McDonald's muito mais libertador do que o pão envenenado, o *Jhootan*. Assim, o direito de escolherem comida apresenta uma solução definitiva para esta decomposição. Embora se deseje o direito a comida boa e de qualidade e se defenda esse direito no contexto do pão venenoso, não seria possível defender a escolha livre por motivos morais. Porquê?

Há razões trágicas, assim como lógicas, que podem explicar os problemas em relação à livre escolha alimentar. Vou começar pelo argumento dramático: a escolha da comida tem um lado trágico no que respeita aos *dalits*. Alguns *dalits* podem escolher a comida, porém, não são capazes de exercer essa escolha. Isto porque ainda estão enraizados na comunidade dos pobres e famintos. Ironicamente, têm capacidade material para comprar comida de qualidade no mercado livre, mas não têm capacidade moral para exercer essa capacidade. A política da memória destruiu completamente a capacidade física que poderiam mobilizar para saborear diferentes tipos de comida. A sua capacidade física também foi seriamente prejudicada pela pobreza e pela fome que sofreram no passado. No presente cultural, a contradição entre língua e estômago tornou-se bastante intensa. Isto é o mesmo que dizer que o que for preferido pela língua é rejeitado pelo estômago e o que for aprovado pelo

[17] Agradeço a Juliana Di Giustini por partilhar esta informação comigo.

estômago é rejeitado pela língua. Anteriormente, os *dalits*, como outros pobres, conseguiam digerir até pedras quando não recebiam *Chirmure*, arroz torrado ou pipocas indianas. Agora, podem comer *Chirmure* mas não o conseguem digerir, até algo tão suave como *Chirmure*. O sistema digestivo deles tornou-se tão fraco que não conseguem apreciar este alimento. Neste contexto, a noção de "capacitação" adquire um significado completamente diferente. Quando alguém pensa em capacitação de um ponto de vista puramente individualista, constata que a capacidade material joga contra a capacidade física, gerando uma frustração cultural. Assim, a pobreza tem a função de criar uma contradição cultural entre duas condições: disponibilidade para provar a comida, mas incapacidade para prová-la. Não estou a sugerir que os ricos não sofrem desta contradição. Mas há uma diferença fundamental entre os dois casos. A contradição que se refere aos *dalits* está estruturalmente enraizada, na medida em que sofrem de uma insuficiência de sabor porque a história de fome ou quase fome desativou o seu sistema digestivo. No caso dos ricos, esta contradição é psicologicamente sustentada. Os ricos têm de sacrificar o sabor devido aos seus excessos numa fase anterior.

Os *dalits*, a comida e a globalização a partir de baixo

Na globalização, alguns *dalits* abastados podem adquirir comida de "qualidade". Contudo, o ser imbuído de moral *dalit* irá resolutamente desistir de desfrutar desta liberdade de escolher o que comer. Isto acontece porque se encontra esmagado sob o fardo moral da contra-memória da fome. A contra-memória implica uma espécie de confinamento na experiência passada. A memória é uma restrição subtil mas aprisionadora da nossa liberdade. No caso dos *dalits*, e estou certo de que em outras secções sociais famintas, a história da privação e fome irá criar esta restrição que, depois, viriam a considerar moralmente difícil desfrutar a comida. A maioria dos *dalits* abstinha-se de desfrutar comida cozinhada nas suas casas em ocasiões importantes, excepto no dia 14 de abril.[18] Na Maarastra rural, alguns dos homens e mulheres *dalits* começam a chorar na altura de comer alimentos que foram laboriosamente cozinhados por mulheres. Choram porque esta comida invoca os seus passados difíceis no presente cultural. Recusam-se a esquecer o passado. A maioria das mulheres *dalits* consideram isto um castigo porque querem desfrutar da comida. Também através da memória ficamos ligados a um conjunto de obrigações morais cujo esquecimento implica um possível castigo. Este sentido de castigo é frequentemente expresso na reação das famílias de classe média *dalit*.

[18] Dia de aniversário de Ambedkar.

Na secção anterior vimos que os *dalits* produziam música para criar um contexto espiritual para o *pandit* da aldeia, que assim podia terminar o seu trabalho sagrado de comer sem recear os intocáveis. Agora, os *dalits* não produzem música, mas são beneficiários de música moderna/secular tocada em estabelecimentos de restauração repletos de celebridades. Mas, ao mesmo tempo, é impossível ignorar a música que as mulheres *dalits* tocam em suas casas. Esta música é diferente da que se ouve em hotéis de cinco estrelas. É diferente no propósito e nas instrumentalidades. Tem um propósito diferente no sentido em que, enquanto a música tocada nos hotéis constitui um agradável comentário à abastança de alimento, a música tocada pelas mulheres *dalits* é uma triste constatação da escassez de comida. Permitam-me que explique isto referindo-me a uma situação comum que se verifica na experiência diária de uma família quase faminta.

Nas casas destas famílias, ter convidados para comer é um evento raro. Mas há que convidar pessoas em certas ocasiões. A maioria das vezes os convidados comem compulsivamente e interferem nos cálculos dos cozinhados das mulheres *dalits*. A decência exige que estas mulheres comuniquem a situação ao convidado de maneira a que ele entenda. A este respeito, é também interessante referir que as mulheres *dalits* produzem música usando recipientes metálicos. Criam um som alto ao bater numa panela. Como todos sabemos, um recipiente cheio de alimentos não produz ruído, a panela quase vazia é que produz ruído. Esta música com panelas é, assim, diferente da música dos centros comerciais, das montanhas, dos desertos e do mar.

Os *dalits*, em particular de Maarastra, usam utensílios/tachos de cozinha de acordo com um ritual hierárquico rígido. Por exemplo, os *dalits* usavam panelas de barro para cozinhar a carne de gado morto, recipientes de alumínio para *toliv* (carne de vaca) e recipientes de aço para cozinhar frango e borrego. As mulheres *dalits* tinham especial cuidado em não misturar estes utensílios, que eram guardados separadamente. As panelas de barro eram guardadas fora de casa. Assim, os *dalits* interiorizaram o enquadramento hierárquico concebido pela Dharma Shastra hindu. O conceito de hierarquia é assaz constante e transversal a situações sociais na Índia. Os *dalits* globalizados/modernizados libertaram-se desta hierarquia. Nas casas dos *dalits* globalizados, instrumentos sofisticados de cozinha não só substituíram as panelas de barro, mas também comprimiram o tempo da preparação culinária. Em particular, novos utensílios de cozinha, como a máquina de lavar a louça, tiveram como efeito a destruição desta hierarquia. Os *dalits* modernizados podem agora afirmar que a tecnologia usada na cozinha das suas casas destruiu a hierarquia dos utensílios. Contudo, a este respeito, há que ter presente que a hierarquia relacionada com os utensílios não é exclusiva dos *dalits* indianos. Na verdade, encontramos hierarquias associadas aos utensílios em diferentes tradições e práticas culturais relacionadas com a comida. Por exemplo, nas leis alimentares dos judeus, uma fritadeira que serve para um hambúrguer ou um tacho que serve para guisado torna-se *felishing* (inutilizado). Uma taça que já serviu canja de galinha não pode ser usada para fazer gelado.

No entanto, a introdução da tecnologia na cozinha reverteu todo este processo. Estas máquinas já não refletem nem disseminam o odor que resulta da preparação de especiarias, uma vez que o alimento não é cozinhado, mas produzido com uma máquina. Neste contexto diferente, a cozinha moderna com tecnologia moderna introduz um tipo diferente de hierarquia que, em última análise, é moldado pela hierarquia social geral que se mantém, mesmo no contexto urbano. Por exemplo, os utensílios em inox são tratados de forma diferente. Esses utensílios não são usados para cozinhar carne. Para cozinhar carne de vaca, são usados tachos de outros metais ou de barro. Claro que os ricos urbanos e preocupados com a saúde usam potes de barro para o método orgânico e para obter um sabor exótico. Nos centros urbanos, usam frigideiras antiaderentes para cozinhar a comida.

Finalmente, na globalização cultural, de entre uma vasta massa da população *dalit* só uma secção microscópica pode desfrutar de uma receita disponibilizada por este aspeto da globalização. Os restantes *dalits* não têm, na realidade, a hipótese de desfrutar de comida global. Aqueles que se sentem privados deste gosto cultural obtêm, portanto, uma satisfação diminuída nas práticas alimentares locais. Por isso, aqueles *dalits* que não arranjam pastilha elástica encontram um substituto apropriado no equivalente local da pastilha elástica local: *Chun Chunaya*.[19] A questão que temos de colocar é se a pessoa deve procurar ou aspirar ao sabor global? Em caso afirmativo, então, deve ele ou ela esperar até que todos provem o sabor real do produto global? Não deviam os *dalits* seguir a filosofia moral de *Tathagata,* derivada da filosofia budista, ou o altruísmo da tradição filosófica ocidental (Heldke, 1992: 303)?

Referências

Curtin, Deane; Heldke, Lisa (1992), "Introduction", in Deane W. Curtin e Lisa M. Heldke (eds.), *Cooking, Eating, Thinking. Transformative Philosophy of Food*. Bloomington e Indianapolis, IN: Indiana University Press, xiii-xx.

[19] São pequenos pedaços do tamanho de pastilha elástica, feitos da gordura da vaca ou do búfalo. As crianças *dalits* mascam-nos como pastilha elástica. São mais saborosos do que pastilha elástica, que tem um objetivo em tudo diferente. Mascar pastilha destina-se a combater o mau hálito e a manter as gengivas saudáveis. O falecido Arun Kale, um poeta *dalit*, chama ironicamente *Chuncunay* ao substituto local da pastilha elástica.

Dangle, Arjun (ed.) (1983), *Poison Bread: Translations from Modern Marathi Dalit Literature*. New Delhi: Orient Longman.

Guru, Gopal (2000), "Dalit Cultural Politics in Maharastra", in Ghanshyam Shah (ed.), *Political identity of* dalit. New Delhi: Sage.

Heldke, Lisa M. (1992), "Food Politics, Political Food", in Deane W. Curtin e Lisa M. Heldke (eds.), *Cooking, Eating, Thinking. Transformative Philosophy of Food*. Bloomington, IN: Indiana University Press, 301-326.

Kamble, Arun Krushnaji (1996), *Jantatil Ambedkarnche lekh*. Mumbai: Granthali.

Kamble, Baby (2008), *The Prisons We Broke*. Chennai: Orient Blackswan.

Kharat, Shankarrao (1987), *Maharashtratil Maharancha Itihas*. Pune: Sugawa.

Khare, Ravindra S. (ed.) (1992), *The eternal food: gastronomic ideas and experiences of Hindus and Buddhists*. Albany, NY: State University of New York Press.

Joshi, Mahadev Shastri (ed.) (1972), *Bharatiya Sanskriti Kosh*. Pune: Bharatiya Sanksitik Kosh.

Pawar, Urmilā (2005), *Aaydan*. Mumbai: Grantahli.

Srinivas, Mysore N. (1952), *Religion and Society among the Coorgs of South India*. Oxford: Clarendon Press.

Surve, Narayan (1987), *Sampurna Survey*. Mumbai: Lok wangmay Gruha.

Valmiki, Om Prakash (1996), *Jhootan*. New Delhi: Vani Publication.

Zelliot, Eleanor (1992), *From Untouchable to Dalit: Essays on the Ambedkar Movement*. New Delhi: Manohar.

CAPÍTULO 8

Sabores, aromas e conhecimentos: desafios a uma epistemologia dominante

Maria Paula Meneses

Vozes que expõem tramas de sabores que a história hegemónica desconhece

Pode o conhecimento de mulheres, sob a forma de receitas, parte da rede de saberes que conjuga o oceano Índico, produzir uma imagem mais ampla sobre contatos, história, para lá do imaginário colonial predominante? Assente num conjunto de conversas e aprendizagens, a que se juntaram informações recolhidas em vários média e arquivos,[1] neste capítulo procura-se, a partir do desafio das epistemologias do Sul (Santos, 2007, 2018),[2] compreender como a comida, ao invocar outras histórias, contatos culturais e processos identitários, possibilita a emergência de outras ontologias a partir das lutas das mulheres na construção de redes de saberes. No centro desta proposta está uma viagem

[1] Em Goa é de referir o Arquivo Histórico de Goa, assim como os documentos guardados na Biblioteca Estatal Central, em Panjim. Em Maputo consultei o Arquivo Histórico de Moçambique. Na sequência do desafio de Ann Laura Stoler (2002), os arquivos consultados foram vistos como locais de produção de conhecimento sobre a alteridade, como monumentos da constituição do saber estatal colonial. Ao questionar a construção do conhecimento colonial e as representações hegemónicas que este gerou e que continuam a ser aceites, exige que se estude a agência do próprio arquivo colonial como produtora de conhecimento.

[2] As epistemologias do Sul não são o oposto simétrico das epistemologias do Norte – no sentido de se opor um único conhecimento válido ao outro. São, como discutido em profundidade na introdução deste volume, a referência a um conjunto heterogéneo de saberes silenciados, subalternizados e invisibilizados pela racionalidade moderna (Santos, 2018). Também na referida introdução, o Sul global, enquanto proposta ontológica, política e epistemológica, é aí analisado em detalhe.

pelos caminhos de aromas e sabores, rotas silenciadas quer pela narrativa colonial dominante, quer pela hegemonia das histórias nacionais.[3]

Através da conexão íntima entre existência, conhecimento e poder em ambas as margens do Índico, muitas mulheres que, diariamente, garantem a sobrevivência de suas famílias e comunidades, foram e continuam a ser desumanizadas, transformadas em objetos, corpos sem saberes. Identificar as linhas abissais contemporâneas e as relações de poder-saber-ser que as constituem é fundamental para ultrapassar a relação de silenciamento e subalternização e permitir uma copresença radical entre os seres e os seus saberes (Santos, 2007, 2018). A pertença aos lugares, pelos sabores, permite diferentes conexões sensoriais e afetivas. Esta ecologia de sabores permite (re)conhecer pontes entre o conhecido e o silenciado, entre o familiar e o estranho, garantindo a (re)existência das mulheres nas lutas contra a opressão. O conjunto de narrativas que recolhi é exemplo de uma ecologia de saberes, fundamental para a elaboração de um pensamento alternativo de alternativas, que renove e fortaleça as lutas sociais, contribuindo para a consolidação de propostas que fortaleçam epistemologias pós-abissais.

A vida quotidiana nas zonas costeiras em Moçambique há muito que me ensinou a importância das redes de encontros no Índico. Pelas rotas de contatos circulam viajantes, transportando consigo saberes e sabores. Estas redes históricas sugerem pontes de afetos, caminhos cruzados que continuam silenciados. Quer em Moçambique, quer na Índia, os locais e temas específicos que trato neste capítulo insinuaram-se no meu caminho, impondo-se como um desafio epistémico. Fui lendo notícias e artigos, conversando com amigos, colegas e estudantes. As suas observações, sugestões, perguntas e descrições de eventos da vida quotidiana, da centralidade da comida transformaram esta viagem em sabores e aromas. As relações de amizade e cumplicidade traduziram-se em longas conversas, em processos de aprendizagem culinária e, sobretudo, em muitos momentos de boa disposição, partilhados com muitas mulheres e homens. Foram estas conversas partilhadas que delinearam a espinha dorsal deste texto, colocando vários desafios: a ciência abissal, a escrita é desafiada pelas epistemologias do Sul, apoiadas em saberes orais (Santos, 2018: 186). Estes permitem o fluxo das conversas, sem a natureza extrativista das entrevistas. As conversas e as aprendizagens foram encontros singulares; permitiram longos diálogos sobre experiências e conhecimentos, criadores de ligações mais

[3] Se as dicotomias coloniais insistem na oposição colonizador-colonizado, já nos novos contextos nacionais (que emergem com as independências), a oposição principal centra-se entre elites e subalternos, que questiona a natureza do "projeto nacional"; pelo contrário, este é reforçado pelas narrativas sobre a "cozinha nacional" (Ferguson, 1998: 600; Palmer, 1998: 183).

horizontais em termos de relação de poder. Pelas mãos das mulheres fui conhecendo a transformação de produtos em cultura, numa experiência plena de aromas, sabores, texturas e afetos. Estas lições de culinária ensinaram que a erudição sensorial é radicalmente empírica. E trouxeram novas dimensões ao sentido de humanidade.

Em paralelo, estas conversas, ao desmonumentalizar o texto escrito (Santos, 2018: 186-187), problematizam a hegemonia da racionalidade científica. Através da confecção de alimentos, usando a cozinha como laboratório de saberes e sabores, os sentidos, como o aroma, o paladar e o toque, destacam-se na sua centralidade; estes, porém, são desvalorizados pela racionalidade moderna, porque "ameaçam o regime abstrato e impessoal da modernidade em virtude da sua interioridade radical, das suas propensões transgressoras de limites e da sua potência emocional" (Classen; Howes; Synnott, 1994: 5). Desafiar a linha abissal que insiste na visão como o órgão principal para compreender o mundo, corresponde ao repto que Boaventura de Sousa Santos coloca desde as epistemologias do Sul: refundar a imaginação política e fortalecer as lutas sociais contra a dominação e a opressão no mundo (2018: 126-127). Num mundo onde as mulheres e os seus saberes culinários e sobre alimentos são ainda representadas como ausentes através de relações de poder muito desiguais, redimi-las é um gesto eminentemente político, é um exercício de justiça cognitiva.

O objetivo central neste capítulo é (re)ligar dois lugares que são margens do oceano Índico, recorrendo à comida, e aos sentidos que ela suscita, como forma de experimentar trânsitos e pertenças (individuais e coletivas) potencialmente pós-abissais.[4] Estudar os alimentos e os saberes usados na sua preparação de forma dinâmica, circulando entre diferentes contextos, ajuda a compreender os percursos biográficos e os significados ligados aos usos de um determinado objeto (como o alimento) (Appadurai, 1991: 13). O desafio é estudar os conhecimentos e os objetos que usamos na confecção da comida em constante movimento e fusão, revelando os dinamismos do contexto social em que esses processos ocorrem (Ingold, 2011: 136). Pela história social dos alimentos,[5] e de quem os prepara, é possível recuperar as redes de reciprocidade e solidariedade, (re)conhecer saberes e histórias silenciadas e subalternizadas.

A experiência desta pesquisa ensinou-me que, para levantar questões que permitam ir além da narrativa dominante, a linguagem escolhida tem de ser

[4] Historicamente, o território colonial de Moçambique manteve uma ligação de dependência em relação a Goa até meados do século XX (Meneses, 2009a).

[5] A história social das coisas procurar identificar os fluxos e refluxos que ocorrem a longo prazo e que impactam grandes contextos sociais; as biografias referem-se a trajetórias mais específicas e íntimas (Appadurai, 1991: 36).

perceptível a todas as pessoas que participam em cada uma das conversas. As gramáticas utilizadas para descodificar as experiências transmitidas pelas vozes das mulheres limitam, mais frequentemente do que o desejável, a sua leitura, devido ao nexo de poder/conhecimento que lhes está associado. A alternativa consiste em explorar, também, as conversas enquanto ato performativo, um posicionamento que requer, inequivocamente, a implicação de outros sentidos, o (re)conhecer de outras histórias. Como aponta Ranajit Guha, ouvir as pequenas vozes silenciadas permite desafiar a univocalidade de qualquer discurso, trazendo de volta à narrativa a questão da agência e da instrumentalidade (1996: 11).

Aprendendo a história dos sabores do mundo

O Índico é um oceano de contatos. Os relatos das múltiplas ligações regionais e transoceânicas são parte do legado que integra relatos de viagens, atividades comerciais, ligações familiares e peregrinações religiosas (Sheriff, 1987; Subrahmanyam, 2011; Alpers, 2014). Estes itinerários, reais ou imaginários, revelam uma outra paisagem histórica onde o Índico se destaca como uma teia milenar de encontros. Porém, vista do Norte, esta teia desfaz-se, substituída por ligações entre centros colonizadores e (antigas) colónias. Provincializar a história do mundo assenta no repensar das relações entre espaços que forjam culturas e as zonas de contacto entre estes, para lá das narrativas guardadas nos arquivos coloniais.[6] Este interpelar do colonialismo assume-o não como um passado acabado, mas como uma realidade presente, metamorfoseada, que continua a informar e definir o presente. A partir desta assunção é possível imaginar outras histórias em rede (Subrahmanyam, 2011), sinalizando continuidades e transformações nas relações de poder e saber. Todavia, estas leituras não dão conta das viagens de sabores que distinguem os encontros de saberes neste oceano.[7]

Muito antes da imposição do moderno sistema colonial-capitalista, as ligações no Índico potenciavam trocas comerciais e colaborações religiosas, políticas e culturais (a nível regional e transcontinental). Nas antigas rotas marítimas

[6] Os impérios coloniais vão, especialmente desde o século XIX, redesenhar a geografia dos contatos no Índico, privilegiando as ligações económicas entre as metrópoles e os territórios coloniais, e desencorajando as conexões pré-coloniais. As independências políticas, especialmente a partir da segunda metade do século XX, permitiram que se ultrapassassem, em vários casos, as fronteiras e ligações coloniais, refazendo antigas ligações.

[7] Os produtos alimentares revelam uma longa história de contatos no oceano Índico. Esta lista inclui produtos oriundos desta bacia ou originados noutros lugares, tendo chegado às culinárias do Índico através de rotas marítimas e terrestres (Gupta, 2012; Boivin *et al.*, 2014).

ajudadas por ventos de monção, cruzavam-se viajantes, sábios, religiosos e comerciantes. Tecidos de linho e seda, pimenta, gengibre, anéis de prata, muitas pérolas e rubis, são descritos por Castanheda (1552-1561) como os produtos que os mouros negociavam nas costas de Sofala, atual Moçambique em troca de ouro e outros produtos (Lee, 1829: 57). Os arquivos consultados, quer em Goa, quer em Maputo, descrevem o trânsito de plantas alimentares (por exemplo, cocos, mangas, arroz) e especiarias (pimenta, noz moscada, canela, gengibre) nos espaços do império colonial português, unindo o Índico e chegando ao Atlântico.[8]

Em inícios do século XIX, um relatório de Sebastião Xavier Botelho descreve em detalhe as trocas comerciais que ocorriam na costa de Moçambique. De entre os produtos comercializados incluía-se a seda da China, chá, vinho de caju, açúcar de coqueiro, breu de Malaca, areca, redes de pesca, vários tipos de roupas e tecidos, armas etc. (1835: 373). Por outro lado, num documento da alfândega de Goa,[9] são listados vários produtos "importados" de Moçambique, onde se destacam o amendoim, o arroz e o nachenim.[10] Estes alimentos refletem os contatos e as apropriações culturais mútuas com uma longa história (Meneses, 2013). Como a extensa documentação consultada revelou, Goa funcionava como um entreposto comercial, unindo várias cidades costeiras, de Moçambique até Timor. Os temperos que caracterizam a comida "indiana", como revelou a consulta dos arquivos em Goa, não são todos oriundos da região. Um dos primeiros documentos que extensivamente dá conta do uso de vários alimentos e das suas origens foi escrito por Garcia da Horta (1891 [1563]) em meados do século XVI, em Goa. Uma troca de correspondência, em finais do século XVIII, indica que o cravinho e a noz moscada provinham de Timor, enquanto a canela era importada de Ceilão (atual Sri Lanka).[11] Alguns anos depois, os livros das monções assinalam o envio de

[8] Veja-se, a este respeito, o material depositado no Arquivo Histórico de Goa (HAG), sejam os Livros de Alfândega, sejam os Livros das Monções. Esta última designação deriva do facto de as viagens marítimas nas quais a correspondência era transportada terem de ser feitas usando a monção favorável. A quase totalidade dos livros que contém a correspondência com a capital do Reino tem registado na lombada "Monções do Reino" (MR). De sublinhar que estes livros contêm informações referentes, também, a outras partes do império, como Moçambique, Macau e Timor. Parte importante dos Livros das Monções em Portugal está já digitalizada e aberta à consulta na Torre do Tombo. Em Goa, durante os quase três meses que frequentei o arquivo, consultei inúmeros livros de monções, sendo de destacar, entre outros, HAG – MR, 46-B; 49; 51-A, 164-C; 168-D; 169-B; 170-C; 172-B; 175; 177-B; 179-A; 180-A; 181-A; 183-B; 184-A; 185; 189; 190-B; 191-B; 192-A; 198-D.

[9] HAG 9625, de 1849-1950.

[10] O nachenim (*Eleusine coracane*) é um cereal muito usado quer em Moçambique, quer em Goa. Este cereal, de origem africana, está bem-adaptado a regiões áridas e quentes.

[11] MR 177 (HAG).

almíscar, ópio, goma arábica, incenso, noz moscada e tamarindo para o Rio de Janeiro, no Brasil.[12] Estas espessas descrições de trocas comerciais, disponíveis nos arquivos, espelham as extensas zonas de contacto cultural (Pratt, 1992: 4) envolvendo os saberes, sabores e aromas que ainda hoje caracterizam a região. Nestas descrições, espaços urbanos como a Ilha de Moçambique, Zanzibar, Mombasa, Cairo, Mumbai, Goa são descritos com traços cosmopolitas, zonas de contacto de circuito culturais transcontinentais (Meneses, 2016, 2018). E, nestes trânsitos, encontramos homens e mulheres. Em 1842, entre os passageiros que chegaram ao porto de Goa num navio que havia saído da Ilha de Moçambique, viajava a passageira Rucau, hindu. Esta, de acordo com os registos de alfândega, trazia, entre vários bens declarados, uma pedra de moer temperos, outra de moer arroz, azeite de gergelim, sal, jágara (açúcar de palmeira), uma panela de cobre, uma frigideira, chá, copra, canela, açafrão e gengibre. Outra passageira, de nome Maria Leo, declarou transportar uma barrica de achar, assim como marfim e pontas de rinoceronte, estas últimas oferta de seu marido que ficara em Moçambique.[13]

Os contatos no Índico, além de relações comerciais, vão também conhecer relações familiares. A partir de finais do século XIX, o grupo, bastante heterogêneo, de pessoas oriundas da Ásia viria a ser conhecido como a "comunidade indiana"; esta incluía os comerciantes Vanyas (Hindu Banyan) de Damão e Diu, Gujarati, os goeses católicos, os muçulmanos da Índia e de Zanzibar, entre outros. As relações nos prazos[14] da Zambézia, nos finais do século XIX, espelham as relações políticas e familiares que se teciam entre espaços do império, de Goa até Moçambique (Isaacman, 1982; Alpers, 2009), como descreve Gavicho de Lacerda:

> Figura inconfundível, alto e esguio como uma palmeira, seco de carnes como um arenque, Romão de Jesus Maria era filho de um afrikander e de uma indiana, não de raça pura, mas descendente de comerciantes chamados monhés que, desde séculos, emigraram da Índia para a nossa Costa Oriental [portuguesa]. [...]
>
> Em Quelimane, assim como em toda a Zambézia, era costume ter-se uma boa e variada mesa. Os almoços ligavam-se com os jantares, e estes, às vezes, com as ceias. Não era só o prazer das refeições, em que se comia

12 MR 191-B (HAG).

13 HAG, Livro de Alfândega da Nova Goa #6823, de 1842.

14 Propriedades da coroa arrendadas a portugueses. Embora os prazos tenham sido originalmente desenvolvidos para serem detidos por portugueses ao longo de três gerações, através de casamentos mistos, tornaram-se propriedade de portugueses africanos ou de indianos africanos (Isaacman, 1982).

tudo que havia de melhor, era também o poder do hábito e de um certo instinto de defesa, principalmente pela ideia que todos tinham de que a alimentação devia ser abundante, forte, e variada, para com mais vantagem se poder resistir às febres, que de preferência atacavam [as pessoas que chegavam da metrópole].

Assim, o nosso primeiro almoço em sua casa foi para nós uma data indelével, porque durante dias sentimos o céu da boca a escaldar, por causa dos pitéus serem extraordinariamente picantes. O caril, até então para nós completamente desconhecido, é, por assim dizer, um prato indispensável em todas as refeições de África, e, se o seu poder é ardente, os ingredientes que o acompanham ainda o são mais. [...] Dificilmente se encontra quem não goste dele. Entra em todas as mesas, desde a mais rica à paupérrima. Para os pobres chega a constituir um alimento quase exclusivo, ao passo que para os abastados é considerado um prato complementar ou de luxo. [...] O caril deve ter sido trazido para a África Oriental pelos indianos que, desde tempos remotos, emigraram para aquela costa. E a prova disto está em que o arroz de caril não se vulgarizou tanto na costa Ocidental. Visto termos falado de caril, não podemos deixar de dar a sua receita. Geralmente faz-se de galinha, de camarão, de carne, de peixe, ou mesmo de legumes. O arroz é cozido em separado, e o guisado de caril noutra panela, em que se deita, juntamente com a substância de que é feito, leite de coco [a partir de coco ralado].

Na mesma panela deitam ainda piri-piri e a conhecida tempera da India, composta de açafão, cominhos, coentros, cravinho etc. O cozinheiro, à medida que o guisado se vai cozendo, vai-o mexendo e provando, o que faz não levando a colher à boca, mas sim deitando na mão esquerda uma pequena porção de molho que imediatamente é lambido. Desta maneira não levam a colher à boca [...].

O caril nunca se come isoladamente, juntam-se outros cozinhados, verdadeiramente estimulantes. [...] Achares de limão e de manga: é feito de pedaços destes frutos, conservados em sal, muito piripiri, e sumo de limão; para se conservar deve estar alguns dias exposto à ação direta do sol. Paparim: é uma espécie de filhós, como as que se fazem na província pelo Natal, confecionada com farinha de feijão seroco, com a diferença de que em lugar de açúcar, é picante; frita-se numa frigideira, ou assa-se ao de leve nas brasas. Bambolim: um peixe seco, vindo da Índia, tal como o balchão e o tamarindo, estes veem em latas. O mucuane, espécie do nosso esparregado, feito com rama verde de feijão, mandioca, cozido em leite de coco, e com piri-piri. Chateni: feito de tomate assado nas brasas e pisado com a colher, com folhinhas de coentro ou hortelã na sua falta; claro está, leva também piri-piri. Tudo isto de mistura com o guisado do caril que é deitado por cima do arroz. (Lacerda, 1929: 5, 12-14)

Este relato, ao enfatizar ao detalhe a importância dos aromas e sabores, alerta para a arte da hospitalidade e do cuidado presente na região. Estas descrições sobre a sensualidade da comida dão-nos uma imagem de Moçambique parte do mundo do Índico. Porém, dois processos paralelos vão alterar esta imagem: a intensificação das revoluções burguesas europeias e da conquista colonial, especialmente a partir do século XVIII. A imposição do projeto colonial vai assentar, no Índico, numa tríade de referências civilizatórias – higiene, ordem e beleza (Laporte, 2000: 84-85) –, fundamental para legitimar o sentido de ordem colonial metropolitano. Nesta tríade, produto de um meio capitalista, sexista e colonial, outros cheiros e sabores são atribuídos a povos inferiores, relegados a uma situação de alteridade subalterna. Como desenvolverei de seguida, para a moderna racionalidade, o sentir do pulsar do mundo pela visão contribui para a manutenção das relações de poder que silenciam saberes e a presença das mulheres na luta por justiça social e cognitiva, impedindo o diálogo sobre outros imaginários de um outro mundo possível. A exclusão radical das experiências sensoriais da racionalidade moderna, este episódio de violência epistémica traduziu-se numa violência ontológica, com estas mulheres a serem transformadas em não seres subalternos, silenciadas, exemplo da impossibilidade da copresença dos dois lados da linha abissal.

Sabores que geram contatos

Preparar um prato é aprender nos laboratórios que são as cozinhas. Em Moçambique, como em outras partes do mundo, a culinária é performativa: a cozinheira, a família, os amigos e outros convidados participam dela, comendo, comentando e apreciando. A cozinha é, nesta região do mundo, o domínio das mulheres, que controlam estes laboratórios, como aprendi nos inúmero encontros e conversas que estão na origem deste estudo.

Os saberes do caril

Na Ilha de Moçambique, a conversa que mantive com D. Fátima,[15] que insistiu em ensinar-me a cozinhar um "caril à nossa maneira", desenrolou-se à volta do aprender dos sentidos entrelaçados no prato:

> Cozinhar é não ter vergonha de ter as mãos a cheirar a comida. Isso é cheiro que mostra que gostas das pessoas a que vais oferecer o caril! [...]

[15] Encontro tido na Ilha de Moçambique, em junho de 2002.

> Devagar, vai picar cebola, alho... corta piripiri. Vai misturando na panela para fazer o refogado. Mas os outros ingredientes têm de estar já preparados; você vai juntando os outros ingredientes lentamente. Vai juntando o leite de coco por cima, lentamente, enquanto o caril está cozinhando... [...] Vai cozinhando devagar porque tem que deixar os sabores penetrarem no peixe. [...] Agora acrescenta o tempero. Se quer fazer caril verdadeiro, vai comprar os temperos e vai pilar na *benga* [pilão de pedra] tudo junto, depois assar. Esse tempero da loja nem sempre sabe qual o tempo em que foi preparado! Depois é preciso ralar os cocos frescos, para fazer o leite. É preciso escolher bem os cocos para ter bom leite! O gosto final do caril depende de quem o prepara – mais doce, mais apimentado...

Em Panjim (Goa), anos depois, voltei ao meu lugar de aprendiz de cozinheira. Com uma amiga, D. Luísa,[16] percorri o caminho de saberes que é preparar um caril, como "nós fazemos". Tal como antes em Moçambique, a surpresa aconteceu: "Vocês também cozinham caril com coco?".

Com ela, e outras amigas, fui aprendendo a detectar as subtilezas que, no sabor, distinguem um "caril goês" (leia-se, preparado nas famílias católicas), do "caril dos hindus" goeses.[17] Com elas, partilhei idas aos mercados e as negociações envolvidas na aquisição dos temperos (especiarias):

> Cada pessoa faz o caril à sua maneira, como aprendeu na sua família. No nosso [goês, católico] caril entra o coco e piripiri; sem isso não há caril. É preciso escolher bem os cocos, para ter bom leite. O coco é partido e depois ralado juntamente com as especiarias. Num caril normal eu uso açafrão da índia, cominhos, alho e piripiri, pilando tudo até ter uma massa homogénea que é usada para fazer o caril de peixe ou de camarão ou mesmo carne. Outras pessoas podem acrescentar outros temperos, como canela, cravinho, gengibre, e assim... Os hindus preferem o *ambot-tik*, que é mais picante e azedo. É um caril de peixe onde não se usa coco, mas vinagre.

Num outro encontro, em Maputo, o convite para almoço foi precedido de uma conversa sobre a arte de preparar o caril. Tendo-me sido pedido apoio para ralar o coco e o pilar com os restantes ingredientes, o comentário à minha passagem por Goa surgiu naturalmente. E mais surpreendente a resposta: "Afinal, eles também fazem assim? Esta não é receita moçambicana?! Quando fui nascida a minha mãe ensinou assim; isto é comida nossa, daqui, de

[16] Conversas tida em Panjim, Goa, entre setembro e novembro de 2015.

[17] Sobre este tema, veja-se Rodrigues (2004: 46-48).

Moçambique".[18] E, de facto, o excelente paladar mostrava, também, as propriedades únicas daquele cozinhado, local e global ao mesmo tempo.

Cozinhar um caril é uma arriscada aventura, espelhando conquistas de resistências (Collingham, 2006). Sólidos e líquidos reúnem-se na panela sob a mão sábia da cozinheira. Vão cozendo em fogo lento, aguardando o acrescento de sábios temperos. O tempo, a sabedoria e o cuidado garantem o resultado final deste prato, que atiça o paladar pelo cheiro na metade da cozedura, quando o aroma se espalha com intensidade. O caril é exemplo de como especificidades singulares se transformam numa singularidade única que desperta o erotismo do paladar.

Ao preparar a comida, nos espaços das cozinhas, o conhecimento é apropriado e incorporado através da experiência prática. Esta realidade foi experimentada na preparação do caril na Ilha de Moçambique. Na sua discussão sobre a "prática ponderada" que é a preparação de alimentos, Lisa Heldke (1992: 218) refere-se ao conhecimento culinário como um "conhecimento corpóreo", chamando a atenção que se trata de um reconhecimento factual, experimentado, também, através do corpo. A importância da experiência está patente na "velha mão experimentada" a que D. Isabel fez menção quando preparava um caril: "Pode provar! As minhas mãos são velhas, mas o sabor que a comida tem sai das minhas mãos para a panela".[19]

O reconhecer que o conhecimento não reside "na mente", mas que é praticado e experimentado através de vários sentidos envolvidos na preparação de alimentos, está evidente na resposta que D. Isabel me deu sobre a receita do caril: "Eu não sei receitas... às vezes nem me lembro bem... só quando chego no mercado e começo a pensar no que vamos preparar sinto a receita na cabeça".

As *badjias* que alimentam "o povo"

A cozinha, qualquer que seja, é sustentada numa gramática de saberes, que frequentemente se expressa através da oralidade. As receitas, que se transmitem pela prática quotidiana, expressam histórias e encontros de culturas, refletindo experiências vividas e lutas situadas. Cozinhar é uma maneira de conhecer e ser, como as *badjias*[20] me mostraram.

2018, Maputo, à porta da escola onde estudei nos anos 1980. De uma larga frigideira periclitantemente assente num banco estacionado no passeio,

[18] Almoço com Maria Carvalho, em abril de 2018.

[19] Conversa tida em Panjim, Goa, em novembro de 2015.

[20] O termo *badjia* tem a sua origem na costa ocidental da Índia, onde o termo se aplica para designar um frito/lanche popular com várias variantes.

sobe o aroma a *badjias*, que me transportam às memórias do ensino secundário. D. Luísa deita mais uma colherada de massa espessa de *badjia* no óleo que ferve desde o início da manhã. A massa das *badjias* é preparada em casa, no dia anterior. É uma receita "familiar", à base de farinha de feijão nhemba misturada com vários temperos: coentro, alho, ocasionalmente, cebola crua picadinha. A *badjia* solta um silvo suave quando encontra o óleo; algumas voltas na frigideira e a *badjia* está pronta. D. Luísa abre um pãozinho, recheia-o com uma *badjia* acabada de fritar e entrega-mo. Agradeço e afasto-me para o lado, para dar lugar ao jovem estudante que aguarda vez; dou dentada no pão e o sabor leva-me de volta aos anos da escola secundária. As *badjia* continuam a ser um elemento fundamental da comida de rua.

2015, Panjim, Goa. Estou na biblioteca estatal central quando uma colega me pergunta – quer um *vada pao*?[21] Estou a trabalhar em Goa sobre encontros de sabores e aceito. Tarang, que se ofereceu para ir comprar esta incógnita, em breve está de regresso com dois pacotes feitos de papel de jornal. Entrega-me um. Abro-o e sai um pãozinho quadrado e macio, com algo que parece uma *badjia*, coberta com um *chutney* verde. A primeira dentada no *pao* (corruptela de pão) e no *vada* (o frito) transporta-me a Maputo. Só o *chutney*, que combina piripiri, coentro e menta me é desconhecido. Pergunta-me se gosto. Como explicar as sensações? Um contraste perfeito de sabores e texturas que me invade a boca e me transporta aos sabores, também, do meu país. A primeira dentada foi uma delícia e tornei-me cliente assídua da pequena locanda onde eram confeccionados os *vada pao*, na proximidade da biblioteca. [22]

Em Goa, o *vada pao* é um prato comum. As conversas que fui tendo com a colega que me introduziu no *vada pao* revelaram muito sobre a comida como processo identitário. Os principais componentes do *vada pao* – a batata e o pão – foram trazidos para a Índia pelos portugueses, a partir do século XVII. O único ingrediente chave oriundo da região – ou mesmo da Índia – é o *besan*, farinha de grão de bico. Num momento em que as crispações políticas se estendem às mais diversas áreas políticas, a comida não escapa. Os partidos que defendem o Hindutva têm vindo a promover uma culinária "indiana" assente primordialmente em pratos vegetarianos cozinhados com produtos originários do Estado, defendendo o *vada pav* como um dos pratos "tipicamente"

[21] O termo predominante para designar este tipo de *streetfood* é *vada pav*. Em Goa, onde a presença portuguesa tem raízes mais profundas, o uso da expressão *vada pao* é comum. Esta palavra composta integra a palavra *vada*, marata, que significa polme; já *pao* é um derivado da palavra portuguesa "pão".

[22] Relatos extraídos do meu diário de campo.

indianos (Dalal, 2017). Mas em Panjim, onde comprava o *vada pao*, não havia lugar para dúvida: "É uma comida de goês".[23]

Ao longo da minha estadia em Goa apercebo-me de como alimentos ligados ao território, como os *vada pao/badjias* servem como espaços de memória, ou sítios mnemónicos, incorporando traços concretos do passado colonial ausente da representação, um "passado ausente" na historiografia portuguesa, indiana ou moçambicana.

Em Maputo as vendedeiras de *badjias* partilham histórias de luta semelhantes às das mulheres com quem falei em Goa (Wilson, 2015). As *badjias* são o ganha-pão de muitas famílias: "Começo a pilar o feijão *nhemba* no final da tarde, para depois colocar o feijão esmagado em molho. A partir das duas horas da manhã começo a preparar a massa das *badjias*. Eu vendo as *badjias* desde as quatro horas da manhã, quando os trabalhadores e estudantes estão a sair no trabalho", afirmou D. Irene,[24] uma das vendedoras de *badjias* com quem vou conversando entre vendas. A conversa acontece ainda de madrugada, enquanto os clientes vão parando para comprar *badjias* quentes. A troca de saudações com vários dos consumidores mostra que Irene tem clientes certos, os quais descontraidamente comentam o andamento do negócio e as dificuldades da vida. Separada há muito do pai dos seus quatro filhos, Irene subsiste em larga medida desta atividade: "os meus filhos frequentaram a escola porque eu tenho este negócio, tenho clientes fixos! Toda a gente gosta muito das *badjias* que cozinho. São comida de moçambicano que luta pela vida dele".

Até à independência de Moçambique, em 1975, as *badjias* eram comida da classe trabalhadora, negra. Eram comida dos subúrbios negros. Como noutras facetas da vida quotidiana, a comida sentiu o impacto da revolução. Nos primeiros anos da independência, a comida tornou-se escassa. Para tal concorreram várias razões: uma crescente demanda consequência do maior poder aquisitivo da população, o bloqueio dos países vizinhos da África do Sul do *apartheid* e da então Rodésia,[25] de quem Moçambique dependia economicamente, e as mudanças políticas, que incluíram a nacionalização da terra e de várias empresas agropecuárias, na sequência da fuga dos seus donos. O resultado foi a carência de alimentos e a chegada de outras comidas, como as *badjias*, ao centro da cidade, então em recomposição.[26] Ou seja, a falta de comida

[23] Afirmação de uma das empregadas da loja de *vada pao* em Goa, em fevereiro de 2016.

[24] Encontro realizado em junho de 2016, em Maputo.

[25] A Rodésia ascendeu à independência em 1980 e adotou o nome de Zimbabwe.

[26] Fruto da saída maciça dos antigos colonos portugueses, a cidade de cimento, o centro de Maputo, foi ocupado por população negra, que até então habitava maioritariamente as zonas periféricas da cidade.

e ingredientes culinários não apenas influenciaram a capacidade de preparar receitas tradicionais, mas também afetaram a maneira como os moçambicanos percebiam a comida como um marcador de identidade. A comida, como a conversas tidas sublinham, revela qualidades sensoriais, temporais e espaciais que metamorfoseiam os alimentos em peças fundamentais dos sistemas culturais (Douglas, 1991). De igual modo, como comida de rua, as *badjias* revelam como as transformações do que se come e onde se come – a rua – constitui um terreno central para a reivindicação deste espaço. E as ruas da cidade de cimento vão sendo ocupadas por saberes e sabores subalternos, oriundos das periferias da cidade.

O mundo experimentado por múltiplas sensações

Tocar e saborear em profundidade, duas formas de contacto imediato, permite uma compreensão relacional da intimidade e do corpo, fornecendo uma gramática para lidar com formas mais íntimas de ser e conhecer. Ao ralar o coco, ao pilar os temperos, o olfato, o gosto, o experimentar da textura da mistura ensinaram-me o uso do corpo como um órgão sensorial.

Em Goa, come-se frequentemente à mão. Em várias refeições partilhadas, sinto que os talheres na mesa são uma deferência para comigo. O desafio foi aprender a usar as mãos para comer.[27] Este ato é antecedido de um ritual de higiene corporal, que me aproxima da comida que consumo. Ao usar os dedos, não há distância entre a comida e eu mesma. Os dedos aprendem a embrulhar a comida e a combinar texturas e sabores antes de a levar à boca. E, no final da refeição, em sinal de apreciação, lambem-se os dedos. Lamber é também uma maneira de experimentar sensualmente a comida e o corpo, de apreciar o desejo que a comida suscita. Dedos, lábios, língua, boca, comida, cheiros tudo é sugestivo de imagens e sensações eróticas.

Num escrito poético recente, Boaventura de Sousa Santos regista, de forma cativante, a íntima ligação entre o desejo sexual e a comida, um ato que simultaneamente satisfazia a mente e o corpo, a experiência do que é Moçambique.

> Comer o mastro com lagosta grelhada no fogo dele.
> Ouro açafrão. Cheiro do mar em terra.
> Em terra.
> Sumo de manga de verão.

[27] O uso dos talheres criou uma distância entre o corpo e os alimentos a serem ingeridos, facto que Elias (1994 [1939]) explica contribuir para diferenciar o civilizado dos selvagens.

Matapa mucapata.
Matapa mucapata.
Cacana.
Matapa mucapata.
Matapa mucapata.
Cacana.
Mucuane.
Mucuane.
Come cacana. Lambe.
Xiguinha salva vidas badgias. Lambe.
Banana maçã do Xai-Xai bem metida em molho doce.
Tocossado.
Toco louco. Assado.
Penso basta. Sinto não basta.
Mãos no coco branco mulato.
Coco branco coco mulato.
Coco louco tocossado.
Wuputsu nas banjas.
Suaves xinoni e sura.
Até o restaurante estar todo aberto.
A louça lambida. Lambe. Dura.
O Índico prova-se com o dedo. Tempera.
Falta sal de alho.
Açafrão de leão.
Canela de quentura.
Tempera e dura.
Dura.
Sal da tarde sal da noite.
Sal da manhã suada.
(Santos, 2017: 76; 78)

Sentir em profundidade ajuda a apreciar diferentes maneiras de nos sentirmos próximos, em experimentar solidariedade no sentir de forma incorporada. Sentir em profundidade realça a existência relacional entre o eu e a outra pessoa de quem gosto, que me quer, com quem dialogo. A conexão tangível enfatiza o sentimento e a conexão, de modo que a visão, o som, o sabor e o cheiro são apreciados e compartilhados, mesmo que não sejam conscientemente significados.

Como recuperar o gosto literal e a experiência sensorial corpórea para compreender a diversidade ontológica e epistemológica do mundo? Como ir além do pensamento abissal? Uma das ideias centrais das epistemologias do Sul é que a compreensão do mundo excede largamente a compreensão eurocêntrica do mundo (Santos, 2018). A filosofia europeia desde há muito que nega qualquer legitimidade estética ao provar através da língua embora especulem sobre o gosto em geral. A visão, ao separar o "eu" do mundo, cria a ilusão de uma facilidade racional literalmente autónoma. Associada a esta disjunção hierárquica está a ideia de que a distância entre o conhecedor e o objeto-perceção reflete uma "vantagem cognitiva, moral e estética" (Korsmeyer, 1999: 12). Já os outros sentidos são vistos como próximos, e incapazes de criar a necessária distância analítica face ao objeto de perceção. Gradualmente, o conhecimento deixou de ser entendido como incorporado, com a ciência moderna a conceber os sentidos como veículos indispensáveis, mas traiçoeiros, para conhecer o mundo, controlados pela razão (Santos, 2018: 166).

Como argumentam Leong-Salobir, Ray e Rohel (2016: 11), a estética nasceu como um campo discursivo da filosofia europeia no século XVIII, quando se defendia que o gosto literal é inconsciente, subjetivo e íntimo de mais para permitir uma elaboração racional. Todavia, este consenso já não encontra sustentação que o legitime. Pensando a partir do Sul, de corpos que reclamam saberes e poder, é perceptível que o conhecimento não é possível sem experiências corpóreas, as quais são impensáveis sem sentidos e sensações (Santos, 2018: 165). Merleau-Ponty (1992 [1945]: 89) destaca que "desaprendemos" em larga medida o que significa pensar como corpo. É pelos sentidos que conhecemos e consumimos o mundo, nos tornamos parte dele. No campo dos alimentos, apesar do ambiente natural influenciar os sabores da comida, é o domínio cultural, a preparação de alimentos, que cria o sabor do lugar, incorporado na relação entre a comida e a degustação, coletiva, à hora da refeição.

O sabor e o aroma da comida, uma forma de contacto direto com o mundo exterior, são uma forma de interpretar a realidade. A própria forma de cozinhar, o ato de partilhar comida, gera hierarquias culturais, e mesmo situações de exclusão. Ultrapassar qualquer situação de exclusão abissal significa, como destaca Boaventura de Sousa Santos, uma experiência de mutualidade, de sentir o mundo estando consciente das assimetrias e da urgência da reciprocidade (2018: 167). Não reconhecer outras formas de sentir o mundo, em contextos que experimentaram e experimentam a tríplice violência que marca os nossos tempos – capitalismo, colonialismo e patriarcado –, a exclusão ou subalternização de outros sentidos continua a reproduzir as relações de poder hegemónicas, reformando exclusões abissais. As razões vividas pelas emoções exigem outras abordagens sobre o ser, estar e experimentar o mundo. A racionalidade das epistemologias do Sul acontece quando vivemos juntos comendo e saboreando, temperando os diálogos sobre saberes enquanto se saboreiam afetos. Para a avó Ndzima,

> Cozinhar é o mais privado e arriscado ato. No alimento se coloca ternura ou ódio. Na panela se verte tempero ou veneno. Quem assegurava a pureza da peneira e do pilão? Como podia eu deixar essa tarefa, tão íntima, ficar em mão anónima? Nem pensar, nunca tal se viu, sujeitar-se a um cozinhador de que nem o rosto se conhece. Cozinhar não é serviço [...]. Cozinhar é um modo de amar os otros. (Couto, 2003: 86)

Pelas receitas é possível ir além de qualquer representação colonial que nega o contributo das mulheres do Sul; pelas receitas, escutamos lutas e reconstroem-se arquivos de saberes testemunhados pelas mulheres nos circuitos da violência colonial, relações comerciais e da diáspora (Meneses, 2013). O conhecimento que as receitas revelam na voz de quem as prepara é, simultaneamente, profundamente local, mas com uma dimensão universal, pela natureza dos temas e dos ingredientes. Trata-se de um conhecimento situado e intenso vivido nos cheiros, sabores e carinhos, de que a escrita é manifestamente incapaz de dar conta. São saberes que possuem vitalidade suficiente para fortalecer as lutas sociais porque permitem a criação de razões desconhecidas à razão fria, razões quentes que aquecem a luta e mobilizam solidariedades sentidas (Santos, 2018: 190).

Estes arquivos orais, ao facilitar a recuperação das histórias das não seres, reconfiguram a reexistência do Sul, confrontado com inúmeras tentativas de aniquilação, em atos de genocídio, escravidão, patriarcalismo, colonização e erradicação de memórias culturais. Incluindo as mulheres como sujeitos na plenitude dos campos em que atuam, aumentamos a possibilidade de desafiar a hegemonia do conhecimento científico moderno. Ao estudar a diversidade das realidades alimentares em todo o mundo, é possível identificar alternativas locais, utopias concretas de inovação e sustentabilidade que estão a ter lugar. O desafio é dar-lhes credibilidade, tornando estas emergências cada vez mais conhecidas, descolonizando a imaginação e ampliando a justiça cognitiva (Meneses, 2009b, 2018).

Saboreando os contatos no mundo

O movimento, o contacto entre culturas é uma das principais características da humanidade. O movimento altera a materialidade das coisas ao implicar a transferência de objetos ou práticas (incluindo adaptações) que podem produzir diferentes materialidades, dependendo dos caminhos percorridos e alterações sofridas (Basu e Coleman, 2008: 328). Paradoxalmente, a comida assenta no mito do sentido de pertença ao "local". Qualquer receita culinária tem as suas raízes: o contexto cultural que gera os saberes que concebem o prato, os ingredientes e os próprios instrumentos. Mas isso não significa que as receitas não se desloquem; pelo contrário, adaptam-se de forma fluida a novas circunstâncias, reinscrevendo-se num novo "local". É a relação entre os produtos, entre estes e os processos de transformação que faz de uma receita o que é, que adquire sua especificidade. E que transforma a cozinha, o espaço onde os alimentos são preparados, num laboratório onde se cozinham afetos. O carinho da hospitalidade revelou-se em conversas animadas sobre a preparação da comida e, sobretudo, com os encontros sobre alimentos e receitas culinárias que unem Goa a Moçambique. Termos referentes a pratos específicos como *bebinca*, chamuça, rissol, sura, achar, apa, *sanna* ou ainda de ingredientes como lanho[28] ou nachenim, partilhados nos dois lados do Índico, revelavam encontros esquecidos e expunham uma gramática de saberes que se revelava na fusão de sabores e texturas em preparação na cozinha.[29]

Nestas cozinhas, as mulheres raramente seguem receitas. Adicionam, subtraem e mudam os ingredientes dependendo do que têm à mão. Desta forma, os pratos deslocam-se entre territórios, circulam por diferentes grupos culturais, reemergindo com novos nomes e sabores e texturas. As conversas que estão na origem deste capítulo mostram como narrativas marginalizadas transmitem uma compreensão profunda e politicamente estruturada de lutas quotidianas; revelam também experiências corporificadas com profundas implicações para a compreensão das relações humanas em contextos socialmente marcados por desigualdade fruto da opressão que marca os nossos tempos.

Ouvir revelou-se uma arte, uma ação política, que é praticada na proximidade, no contacto; neste sentido, invoca necessariamente a corporeidade das pessoas envolvidas na conversa, cujas respostas se expressam pelo corpo. As histórias que as receitas transportam carregam o saber e sabor do passado, embora estas ressoem de forma particular, incorporada, em cada caso. O potencial transformador destas histórias acontece pela reciprocidade da tradução intercultural, quando se ouve e se é ouvido como desafio transformador (Lambek, 2002).

No caso do Índico, arquivos orais e escritos ilustram que a penetração comercial europeia articula uma presença formal com formas informais (Alpers, 2014). Os próprios portugueses (e outros europeus) usaram as redes comerciais existentes no circuito do Índico para obter os produtos desejados na Europa. O estágio inicial da presença europeia na costa oriental da África pode ser descrito como um processo de transição do controlo comercial e do

28 Coco verde (Horta, 1891 [1563]: 244).

29 Sobre este assunto, consulte-se também Dalgado (1919). De referir que vários destes pratos são partilhados por territórios do índico, como o achar, as chamuças (*samosas*) etc.

conhecimento por parte de diferentes grupos sociais para o controlo colonial-capitalista por grupos europeus (Meneses, 2009a). Nos dias que correm, os próprios sentidos do lugar são parte de um conjunto complexo de relações – cruzamentos culturais onde as pessoas, a comida, o tempo, os espaços e os regimes emocionais acontecem.

Os contatos transoceânicos de longa duração revelam-se na troca de culturas, que transformam as receitas num arquivo de saberes. Ao cozinhar, as mulheres partilham receitas cujas histórias são uma forma de pensar o mundo. Estas receitas contam as relações de violência, dominação e subordinação que marcam a vida de quem as narra:

> Nos tempos dos colonos, aqui na Ilha não tinha restaurante onde você comia caril assim dos nossos; nos restaurantes serviam a comida de indianos de Goa, seguiam receita deles. Talvez há muito tempo nós costumássemos cozinhar da mesma maneira... eu não sei. Mas os goeses queriam ser vistos como portugueses, como brancos. E os europeus só comiam quando iam convidados nas casas dos goeses. As pessoas que agora visitam a Ilha eu acho que querem mais esse caril dos indianos, porque lembram daqueles velhos tempos, dos tempos coloniais...
>
> Mesmo aqueles muito poucos brancos comem caril connosco, negros. A gente come com a mão; tens de lavar bem e saber comer. Mas naquele tempo diziam – você é indígena, come com a mão! E não mudou muito...[30]

Durante a época colonial, a contradição social dominante era principalmente entre o colonizador e o colonizado. Mas o debate sobre o papel das mulheres já havia começado. Como resultado, embora as mulheres que ascenderam a lugares de poder tenham recuperado o direito à autoidentificação, este processo de reocupação do ser e do saber não foi estendido a toda a sociedade. As mulheres subalternas continuam ainda sem conseguir tirar o melhor proveito do "direito à voz", quer porque os seus saberes continuam silenciados, quer porque os conceitos e saberes que veiculam não são reconhecidos. Aqui, os cruzamentos de saberes continuam marcados pelas desigualdades.

Mas a comida é poder. E este poder advém não só do controlo do consumo, da produção ou da distribuição, mas também dos vínculos entre gastronomia e identidades entre comida e saberes. Pela conversa e saboreando os pratos preparados vão-se renegociando relações desiguais que ainda marcam estas sociedades. Por outro lado, através de uma escuta profunda e reflexiva é possível revelar histórias multissensoriais e localmente situadas, que desvelem saberes além do cânone historiográfico colonial. Se a narração de histórias é

[30] Encontro com S. Xarifa, março de 2005, Ilha de Moçambique.

obviamente uma forma de comunicação performativa oral, ela também envolve outras formas de comunicação, como os gestos, o toque, os cheiros, o sabor. As palavras de Boaventura de Sousa Santos atestam esta constatação, quando este autor sublinha que a oralização do conhecimento acontece associada a uma personalização deste (2018: 186).

A comida e as sensações que suscita apresentam uma negociação contínua entre agência e limitação, entre pessoas e lugares. As viagens, de pessoas e bens, conjugaram-se nas margens do Índico para moldar as paisagens culinárias. De facto, talvez nada seja mais omnipresente entre as duas margens do oceano Índico do que o *vada pao/badjia* ou o caril. Estes pratos, pela sua omnipresença, representam elos culturais "ausentes", marca de uma história comum entre o que é hoje a Índia e a margem ocidental do Oceano Índico, particularmente Moçambique. Neste sentido, estes pratos (e a tentativa de esquecimento seletivo dessas ligações históricas pela narrativa colonial e nacional) funcionam como marcadores de uma zona de contacto culinária, quer pela estrutura de preparação, quer de consumo. Exemplo de uma resistência de sabores e saberes subalternos, a *badjia/vada pao* e o caril, enquanto metáfora, aludem a uma história mais ampla, reconhecendo o papel que as culturas do mundo desempenharam na constituição desta zona de contacto de sabores. Esta zona de contacto espelha o que Françoise Vergès classifica de uma culinária crioula,[31] que renuncia à pureza, e a qualquer tentativa de essencialismo, "uma culinária [que] incorpora processos e práticas transétnicas e transculturais" (2006: 245).

Desafiando silenciamentos e subalternizações, as culinárias têm ido emprestando, retrabalhando e adaptando sabores e saberes umas das outras, numa prática de crioulização: "imitação, apropriação e tradução" (Vergès, 2006: 245). A paisagem que os sabores do Índico sugerem é de uma riqueza imensa, integrando histórias e saberes sedimentados ao longo de séculos. A comida desafia as barreiras essencialistas que separam culturas, perpassa o tempo e permeia a vida de todas as gerações. Delinear percursos de encontros, identificar possíveis zonas de contacto acontece pelo conectar de diferentes formas de sentir e pensar, permitindo que várias histórias, exemplos e conceitos interajam de

[31] Sarah Nuttall e Cheryl-Ann Michael (2000), a partir do contexto sul-africano, diferenciam o multiculturalismo e o hibridismo da crioulização. Os primeiros dois termos apoiam-se no sentido de contenção, que é distinto do sentido de crioulização, que mistura o íntimo e o público, incluindo as esferas dos sentidos. Mas a proposta de crioulidade não colhe um sentido comum. Para Rosabelle Boswell (2017) a ideia de doença crioula é usada para fazer referência às implicações de despossessão e violência, que fragmentou identidades, economias e solidariedades. De entre os vários exemplos que esta autora aponta, o uso da crioulidade como projeto de harmonização de culturas não permite reconhecer o impacto da escravatura na limitação do acesso a recursos.

maneira não hierárquica. É também um convite para que nos encontremos neste território, circulando neste, dialogando com quem o integra, como forma de ultrapassar o pensamento abissal.

Referências

Alpers, Edward A. (2009), *East Africa and the Indian Ocean*. Princeton, NJ: Markus Wiener.

Alpers, Edward A. (2014), *The Indian Ocean in World History*. New York: Oxford University Press.

Appadurai, Arjun (1991), "Introduction: commodities and the politics of value", in Arjun Appadurai (ed.), *The Social Life of Things: Commodities in cultural perspective*. Cambridge: Cambridge University Press, 3-63.

Basu, Paul; Coleman, Simon (2008), "Introduction: Migrant worlds, material cultures", *Mobilities*, 3(3), 313-330.

Boivin, Nicole *et al.* (2014), "Indian Ocean Food Globalisation and Africa", *African Archaeological Review*, 31(4), 547-581.

Botelho, Sebastião Xavier (1835), *Estatística sobre os Domínios Portugueses na África Oriental*. Lisboa: Tipografia de José Baptista Morando.

Boswell, Rosabelle (2017), "Sensuous Stories in the Indian Ocean Islands", *Senses and Society*, 12(2), 193-208.

Castanheda, Fernão Lopes de (1552-1561), *História do Descobrimento e Conquista da India pelos Portugueses*, 8 vols. Coimbra: [s.e.].

Classen, Constance; Howes, David; Synnott, Anthony (1994), *Aroma: The cultural history of smell*. London: Routledge.

Couto, Mia (2003), "A Avó, a Cidade e o Semáforo", in *O Fio das Missangas*. Lisboa: Caminho.

Collingham, Lizzie (2006), *Curry: A tale of cooks and conquerors*. London: Vintage.

Dalal, Kurush F. (2017), "Here's Why the Cuisine of Maharashtra is a Cultural Hot Pot", *India Today*, 21 de julho. Consultado em dezembro de 2017, em https://www.indiatoday.in/magazine/food-drink/food/story/20170731-cuisine-of-maharashtra-mumbai-1025603-2017-07-21.

Dalgado, Sebastião Rodolfo, Monsenhor (1919), *Glossário Luso-asiático*, 2 vols. Coimbra: Imprensa da Universidade.

Douglas, Mary (1991), *Purity and Danger: An analysis of the concept of pollution and taboo*. London: Routledge.

Elias, Norberto (1994 [1939]), *The Civilizing Process*. Oxford: Blackwell.

Ferguson, Priscilla P. (1998), "A Cultural Field in the Making: Gastronomy in 19th century France", *American Journal of Sociology*, 104(3), 597-641.

Guha, Ranajit (1996), "The Small Voice of History", in Shahid Amin e Dipesh Chakrabarty (eds.), *Writings on South Asian History and Society: Subaltern studies n. 9*. Delhi: Oxford University Press, 1-12.

Gupta, Akhil (2012), "A Different History of the Present: The movement of crops, cuisines, and globalization", in Krishnendu Ray e Tulasi Srinivas (eds.), *Curried Cultures. Globalization, food, and South Asia*. Berkeley, CA: University of California Press, 29-45.

Heldke, Lisa (1992), "Foodmaking as a thoughtful practice", in Deane Curtin e Lisa Heldke (eds.), *Cooking, Eating, Thinking. Transformative philosophies of food*. Indianapolis, IN: Indiana University Press, 203-229.

Horta, Garcia da (1891 [1563]), *Colóquios dos Simples e Drogas da Índia*, edição dirigida pelo Conde de Ficalho. Lisboa: Imprensa Nacional.

Ingold, Tim (2011), Being Alive. *Essays on movement, knowledge and description*. London: Routledge.

Isaacman, Allen (1982), *Mozambique: The Africanization of a European Institution, the Zambesi Prazos (1750-1902)*. Madison, WI: University of Wisconsin Press.

Korsmeyer, Carolyn (1999), *Making Sense of Taste: Food and Philosophy*. Ithaca, NY: Cornell University Press.

Lacerda, Francisco Gavicho (1929), *Figuras e episódios da Zambézia*. Lisboa: Livraria Rodrigues.

Lambek, Michael (2002), *The Weight of the Past: Living with History in Mahajanga, Madagascar*. New York: Palgrave Macmillan.

Laporte, Dominique (2000), *History of Shit*. Cambridge, MA: MIT Press.

Lee, Samuel (1829), *The Travels of Ibn Batuta*. London: Oriental Translation Committee.

Leong-Salobir, Cecilia Y.; Ray, Krishnendu; Rohel, Jaclyn (2016), "Introducing a Special Issue on Rescuing Taste from the Nation: Oceans, borders, and culinary flows", *Gastronomica: The journal of food and culture*, 16(1), 9-15.

Meneses, Maria Paula (2009a), "Food, Recipes, and Commodities of Empires: Mozambique in the Indian Ocean network", *Oficina do CES*, 335.

Meneses, Maria Paula (2009b), "Justiça Cognitiva", in António Cattani *et al.* (eds.), *Dicionário Internacional da Outra Economia*. Coimbra: Almedina, 231-236.

Meneses, Maria Paula (2013), "Para Ampliar as Epistemologias do Sul: Verbalizando sabores e revelando lutas", *Configurações*, 12, 13-27.

Meneses, Maria Paula (2016), "Ampliando las epistemologías del Sur a partir de los sabores: diálogos desde los saberes de las mujeres de Mozambique", *Revista Andaluza de Antropología*, 10, 10-28.

Meneses, Maria Paula (2018), "Cocina Nacional, Procesos Identitários y Retos de Soberanía: Las recetas culinarias construyendo Mozambique", *Debates Insubmissos*, 1(2), 7-32.

Merleau-Ponty, Maurice (1992 [1945]), *The Phenomenology of Perception*. New York: Routledge.

Nuttall, Sarah; Michael, Cheryl-Ann (2000), "Imagining the Present", in Sarah Nuttall e Cheryl-Ann Michael (eds.), *Senses of Culture: South African culture studies*. Oxford: Oxford University Press, 1-23.

Palmer, Catherine (1998), "From Theory to Practice. Experiencing the nation in everyday life", *Journal of Material Culture*, 3(2), 175-199.

Pratt, Mary Louise (1992), *Imperial Eyes: Travel Writing and Transculturation*. New York: Routledge.

Rodrigues, Maria de Lourdes Bravo da Costa (2004), *Tasty Goan Morsels. Food, ingredients and preparation*. Goa: L. & L.

Santos, Boaventura de Sousa (2007), "Beyond Abyssal Thinking: From global lines to ecologies of knowledges", *Review*, XXX(1), 45-89.

Santos, Boaventura de Sousa (2017), *Manifesto Antipteridófitas*. Rio de Janeiro: Confraria do Vento.

Santos, Boaventura de Sousa (2018), *The End of the Cognitive Empire: The coming of age of Epistemologies of the South*. Durham, NC: Duke University Press.

Sheriff, Abdul (1987), *Slaves, Spices and Ivory in Zanzibar: Integration of an East African Commercial Empire into the World Economy, 1770-1873*. London: James Currey.

Stoler, Ann Laura (2002), "Colonial Archives and the Arts of Governance", *Archival Science*, 2, 87-109.

Subrahmanyam, Sanjay (2011), *Explorations in Connected History: From the Tagus to the Ganges*. Oxford: Oxford University Press.

Vergès, Françoise (2006). "Let's Cook", in Sarah Nuttall (ed.), *Beautiful/Ugly: Diaspora Aesthetics*. Durham, NC: Duke University Press, 241-256.

Wilson, Benjamim (2015), "Badjia Domina Ruas e Avenidas da Cidade", *Jornal Domingo*, 2 de maio. Consultado em maio de 2016, em http://www.jornaldomingo.co.mz/index.php/nacional/5330-badjia-domina-ruas-e-avenidas-da-cidade.

CAPÍTULO 9

O bode como mantenedor da tradição de matriz africana no Brasil e na luta antirracista

Regina Barros Goulart Nogueira/Kota Mulanji[1]

Introdução

Este texto é escrito por um destes sujeitos, ou melhor, por uma sujeita, que em algum momento compunha os que não tiveram a chance de falar, de contar sua história; estava do outro lado da linha, mas que de alguma forma atravessou a linha abissal que separa os considerados humanos dos não humanos. Passamos a escrever, ousamos pensar e afirmar que é possível coexistir os saberes e as humanidades diversas no presente, mas com passos em direção à mudança de paradigmas. Propomos que, em vez de coexistirem dois lados da linha – que, na verdade, mantém a linha existindo –, possa gerar um movimento ascendente, até não sobrar ninguém de um lado ou de outro; trata-se de derrubar a pirâmide e criar um ciclone ascendente de mãos dadas.

Atravessar a linha abissal é uma caminhada individual junto a um coletivo. Nina Simone, cantora e ativista pelos direitos civis nos Estados Unidos da América, traduziu liberdade como não ter medo nenhum. O racismo, por muito tempo, estruturou trajetórias nas quais as pessoas tiveram medo de serem negras, negando-se a identificar-se com o coletivo e com a ancestralidade anterior à escravidão. Esta perspectiva é viva até hoje.

Ao se colocar toda a herança, no caso aqui, o alimentar dos povos originários africanos, como algo religioso na diáspora forçada, somos impelidos a uma jornada de encontro conosco, possibilitando a liberdade de conhecer

[1] Nome tradicional recebido na cultura Congo-Angola na diáspora forçada no Brasil pelas mãos de Hangoro, através da autoridade tradicional Mametu ria' Nkise Ndandalakata, em Osasco, São Paulo.

nosso passado a partir da iniciação em solo brasileiro nesta tradição de matriz africana, e neste momento pertencer a um povo, ser detentor de princípios civilizatórios, ter língua própria e adentrar a um sistema alimentar próprio.

Na diáspora forçada, foi necessário reterritorializar saberes e poderes nas conjunturas políticas nacionais e internacionais e dentre todas as variáveis presentes encontra-se mais uma vez a alimentação, visto que os alimentos transcendem fronteiras e linhas.

O ponto, o bolo, que vamos abrir neste capítulo é pensar a alimentação tradicional de matriz africana, ou seja, uma alimentação que pode ser compartilhada com a natureza, e todos e todas que se autodeclaram povo tradicional de matriz africana ou que aceitam compartilhar conosco este alimento. E para isto, nosso símbolo concreto será o bode. Iyá Vera Soares, em reunião no Fórum Nacional de Segurança Alimentar e Nutricional dos Povos Tradicionais de Matriz Africana (FONSANPOTMA), várias vezes afirma: quando se coloca o bode na sala, há de existir quem conduza ou saiba abater, o que promove um movimento ascendente na linha.

O bode e a cabra são animais herbívoros que vivem em pastos ou em regiões montanhosas. A sua alimentação baseia-se em grama e folhagens de pequenos arbustos. Esses animais ruminantes têm quatro compartimentos no trato digestório para digerir os alimentos. Em um primeiro momento, a vegetação é ingerida e, em seguida, regurgitada. Então, eles voltam a mastigá-la e, por fim, engolem a pasta que se formou.

Este capítulo versa sobre o sistema alimentar dos povos tradicionais de matriz africana na diáspora forçada no Brasil, mais precisamente da importância do bode como proteína primordial para manutenção da cultura, da tradição, da identidade e uma comunicação atlântica entre Brasil e África na luta antirracista.

A alimentação tradicional de matriz africana é central para aqueles que se autodeclaram Povos Tradicionais de Matriz Africana (POTMA) desde o nascimento e iniciação na tradição até o retorno à massa de origem, representado pela morte física.

Os povos tradicionais de matriz africana no Brasil vêm construindo resiliência enfrentando uma trajetória escravagista que desterritorializa os pós-escravizados, limitando sua ação no preparo e consumo na sua alimentação. Um sistema que desqualifica cotidianamente os alimentos tradicionais e principalmente a forma de produção, beneficiamento e consumo, transformando estes alimentos como religiosos e não a partir de uma dimensão que todo alimento é sagrado.

Uma massificação publicitária que relaciona alimentar a terra, a água e a natureza como uma ação ligado ao demônio cristão, numa nítida forma de manter um sistema alimentar exploratório hegemônico, voltado ao lucro do agronegócio, não respeitando a biodiversidade e seus atores, levando a catástrofes socioambientais, mudanças climáticas e ações do capital deteriorando todo um ecossistema.

Através da alimentação, vamos mostrar que mesmo existindo um sistema hegemônico, dominante e totalmente voltado a manter como única existência "eles", que constitui a tradição moderna de destruir tudo, inclusive criando a síndrome de que são ausentes os que não pensam da mesma forma, não serve a qualquer humanidade pois está centrada numa proposta neoliberal de mercado.

Sobrevivemos como POTMA no Brasil com um sistema alimentar próprio e na contramão do pensamento que o tradicional é um resquício do passado e não serve para o futuro mais focado em Sankofa, ou seja, olhando o passado, pés no presente e voando para o futuro e reafirmando que este sistema serve a vida e permite a continuidade de todos os seres vivos no planeta Terra.

O capítulo vai ser disposto em seções: a metodologia, que vai apresentar como foi construído este caminhar; as seções sobre os bolos de pesquisa e relações interinstitucionais; e, por fim, a conclusão.

Metodologia: A forma faz o formato do bolo

O desenho mental deste caminho transcorrido é como um fio de contas, constituído com e pelo FONSANPOTMA, no período em que estivemos à frente da coordenação executiva nacional – um fio que une trajetórias, histórias e pessoas.

A fileira de contas, geralmente composta de miçangas de várias cores que enfeitam os pescoços de diferentes pessoas que compõem povos originários das Américas, africanos e os de matrizes africanas, em que cada miçanga, cada "bolo" vai constituindo um caminho. Este fio tem um elo, algo que firma a ação, esta é a ancestralidade, ou seja, tudo que nos antecedeu e contribuiu para que chegássemos até aqui. Um fio de conta, um "bolo, bolo" é a forma sinóptica, uma metodologia de pesquisa-ação, de representar na atualidade o que os povos tradicionais de matriz africana na diáspora forçada constituíram ou mesmo nos povos originários africanos.

Fio de conta da autora.

O desenho mental desta metodologia embasa-se na oralidade, na horizontalidade, princípios da matriz africana destes povos tradicionais na diáspora firmados em símbolos como:

> O *òkòtó* do povo Yorubá simboliza um processo de crescimento. O *òkòtó* é o pião que é apoiado na ponta do cone, um só pé, um único ponto de apoio "espiraladamente".

O *Ikodia* que, para alguns povos Bantu, é um código para outros que tem a mesma relação espiralada de rolar.

Dã, a serpente do povo Jeje que morde o próprio rabo, ou seja, circularidades em movimento.

O que estamos dizendo é que, ao adentrar a cultura alimentar dos povos tradicionais de matriz africana, além de descrever o alimento, há de se encontrar e reconhecer a metodologia própria desses povos. Nos trabalhos que conduzimos, fica nítido que o pesquisador deve estar pertencente a este círculo em movimento, ninguém solta a mão de ninguém, mesmo quando tensionado estes princípios com os da academia.

Estes caminhos percorridos foram orientados pela motivação em romper a separação entre pesquisadas/os e pesquisadoras/es, a partir da atuação de ambos na produção do conhecimento.

Dissolver as fronteiras hierárquicas entre sujeito e objeto do conhecimento, contas que vão unindo-se através do fio, "bolos" que vão formar um único "bolo", desde a escolha das fontes, da formatação do projeto dos pesquisadores que vão atuar.

Em cada etapa, há rigor no reconhecimento de todos que estejam no território, como é, onde será, a natureza, e consultada sempre através dos oráculos disponíveis e reconhecidos pelo próprio povo e pelas próprias Unidades Territoriais Tradicionais (UTTs).

Para validar este método e este escrito, faz-se necessário encontrar, no decorrer do texto, princípios como: a oralidade, a circularidade, o respeito incondicional ao mais velho de todas as matrizes, sendo elas humana, vegetal, animal e mineral; o compromisso com os mais jovens, seja no que está fazendo, na natureza como divina, neste ou em qualquer trabalho, estará a tradição de matriz africana sendo descrita, contada sem hierarquização ou depreciação de qualquer natureza.

Neste capítulo, vamos trazer as considerações sobre três bolos: a pesquisa Povos Tradicionais de Matriz Africana e Saúde Coletiva, realizada pela Fundação Oswaldo Cruz (FIOCRUZ); os relatos, as observações e as reuniões junto ao Conselho Nacional de Segurança Alimentar Nutricional na construção; e a Construção do curso Povos Tradicionais de Matriz Africana e Segurança e Soberania Alimentar junto à Universidade Federal do Rio Grande do Sul (UFRGS).

O primeiro bolo, a pesquisa em sistemas alimentares dos POTMA, foi construída com o objetivo de afirmar a sua importância na preservação da biodiversidade e equilíbrio da natureza e ressaltar o legado de saberes ancestrais dos povos oriundos do continente africano, mantidos nas UTTs, enquanto forma própria de existência e vida pela saúde coletiva. Aqui vamos nos deter às considerações feitas nos grupos focais, que possibilitaram construir um desenho sobre o sistema alimentar dos POTMA e o papel que o bode teve nesta construção.

O segundo bolo constitui-se de relatos e observações a partir do envolvimento direto que o FONSANPOTMA e o Fórum Brasileiro de Segurança e Soberania Alimentar têm como conselheiros do Conselho Nacional de Segurança Alimentar e Nutricional (CONSEA). As estratégias de resistência durante o governo fascista que convivemos no Brasil, em especial a dos banquetaços, onde levamos o bode, abatido, sacralizado para eventos de rua que distribuía alimentos a quem participava. O CONSEA nos levou a um grande aprendizado e participou ativamente na efetivação da Recomendação 008/2023[2] para a CAISAN, que reconhece a inclusão do bode como produto da sociobiodiversidade.

No terceiro bolo, apresentamos a construção do curso Povos Tradicionais de Matriz Africana e Segurança e Soberania Alimentar junto a UFRGS. A construção do curso está embasada em uma metodologia dialógica e em rede, tendo por base o compartilhamento oral do conhecimento a partir das autoridades tradicionais dos POTMA. Aqui vamos nos deter na descrição do papel biomítico do bode e os conhecimentos apresentados pelos POTMA.

Este fio de conta parte então da individualidade de cada ser que se autodeclara POTMA, das comunidades tradicionais territoriais que as reconhecem como oriundas dali do trabalho coletivo dentro do FONSANPOTMA e do encontro com outros bolos que fomos encontrando através de parcerias importantes, como pesquisadores pertencentes à tradição de matriz africana ou com interesses no tema.

Bolo – FONSANPOTMA e FIOCRUZ

A pesquisa em sistemas alimentares dos POTMA fez parte de uma cooperação de pesquisa entre FONSANPOTMA e FIOCRUZ a fim de compreender os POTMA e a saúde coletiva, coordenada por Camila Carvalho de Souza Amorim Matos (Danjù), Jose Pedro da Silva Neto, Luana Lazzeri Arantes, Regina Barros Goulart Nogueira (Kota Mulanji) e executado por mais de 200 pessoas que disponibilizaram seus conhecimentos para o grande ciclo da vida.

2 No CONSEA, a forma de enviar suas orientações à presidência e aos ministérios dar-se com recomendações, disponível em https://www.gov.br/secretariageral/pt-br/consea/acervo/recomendacoes/SEI_5842468_Recomendacao_8.pdf.

É importante saber que os POTMA compreendem variações e denominações originárias dos processos históricos diferenciados em cada parte do país. Importante ressaltar que não se constituem em grupos homogêneos, mas sim em "uma diversidade integradora", cujos elementos característicos descendem dos três povos chegados ao território brasileiro em maior número: Bantu, Jeje e Yorubá (Silva Neto, 2016: 28).

A escravidão, crime de lesa-humanidade, desterritorializou esses povos – arrancando-os não apenas de seus espaços físicos, mas também de suas identidades étnicas e culturais. No entanto, como afirma Sodré (1988: 50), eles criaram novos territórios, "reterritorializando" o universo cultural fragmentado e garantindo a continuidade da vida.

É sempre um desafio escrever sobre aqueles que não tiveram oportunidade de narrar sua forma de ver os fatos. Aqui, falaremos do bode e de quem o produz e o come dentro de um sistema alimentar arrancado dos seus, que se manteve através de várias formas de resistência, em vários territórios e por diferentes agentes.

Todos os países de língua portuguesa, em especial os que estão no continente africano, consomem o bode, o qual é produzido e beneficiado não como produto, não como carne, mas como um ser componente do cenário, da natureza, um ser vivo que compõe não só a cadeia alimentar destes povos, mas como um ente fundamental para compor o corpo biomítico, o território que somos.

A pesquisa em sistemas alimentares dos POTMA utilizou elementos importantes destes povos para caracterizar o sistema alimentar, e teve como método a construção de grupos focais em sete estados do Brasil. Dessa forma, percorreu o sistema alimentar dos POTMA através dos alimentos escolhidos por eles, sendo o bode o alimento citado em todas as cinco regiões brasileiras e escolhido como alimento de estudo em seis dos sete estados estudados.

O sistema alimentar dos POTMA no Brasil fortalece sua identidade cultural e economias comunitárias, mas também apresenta potenciais soluções para o problema da sustentabilidade do sistema alimentar por meio do acesso a políticas públicas, à manutenção da democracia pela participação popular, além de conter elementos de uma estratégia para melhorar a saúde dos membros da comunidade.

Para os POTMA, "comer equivale a viver, a manter, preservar, iniciar, comunicar, reforçar memórias individuais e coletivas" (Santos, 1999: 17), onde ritualiza-se desde o plantio até o descarte.

A constituição de territórios tradicionais de matriz africana no Brasil possibilitou alimentar o contato com a África, tanto como matriz geográfica quanto simbólica. Nesse sentido, as UTTs de matriz africana são os "terreiros", "roças", *Ilé* [Ilê], *Nzo* [Inzo], *Àbàsà* [Abaçá] ou *Egbé* [Ebé], entre outras denominações (Silva Neto, 2019), e foram uma das principais estratégias de recriação territorial, social e de perpetuação dos conhecimentos.

O estabelecimento de pactos com os povos originários, ciganos e orientais criaram, assim, outros espaços onde o alimento tradicional de matriz africana foi incorporando aos elementos destes povos e populações, principalmente trabalhadores dos portos e das periferias, como os boiadeiros, os marinheiros, a população de rua, sendo mais uma evidência que ser tradicional para este povo é respeitar o dono da terra e tudo e todos que convivem e mantêm o coletivo.

Na pesquisa em sistemas alimentares, através de relatos dos grupos focais, observou-se o quanto é negado a estes povos o conhecimento da forma de produção e transporte de todos os alimentos estudados na referida pesquisa.

O bode destaca-se em todos os estados, surgindo daí a necessidade de saber como se dá a produção e o traslado dele até as UTTs, e o relato das experiências de criação dentro das UTTs ou pelos ritos que buscam reconstituir, ou melhor, reterritorializar o bode neste ambiente até o estabelecimento de estratégias para sanar o desconhecimento deste processo.

Além da necessidade de comprar os animais vivos, foi enfatizado que é fundamental conhecer as condições nas quais os animais são criados, em que ambiente, com que tipo de alimentação, como foi tratado, como foi transportado, se foi vacinado, se está contaminado com hormônios ou agrotóxico (Matos; Arantes; Neto; Nogueira, 2023).

Também ficou caracterizado que comer juntos é uma etapa do sistema alimentar próprio dos POTMA, este consumo deve ser realizado o mais próximo da terra, o que pode ser muitas vezes observado na apresentação do bode em esteiras. Para o consumo o alimento deve ser levado à boca, sem usar utensílios que possam também ser armas, ou seja, sem o tridente, o garfo, sem a faca, a espada. Preferencialmente, com as suas próprias mãos, o que evita lesões do trato digestivo pela temperatura elevada ou não, que possibilita sentir texturas, cores e entender que não se vai à mesa armado, no máximo utilizando materiais da própria natureza, como colheres de madeira. Lembrando que juntos significam os humanos, os vegetais, a terra, a água e o ar.

O preparo e o retorno à natureza dos alimentos compõem o ritual de preservação de uma tradição que tem o alimento e a alimentação como sagradas em todas as etapas, desde a produção ao descarte do que o humano não consome, ou melhor, do que é necessário para alimentar a terra, a água e toda a biodiversidade que nos cerca e que também nos alimenta.

Em todo momento, é levado com rigor o reconhecimento de todos que estejam no território, como e onde será produzido o bode, a natureza e a consulta através dos oráculos disponíveis e reconhecidos pelo próprio bolo ou comunidade deve ser observada e realizada.

Para o consumo do bode, é necessário respeitar o ciclo de vida do animal e dos que vão consumi-lo. Dessa forma, é importante considerar a cor, o tamanho e várias outras características, tal como o tempo que este bode deve conviver com a comunidade, descansar e alimentar-se.

O cuidado com o bode inclui cuidados de higienização e alimentação determinados por quem mais tem o conhecimento na comunidade. Quem cuida e quem prepara todo o material para o abate tradicional estará adequadamente higienizado de acordo com o rito para esta ação e pela comunidade.

A pesquisa comprova que existe, na maioria das UTTs, uma divisão por sexo para este trabalho, ou seja, quem cuida, quem prepara, quem abate o bode e quem, por fim, realiza os pratos na cozinha. Dados apontam que esta última fase é realizada pelas mulheres, mas principalmente por quem tenha mais conhecimento e contribuição com a coletividade, ou seja, um mais velho independente de sexo ou gênero na ausência da mulher.

Por fim, devolver à natureza como um todo em agradecimento ao recebido pode ser considerado o descarte, mas devemos salientar que as autoridades tradicionais rejeitam este termo porque compartilhar com a natureza, ofertar alimentos à natureza não é dar o que os humanos não querem, e sim alimentar com o que a natureza mais deseja, garantir a biodiversidade em todos os sentidos e aproveitar tudo que o bode entrega para manter a vida, o couro para o atabaque, a sua vitalidade, a sua energia para compor o corpo biomítico, suas vísceras e seus ossos para a terra.

Este é o percurso que esta narrativa passa a ter, entender a rota do bode, desde a produção até o ato de alimentar a comunidade.

Bolo – FONSANPOTMA e CONSEA

O FONSANPOTMA participa do CONSEA há mais de 12 anos, inserindo-se ativamente nos debates sobre políticas públicas de alimentação e nutrição dos povos tradicionais de matriz africana. A presença de uma mulher negra da tradição de matriz africana nesse espaço é, por si só, um ato político e simbólico, especialmente em um ambiente onde cerca de 70% dos conselheiros se autodeclaram cristãos. Esse contexto evidencia os desafios enfrentados: a incompreensão sobre a importância dos sistemas alimentares tradicionais e a resistência em reconhecê-los como parte legítima da segurança alimentar brasileira.

A Recomendação 008/2023 considera a inclusão do bode como produto da sociobiodiversidade para uso alimentício. Esta ação possibilitará a oferta diversificada de produtos sustentáveis que podem atender os mercados institucionais e privados, gerando renda e assegurando a qualidade de vida dos povos e comunidades tradicionais, populações de matriz africana, povos de terreiro e agricultores familiares, promovendo a manutenção e valorização de suas práticas e saberes, assegurando direitos e sistemas agrícolas tradicionais e proporcionando a melhoria da qualidade de vida e do ambiente em que vivem. Além de também recomendar à Câmara Interministerial de Segurança Alimentar e Nutricional – CAISAN a constituição de um Grupo de Trabalho para promover o debate sobre a produção e o acesso dos povos e das comunidades tradicionais e das populações de matriz africana/povos de terreiro ao bode, no sentido de garantir a estes povos o pleno exercício de seus direitos culturais e ancestrais e sobre a possibilidade da inclusão deste animal no âmbito da Política de Garantia de Preços Mínimos para os Produtos da Sociobiodiversidade (PGPM-Bio).

Por inúmeros entraves burocráticos e políticos, a recomendação ainda não efetivou a criação do GT, mas esta articulação propiciou o 1° Encontro do Comitê da Rota do Bode, uma articulação entre o Fórum Nacional de Segurança Alimentar e Nutricional dos Povos Tradicionais de Matrizes Africanas (FONSANPOTMA) e comunidades tradicionais de fundo de pasto, quilombos e outros agricultores familiares para dialogarem sobre a construção de canais de comercialização dos bodes, de forma a garantir a soberania e a segurança alimentar e nutricional para os povos de matriz africana. Participaram ministérios do Governo Federal, EMBRAPA, cooperativas, ONGs, POTMA, comunidades de fundo de pasto, governo do estado da Bahia, governos municipais e pesquisadores que propiciaram um conhecimento aprofundado da condição do consumo do bode pelos POTMA.

Os contatos, os relatos e as pesquisas bibliográficas que foram feitas para buscar a efetivação desta recomendação possibilitaram a compreensão sobre a relação dos POTMA, das comunidades de fundo de pasto e das comunidades quilombolas e como o bode cumpre o papel de elo entre esta rede invisível ao Estado, até para as próprias pessoas, mas real para a ancestralidade, para a natureza e para o clima.

Os bodes constituem um meio de sustento para os pequenos produtores, sendo alternativa de aproveitamento de terras onde não se podem criar outras espécies ou cultivar produtos agrícolas (Kadim *et al.*, 2003). No que tange à criação de bode, enquanto os estados do Nordeste mantêm curvas ascendentes em número de animais, os dois principais estados do Sul, Rio Grande do Sul e Paraná, apresentaram declínio em seus rebanhos, com uma variação negativa de 38% e 3%, respectivamente, em relação a 1998, e com 20,5% e 4% em relação à 2008, na mesma ordem (Monteiro; Brisola; Vieira, 2021).

As comunidades de fundo de pasto, segundo Angelina Garcez (1987), são propriedades coletivas, geralmente compostas por comunidades familiares onde se realizam atividades predominantemente de pastoreio comunitário extensivo de gado de pequeno porte e uma agricultura de subsistência. Encontramos no norte da Bahia um grupo significativo destas comunidades que cuidam dos bodes.

As cooperativas de produção afirmam que o bode vive nas Caatingas e convive com as árvores e os animais, e unifica o continente das Américas e o africano. Assim, os bodes são responsáveis pelos lugares da geografia social da condição de excelência de conservação ambiental civilizatória planetária nos cenários preocupantes do geoclima de onde habitam.

Os POTMA têm ao longo de sua existência contribuído para com o planejamento e a produção dos bodes. Tais cultivos são realizados nos quilombos, nas comunidades de fundo de pasto, mas seguem regras de criação e manejo pautadas pelas exigências dos ritos e entidades cultuadas pelos povos tradicionais de matriz africana.

O racismo ambiental, as desigualdades regionais e a invisibilidade de povos e comunidades tradicionais e o roubo epistemológico que leva a interesses de não dar a devida referência a estes povos (Nogueira *et al.*, 2023) afastam qualquer tipo de pesquisa de mercado a demonstrar a influência desta população na economia local, nacional e internacional.

A cadeia produtiva de caprinos no Brasil é marcada por informalidade e falta de regulamentação, o que agrava a dificuldade dos POTMA em acessar animais que atendam às suas necessidades específicas.

A comercialização de caprinos é frequentemente intermediada por atravessadores, o que não apenas eleva os custos, mas também compromete a qualidade dos animais e a transparência nas condições de criação e transporte. Este problema é exacerbado pela falta de políticas públicas que abordam diretamente as necessidades dos POTMA e pela invisibilidade de sua demanda na cadeia produtiva.

Em 2019, o Brasil foi assolado por um debate, a partir do pedido do Ministério Público do Estado do Rio Grande do Sul, que questionava a constitucionalidade da Lei n.º 12131/2004 deste estado, que garantia os abates tradicionais dos povos tradicionais de matriz africana sendo no processo denominado sacrifício ritualísticos em cultos e liturgia das religiões de matriz africana. O Supremo Tribunal Federal então caracteriza como constitucional o abate tradicional e diz da importância, para a tradição de matriz africana, da sua manutenção, mas observem que nesta decisão não está garantida a vida do povo, a garantia de uma fiscalização na produção e translado destes.

Em 2021, foi notícia que encontraram em um caminhão apreendido pela Polícia Federal na Rodovia Fernão Dias em São Paulo 325 bodes e cabras sendo transportados de forma amontoada e 23 já estavam mortos.[3]

No mês de julho de 2023, dentro de uma articulação política pensando em estabelecer a rota do bode, o FONSANPOTMA esteve em Casa Nova (BA) e visitou o atual local onde se dá a Feira de Comercialização de Bodes em Casa Nova, um espaço clandestino, onde foram encontrados animais sendo maltratados, uma comercialização com propinas e alto risco para tráfico de animais. Foi encontrado restos de animais à beira do Rio São Francisco, certamente contaminando as águas.

Para superar o racismo e evitar que situações como estas se repitam, torna-se necessário reconhecer os povos e as comunidades tradicionais e efetivar políticas públicas, bem como resgatar os sistemas tradicionais de alimentação ainda hoje praticados por essas populações, pois essas técnicas têm contribuído significativamente para a manutenção da diversidade biológica.

Bolo: POTMA e UFRGS

O Curso de Segurança Alimentar e Nutricional: A Cultura Alimentar dos POTMA realizado pela UFRGS e pelo FONSANPOTMA permitiu a criação de um espaço de aprendizagem junto aos integrantes dos Povos Tradicionais de Matriz Africana em território nacional através de rodas de conversas e da sistematização atenta de estudantes dos POTMA. Assim, foi possível entender a diversidade e a profundidade do papel do bode para os POTMA. Para tanto, em uma das rodas se tratou do nascer para tradição de matriz africana e o papel do alimento.

Os mais velhos naquele espaço trouxeram que o nascer na tradição de matriz africana tem exige um enxoval, uma festa e alimentar a natureza e os corpos. Não nasce ninguém sem alimentar a ancestralidade que carrega na sua bagagem; é necessário nutrir uma maternagem complexa e coletiva: quem ensina a rezar, quem ensina a comer, quem ensina a vestir, quem cuida do coletivo, ou seja, o presente. E urge alimentar o caminho que vai trilhar.

Ao parir mais um ser para tradição de matriz africana, há de se preparar e alimentar o caminho deste que vai nascer, o corpo individual do iniciado tem de ser alimentado, mas principalmente sua cabeça. Nada está isolado ou dividido, existe uma integralidade do ser.

[3] Disponível em https://g1.globo.com/sp/vale-do-paraiba-regiao/noticia/2021/09/13/policia-flagra-caminhao-transportando-325-bodes-e-cabras-em-situacao-irregular-na-fernao-dias.ghtml.

Este enxoval começa por uma frase comum de norte a sul: "Um quatro--pés calçado". Os grãos, tais como feijão preto, feijão fradinho, fava, milho de galinha e milho de pipoca, os vegetais, como batata-doce, mostarda e berinjela, e outros animais fazem parte do ritual. A frase simples sedimenta uma mandala alimentar, onde tem água, roupa apropriada para o recém-nascido e um planejamento alimentar que, mais uma vez, mostra a integralidade, equidade e horizontalidade.

A expressão "um quatro-pés calçado" simboliza o sustento e o equilíbrio da vida. O bode representa a vitalidade e a ligação entre corpo físico e ancestralidade espiritual. Como dizem as lideranças: "ninguém nasce sozinho – nasce-se com a comunidade, com a terra e com o alimento".

Cada noviço costuma agregar em torno da sua festa umas 20-25 pessoas, e este processo dura em torno de um a três meses. Não existe desperdício, o bode, as aves e outros animais que vão "calçar" o quatro-pés, o que significa balancear gordura saturada, insaturada, garantindo quantidade suficiente para alimentar toda a comunidade e o entorno.

O dia, em especial, de agregar a vida do noviço à história do bode é cercado de expectativa. O animal não pode sofrer de forma alguma; será alimentado e não pode chorar!

Além das propriedades nutricionais, os alimentos possuem um signo-símbolo-significado que são ativados por meio dos ritos. Isso os diferencia de tudo do sistema hegemônico linear e transforma os alimentos em um produto. Temos utilizado a caracterização de alimento biomítico para caracterizar o alimento e alimentação tradicional.

Os mais velhos deixaram anúncios que identificam isto. Por exemplo, o bode não pode ter sinais de sofrimento, chifres quebrados, lesões no couro, ou seja, você deve saber como foi produzido e criado o animal. Porque, na dimensão destes povos, o abate tradicional perpassa por pedir licença a este animal para ele compor nossa cadeia alimentar e para que ele permaneça vivo em nós. Ao abater um animal ritualisticamente, está garantido que será incorporado a nós as características deste animal.

Existe toda uma divisão de tarefas, muitas ligadas aos sexos feminino e masculino ou à função estabelecida pelas próprias divindades, realizadas por pessoas preparadas e que conhecem toda uma questão sanitária própria, desde o seu próprio corpo ao reconhecimento da saúde do animal e do que é necessário servir com esta carne.

A Rainha de Ouidah, Acackpo – Kpessi Ko'Ndodo do Benin em entrevista diz: "o melhor é o bode ser criado por nós ou por quem conhecemos, senão há de se receber e ter um tempo na própria comunidade de prepará-lo de acordo com nossas necessidades". Este depoimento unifica os continentes América e

África, porque não se difere dos depoimentos das autoridades tradicionais de matriz africana, descritos nas rodas de conversa da composição do curso.

A carne de bode é uma das carnes mais saudáveis, comparando com outras carnes vermelhas e levando em conta a pouca quantidade de gordura, a quantidade de zinco e de complexo B. As receitas vêm sendo modificadas ao longo do tempo e das regiões. As modificações têm como principal motivo a dificuldade de acesso ao bode e o aumento dos preços do animal, forçado pela falta de oferta para a grande procura desse público específico.

O racismo, muitas vezes descrito nestas rodas de conversa através de expressões como "se for para o povo tradicional de matriz africana não vendemos" ou "para macumba não vendemos", e caracterizado principalmente pelo aumento do preço quando são estas autoridades tradicionais que buscam o animal, é o principal argumento para reduzir a quantidade de bode e modificar receitas.

Chamamos bode e não caprinos por uma questão política, porque o caprino esconde todo o preconceito que o bode, o chifrudo, carrega e faz com que esta carne seja um produto comercial "exótico" e não tradicional. A forma como tem sido consumida nas UTTs e o alcance das pessoas para poder desenvolver o que é determinado iniciação nesta tradição estão ameaçados constantemente pelo racismo.

Todos e todas alimentam-se do bode preparado no terreiro nas UTTS, de acordo com seus sabores e necessidades e servindo primeiro os mais velhos, porque eles cuidam da gente e detêm o saber. Quando alimentamos o mais jovem primeiro, e este pode ser o ser humano, porque somos depois da terra, do vegetal e da água, podemos ficar sem ter quem alimente o mais jovem depois.

O sistema alimentar dos POTMA ensina que nascemos, vivemos e retornamos à massa de origem – humanos e não humanos. Alimentar a terra, a água e o ar é parte desse mesmo ciclo. O sistema hegemônico, ao contrário, rompe a circularidade e destrói a terra e as tradições sustentáveis.

Não é à toa que a indústria de multiprocessados tem hiperfoco nas crianças de todos os continentes, tirando o sabor da terra e da territorialidade deles. Em várias comunidades do continente africano, o bode está ali, com leite e carne, e as crianças esperam leite em pó e açúcar que vai os matar mais tarde. As bebidas açucaradas roubam o sabor da fruta que está ao alcance da mão. A água, tão necessária no sistema alimentar dos povos tradicionais de matriz africana, está privatizada na maioria dos municípios, e a água do poço e do mar é inapropriada ao uso.

Conclusão

Este capítulo busca reforçar o sistema alimentar dos povos tradicionais de matriz africana e o papel no equilíbrio e bem viver desses povos, área de estudos atual. Desenvolver metodologias que considerem os princípios e valores desses povos, assim conhecer o "bolo-bolo" – o desenho do fio de conta como mapa mental – para estruturar um sistema alimentar próprio dos povos foi fundamental.

O alimento, a alimentação propriamente dita, é uma escolha política que necessita de subsídios de informação e formação e não apenas ficar submetida à influência nefasta do mercado e da grande mídia. A participação social é fundamental para constituir um ambiente suficientemente bom para constituir um "bem viver" para estes povos, através de políticas públicas que possam ser desenvolvidas.

A construção de conhecimento coletivo sem hierarquizar o tempo, passado, presente e futuro, ou seja, reconhecendo os territórios e suas contribuições, sua territorialidade. A alimentação é provavelmente a maior expressão de territorialidade, o maior código significativo de como um povo relaciona-se com os seres vivos, com as gerações.

O alimento biomítico carrega essas características transcendentais do tempo e do espaço e liga e interliga continentes e histórias reafirmando os ritos e mitos como determinantes do processo civilizatório.

O racismo mata física, mental e psicologicamente os seres, tanto as vítimas quanto os algozes, destrói humanidades.

O bode é um catalisador não só dos espaços onde vive, mas das pessoas que o incorporam através da alimentação. Sua carne, resiliência e resistência milenarmente têm sido para os povos tradicionais de matriz africana, comunidades quilombolas e de fundo de pasto manutenção e preservação de vida.

Nosso trabalho não seria possível sem o movimento social, sem as parcerias estabelecidas e sem algumas iniciativas.

É cada vez mais necessário reafirmar que o Conselho Nacional de Segurança Alimentar e Nutricional, a política de Segurança Alimentar e o Sistema Nacional de Segurança e Soberania Alimentar são fundamentais para que iniciativas da sociedade civil sejam implantadas pelo governo brasileiro. Além disso, é necessário regulamentar o Decreto n.º 6040 através da efetivação da PL Makota Valdina, PL 1279/2022, que reconhece o sistema alimentar próprio dos povos tradicionais de matriz africana como uma reparação pública ao processo de escravidão.

Valorizar a culinária, o sistema alimentar destes povos tradicionais de matriz africana incorporados à gastronomia brasileira, é uma forma real de estabelecer uma luta antirracista, desde que se aprofunde e reconheça a identidade e importância de cada alimento.

A identidade de um corpo biomítico passa por saber o que comemos e como comemos. Passa por ter comida de verdade, servida e consumida coletivamente. Em que a natureza está interpenetrada na forma, no método de produzir, beneficiar, consumir e descartar, não hierarquizamos o alimento e as pessoas. Derrubamos a pirâmide e colocamos tudo em movimento. Um movimento circular e ascendente e, aí sim, crescemos.

Referências

Amorim Matos, Camila Carvalho de Souza; Arantes, Luana Lazzeri; Silva Neto, José Pedro da; Nogueira, Regina Barros Goulart (Kota Mulanji) (2023), *Povos Tradicionais de Matriz Africana e Saúde Coletiva*. Fundação Oswaldo Cruz – FIOCRUZ.

Brasil. Câmara dos Deputados. Projeto de Lei n.º 1.279, de 2022. *Dispõe sobre o Marco Legal dos Povos e Comunidades Tradicionais de Matriz Africana, altera a Lei nº 12.288, de 20 de julho de 2010 (Estatuto da Igualdade Racial) e a Lei nº 10.257, de 10 de julho de 2001 (Estatuto da Cidade)*. Brasília, 2022.

Brasil. Conselho Nacional de Segurança Alimentar e Nutricional – CAISAN. Recomendação n.º 008, de 2023. *Documento sobre a inclusão do bode como produto da sociobiodiversidade*. Brasília: CAISAN, 2023.

Brasil. Decreto n.º 6.040, de 7 de fevereiro de 2007. *Institui a Política Nacional de Desenvolvimento Sustentável dos Povos e Comunidades Tradicionais*. Diário Oficial da República Federativa do Brasil, Brasília, DF, 8 fev. 2007.

Kadim, I.T. *et al.*, (2003), "An evaluation of the growth, carcass and meat quality characteristics of Omani goat breeds", *Meat Science*, Barking, v. 66, p. 203-210.

Monteiro, M. G.; Brisola, M.V.; Vieira Filho, J. E. R. (2021), *Diagnóstico da cadeia produtiva de caprinos e ovinos no Brasil*. Brasília: Instituto de Pesquisa Econômica Aplicada.

Santos, Boaventura de Sousa (2007), "Para além do pensamento abissal: das linhas globais a uma ecologia de saberes", *Revista Crítica de Ciências Sociais*, n. 78, p. 3-46.

Santos, Milton (1999), *O espaço do cidadão*. São Paulo: Nobel.

Silva Neto, José Pedro da (2016), *Os povos tradicionais de matriz africana no Brasil: identidade e território*. Brasília: FONSANPOTMA.

Silva Neto, José Pedro da (2019), *Tradição e ancestralidade: o papel das UTTs na reconstrução territorial dos povos de matriz africana*. Brasília: FONSANPOTMA.

Sodré, Muniz. (1998), *O terreiro e a cidade: a forma social negro-brasileira*. Rio de Janeiro: Vozes.

CAPÍTULO 10

Para uma estética das epistemologias do Sul: manifesto em vinte e duas teses

Boaventura de Sousa Santos

1. *Vivemos num mundo dominado pelas três principais formas de dominação que estiveram presentes ao longo da época moderna: o capitalismo, o colonialismo e o patriarcado.* As três estão tão estreitamente interligadas que nenhuma delas opera isoladamente. No entanto, as forças sociais que têm vindo a oferecer resistência contra a dominação moderna centraram-se, em geral, numa destas formas e só em raras ocasiões se centraram em todas em simultâneo. Assim, as lutas anticapitalistas tiveram frequentemente um caráter colonialista, racista e machista, ao passo que as lutas anticolonialistas ou antirracistas quase sempre aceitaram o capitalismo e o heteropatriarcado, e as lutas antipatriarcais foram muitas vezes de natureza capitalista e colonialista ou racista. A tragédia do nosso tempo consiste em que a dominação opera como uma totalidade coordenada, ao passo que a resistência contra essa dominação é fragmentada.

2. *Este padrão de dominação é mais do que um simples modelo económico ou político, é um paradigma civilizacional.* É servido por um enorme corpo de conhecimento hegemónico – as epistemologias do Norte – assente na negação dos seres e do conhecimento presentes nos territórios colonizados e explorados, espaços a que chamo o Sul global. Este paradigma de civilização desenvolveu uma estrutura de conhecimento para legitimá-la, as epistemologias do Norte. Ao ignorar a articulação subjacente às três formas fundamentais de dominação, estas epistemologias contribuem para desmantelar a resistência social contra aquelas. No neoliberalismo global, este desmantelamento atingiu um nível extremo, ilustrado pela ideia de que não há alternativa ao *statu quo*, algo que é supostamente demonstrado pelo facto de nos últimos cem anos a grande maioria das tentativas para produzir mudanças substanciais falhou. No entanto, à medida que as formas mais brutais

de exploração, exclusão, discriminação e desigualdade emergem ou reemergem e atingem níveis sem precedentes ao mesmo tempo que o imperialismo se torna mais agressivo, que se agudiza a crise ecológica e a violência política e física se tornam mais caóticas, torna-se cada vez mais evidente que temos de encontrar alternativas para esta situação de pesadelo que prospera destruindo vidas – as dos seres humanos e a vida não humana (Santos, 2019a).

3. *Não necessitamos de alternativas, o que precisamos é de um pensamento alternativo de alternativas.* Em todo o mundo, os grupos sociais oprimidos continuam a resistir a diferentes formas de dominação e continuam a propor e a desenvolver alternativas à situação vigente que põem em prática com frequência nos seus territórios ou contextos. No entanto, estas lutas, que ocorrem no Sul global, ou não são conhecidas ou são desacreditadas pelas epistemologias hegemónicas do Norte e pelos interesses políticos por elas servidos. De qualquer forma, estas lutas são vulneráveis e estão condenadas a ser neutralizadas. Impõe-se a necessidade de um pensamento alternativo para confrontar esta neutralização (Santos, 2017, 2019b).

4. *As epistemologias do Sul "ocupam" as epistemologias hegemónicas do Norte para gerar outros conhecimentos.* As epistemologias do Sul são procedimentos multilocais que identificam e validam o conhecimento surgido nas lutas contra o capitalismo, o colonialismo e o patriarcado, que foi produzido pelos grupos e classes sociais que mais sofreram com as injustiças causadas por essa dominação. Nas lutas contra a opressão e dominação, diferentes culturas emergem como importantes vetores de resistência e produção de conhecimento. As epistemologias do Sul têm como objetivo valorizar esse conhecimento e, portanto, rearmar e reforçar a resistência contra a opressão, discriminação e dominação. Se a dominação imperialista tem a necessidade vital de praticar a opressão cultural, qualquer luta emancipatória de libertação é, necessariamente, um ato de cultura (Coomaraswamy, 1927; Cabral, 1979).

5. *Não há justiça social global sem justiça cognitiva global.* As epistemologias do Sul não questionam, em princípio, a validade da ciência moderna. Apenas rejeitam a afirmação de que se trata do único conhecimento válido, bem como a questão da separação arbitrária entre artes e ciências. As lutas sociais baseiam-se geralmente numa variedade de diferentes conhecimentos que já estão disponíveis, incluindo o conhecimento científico, e que no seu progresso geram novos conhecimentos. À medida que vão combinando e articulando diferentes tipos de conhecimento, coligem ecologias de conhecimentos. As epistemologias do Sul têm como objetivo valorizar e recuperar esses conhecimentos e as articulações entre eles. Para o fazer, propõem um conceito da dominação de configuração eurocêntrica moderna completamente oposto ao que é proposto pelas epistemologias do Norte (Santos, 2017).

6. *A sub-humanidade é constitutiva do conceito moderno de humanidade.* O colonialismo é, em grande medida, parte da nossa realidade contemporânea, tal como o são o capitalismo e o heteropatriarcado. O colonialismo não desapareceu com a independência das colónias europeias. Na realidade, adotou outras formas não dependentes da ocupação física de um território por outro país (Nkrumah, 1967). Embora o capitalismo se baseie na igualdade formal de todos os seres humanos, tanto o colonialismo como o patriarcado se baseiam na degradação ontológica de determinados grupos de seres humanos. Considera-se que estes grupos são inferiores e sub-humanos, e tratam-se como tal (Fanon, 1967; Federici, 2010; Pérez Orozco, 2014). A dominação eurocêntrica moderna opera com base numa linha abissal que separa a humanidade da sub-humanidade e converte-as em duas realidades mutuamente incomensuráveis. As epistemologias do Norte continuam a fornecer a base ontológica, epistemológica e política desta linha abissal e a natureza abissal desta linha reside na sua condição de ser, ao mesmo tempo, radicalmente violenta e eficiente na manutenção da exclusão e opressão do Norte imperial sobre o Sul global (Santos, 2010: 34-45). Assim, será importante explicar a associação íntima entre o projeto epistémico e o projeto político imperial que cria o outro como um ser não humano sem conhecimento ou sentido estético. A beleza é uma das chaves utilizadas para distinguir os seres humanos dos não humanos. Mas não há uma ideia comum de beleza que seja aplicável a todas as comunidades e interesses políticos. Kant (1952 [1790]), por exemplo, insiste em que o local racializado estaria em constante negociação com o universal (global) em qualquer definição ou julgamento do belo. A sua afirmação de que não há uma satisfação universal no belo deve ser vista como um reconhecimento de que a beleza é contingente, dinâmica, racializada e está envolvida numa disputa estética e política contínua entre as normas locais e globais.

7. *As formas modernas de vida social dividem-se entre sociabilidade metropolitana e sociabilidade colonial e estão separadas por esta linha abissal.* A sociabilidade metropolitana – campo de geração política de legitimidade imperial – é o modo de funcionamento da dominação moderna entre seres humanos formalmente iguais. A exclusão social existe, mas não é abissal na medida em que se rege segundo regras que só são possíveis numa comunidade de seres humanos formalmente iguais. A sociabilidade colonial é o modo de funcionamento da dominação moderna entre seres humanos desiguais, entre seres humanos plenos e seres sub-humanos. Neste caso, a exclusão social é abissal porque se rege de acordo com regras que só podem ser impostas aos seres sub-humanos. A sociabilidade metropolitana é a zona do ser sobre a qual as epistemologias do Norte construíram os ideais universais modernos. A sociabilidade colonial é a zona do não ser, conforme destacou Frantz Fanon (1963, 1967). Os conhecimentos gerados

pelos povos submetidos à sociabilidade colonial tornam-se invisíveis, silenciados, irrelevantes ou inexistentes. É nisto que consiste o epistemicídio (Santos, 1998: 103), na secundarização e exclusão maciça de conhecimentos provocadas pelas epistemologias do Norte. Ao denunciar este fenómeno, as epistemologias do Sul abrem paisagens de novos conhecimentos muito diversificados.

8. *Para as epistemologias do Sul, não há uma estética geral única*. O deslocamento epistémico proposto pelas epistemologias do Sul interrompe, em grande medida, a credibilidade das conceções culturalmente monolíticas, gerais e universais de beleza, criatividade, espaço-tempo, aura, autoria, oralidade e assim por diante. Além do mais, denuncia a parcialidade radical da sociabilidade metropolitana. Esta parcialidade radical institui as conceções de estéticas modernas hegemónicas autoproclamadas como universais, ou seja, válidas independentemente do contexto no qual são geradas. Ou seja, as epistemologias do Norte, por um lado, geram um cânone estético único, que se tenta exportar como referência prescritiva para todo o mundo, associado a uma separação hierárquica, classista, entre arte e artesanato. Por outro lado, nas últimas décadas, muitas instituições financeiras globais converteram-se em atores principais na cena artística internacional. Associadas a leiloeiras (que tentam obter o máximo de dinheiro possível pelas obras de arte), tiveram uma influência considerável na priorização das taxas de retorno sobre o investimento como determinantes-chave da "boa" arte.

9. *As epistemologias do Sul exigem uma nova estética, as estéticas do Sul*, uma pluralidade de práticas artísticas criativas pós-abissais que emergiram das lutas contra o capitalismo, o colonialismo e o heteropatriarcado. Há, portanto, dois paradigmas estéticos fundamentais: a estética do Norte e a estética do Sul. A estética do Norte é uma estética abissal, uma vez que ignora ou não reconhece a existência da linha abissal que divide as zonas do ser das zonas do não ser e as consequências epistémicas, estéticas, éticas, políticas e culturais desta divisão. Simplesmente aceita todos os dogmas artísticos convencionais de universalidade, espacialidade, temporalidade e criatividade. A estética do Sul, por outro lado, acredita que a linha abissal é o vetor fundamental da sua criatividade. Do ponto de vista das epistemologias do Sul, considera-se que a arte de outras culturas e as teorias estéticas desenvolvidas fora do paradigma das epistemologias do Norte oferecem chaves para outros passados e novos futuros.

10. *Para as epistemologias do Sul, a dicotomia-chave encontra-se entre artistas abissais e pós-abissais*, e não entre artistas metropolitanos e coloniais. Os artistas que adotam a estética do Norte são artistas abissais; aqueles que praticam a estética do Sul são artistas pós-abissais. Trata-se de artistas que denunciam a existência da linha abissal e procuram superá-la com a sua arte. A história da arte global não é a história da arte do mundo, mas tornou-se numa história da

arte de muitos objetos híbridos, fruto de processos de circulação e intercâmbio, ou objetos de arte criados no Sul global que foram roubados no seguimento da violência do capitalismo e do colonialismo. Hoje em dia, estes objetos constituem uma parte importante dos acervos museológicos do Norte global (Sarr e Savoy, 2018). Esta é a história da arte que resulta da globalização neoliberal. Conforme foi sublinhado acima, aquilo a que, à luz da hegemonia da estética do Norte, se chama arte contemporânea não é mais do que uma pequena parcela da arte produzida nos nossos tempos, a parcela que é promovida pelos curadores convencionais e as elites globais (Elkins, 2006: 19).

11. *O artista pós-abissal é um praticante destacado das epistemologias do Sul.* Numa época caracterizada pela falta de alternativas, a centralidade da arte para as epistemologias do Sul baseia-se no facto de o artista pós-abissal estar mais bem preparado para agrupar num mesmo evento ou artefacto a denúncia das três principais formas de dominação moderna e das articulações entre elas. Ao fazê-lo, contribui para derrotar a maldição da fragmentação que persegue a resistência contra a dominação moderna. Ao mesmo tempo, pode, melhor do que ninguém, problematizar as raízes da arte nas epistemologias do Norte: uma arte egoísta, elitista, individualista e impulsionada pelo mercado, focada principalmente na forma. Isto contrasta diretamente com muitas das formas não eurocêntricas de prática artística, que geralmente consideram a arte como algo comunitário, não comercial, funcional e holístico integrado na prática quotidiana e na vida das pessoas (Assefa, 2015: iii).

12. *O artista pós-abissal vive em constante confronto com o cânone e os seus guardiães.* Como o cânone artístico oficializa a arte e a arte hegemónica é aquela que segue os códigos das estéticas do Norte, o cânone mantém sempre uma atitude hostil para com o artista pós-abissal. Os curadores insurgentes, que atuam como abridores de portas, são elementos decisivos para o reconhecimento do artista pós-abissal. Fazem a distinção entre dois tipos de artistas pós-abissais: aqueles que tiveram preparação artística no âmbito da sociabilidade metropolitana e conseguiram superá-la e aqueles que tiveram outros tipos de formação (incluindo a metropolitana – Barndt, 2011).

13. *O artista pós-abissal é um artista ausente antes de se converter num artista de ausências.* O artista pós-abissal concentra-se em formas e práticas artísticas que têm lugar do outro lado da linha (do lado do não ser), formas e práticas que, na perspetiva da estética do Norte, são descritas como monstruosas, blasfemas, primitivas ou inexistentes. A estética do Sul centra-se na criatividade das experiências de vida e práticas sociais das populações forçadas a viver do outro lado da linha – a sociabilidade colonial. Esta estética centra-se nas suas resistências e desistências, nas suas próprias ideias sobre a linha abissal e nas possibilidades e formas – reais ou imaginárias – de superá-la. O artista pós-abissal

responde, intuitivamente e a partir do que lhe é mais profundo, à indignidade de sujeitar seres humanos à condição de sub-humanidade. É criador de humanidade, o que significa expandir a capacidade de reimaginar o nosso mundo. Como disse o artista ugandês Okot p'Bitek, "esculpe os seus padrões morais em madeira e pedra e pinta as suas regras coloridas em paredes e telas" (1986: 40). Na Europa, Adrian Paci e Carlo Levi são dois dos melhores exemplos da interpretação artística perante a linha abissal. Adrian Paci, com o seu Centro di Permanenza Temporanea,[1] e Carlo Levi (1963), com o seu livro *Cristo si è fermato a Eboli* [Cristo parou em Eboli], publicado em 1945, no qual mostra a abominável sub-humanidade daqueles que viviam nas cavernas em Matera, para onde Mussolini os tinha desterrado. O artista pós-abissal é um exímio praticante da sociologia das ausências (Santos, 2010, 2019a).

14. *O artista pós-abissal é um ainda-não artista antes de se converter no artista do ainda-não*. O ainda-não (Bloch, 1995) é o emergente. Como realça Thuli Gamedze (2015), é possível expandir a dimensão da arte para que "quando falamos sobre arte, estejamos a falar de uma abordagem consciente e criativa, que constitui uma resposta às imagens e, através dessa resposta, cria as suas próprias imagens". O artista pós-abissal tem de lutar pelo reconhecimento, uma vez que subverte as regras que regem esse reconhecimento. É especialista em ainda-não, no emergente, no latente, no potencial, em tudo o que esteja no caminho do seu reconhecimento e da contribuição inovadora que pode dar à expansão do presente artístico. O artista cria ideias e paisagens mentais que transcendem a falsa inevitabilidade de um presente truncado. Isto envolve frequentemente a combinação de recursos muito antigos com recursos mais recentes ou tecnologicamente mais "avançados". Uma das mais impressionantes demonstrações da capacidade da arte para gerar novas alternativas emergentes é a Orquesta de Instrumentos Antiguos y Nuevas Tecnologías,[2] dirigida por Alejandro Iglesias Rossi na Universidad Nacional de Tres de Febrero (UNTREF), em Buenos Aires. O artista pós-abissal é um exímio praticante da sociologia das ausências (Santos, 2010, 2019a).

15. *O artista pós-abissal é especialista na conceção da linha abissal, daí que interrompa o presente*. Ao afirmar e denunciar a linha abissal, o artista pós-abissal contrai o presente oficial e mostra a sua parcialidade (sociabilidade metropolitana, a que se encontra deste lado da linha abissal). Ao mesmo tempo, expande o presente ao mostrar e inventar o presente artístico não oficial, as formas e

[1] Consultado em fevereiro de 2019, em https://welldesignedandbuilt.com/2012/03/02/adrian-paci-centro-di-permanenza-temporanea.

[2] Consultado em fevereiro de 2019, em https://untref.edu.ar/mundountref/orquesta--instrumentos-autoctonos-nuevas-tecnologias-xirgu.

práticas decorrentes da resistência contra a sociabilidade colonial, do outro lado da linha abissal. A interrupção do presente baseia-se num exercício duplo: a memória radical da opressão e a antecipação radical da libertação.

16. *O artista pós-abissal afirma-se de modo triunfal na criação de entidades ou valores terceiros*. Polarizações dicotómicas ou binárias evitam que a monstruosidade da sociabilidade colonial se torne esteticamente inteligível. O artista pós-abissal é especialista em imaginar entidades ou valores terceiros que se encontram fora daqueles binários. Estes binários abissais são de grande importância: sociedade/natureza, indivíduo/comunidade, imanente/transcendente. Isto significa que o artista pós-abissal reconhece as tramas profundas e recíprocas que se produziram nas zonas de contacto forjadas pela modernidade eurocêntrica nos últimos quinhentos anos. Mas estas entidades ou valores terceiros são a forma pós-abissal de imaginar diferenças sem hierarquias, de ir para lá das hierarquias coloniais, capitalistas e heteropatriarcais. Os valores terceiros são a origem do pluriverso.

17. *O artista pós-abissal é um artista cuja arte é criada* ***com***, *mais do que* ***acerca de*** *ou* ***sobre***. Especializado em ausências e emergências, o artista pós-abissal cria a sua arte de maneira muito semelhante à do artesão, e, de facto, aprende com outros artesãos que não aspiram a ser artistas. A autoria pós-abissal é construída sobre as ruínas das dicotomias características da estética do Norte, como ideais abstratos/obra de arte concreta, sujeito/objeto, indivíduo/comunidade. O artista pós-abissal não é um indivíduo com aura nem mais uma engrenagem indiferenciada na comunidade. A sua presença na arte é semelhante à que foi imaginada por Okot quando disse que

> o verdadeiro artista africano tem de olhar não para uma ideia abstrata chamada beleza que pode estar "lá para cima", mas para a filosofia de vida da sua sociedade. A sua voz dele é o rufar dos seus tambores, a vibração das suas nádegas e o som do corno que atravessa o vento, a escultura em madeira ou pedra moldada em figuras desfiguradas – será um fantasma? São estes os seus contributos para a verdadeira celebração da vida real aqui e agora. (p'Bitek 1986: 23)

18. *O artista pós-abissal é uma escora [cantiléver]*. Tal como um poste de iluminação, o seu raio de criatividade está fixo numa extremidade e livre na outra. A luz é emitida pela extremidade livre e ilumina não só ambos os lados da linha abissal, mas também a própria linha. De acordo com os movimentos do raio de luz, a escuridão e a luz poderiam ser distribuídas de forma equitativa entre a sociabilidade metropolitana e a sociabilidade colonial. O artista pós-abissal interrompe a divisão moderna entre a sociabilidade metropolitana,

concebida como luz, e a sociabilidade colonial, concebida como escuridão. O artista pós-abissal vê a luz na escuridão e a escuridão na luz. E vai além do imperativo da visão, exprimindo várias emoções e sentidos.

19. *O artista pós-abissal especializa-se na luta, na experiência e na corporalidade.* Especializa-se especificamente nas lutas de libertação e emancipação, na experiência da exclusão abissal, na corporalidade dos corpos escravizados, racializados e sexualizados. A partir da Península Arábica e através do Mar Vermelho, o cartunista Abu'Obayda Mohamed criou peças arrasadoras que capturam a dolorosa realidade vivida por aqueles que habitam aquela parte do mundo. E afirma: "A arte nem sempre trata de coisas bonitas; trata daquilo que somos, é o reflexo do que acontece nas nossas vidas e de como isto afeta as nossas vidas".[3]

20. *O artista pós-abissal caminha sobre a linha abissal.* Não importa como ou onde está a extremidade fixa do raio de luz, som ou outro sentido. O artista converte-se em ativista criador pós-abissal na medida em que a sua arte tem como objetivo poder ser vivida e sentida a partir dos dois lados. E isto só é possível se se caminhar sobre a linha. Essa marcha desestabiliza a linha abissal e pode até deslocá-la. O artista pós-abissal continua a reconfigurar um outro sentido do território, difundindo uma convivência planetária que questiona as relações assimétricas de poder que ainda definem o presente. O artista pós-abissal é um acrobata. É um refugiado que habita simultaneamente os centros de detenção e a sua cidade natal. Neste sentido, a sua arte espelha processos históricos e culturais que devem ser reconhecidos. O que conta não é apenas o objeto artístico, mas principalmente os processos que o constituem e a forma de desenraizar esses processos.

21. *O artista pós-abissal é um tradutor monstruoso.* Traduz as exclusões abissais que caracterizam a sociabilidade colonial em formas e motivos estéticos que são ao mesmo tempo monstruosos e inteligíveis. A monstruosidade do artista consiste em mostrar a degradação ontológica e a ausência fabricada que constitui a sociabilidade colonial, heteropatriarcal. A arte esboça-se, desenha-se, pinta-se, toca-se, ouve-se e cheira-se para documentar, educar e motivar. Um artista como Yinka Shonibare MBE[4] refaz deliberadamente o passado da Europa em África e o que une o presente de África na Europa. Recuperar,

[3] Consultado em fevereiro de 2019, em https: "www.okayafrica.com/young-sudanese-art-is-fueling-the-protest-revolution/?fbclid="IwAR0mdbVjxCe4ySXAjXETNT-HRpxLAl-jnjiVK7dlAN4esNsmo-8hgBYL8GY".

[4] Shonibare, ironicamente, insiste, no seu nome, na sua paradoxal pertença histórica ao império britânico MBE – Member of the Most Excellent Order of the British Empire [Excelentíssima Ordem do Império Britânico, uma ordem de cavalaria concedida pela/o monarca britânica/o].

reproduzir e reparar o passado desta forma ilude as moradas simples ou os locais fixos. Os monstruosos fluxos históricos e culturais presentes nas obras de Shonibare espelham a arte contemporânea com histórias de pertença complexa.[5]

22. *O artista pós-abissal é um promotor ativo de novas possibilidades.* Como amplificador do ainda-não, o artista pós-abissal transforma ruínas em sementes, inventa novos territórios como zonas libertadas e antigos territórios como espaços-tempos contra-hegemónicos. Em última análise, o seu objetivo é formado por uma visão que engloba todas as pessoas, ao mesmo tempo que reconhece a diferença sem hierarquia. Uma forma de imaginar e tornar visível uma nova sociedade, um mundo cooperativo, amoroso, sem opressão, apenas limitado pela imaginação. A grande tarefa do artista pós-abissal é criar uma arte que não pode ser ignorada e nos impele a lutar pela liberdade contra a opressão. Neste sentido, a sua subjetividade implica subversão. Treina-se a si próprio para abordar problemas que não podem ser resolvidos sob as condições de dominação moderna. E, ao abordá-los, torna-se defensor incondicional de alternativas.

Referências

Assefa, Kalkidan (2015), "Artist's statement: What decolonization of art means to me", *Decolonization: Indigeneity, Education & Society,* 4(2): i-v. Disponível em https://jps.library.utoronto.ca/index.php/des/article/download/26206/19323.

Barndt, Deborah (org.) (2011), *Viva! Community Arts and Popular Education in the Americas.* New York: State University of New York.

Bloch, Ernst (1995), *The Principle of Hope,* vol. II. Cambridge, MA: The MIT Press.

Cabral, Amilcar (1979), "National Liberation and Culture", in *Unity and Struggle: speeches and writings.* New York: Monthly Press, 138-154.

Coomaraswamy, Ananda K. (1927), *History of Indian and Indonesian Art.* London: Goldston.

Elkins, James (2006), "Art History as a Global Discipline", in James Elkins (org.), *Is Art History Global?* New York: Routledge, 3-23.

Fanon, Frantz (1963), *The Wretched of the Earth* (pref. de Jean-Paul Sartre). New York: Grove Press.

Fanon, Frantz (1967), *Black Skin, White Masks.* New York: Grove Press.

Federici, Silvia (2010), *El Calibán y la Bruja: Mujeres, cuerpo y acumulación originaria.* Madrid: Traficantes de Sueños. Disponível em https://www.traficantes.net/sites/default/files/pdfs/Caliban%20y%20la%20bruja-TdS.pdf.

[5] Consultado em fevereiro de 2019, em https: www.brooklynmuseum.org/exhibitions/yinka_shonibare_mbe.

Gamedze, Thuli (2015), *Decolonization as Art Practice*. Consultado em fevereiro de 2019, em https://africanah.org/decolonization-as-art-practice.

Kant, Immanuel (1952 [1790]), *The Critique of Judgement*. Oxford: Clarendon Press.

Levi, Carlo (1963), *Cristo si è fermato a Eboli*. Torino: Einaudi.

Nkrumah, Kwame (1967), *Neocolonialismo: o último estágio do imperialismo*. Rio de Janeiro: Civilização Brasileira.

P'bitek, Okot (1986), *Artist, the Ruler: Essays on Art, Culture and Values*. Nairobi: East African Educational Publishers.

Pérez Orozco, Amaia (2014), *Subversión Feminista de la Economía: Aportes para un debate sobre el conflicto capital-vida*. Madrid: Traficantes de Sueños. Disponível em https://www.traficantes.net/sites/default/files/pdfs/Subversi%C3%B3n%20feminista%20de%20la%20econom%C3%ADa_Traficantes%20de%20Sue%C3%B1os.pdf.

Santos, Boaventura de Sousa (1998), "The Fall of the Angelus Novus: Beyond the Modern Game of Roots and Options", *Current Sociology*, 46(2): 81-118. Doi: https://doi.org/10.1177/0011392198046002007.

Santos, Boaventura de Sousa (2010), *Descolonizar el Saber, Reinventar el Poder*. Montevideo: Ediciones Trilce. Disponível em http://hdl.handle.net/10316/44164.

Santos, Boaventura de Sousa (2017), *Justicia entre Saberes: Epistemologías del Sur contra el Epistemicidio*. Madrid: Ediciones Morata.

Santos, Boaventura de Sousa (2019a), *Construyendo las Epistemologías del Sur: para un pensamiento alternativo de alternativas*, vol. 1. Buenos Aires: CLACSO. Disponível em www.jstor.org/stable/j.ctvt6rmq3.

Santos, Boaventura de Sousa (2019b), *El Fin del Imperio Cognitivo*. Madrid: Trotta.

Sarr, Felwine; Savoy, Bénédicte (2018), *Rapport sur la restitution du patrimoine culturel africain. Vers une nouvelle éthique relationnelle*. Paris, rapport commandé par le Président de la République Française, N°2018-26. Disponível em http://restitutionreport2018.com.

CAPÍTULO II

O que há num nome? Utopia – Sociologia – Poesia

Maria Irene Ramalho

Como mostrou, entre outros, Fredric Jameson (2005), são muitas as variedades de "utopia", e o termo tem sido muito banalizado. Tudo começou no século XVI com *Utopia* (1515-1516), a invenção de Thomas More de um nome para um não lugar inventado.[1] Numa passagem bem conhecida de *A Tempestade* (II.1), Shakespeare parodia a *Utopia* de Thomas More, tanto quanto o próprio More já havia suavemente troçado dessa sua projeção de um lugar melhor imaginário, cuja existência é negada pelo próprio nome. Os escárnios grosseiros e satíricos de Antonio e Sebastian a respeito do sonho de Gonçalo de um lugar bom, ou eu-topia, sublinham esse absoluto nenhures ou essa específica e implausível u-topia.[2] Além disso, no final de *A Tempestade*, Shakespeare faz Prospero renunciar aos seus poderes mágicos na ilha idílica que usurpou e voltar ao mundo da *realpolitik*, onde antes não se tinha mostrado minimamente competente, razão pela qual fora dele expulso. *Utopia*, a obra, permanece, assim, a única utopia possível, a ficção criativa (ou ficção "científica") de uma nação melhor, imaginada por um humanista idealista aterrado com as estruturas de poder da sua própria sociedade, notoriamente injustas, embora algo cético quanto à mudança radical, social e política. Basta pensar nos nomes estranhos que More escolheu para a geografia da sua comunidade utópica: a ilha é *Utopia* – "nenhures"; a capital é *Amautorum* – "cidade sombria", evocando possivelmente a cidade de Londres coberta de nevoeiro da época do autor; o rio é *Anydrus* – "sem água"; o governante é *Ademus* – "sem povo"; e ainda como se

[1] Edição utilizada: More (1864).

[2] A *Utopia* de More não é referida em *Sir Thomas More*, a peça que nunca foi representada e da qual se diz ter tido também a colaboração de Shakespeare (Howard-Hill, 1989).

lhes refere de forma irónica na segunda carta que escreve a Peter Giles.[3] Quanto aos nomes, More afirma ter sido deles informado e não, portanto, fruto da sua invenção; se os tivesse inventado, explica ainda, não teria sido tão "estúpido" a ponto de criar "nomes tão bárbaros e sem sentido". Além disso, o narrador, como "More", esquece-se muito convenientemente de perguntar ao viajante português, de nome *Raphael* ("o mensageiro de Deus"?) *Hythlodaeus* ("especialista em *nonsense*"?), qual a localização exata da ilha chamada Utopia, a qual ele terá encontrado quando percorreu todo o Novo Mundo nas suas viagens com Américo Vespucci. Ou talvez "More" tenha perguntado, mas a tosse inoportuna de alguém tê-lo-á impedido de ouvir a resposta de Hythloday.[4]

Também Shakespeare trata de poder e opressão na sua obra, mas os seus modos de imaginar uma fuga possível acabam sempre num restabelecimento da ordem, como bem mostra em *A Tempestade*. Após vislumbres de possível transformação, seja ela boa ou má, ou mesmo ambivalente, qualquer mudança parece enviesada e a velha ordem é sempre restaurada, com as mesmas iniquidades e opressões, embora com atores diferentes. Exceto talvez na poesia. No final de *Sonho de uma noite de verão*, fala-se de três tipos de utopistas, ou seja, de tipos de indivíduos que recusam aceitar as coisas tal como são: o louco, o amante e o poeta são, ficamos a saber, "todos compostos de imaginação". O louco vê sempre as coisas desacertadas e sempre a necessitar de conserto; o amante é cegamente obcecado pelo amor; e apenas o poeta é capaz de dar uma habitação local e um nome às coisas que imagina, mesmo que se trate apenas de coisas-nenhumas imateriais como são os anseios utópicos (como os que Thomas More criou). Irei abordar, um por um, os três "compostos de imaginação" de Shakespeare: primeiro o amante, depois o louco e, finalmente, o poeta.

A expressão "O que há num nome?" que integra o meu título é também retirada de Shakespeare: de *Romeu e Julieta*. Quando Julieta Capuleto se vê perdidamente apaixonada pelo jovem herdeiro dos inimigos mortais da sua família, os Montecchio, produz um hábil discurso, semelhante ao de Hermógenes, sobre a linguagem, com o objetivo de libertar Romeu do apelido da família.[5] Eis o discurso de Julieta, que instiga Romeu a renunciar ao seu apelido e a ser ardentemente apenas "amor", como que "batizado de novo":

[3] A segunda carta que More dirige a Peter Giles foi apenas incluída na edição de Paris de 1517 (McCutcheon, 1983: 55-58).

[4] De Thomas More para Peter Giles, "Greetings" (More, 1964: 6). Peter Giles fornece a explicação da "tosse" numa carta dirigida a Jerome Busleyden (Aretoulakis, 2014: 96).

[5] Sobre a discussão entre Sócrates, Hermógenes e Crátilo sobre a linguagem, ver *Crátilo*, de Platão.

É só o teu nome que é meu inimigo;
Tu és tu mesmo, não um Montecchio.
O que é Montecchio? Não é mão nem pé,
Nem braço ou rosto, ou qualquer outra parte
Pertença de homem. Oh, sê outro nome qualquer!
Que há num nome? O que chamamos rosa
Com outro nome qualquer teria o mesmo doce odor;
Também Romeu, se Romeu não se chamasse
Teria a mesma perfeição que tem
Sem esse título. Romeu, abdica do teu nome,
E em troca desse nome que de ti não faz parte
Toma-me a mim, toda.[6]

O amor absoluto abstraído do contexto social, ou o amor numa campânula de vidro, digamos, é a utopia de Romeu e Julieta, um nome impossível para uma condição-de-ser- impossível. O que há num nome? De facto, muita coisa. Embora Hermógenes esteja certo quanto ao facto de a convenção ligar arbitrariamente o nome à coisa nomeada, Crátilo também está: os nomes podem ter uma forma de pertencer às coisas. Romeu e Julieta nada são sem os apelidos das respectivas famílias. Esses apelidos são para eles como mão ou pé ou braço ou rosto. Romeu Montecchio não poderia abdicar do seu nome de família, tal como Julieta Capuleto o não poderia fazer. Sem os nomes que os situam no social, Romeu e Julieta seriam como mortos. No fim de contas, o último não lugar do seu amor utópico poderia apenas ser a sepultura – ou, efectivamente, a cripta da família.

Muitos pensadores utópicos, especialmente os que sonham com uma sociedade mais justa e acreditam que devem lutar por ela, foram, e continuam a ser, explícita ou implicitamente rotulados de "loucos", neles se incluindo Thomas More. A obra de 1872 de Samuel Butler, *Erewhon* – correspondendo à palavra "nowhere" [nenhures] com a ordem das letras alterada –, pode ser lida como uma caricatura da *Utopia* de More. Com a inicial depreciação do título de More através da imitação, *Erewhon* não é, de todo, uma utopia. Recorrendo ao mito da expansão idílica numa Inglaterra sobrepovoada para projetar a imagem de um espaço colonizado que se apresenta como a anglicidade levada

[6] Original: "*Tis but thy name that is my enemy; / Thou art thyself, though not a Montague. / What's Montague? it is nor hand nor foot, / Nor arm, nor face, nor any other part / Belonging to a man. O, be some other name! / What's in a name? that which we call a rose / By any other name would smell as sweet; / So Romeo would, were he not Romeo call'd, / Retain that dear perfection which he owes / Without that title. Romeo, doff thy name, / And for that name which is no part of thee / Take all myself*".

à perfeição, *Erewhon* é mais do que um simulacro paródico da sociedade vitoriana.[7] Ao contrário da *Utopia* de Thomas More, que imagina uma sociedade quinhentista melhorada pela consideração de experiências outras, estrangeiras, *Erewhon* é uma apologia oitocentista da cultura e da autoridade inglesa enquanto modelo correto de desenvolvimento, colonização, civilização e progresso (Zemka: 2002). Os verdadeiros utopistas sociais, pelo contrário, atrevem-se a imaginar aquilo que poderia pôr em perigo a comodidade relativa de um *statu quo* hegemónico pela recusa obstinada em acreditar que não existe alternativa. É por isso – neste nosso tempo de interesses de mercado estabelecidos, de *offshores* financeiros, de desigualdades económicas crescentes, neocolonialismos resilientes, muros exclusivos, fronteiras de arame farpado, lucros escandalosos obtidos por conta da guerra, preconceitos homicidas e refugiados não desejados – que os utopistas sociais e políticos já não são considerados loucos apenas pelo *statu quo*; são alvo de campanhas de descrédito ou mesmo de silenciamento. Muitas vezes esses utopistas apresentam-se, por antecipação, como alguém a quem poderíamos chamar "loucos". Alberto Pimenta, a meu ver o maior poeta português vivo, diz estas sábias palavras a propósito das perspetivas atuais sobre utopia, os utópicos e a imaginação: "Não são as utopias que deliram: as utopias tentam liquidar o delírio. As utopias são o bom-senso e o comedimento a manifestar-se contra a desordem e os excessos do real urbano" (1995: 288). E, com uma boa dose de sarcasmo: "De facto, os detentores das ideias e da opinião, políticos, jornalistas, mentores de toda a espécie dão cada vez mais claramente a entender que, se não fosse o homem, tudo funcionava bem. [...] Todas as utopias podiam ter sido realizadas, se não fosse o homem (*o homem não quis*)" (1995: 293). De imaginação todo composto, o utopista social que trago hoje comigo, embora suspeitando que apenas alguns lhe deem atenção, escreve e luta com coragem para que o lugar extremamente injusto em que vivemos seja reinventado e tornado melhor.

* * *

Há alguns anos, Boaventura de Sousa Santos escolheu um título muito expressivo para um dos seus ensaios: *Não disparem sobre o utopista* (Santos, 2000). Era esse o título do último capítulo de uma obra na qual o sociólogo português defendia eloquentemente um novo senso comum no direito, na ciência e na política, num mundo que estava, e ainda está, a resvalar para a iniquidade e para a injustiça social extrema. Escreve no início do capítulo: "Por utopia entendo a exploração, *através da imaginação*, de novas possibilidades humanas e novas formas de vontade, e a oposição *da imaginação* à necessidade

[7] Edição utilizada: Butler (1934).

do que existe, só porque existe, em nome de algo radicalmente melhor por que vale a pena lutar e a que a humanidade tem direito" (Santos, 2000: 331-332; itálicos meus).

Depois de disponibilizar um estudo da sociedade e da cultura ocidental do século XX, no qual denuncia os três principais pilares de domínio responsáveis pela injustiça, pela opressão e pela exclusão – o colonialismo, o capitalismo e o patriarcado –, Santos prossegue imaginando formas de mudar as atuais tendências, opressivas e discriminatórias, do mundo em que vivemos. Perfeitamente consciente da natureza utópica do seu pensamento, escolheu um título que pudesse de alguma forma antecipar as inevitáveis críticas às suas propostas idealistas e supostamente impraticáveis. Não disparem sobre o mensageiro, pede ele; não disparem sobre o mensageiro da utopia enquanto possibilidade de boas-novas. O que fica implícito é que aquilo que hoje parece utópico pode bem ser amanhã uma ideia realizada. Ou seja, a utopia enquanto forma de conhecimento que não reduz a realidade àquilo que existe; ou melhor, uma epistemologia que inspira a luta diária por uma vida melhor para todos.

Boaventura de Sousa Santos nunca deixou de imaginar o pensamento utópico como meio de ajudar a conceber um possível mundo melhor. Assim, a utopia como não lugar (u-topia) idealizado a caminho de se concretizar enquanto lugar melhor (eu-topia). Ou talvez, como sugere Fátima Vieira, baseando-se no pensamento do sociólogo, a utopia enquanto "procura, [...] processo de demanda que tem o efeito positivo de nos levar sempre mais além, de não nos deixar ficar parados" (Vieira, 2012: 8). Por outras palavras, impedindo que nos conformemos com *aquilo que é*. Como Boaventura de Sousa Santos refere num outro ensaio, "o inconformismo é a utopia da vontade" (1996: 23).

Numa conferência que proferiu na Faculdade de Economia da Universidade de Coimbra, em 22 de abril de 2016, baseada também na sua obra *Epistemologies of the South. Justice against epistemicide* (Santos, 2014), Boaventura de Sousa Santos regressou ao tema da utopia, tendo começado por colocar a questão "É possível ser utópico hoje?", para depois a considerar uma pergunta "mal feita" e a reformular nos seguintes termos: "É necessário ser utópico hoje?". Como não podia deixar de ser, a resposta que deu foi um categórico "SIM".[8] O século XX, como começa por afirmar nessa conferência, devido ao reformismo proveniente da crença da modernidade ocidental no progresso infinito e ao seu próprio sentido de superioridade relativamente a qualquer outra cultura, foi relativamente hostil com o pensamento *outro*, e muito mais ainda com o pensamento utópico. Se, como tal convicção pressupunha, a

[8] Consultado em agosto de 2016, em https://www.youtube.com/watch?v=OViEBnkJQAc.

sociedade (leia-se "a sociedade ocidental") pode continuar a tornar-se cada vez mais perfeita, sendo a melhoria irreversível, então a sociedade perfeita não é imediatamente necessária. O progresso irá, inevitavelmente, fazê-la surgir. Era este o *ethos* do progressismo do século XX: aquilo que é necessário é possível; o que não é possível não é necessário – ou *não é ainda* necessário.

Perante essa abordagem tão totalizante, os inconformistas impacientes, como Boaventura de Sousa Santos, que, seja como for, têm grandes reservas quanto ao que se possa querer dizer com os conceitos de "progresso" e "melhoria", só podem recorrer ao pensamento utópico. Não sonhando nostalgicamente com uma comunidade melhor num não lugar, mas concebendo *este nosso lugar* a caminho de se tornar uma sociedade mais equilibrada e mais justa. No termo "utopística", cunhado por Immanuel Wallerstein para "uma avaliação séria de alternativas históricas [credivelmente melhores]" através de "um exercício feito simultaneamente em ciência, em política e em moralidade", talvez possamos encontrar mais do que aquilo que existe hoje no nome "utopia" (Wallerstein, 1998: 1-2). Especialmente se essa avaliação for concebida também como um exercício em poesia. O que Boaventura de Sousa Santos propõe é, efetivamente, não uma utopia, mas, adaptando o conceito de Foucault, uma heterotopia (Santos, 1995: 481). Foucault (1971) distingue as heterotopias das utopias: enquanto estas "proporcionam consolo" ao deixarem que a linguagem corrija as coisas e ao possibilitarem fábulas reconfortantes, as heterotopias "são disruptivas" porque "reduzem a importância da linguagem" e interrompem os mitos de sociabilidade. Santos explora o conceito foucaultiano concebendo a heterotopia enquanto deslocação radical que desestabiliza centro e margens (ou, nos termos do sociólogo, o "Norte" e o "Sul") disputando a linha abissal que separa as sociedades dominadoras (ou colonizadoras) das dominadas (colonizadas), e pondo em questão as formas norte-cêntricas e hegemónicas de produção e de validação do conhecimento. Não, de todo, para as descartar, mas para as relativizar, resgatando também as suas vertentes não ocidentalistas. Mais do que o conhecimento tal como definido pela ciência ocidental *mainstream*, Boaventura de Sousa Santos apela a uma ecologia intercultural de saberes (Santos, 2007, 2009).

A heterotopia de Santos implica assim uma cuidadosa análise das condições atuais do nosso mundo, extremamente desiguais e injustas, o entendimento de que essas condições são resultantes do colonialismo, do capitalismo e do patriarcado globalizados, e, de seguida, imaginar diferentes formas de ser e de conhecer, aprendendo com aqueles que mais sofreram os efeitos desses três pilares de opressão. Ou seja, aprendendo com as vítimas diretas do colonialismo, do capitalismo e do patriarcado. É a partir desta perspetiva – do Sul global como vítima resistente não só do genocídio, mas também do linguicídio, do epistemicídio e da opressão sexual – que Santos concebe um tipo de epistemologia que promete abrir as fronteiras da produção e da validação do conhecimento. Considerando os tipos de saberes invisibilizados por representarem uma ameaça aos poderes hegemónicos, o sociólogo defende outros tipos de saberes que nos ajudem a perceber o potencial que a nossa sociedade possui para se tornar mais justa. Essa tarefa exigiu o desenvolvimento daquilo que veio a chamar "sociologia das ausências" e "sociologia das emergências", dois conceitos opostos e complementares que devem ser entendidos em paralelo com duas outras abordagens epistemológicas, também elas opostas e complementares, propostas pelo mesmo autor: a "epistemologia da cegueira" e a "epistemologia da visão". Nunca esquecendo que o conhecimento e a ignorância são sempre duas faces da mesma moeda, Santos avançou então o conceito de tradução intercultural como alternativa ao universalismo abstrato que está na base das teorias gerais ocidental-cêntricas bem como da ideia da incomensurabilidade entre culturas. É a este processo de descoberta e de convocação de diferentes saberes para o diálogo e para a tradução intercultural que o sociólogo chama "ecologias de saberes" (Santos, 2001, 2002),[9] fazendo ecoar, na versão inglesa "ecologies of *knowledges*" – que pluraliza o substantivo invariável *knowledge* –, a resistência ousada de Melville a uma língua inglesa imperial exclusivista, em *Billy Budd* (Melville, 1962: 131).

O enquadramento teórico acima resumido está na base de um grande projeto plurinacional financiado pelo Conselho Europeu de Investigação (ERC) dirigido por Boaventura de Sousa Santos. Denomina-se "ALICE: Espelhos estranhos, lições imprevistas" (2011-2016) e tem como objetivo geral demonstrar que o entendimento do mundo excede em muito o entendimento europeu do mundo.[10] Mesmo que a Europa hegemónica tenha tido durante cinco séculos a presunção de ensinar o mundo a partir de uma posição superior, não hesitando em recorrer à repressão, guerras imperiais e violência extrema para proteger os seus interesses e impor os seus valores, o projeto ALICE defende que é altura de a Europa aprender com o mundo em geral no âmbito de uma relação pacífica, verdadeiramente pós-imperial e pós-colonial. É um projeto que congrega académicos, artistas e ativistas de um grande número de países, línguas e culturas, com processos de investigação extremamente inovadores e cujas realizações e resultados são permanentemente atualizados

[9] Ver também os capítulos 6, 7 e 8 de *Epistemologies of the South. Justice against epistemicide* (Santos, 2014), uma versão atualizada das ideias de Boaventura de Sousa Santos.

[10] Informação sobre o projeto disponível em http://alice.ces.uc.pt/en/?lang=pt.

no seu site. Numa entrevista dada numa fase inicial deste projeto de investigação, Boaventura de Sousa Santos comentou o curioso título que escolhera: "ALICE: Espelhos estranhos, lições imprevistas".[11] Mesmo que não suspeite, refere o sociólogo, a Europa, ou, mais precisamente, o Norte global, pode aprender com o Sul global – sendo o Norte e o Sul por ele vistos como reflexos especulares distorcidos um do outro. O objetivo principal de Boaventura de Sousa Santos com este projeto, em que trabalha com uma equipa internacional de colaboradores, é desenvolver o potencial analítico dos conceitos fundamentais das epistemologias do Sul que tem vindo a defender na última década. Trata-se de conceitos como as já referidas sociologia das ausências, sociologia das emergências, ecologia de saberes e tradução intercultural. Independentemente das conclusões finais deste projeto inovador, a obra de Boaventura de Sousa Santos, no seu todo, incluindo tanto o respetivo trabalho académico como os seus livros de poesia, é por si mesma uma eloquente ilustração daqueles conceitos. De facto, neste capítulo, defendo que, enquanto poeta, Santos põe já em prática as epistemologias do Sul que desde há muito vem propondo como programa epistemológico e investigativo para as ciências sociais e as humanidades.

"Alice" e "Espelhos estranhos" evocam, evidentemente, as obras de Lewis Carroll *As aventuras de Alice no país das maravilhas* (1865) e *Alice do outro lado do espelho* (1871). Os livros de *Alice*, de Carroll (1976, 2000), podem ler-se como sugestão de inúmeras oportunidades de experiências variadas e mutuamente enriquecedoras a que poderemos ter acesso se entrarmos em lugares estranhos com a mente aberta e se conversarmos de igual para igual com pessoas desconhecidas que têm línguas e modos de pensar e viver muito diferentes. Nem sempre assim foi no caso da Alice de Carroll, ou, pelo menos, não incondicionalmente. Existe, de facto, uma implicação mais subtil na escolha de Santos das obras de Carroll. A Alice de Boaventura de Sousa Santos deve ser entendida como uma Alice pós-colonial.[12] Outrora descrita como "o *nonsense* mais encantador em língua inglesa",[13] a obra de Carroll trata de facto, de forma inconsciente e com o mais refinado sentido, do passado (e do presente) colonial da Europa. Escrita numa época em que as colónias eram firmemente mantidas no seu devido lugar e a *Pax Britannica* tinha tornado a Grã-Bretanha a força policial global, os livros de *Alice*, de Carroll, dão

[11] Ver http://alice.ces.uc.pt/en/index.php/about/?lang=pt.

[12] Já em 1994, Santos dava a uma coletânea de ensaios seus o título sugestivo de *Pela mão de Alice. O social e o político na pós-modernidade* (Santos, 1994). A pós-modernidade inclui, é claro, o pós-colonialismo.

[13] Ver a "Introdução" de Woollcott a Carroll (1976: 5).

a ler o pensamento colonial de uma forma perigosamente (porque hilariante) sedutora.[14] Sabendo-se que há uma diferença de tom entre as duas histórias – sendo *Do outro lado do espelho* menos cómico do que *As aventuras de Alice*, como refere Edward Guiliano (1982) –, as atitudes da personagem principal não se alteram significativamente. Trata-se de uma menina inglesa, aventureira, segura de si e bem-educada, curiosa relativamente ao mundo diferente, fascinante e de estranhos habitantes em que de repente se encontra, embora, à exceção de alguns momentos de docilidade e abertura, seja muitas vezes arrogante no seu sentimento de superioridade e vá tratando de forma muito descortês os habitantes daquele mundo, a quem tenta impor os preceitos morais ingleses.[15] O choque cultural que Alice experiencia quando encontra outras criaturas no seu próprio meio ambiente, e vice-versa, pode ler-se como uma ingénua alegoria da violência cultural imposta pela Europa imperial do final do século XIX aos povos colonizados. O facto de se tornar por vezes difícil perceber quem é o "outro" nos livros de *Alice*, uma vez que a personagem, a colonizadora "natural" (como na cena do julgamento em *As aventuras de Alice*), muitas vezes se sente como sendo ela própria colonizada (como na cena do comboio em *Do outro lado do espelho*), parece anunciar a visão de Albert Memmi, segundo o qual "a colonização cria o colonizado tal como [...] cria o colonizador" (Memmi, 1967: 91). Em Lewis Carroll, para constante confusão e irritação de Alice, os estranhos habitantes deste país das maravilhas são usados, maltratados e hostilizados das mais variadas formas para divertimento dos seus absurdos superiores, que por ali se passeiam petulantemente enquanto as coisas acontecem; dão de forma desdenhosa ordens a toda a gente – incluindo a Alice – e manipulam a língua para testar os seus limites. Todos eles sabem, e Alice vai também aprendendo gradualmente que língua é poder e que a questão é, tal como Humpty Dumpty a coloca, quem é que é manda.

O objetivo do projeto "ALICE: Espelhos estranhos, lições imprevistas" é reivindicar outra vez as línguas para um novo entendimento do nosso mundo supostamente pós-imperial e pós-colonial. Uma das questões principais de todo o projeto é se a linguagem do questionamento socio-científico em que se baseia será suficiente para fazer avançar os passos utópicos que nos devem

[14] Analisei pela primeira vez os livros de Alice a partir desta perspetiva em Ramalho (2013) e em Ramalho Santos (2014). Desde então, tive acesso à análise do contexto colonial de *Alice's Adventures* e *Through the Looking Glass* (Stratton, 1990: 168-174), de Jon Stratton. Ver também Stratton (2000). Charles Taliaferro e Elizabeth Olson referem, de passagem, que "Carroll escreveu numa época de poder e conflito coloniais" e que produziu "a sua obra na universidade de maior prestígio e influência do mundo anglófono no auge do império britânico" (Taliaferro; Olson, 2010: 186).

[15] Para uma leitura diferente, feminista, da personagem Alice, ver Lloyd (2010: 7-18).

levar sempre mais além, não nos deixando nunca ficar parados (voltando a Vieira, 2012). O texto de Carroll mais relevante para estas minhas reflexões sobre o utopista social português encontra-se precisamente em *Do outro lado do espelho* – é a famosa conversa sobre a linguagem entre Alice e Humpty Dumpty (Capítulo VI):

> – Eu não percebo o que quer dizer com "glória" – disse Alice.
> Humpty Dumpty fez um sorriso de desprezo.
> – Claro que não sabes – até eu te explicar. Quero dizer "ora aí tens um belíssimo argumento de peso!"
> – Mas "glória" não quer dizer um belíssimo argumento de peso – contrapôs Alice.
> – Quando eu uso uma palavra – disse Humpty Dumpty num tom especialmente desdenhoso –, ela quer dizer exatamente o que eu quero que ela diga, nem mais nem menos.
> – A questão é se se pode fazer com que as palavras signifiquem tantas coisas diferentes.
> – A questão é – disse Humpty Dumpty –, quem é o mestre... só isso.

A afirmação imperiosa de Humpty Dumpty é a minha deixa para concluir com poesia, poemas, poetas e habitações locais. O investigador principal do projeto ALICE, ele próprio poeta, sabe que a linguagem racional das ciências sociais não é por si só suficiente para conceber um mundo melhor factível. A poesia tem de ser convocada também. Digo poesia no sentido mais abrangente do termo.

Mas que é a poesia e que pode ela dizer? No prefácio de uma das suas coletâneas de poesia, Vítor Matos e Sá (1956), filósofo e poeta, afirma: "Nela mesma [...] a poesia não diz nada de explícito. O que a torna, contudo, poesia e não filosofia ou ciência só poderá descobrir-se no que diga implicitamente [...]. A linguagem simbólica da poesia é [...] uma linguagem deformada" (Sá, 1956: 9, 13). Por outras palavras, a linguagem poética procura romper com os sentidos convencionais da filosofia ou da ciência ou do "senso comum"; tem por objetivo interromper o saber e os costumes estabelecidos. Jacques Derrida (1988), outro filósofo, embora não poeta (mas não é verdade que todos os grandes filósofos aspiram a ser poetas, *et pour cause*?), tentou uma vez explicar o que é a poesia do ponto de vista do seu símbolo reinventado de poesia, o simultaneamente perigoso e vulnerável ouriço-cacheiro:

> Para responder a uma tal pergunta [...] é-nos pedido que saibamos como renunciar ao conhecimento. E que o saibamos bem, sem o esquecer nunca: desmobilizar a cultura, mas nunca esquecer na nossa douta ignorância o que

> se sacrifica nesse caminho, ao atravessar essa estrada… [há que] interromper a memória, desarmar a cultura, saber como esquecer o conhecimento, deitar fogo à biblioteca das poéticas. (Derrida, 1991: 287)[16]

Os discursos dos filósofos não conseguem realmente dizer o que a poesia é, mas insinuam claramente o misterioso poder do poema de dizer aquilo que não pode ser dito de nenhuma outra forma. Como veremos, o facto de Derrida escolher um animal como metáfora para a linguagem da poesia – o velho ouriço-cacheiro do memorável epigrama de Arquíloco – permite articular o imaginário poético de Carroll e de Santos. O próprio epigrama – "A raposa sabe muitas coisas, mas o ouriço sabe uma coisa muito importante" – pode também ser lido como referência à necessária complementaridade entre o racional e o imaginativo na investigação científica, algo que Santos defende em toda a sua obra.

Com oito livros de poemas publicados até agora, o sociólogo Boaventura de Sousa Santos tem vindo a recorrer à poesia para dar uma habitação local e um nome aos seus anseios utópicos de justiça social e cognitiva. Traz à mente o conceito de M. H. Abrams de poema enquanto heterocosmos ou segunda natureza (Abrams, 1971: 35, 327). Tal como as heterotopias desestabilizadoras de Foucault minam a linguagem ao interromper os mitos de sociabilidade, os poemas de Boaventura de Sousa Santos surgem como "análogos heterocósmicos": a partir de um cosmos da sua própria criação, por assim dizer, interrompem o discurso sociológico convencional, incluindo o do próprio poeta, e *descobrem*, mais do que *espelham* (ou, como diriam os românticos, *criam*), um mundo diferente, ao mesmo tempo que destronam o cânone poético pela subversão da própria noção de lirismo enquanto eclosão subjetiva. Assim, através da persona-ficção objetiva, o poeta diz o mundo, não a sua subjetividade individual. Esta tendência tornou-se ainda mais notória a partir do conceito de *Escrita INKZ. Anti-manifesto para uma arte incapaz*, publicado originalmente no Brasil em 2004, e *Rap global. Queni N. S. L. Oeste*, também originalmente publicado no Brasil, em 2010.[17]

Escrita INKZ apresenta-se como um "anti-manifesto para uma arte incapaz" [*arte incapaz – Escrita INKZ*] introduzido não por um *Prefácio*, mas

[16] Em francês no original: "*Pour répondre à une telle question … on te demande de savoir renoncer au savoir. Et de bien le savoir, sans jamais l'oublier: démobilise la culture mais ce que tu sacrifies en route, en traversant la route, ne l'oublie jamais dans ta docte ignorance… [il t'aura fallu] désemparer la mémoire, désarmer la culture, savoir oublier le savoir, incendier la bibliothèque des poéthiques*".

[17] Tive já a oportunidade de me debruçar na *Escrita INKZ* e *Rap global* em "Discursos de resistência" (Ramalho Santos, 2015).

por um impertinente *Desfácio*. Uma importante figura poética subversiva em *Escrita INKZ* é a "sabedoria canina", a sabedoria da personagem central da obra, King, o cão que Santos toma emprestado – como o Desfácio explicitamente revela – de *King. A Street Story*, de John Berger (1999). Tal como Berger, Santos serve-se de King para dizer, na voz do animal em vez da sua, a sabedoria incómoda que já ninguém quer ouvir. Em Berger, a bondade de King com as pessoas mais velhas, pobres, que lutam por sobreviver com dignidade num qualquer bairro de lata francês denuncia a cruel realidade do desespero dos sem-abrigo, esmagados pelos superiores interesses do empreendimento económico e do desenvolvimento da gentrificação. Em Santos, a sabedoria canina de King é a voz autónoma e livre que põe a nu o carácter absurdo das vidas que os seres humanos vivem sem que o percebam. A voz canina surge a negrito na página do lado direito do livro, em contraste com as vozes perplexas dos humanos, impressas em redondo na página do lado esquerdo, com as suas "histórias rápidas e curtas", como explica o poeta no seu *Desfácio*, "para deixar espaço à imaginação de quem lê". Como que respondendo a Berger, numa das secções de *Escrita INKZ*, a voz sábia do cão King afirma: "Os sem-abrigo são os mais humanos / Porque se parecem mais connosco" (Santos, 2004: 107). O livro estrutura-se em vários Andamentos – Figura, Cidade, Andamento, Mulher Nua, Orador-Ninguém – que sugerem temas aparentemente contraditórios: da arte e música ao tempo, erotismo, a cidade, e voz e identidade. A cada um desses Andamentos, King apõe uma amostra da sua astuta sabedoria canina, que pode ou não se referir diretamente a eles. As "histórias rápidas e curtas" e a "sabedoria canina" devem ser lidas transversalmente. Algumas das máximas de King resumem toda a sabedoria canina de *Escrita INKZ*. Como este excerto (Santos, 2004: 145):

> Visitantes fotográficos
> Equipados com brochuras e mapas
> Vão de vestígio em vestígio
> Concordando com tudo o que veem
> De um ponto de vista canino
> Isto é estúpido

Ou este (Santos, 2004: 61):

> Sou testemunha
> Noutro dia foi atropelada pelo senso comum
> Quase a matou

Ou este (Santos, 2004: 187):

Prova de que os humanos
São um estádio intermédio
Não distinguem o sentido
Do seu sem-sentido
Canine wisdom

"Sabedoria canina" parece de facto ser uma paródia do coro grego. Certamente que o poeta não se lembrou disso, ou ter-lhe-ia chamado um *Descoro*, talvez com o seu quê de bobo shakespeariano. Ao longo do livro, o significado dos prefixos de negação – *des*, *anti*, *in* – revela o poeta como um contrariador provocante que desafia quem o lê com o absurdo, para obrigar a olhar outra vez, a pensar de novo, outra e outra vez. Um pouco como Carroll, que nos dá a ver os humanos olhados de forma estranha pelos animais, ou como a sua manipulação absurda da linguagem nos faz olhar a realidade como se paradoxalmente refletida em ambos os lados do espelho – como Tweedledum e Tweedledee. Faz lembrar lições imprevistas em espelhos estranhos. Parece-me que aquilo a que poderíamos chamar "desfalar" na citação de *Escrita INKZ* transcrita a seguir se aproxima muito das implicações da atitude "contrária" de Tweedledee (Santos, 2004: 82-83):

Uma figura desvê
Dessente
Dessaboreia
Desouve
Descheira
A pouco e pouco o descorpo
Cobre-se de corpo
Quando os abismos dispensam os disfarces
Uma figura vem para a janela
À espera de ser denunciada
Preocupada com os acidentes diários
Uma figura toma as seguintes decisões:
Dividir entre corpo e alma
E nunca sair com os dois ao mesmo tempo
E por inteiro
Dividir o corpo em partes e a alma
Em princípios
E preparar combinações adequadas
Para as diferentes ocasiões:

Partes baixas com princípios vermelhos
Para as intimidades curvas
Partes médias com princípios convincentes-falsos
Para o emprego
Partes altas com princípios extremos
Para discussões inúteis e decisivas
Partes comestíveis e princípios em primeira versão
Para os amigos

A leitora poderia efetuar uma exegese e apontar o tratamento aparentemente absurdista de palavras e conceitos para denunciar não só a separação de corpo e alma, mas também a divisão de corpo e alma em "partes" e "princípios" para "as diferentes ocasiões". Poderia sugerir que as seis des-palavras iniciais, e, em especial, o "descorpo", dizem a alma para, em última análise, darem a ver o "corpo". Poderia ainda comentar os paradoxos das distinções entre o público e o privado, o profissional e o pessoal, o útil e o supérfluo, o que dá prazer e o que ameaça, o nobre e o mesquinho. Poderia invocar o trabalho do cientista social e escrever do ponto de vista da transição paradigmática, da epistemologia da cegueira, da epistemologia da visão, da sociologia das ausências, da sociologia das emergências, do genocídio e epistemicídio, da ecologia de saberes, do capitalismo e do patriarcado, da igualdade e diferença, da tradução intercultural e do apelo a um conhecimento do mundo mais crítico, verdadeiramente exigente e abrangente. Ou poderia sublinhar alguma "sabedoria canina" especialmente digna de nota a revelar as idiossincrasias dos humanos, como, por exemplo, "As medidas humanas / têm algo de errado de origem / Desmedem-se com frequência" (Santos, 2004: 23), ou "Na margem / Quem fala é falado" (Santos, 2004: 131), ou "Até a mijar / Pensam que são diferentes" (2004: 169), ou ainda "Deve haver um deus / Que não nos governe" (2004: 241). Mas não tem de o fazer. Ao longo de todo o livro, o *Descoro* fá-lo por ela. Como no seguinte excerto, sobre a distinção sem sentido entre corpo e alma (Santos, 2004: 83):

Não deve ser difícil de entender que o corpo
É a parte da alma
Que começa onde se quer
Se me chama para casa
Tenho de me acautelar:
Há cada vez mais resíduos pessoais perigosos
O que se parece
Com uma resposta
É sempre mais pequeno
Canine wisdom

Ou neste, de uma forma que parece absurda, fazendo com que "sabedoria canina" se refira, "etimologicamente", ao cânone (2004: 241):

O importante
É ser-se especialista
Do que não acontece
Quando o pai nosso não está
Pede para deixarem os pedidos
Nas caixas das esmolas
Cânone não vem de canino
Se cânone é trela
Como poderia ser um cão a inventá-la?
Cânone deve ser uma armadilha
Para apanhar humanos.
Canine wisdom

Aproveito a deixa da "sabedoria canina" de *Escrita INKZ* para sugerir que *Rap global* pode ser o *nome* de uma *habitação local* muito original – ou de um *heterocosmos* sábio. *Rap global* é um poema-longo-feito-de-poemas-que-são-letras-de-*rap*, o que literalmente subverte o cânone ao apresentá-lo como uma trela e uma armadilha. Para se manter livre, o poeta agrupa democraticamente – não-hierarquicamente e numa articulação bastante promíscua – a "alta" e a "baixa" cultura e, recusando-se a usar a trela do cânone, põe-no em questão com o objetivo de o reciclar. Será que o conceito de originalidade, seja na academia ou na arte, necessita de ser revisto? O "autor" de *Rap global*, devidamente apresentado por "Boaventura de Sousa Santos" no princípio do livro, é Queni N. S. L. Oeste, um talentoso *rapper* português de raízes angolanas cujo nome evoca o *rapper* americano Kanye West, tornando-o simultaneamente "um homem de todos os climas" (Oeste, mas também Norte, Sul e Leste). Uma informação importante contida na introdução é que o trabalho do ilustre poeta angolano Manuel Rui é crucial para se entender a personagem e a arte de Queni N. S. L. Oeste. *Rap global* é para ser lido em voz alta, ao ritmo do *hip-hop* e com a vivacidade impertinente típica dos *rappers*. Recupera assim a música da poesia tradicional, mesmo tendo uma sonoridade bem diferente. Um bom exemplo é precisamente a apropriação de alguns dos sons africanos de Manuel Rui: "a chuva ombela / vária e louca / de mil ombelas / epapwilo/okalsumila / ombela lyombela / ocisusmo / elilimiambela" (Santos, 2010: 37).[18] *Rap global* foi musicado no Brasil e chegou a haver

[18] Cf. Rui (2007: *passim*).

um projeto para fazer dele uma ópera. Em Portugal, a Seiva Trupe levou-o à cena em 2019 e em 2020.

O que é extraordinário é o facto de todo o poema constituir uma reciclagem do cânone do ponto de vista de obras da cultura popular, como a banda desenhada, as canções *rap* ou os espetáculos televisivos. Um turbilhão de restos da tradição magníficos e brilhantemente simulados e ironizados. Eis o fecho do livro, em que o poeta implicitamente assume que a poesia é escrita *em* poesia e *na* tradição, e assim, humildemente, mas também de forma algo chistosa, se rende aos verdadeiros "fazedores" deste poema:

> material reciclado: **alfonsina storni**
> **antónio quadros arthur rimb**
> **aud astonishing x-men ban**
> **co mundial bar still waters**
> **bíblia charles baudelaire co**
> **rão dante alighieri daredevil**
> **deadprez doomsday eminem**
> **ex-calibur ezra pound fernan**
> **do pessoa friedrich hölderlin**
> **friedrich nietzsche g.w.f. heg**
> **el garcia lorca gertrude stein**
> **giordano bruno hulk j.ramal**
> **james joyce jay-z jim daniels**
> **joan sfar johann wolfgang go**
> **ethe john agard john ashbery**
> **jorge luís borges josé mário**
> **branco justice league of amé**
> **rica kanye west karl marx**
> **katia e julinho rasta kobena**
> **eyi acquah luciano de samo**
> **sata luis de camões manuel**
> **rui marjane satrapi martin**
> **heidegger martin luther king**
> **jr mendes de carvalho merce**
> **des de soza mos def mutant**
> **town nicolás guillen oswald**
> **de andrade pablo neruda pa**
> **ul celan rabindranath tagore**
> **safo schuiten-peeters sérgi**
> **o godinho sófocles stéfane**
> **mallarmé superman sylvia**
> **plath talib kweli thor walt**
> **whitman william blake willi**
> **am shakespeare wolverine**
> **x-factor zeca afonso zot!**

O livro é enquadrado por dois refrões cuja função é sacudir o poema para fora da página, sobre a qual *os new critics* defendiam o poema devia ser lido, e atirá-lo para o meio do mundo, onde o poema exige ser lido. Os sete versos introdutórios, vinte vezes repetidos em todo o poema, mostram Jesus e Alá juntos, numa possível e discreta alusão a al-Andaluz, mas com um resultado aparentemente inconsequente, seja por se verificar que alguém é ninguém ou porque nada acontece (jesus caminha / caminha com alguém / que pode ser ninguém / alah caminha / caminha com alguém / en las ramblas de granada / e não acontece nada). O outro refrão, repetido dezanove vezes, agrupa seis palavras num tamanho de letra muito maior do que o resto das palavras impressas, em negrito e itálico, as quais desafiam a leitura, parecendo antes insistir no significado individual de cada uma delas: **real – vida – tribal – irmão – melhora – comédia**, como que lembrar a quem lê o objetivo e os temas principais do poema – a realidade, a vida vivida, a comunidade, a solidariedade e o riso. Por outras palavras, o poético é uma parte intrínseca da vida; o poético é político. Tal como na música destes versos: "as nações / ardem na boca / e tocam flauta / para as proteger do medo / que as protege" (Santos, 2010: 43); ou destes: "a / desumanidade / sempre / foi / património / da / humanidade" (Santos, 2010: 79); ou ainda destes: "a cidadania / é um tapete / o problema / é a maioria / andar debaixo dele" (Santos, 2010: 87).

Numa entrevista que deu no Brasil aquando do lançamento do livro, Boaventura de Sousa Santos explicou a criação de *Rap global* como sendo um suplemento muito necessário ao seu trabalho académico.[19] Nos seus trabalhos académicos, o autor critica a modernidade ocidental por esta ter traído a sua exaltante promessa de emancipação, depressa se tornando numa matriz de regulação e de dominação social. O *Rap global* surge para dar conta daquilo que é muitas vezes excluído do protocolo académico: a criatividade moderna perpassada de loucura, fanatismo e violência; a brutalidade do progresso e da civilização e a sedução perigosa da ordem; diferentes tipos de pessoas reais com diferentes tipos de aspirações e diferentes tipos de saberes; leis e punições públicas, e paixões, alegrias e mágoas privadas; resistência destemida e lutas juguladas; o que se segue ao deus morto de Nietzsche; onde estão agora os condenados da terra; o que aconteceu ao sonho de Martin Luther King Jr.; por que é que a poesia está sempre à beira da não existência; e, por fim, as coisas que nem somos capazes de imaginar porque se faz com que existam apenas como ausência, causando assim uma ansiedade e um sofrimento inexplicável. Para explicar o que fica de fora do seu trabalho académico, Santos reuniu autores, obras e personagens que mais admira pelas suas perspetivas utópicas em relação à sociedade humana. Sejam canónicos, da cultura popular, ou mesmo "lixo", abrangendo desde a Bíblia, Safo, Camões, Shakespeare, Goethe, Whitman, Mallarmé, Pessoa ou Marjane Satrapi até Astonishing X-Men, Eminem, Wolverine, Hulk, Mutant Town, Dead Prez, Daredevil, Joann Sfar ou Talib Kweli, Santos fá-los todos *rappar*, em horizontal intercâmbio. Na sua intertextualidade complexa, muitas vezes críptica, nos hábeis jogos linguísticos e no apelo insistente a tradutores, *Rap global* é também um exercício poético de tradução intercultural. Alguns exemplos.

O poeta escreve "muro da fama / muro da vergonha / o mesmo muro", convocando de imediato "tradutores-das-zonas-degradadas / por favor" (Santos, 2010: 10); cita alguns versos de Nicolás Guillén, "o sangue é um mar imenso...", sem referir o nome do poeta, e clama por "tradutores-cubanos-descalços / por favor" (Santos, 2010: 11); escreve "as árvores da mente são negras" e acrescenta "tradutores sylvianos / por favor", não vá o leitor não reconhecer o verso de Sylvia Plath (Santos, 2010: 18); "tradutores-suicidas / por favor" para a conhecida blasonaria de Plath a propósito do respetivo talento para

[19] Miguel Conde, entrevista com Boaventura de Sousa Santos, *O Globo*, 24.7.2010.

morrer "excepcionalmente bem" (Santos, 2010: 58); cita duas expressões em latim e solicita "tradutores-sem-memória / por favor", acrescentando, para que melhor se entenda a expressão *homo semper tiro* (uma das preferidas de Ernst Bloch, autor que muito admira), "é sempre começo / e por isso tropeça / e não começa" (Santos, 2010: 22); refere "sub-humano" e solicita comicamente "tradutores-toupeiras / por favor" (Santos, 2010: 29-30); cita "A Irlanda é a porca velha / que come a própria ninhada", pedindo "tradutores apátridas / por favor" para identificar, por intermédio de Stephen Dedalus, a desilusão de Joyce perante o seu país (Santos, 2010: 43); quando cita o lamento de Dante relativo às limitações da linguagem na *Divina Comédia*, *Rap global* exige com ironia "tradutores-de-óbvios-pedantes / por favor" (Santos, 2010: 51); e quando, mais para o final do poema, se mostra, de forma absurda, que o *Dasein* de Heidegger se encontra no cadafalso, faz sentido invocar "tradutores-de-argamassa / por favor" (Santos, 2010: 90). O poeta faz também alguma tradução com uma piscadela de olho a Carroll e à sua manipulação da língua, como quando modifica a expressão "*yes we can*" de Obama para "*yes we canned*" [sim, nós enlatados] e os Dominicanos (monges) para "*domini canes*" (cães do senhor – "a farejar heresia") (Santos, 2010: 31), ou ainda "*tale*" [história] de Macbeth, cheia de som e fúria, para "*tail*" [cauda, rabo] (Santos, 2010: 89), a ecoar a "*tale/tail*" longa e triste do rato de *Alice no país das maravilhas*.

Como foi já referido, o sociólogo defende que a ciência ocidental moderna não deve ser descartada, mas sim acolhida criticamente pelas epistemologias do Sul e posta em diálogo, de modo produtivo, com outras formas de produção e de validação do conhecimento. O poeta pensa de igual maneira sobre a tradição poética ocidental: deve ser posta num contexto mais abrangente e desmistificada. Por exemplo, na página 47, *Rap global* junta uma história popular africana, o encontro difícil de Celan com Hölderlin, o fazer-se de outro de Rimbaud, a lucidez escatológica de Pessoa e o memorável "peido" de Ashbery em *Flow Chart*:

> quando um grande senhor passa
> o camponês curva-se em reverência
> e em silêncio/peida-se
> [...]
> sabes bem
> que peido é peido
> mas só o do ashbery
> dá direito a lápide
> excuse me while I fart
> there that's better
> I actually feel relieved

pallaksch pallaksch
porra hölderlin ou celan
um dos dois está doido
merda sejam lúcidos
caguem pro mundo
mas não se caguem
ao menos je est un autre.

Mais adiante, a persona *rapper*-voz do poema mostra-se irritada perante a persistência do cânone: "por quanto tempo / vais chorar por aí / encostado / ao poema velho / do mestre fausto / à proa doida / do velho ulisses" (Santos, 2010: 63). Mais abaixo, convoca-se Eminem para se juntar à Gertrude Stein numa reconsideração hilariante da repetição enquanto dispositivo poético (Santos, 2010: 77-78). Aqui e ali, expressões célebres da tradição são travestidas de forma espirituosa: o "é preciso ser-se absolutamente moderno" de Rimbaud torna-se "é preciso ser-se absolutamente trans-moderno"; e "a destruição foi a minha Béatrice", de Mallarmé, é transformada em "a destruição foi a minha beatralha". Neste último caso, faz sentido a reivindicação de "tradutores-comunas / por favor" (Santos, 2010: 82).

O poema é escrito sobretudo no modo vocativo. Logo no início, a voz poética dirige-se de forma enfática a um amigo ou camarada ("companheiro companheiro") com recomendações sobre como sobreviver num mundo cheio de perigos e armadilhas de todos os tipos. Por vezes, o amigo, que é também a voz do poema, torna-se uma das suas personagens. Nestes movimentos iniciais, o amigo é aquele que uma vez disse "*I have a dream*" [Tenho um sonho]; a personagem que profere a célebre frase (Martin Luther King Jr.) é então aconselhada, de forma algo insolente, a não ressonar, não vá a polícia ouvir (Santos, 2010: 9-10). O modo vocativo continua texto afora, com conselhos de todo o tipo. Quem lê vai percebendo de forma gradual que se espera que ela seja também esse amigo. As recomendações absurdas e agressivas, senão mesmo insultuosas, pejadas de ironia, constituem um desafio a quem quer que as ouça, que solicita a resistência à conformidade hipócrita com o *statu quo*, seja relativamente à autoridade política, às estruturas educacionais, aos costumes sociais, ou, não menos importante, ao próprio cânone literário. Veja-se o extraordinário excerto sobre revolta – um cão, os dejetos do cão, a trela, a sabedoria de Blake virada do avesso e o grande tradutor português de Blake, Paulo Quintela (Santos, 2010: 72):

revolta-te contra os jardins
põe o cão a carregar
o saco dos cagalhões

não te humilhes porra
não és catador de merda
the road of wisdom
leads to the palace of excess
e vice-versa
e vice vice-versa
e vice vice vice
e vice vice-versa
diz ao blake quintela
que não precisas de trela

Para o final do poema, torna-se claro que a voz/o autor, mais do que nunca, se dirige a si mesmo. Tendo invocado tantos escritores ou combatentes pela liberdade em todo o texto, tais como o bengali Rabindranath Tagore (Santos, 2010: 59-60) ou o angolano Uanhenga Xitu, o escritor e nacionalista de seu nome oficial Agostinho André Mendes de Carvalho (Santos, 2010: 59), escolhe agora convocar um dos escritores mais originais da língua portuguesa e um grande "tomador" de identidades, tanto poéticas como nacionais e étnicas, o pintor, poeta e paródico humorista de muitos nomes e talentos António Quadros, nascido em Portugal, mas que durante muitos anos se sentiu e apresentou como sendo originário de Moçambique. Sob o pseudónimo de João Pedro Grabato Dias, escreveu poesia notável, embora tenha durante muito tempo negado a sua autoria; enquanto Frey Joannes Garabatus produziu *As Quybyrycas*, uma singular paródia de *Os Lusíadas*, de Camões, o épico português da expansão colonial. Depois da revolução de 25 de Abril de 1974 e da independência de Moçambique, que teve lugar no ano seguinte, Quadros assinou como Mutimati Barnabé João o livro de poemas *Eu, o povo* (1975), uma coleção de poemas extremamente críticos do colonialismo, mas também de algumas das formas que tomaram a revolução, a independência e a consolidação da liberdade (João, 2008). Não surpreende, portanto, que Queni N. S. L. Oeste/Boaventura de Sousa Santos tenha decidido rematar o seu poema multicultural com uma homenagem a este artista multifacetado, binacional e que aspirava a ser birracial (Santos, 2010: 91-94):

vai embora
leva o mapa
das perdições
[...]
mas se encontrares o mutimati
confia nele

[...]
reboca a verga
reboca a boca
a original a louca
a de mutimati
barnabé
joão
grande mutimati
se portugância
e moçambicância
fossem países
tu serias
herói
desnacional

★ ★ ★

Em conclusão: o principal objetivo desta obra do sociólogo é claramente contribuir para tornar o nosso mundo equitativamente habitável para toda a gente. Mesmo sendo um exercício simultâneo de ciência, política e moralidade, a sociologia não basta para uma tal tarefa. O pensamento utópico de Boaventura de Sousa Santos precisa de recorrer à poesia, a única forma de dar uma habitação local e um nome ao seu imaginário sociológico. Os muitos aspetos do projeto "ALICE: Espelhos estranhos, lições imprevistas", dos quais a sua poesia aqui discutida não pode senão ser considerada parte integrante, testemunham os compromissos e os esforços multifacetados e utópicos do investigador principal. O seu maior objetivo é recuperar as palavras com que se diz vida, liberdade e justiça para todos. Tal como nestes versos de Tagore citados em *Rap global* (Santos, 2010: 59-60): "hoje imagino as palavras de incontáveis / línguas subitamente livres de grilhões".

É esse o objetivo do projeto ALICE no seu exercício das epistemologias do Sul. De facto, como tentei mostrar neste capítulo, a proposta epistemologias do Sul implica uma ampla transformação das ciências sociais e das humanidades: permite a construção de ecologias de saberes que incluem muitas línguas e linguagens diferentes, e muitas e diferentes formas de narrar o mundo, sejam elas a ciência, a poesia ou a arte, mantendo intactas as respetivas identidades. O facto de o autor da proposta a ter posto em prática com todo o êxito, indo além da sua reconhecida identidade enquanto sociólogo, que o habilita a coordenar o projeto ALICE, não pode senão corroborar a credibilidade dessa mesma proposta.

NÃO DISPAREM SOBRE O UTOPISTA!

Referências

Abrams, Meyer Howard (1971), *The Mirror and the Lamp. Romantic Theory and the Critical Tradition*. New York: Oxford University Press.

Aretoulakis, Emmanouil (2014), "The prefatory/postscript letters to St. Thomas More's *Utopia*. The culture of 'seeing' as a reality-conferring strategy", *Journal of Early Modern Studies*, 3, 91-113. Doi: http://doi.org/10.13128/JEMS-2279-7149-14166.

Berger, John (1999), *King. A Street Story*. London: Bloomsbury.

Butler, Samuel (1934), *Erewhon, or over the Range*. London: Jonathan Cape.

Carroll, Lewis (1976), *The Complete Works*. Introdução de Alexander Woollcott. New York: Vintage.

Carroll, Lewis (2000), *The Annotated Alice. Alice's Adventures in Wonderland & Through the Looking Glass*, editado por Martin Gardner. New York: Norton.

Derrida, Jacques (1988), "Che cos'è la poesia?", *Poesia*, 1(11).

Derrida, Jacques (1991), "Che cos'è la poesia?", in Peggy Kamuf (org.), *A Derrida reader: Between the blinds*. New York: Columbia University Press, 288-299.

Foucault, Michel (1971), *The Order of Things. An Archeology of Human Sciences*. New York: Pantheon.

Guiliano, Edward (1982), "Introduction", in Lewis Carroll, *The Complete Illustrated Works of Lewis Carroll*. New York: Avenel.

Howard-Hill, Tevor (org.) (1989), *Shakespeare and Sir Thomas More. Essays on the Play and its Shakespearian Interest*. New York: Cambridge University Press.

Jameson, Fredric (2005), *Archeologies of the Future. The Desire Called Utopia and Other Science Fictions*. London: Verso.

João, Mutimati Barnabé (2008), *Eu, o povo*. Lisboa: Cotovia.

Lloyd, Megan S. (2010), "Unruly Alice: A Feminist View of Some Adventures in Wonderland", in Richard Brian Davis (org.), *Alice in Wonderland and Philosophy. Curiouser and Curiouser*. Hoboken, NJ: John Wiley & Sons, 7-18.

McCutcheon, Elizabeth (1983), *My Dear Peter. The "Ars Poetica" and Hermeneutics for More's* Utopia. Angers: Moreanum.

Melville, Herman (1962 [1924]), *Billy Budd, Sailor (an Inside Narrative)*, editado por Harrison Hayford, e Merton M. Sealts Jr. Chicago, IL: The University of Chicago Press.

Memmi, Albert (1967), *The colonizer and the colonized*. Boston: Beacon Press.

More, Thomas (1964 [1515-1516]), *Utopia*. New Haven, CT: Yale University Press [editado por S. J. Edward Surtz].

Pimenta, Alberto (1995), *A magia que tira os pecados do mundo*. Lisboa: Cotovia.

Ramalho, Maria Irene (2013), "A violência da cultura. Sexo, espécie e colonialidade em Maria Velho da Costa", in António Sousa Ribeiro (org.), *Representações da violência*. Coimbra: Almedina, 51-63.

Ramalho Santos, Maria Irene (2014), "Gender, species, and coloniality in Maria Velho da Costa", in Anna Klobucka e Owen Hilary (orgs.), *Gender, Empire and Postcolony*. New York: Palgrave Macmillan, 191-202.

Ramalho Santos, Maria Irene (2015), "Discursos de resistência", *Conferência Plenária do II Simpósio EDiSo (Associação de Estudos Sobre Discurso e Sociedade)*, Coimbra, 18 de junho.

Rui, Manuel (2007), *Ombela*. Luanda: União dos Escritores Angolanos.

Sá, Vítor Matos e (1956), "O que pode dizer a poesia?", in Vítor Matos e Sá, *O silêncio e o tempo*. Coimbra: Coimbra Editora, 9-16.

Santos, Boaventura de Sousa (1994), *Pela mão de Alice. O social e o político na pós-modernidade*. Porto: Afrontamento.

Santos, Boaventura de Sousa (1995), "Don't shoot the utopist", *Toward a New Common Sense. Law, Science and Politics in the Paradigmatic Transition*. Nova Iorque: Routledge, 479-519.

Santos, Boaventura de Sousa (1996), "A queda do *Angelus Novus*: Para além da equação moderna entre raízes e opções", *Revista Crítica de Ciências Sociais*, 45, 5-34. Disponível em http://www.boaventuradesousasantos.pt/media/pdfs/A_queda_do_Angelus_Novus_RCCS45.PDF.

Santos, Boaventura de Sousa (2000), "Não disparem sobre o utopista", *A crítica da razão indolente: contra o desperdício da experiência*. São Paulo: Cortez, 329-383.

Santos, Boaventura de Sousa (2001), "Toward an Epistemology of Blindness. Why the New Forms of 'Ceremonial Adequacy' Neither Regulate nor Emancipate", *European Journal of Social Theory*, 4(3), 251-279. Doi: https://doi.org/10.1177/13684310122225109.

Santos, Boaventura de Sousa (2002), "Para uma sociologia das ausências e uma sociologia das emergências", *Revista Crítica de Ciências Sociais*, 63, 237-280. Doi: https://doi.org/10.4000/rccs.1285.

Santos, Boaventura de Sousa (2004), *Escrita INKZ. Anti-manifesto para uma arte incapaz*. Rio de Janeiro: Aeroplano.

Santos, Boaventura de Sousa (2007), "Para além do pensamento abissal: das linhas globais a uma ecologia de saberes", *Revista Crítica de Ciências Sociais*, 78, 3-46. Doi: https://doi.org/10.4000/rccs.753.

Santos, Boaventura de Sousa (2009), "A Non-Occidentalist West? Learned Ignorance and Ecology of Knowledge", *Theory, Culture & Society*, 26(7-8), 103-125. Doi: https://doi.org/10.1177/0263276409348079.

Santos, Boaventura de Sousa (2010), *Rap global. Queni N. S. L. Oeste*. Rio de Janeiro: Aeroplano.

Santos, Boaventura de Sousa (2014), *Epistemologies of the South. Justice Against Epistemicide*. Boulder, CO: Paradigm.

Stratton, Jon (1990), *Writing Sites. A Genealogy of the Postmodern World*. Ann Arbor, MI: University of Michigan Press. Doi: https://doi.org/10.3998/mpub.13182.

Stratton, Jon (2000), "The beast of the Apocalypse. The postcolonial experience of the United States", in C. Richard King (org.), *Postcolonial America*. Urbana e Chicago, IL: University of Illinois Press, 21-64.

Taliaferro, Charles; Olson, Elizabeth (2010), "Serious nonsense", in Richard Brian Davis (org.), *Alice in Wonderland and Philosophy. Curiouser and Curiouser*. Hoboken, NJ: John Wiley & Sons, 183-196.

Vieira, Fátima (2012), "Falar de utopia em tempos de crise", *Via Panorâmica*, número especial, 5-9. Consultado em 5 de novembro de 2015, em http://ler.letras.up.pt/uploads/ficheiros/11659.pdf.

Wallerstein, Immanuel (1998), *Utopistics. Or Historical Choices of the Twenty-First Century*. New York: The New Press.

Zemka, Sue (2002), "Erewhon and the end of utopian humanism", *ELH*, 69(2), 439-472. Doi: https://doi.org/10.1353/elh.2002.0020.

PARTE III

Educar contra a exclusão e para libertar

CAPÍTULO 12

De Paulo Freire a Boaventura de Sousa Santos: um percurso na relação educação e emancipação

Inês Barbosa de Oliveira

Há vinte e oito anos o mundo das ideias, sobretudo o da Educação, perdia um de seus maiores ícones: Paulo Freire. Foi mais ou menos na mesma época que, iniciando minha trajetória de pesquisadora na Universidade brasileira, comecei a me familiarizar com a obra de Boaventura de Sousa Santos. Desde então, muitos acontecimentos, estudos, produções e reflexões pavimentaram meu percurso. De alguns anos para cá, incentivada por colegas, atividades, eventos e reflexões, tenho crescentemente me aproximado da obra de Freire, como ocorreu em 2013, quando estive na University of Massachusetts/Dartmouth em encontro com o querido João Paraskeva e alguns de seus estudantes em uma frutuosa conversa sobre a obra de Freire e seus aportes, sempre atuais. Efetivamente, mais de vinte anos após seu falecimento, a presença e a relevância de sua obra nos debates educacionais, políticos e sociais se mostra cada dia mais incontornável. Assim, por meio de diferentes olhares e percepções, pesquisadores do Brasil e do mundo seguem buscando nas ideias-chave de Paulo Freire elementos fundantes de suas reflexões e abordagens dos temas aos quais se dedica. Pessoalmente, trabalhando com a obra de Boaventura ao longo dos mesmos vinte anos, venho buscando, mais recentemente, explicitar algumas das aproximações que percebo entre ambos e que acredito nos sejam úteis para enfrentar não só os problemas "antigos", mas também alguns dos novos, que nos vêm sendo colocados pelo avanço assustador do ultraconservadorismo político e moral nos dias atuais.

É por isso que venho buscando, nas múltiplas aproximações entre as obras de Paulo Freire e Boaventura de Sousa Santos perceber, por meio do segundo, o alcance, imprevisto na origem, da obra do primeiro e as possibilidades que essa interlocução nos trazem para "ler o mundo" atual e atuar sobre ele de modo a potencializar o que nele pode representar mais emancipação social, compreendendo e lutando contra aquilo que oprime, subalterniza, domina e/ou renega as existências invisibilizadas de grupos sociais, sujeitos, culturas e conhecimentos. Entendo que a relevância do trabalho de reflexão em torno desse diálogo possível, não realizado pelos próprios, reside na abertura que viabiliza de um aprofundamento de algumas das mais relevantes contribuições de Freire para pensar as relações entre a educação e a emancipação, deslocando uma obra produzida no contexto de primazia do pensamento moderno para a atualidade. A partir de identificações entre diferentes reflexões de um e de outro autor, é possível tecer compreensões que os transcendem, incluindo com mais precisão o debate educacional no trabalho de Santos e atualizando e ampliando a dimensão político-sociológica da obra de Freire potencializando nossa luta maior por uma educação libertadora e uma sociedade mais democrática.

As reflexões contidas neste capítulo têm por objetivo levar aos leitores algumas reflexões a respeito dessas aproximações, em diferentes dimensões, visando a ampliar e aprofundar essas relações, buscando sempre inserir elementos da vida social e da prática educacional concretas na reflexão, para tornar mais explícitos nossas reflexões e seu potencial para o enfrentamento do pensamento hegemônico. Com isso, é possível, ao mesmo tempo, contribuir para a perceção sobre o alcance sociológico e educacional reconhecível nas duas obras, quando relacionadas, e para a potência social que apresentam, quando usadas para compreender e intervir na vida social cotidiana, *dentrofora*[1] dos espaços educativos formais.

Também há reflexões teórico-epistemológicas e debates em torno de situações reais, captadas em pesquisas e projetos de extensão já desenvolvidos, a partir da reflexão sobre as relações entre o pensamento dos dois autores a respeito dos temas que selecionamos: a questão da diversidade epistemológica do mundo e a não desigualdade entre conhecimentos diferentes; a questão da busca da coerência e as dificuldades da prática em relação à teoria; a questão da humanidade nas relações sociais e a dimensão de solidariedade e amorosidade nelas, para além da caridade; e, finalmente, fechando a reflexão, as

[1] Temos usado, em muitas ocasiões, palavras que formam pares de opostos grafadas como uma só, buscando, com isso, expressar textualmente a necessidade que sentimos de superação de determinados dualismos e oposições binárias, além de defender a complexidade da vida em sua característica que as integra sempre, e não as separa como pretendeu a modernidade.

relações entre justiça cognitiva, justiça social, solidariedade e emancipação, servindo-nos para isso da noção de epistemologias do Sul, formulada por Boaventura de Sousa Santos e que pode ser associada à noção de "sulear", utilizada por Paulo Freire.

O texto segue, portanto, os blocos temáticos da aproximação entre os autores, trabalhados em dois tempos: um primeiro, em que os autores e as aproximações possíveis entre as obras serão apresentados; e outro, em que narrativas orais e imagéticas de situações cotidianas surgem como elementos de utilização efetiva das teorizações apresentadas e das reflexões que suscitaram.

A pluralidade de conhecimentos no mundo e as relações entre eles

Paulo Freire afirmou, em vários momentos de sua vida e obra,[2] que "ninguém ignora tudo, ninguém sabe tudo. Por isso aprendemos sempre". Defendia, com isso, a ideia de que: "Não há saber mais ou saber menos: Há saberes diferentes". Mesmo sendo defensor da ideia segundo a qual o acesso aos conhecimentos formais seria uma forma de emancipação, conforme muitos no tempo em que escreveu suas primeiras obras, Freire entendia a importância de valorizar os conhecimentos populares e de com eles dialogar. O acesso aos conhecimentos formais seria, para ele, uma forma de munir as classes populares dos conhecimentos hegemônicos, passíveis de se tornarem uma arma de luta contra a dominação. Numa leitura mais convencional de sua obra, entendia como problemática a ideia de que os sujeitos sociais chegariam à escola com os "saberes de experiência feitos", com os conhecimentos da vida cotidiana e que a escolarização permitiria a ascensão aos saberes escolares formais. Isso porque na minha perspectiva, fundamentada no pensamento de Boaventura, não existe uma hierarquia *a priori* entre esses conhecimentos; eles são múltiplos e não há uma superioridade dos formais/científicos sobre os outros, que estaria reconhecida de modo subjacente por Paulo Freire. No entanto, quando nos aproximamos com mais cuidado das reflexões de ambos, usando as ideias de Boaventura e trazendo-as para "ler" o pensamento de Freire, percebemos mais a semelhança entre eles do que qualquer contradição. Concretamente, parece-me hoje que podemos considerar que, para Freire, essas diferenças não constituiriam necessariamente

[2] Por esta razão, não identifico neste artigo obra específica e página em que as máximas que nos servem de base foram publicadas. A maior parte das falas foram recuperadas via pesquisa na internet e estão disponíveis em: https://www.pensador.com/paulo_freire_frases_educacao/. Consultado em 28 de outubro de 2017.

uma desigualdade, no sentido de permitir a proposição de uma hierarquia entre saberes, significaria apenas que o acesso aos conhecimentos considerados superiores era uma necessidade e um direito daqueles sujeitos das classes populares, em cujas culturas estariam ausentes os conhecimentos formais. Aprendê-los seria mais uma necessidade política, mais do que epistêmica, exatamente porque a possibilidade de produzir e compreender discursos argumentativos expressos formalmente, necessária à luta política contra a opressão, dependeria desse acesso. Ao mesmo tempo, se há múltiplos conhecimentos no mundo, o direito de aprender se destina, necessariamente, à aprendizagem daquilo que ainda não se sabe.

Por sua vez, ao produzir a crítica da modernidade e dos processos de exclusão de conhecimentos que ela produz, que classifica como epistemicídios, Boaventura de Sousa Santos afirma que:

> Não há, pois, nem ignorância em geral nem saber em geral. Cada forma de conhecimento reconhece-se num certo tipo de saber a que contrapõe um certo tipo de ignorância, a qual, por sua vez, é reconhecida como tal quando em confronto com esse tipo de saber. Todo saber é saber sobre uma certa ignorância e, vice-versa, toda a ignorância é ignorância de um certo saber. (Santos, 2000: 78)

A validade de conhecimentos para Boaventura é dada pela capacidade de cada conhecimento em atuar, em operar na resolução de problemas concretos. Ou seja, não há hierarquia *a priori*, a validade dos conhecimentos é sempre circunstancial, dada pela utilidade para resolver os problemas específicos, em circunstâncias também específicas.

Quando aproximamos as duas formulações, parece evidente que os autores falam de uma mesma coisa, o reconhecimento da diversidade epistemológica do mundo e a necessidade de pensarmos as relações entre eles para além das hierarquias modernas. Os desdobramentos desses reconhecimentos são múltiplos e, embora não se tenha dedicado especificamente a discuti-los para além da defesa de se usar o conhecimento dos alunos como ponto de partida pedagógico para o ensino, Paulo Freire certamente se reconheceria na crítica produzida por Boaventura como defendo a seguir. No desenvolvimento de sua reflexão, Boaventura afirma que:

> Não há uma única forma de conhecimento válido. Há muitas formas de conhecimento, tantas quantas as práticas sociais que as geram e sustentam [...]. Práticas sociais alternativas gerarão formas de conhecimento alternativas. Não reconhecer estas formas de conhecimento implica deslegitimar

as práticas sociais que as sustentam e, nesse sentido, promover a exclusão social dos que as promovem. (Santos, 1995: 328)

Ele defende que esse processo de exclusão de formas de conhecimento não científico se fez presente no processo de expansão europeia que incluiu muitos "epistemicídios", ou seja, aniquilamento ou subalternização, subordinação, marginalização e ilegalização de práticas e grupos sociais portadores de formas "estranhas" de conhecimentos, porque sustentadas por práticas sociais ameaçadoras.

A grande questão dessa segunda forma de falar sobre a hierarquização dos conhecimentos e a secundarização da sua pluralidade está na ideia de que os conhecimentos são práticas sociais de conhecimentos e que cada sujeito e/ou grupo social opera no mundo a partir daquilo que sabe. Essa noção é bastante útil para dialogar com o que diz Paulo Freire, porque ela vai mostrar que a ideia freiriana do direito ao acesso aos conhecimentos formais não significa necessariamente uma hierarquização *a priori* entre eles, mas sim o direito de aprender aquilo que você ainda não sabe, para que seu modo de operar no mundo, de desenvolver suas práticas sociais de conhecimento, se modifique e potencialize na medida em que se dispõe de mais elementos com os quais operar. Então, essa ideia hierárquica entre os diferentes conhecimentos, que era mais do que hegemônica do tempo do Paulo Freire, e ainda hoje o é, evidencia sua precariedade quando a colocamos em face do pensamento de Boaventura, que mostra a *desnecessidade* e o equívoco que seria considerar alguns conhecimentos superiores a outros, *a priori*.

Diante disso, podemos reler a afirmativa de Freire em relação à necessidade de acesso aos conhecimentos formais compreendendo-a como uma necessidade de dominar os conhecimentos dominantes e sua linguagem de forma a poder se apropriar do modo como operam sobre o mundo as classes dominantes, para entrar melhor num debate contra ele. É também uma forma de dizer que o direito de aprender o que ainda não se sabe sobre o mundo é a essência do direito à educação e isso vale para todo mundo. No limite, a burguesia exerce menos o seu direito à educação do que as classes populares, porque a ela jamais foi concedido o direito de saber aquilo que as classes populares sabem, já que aquilo é considerado ignorância. E a solução dada a essa cassação de direitos é a legitimação da ideia de que esses conhecimentos negados são ignorâncias.

Ou seja, a questão dos conhecimentos que, a princípio, Paulo Freire enuncia como sendo um par de opostos entre o saber de experiência feito e os outros saberes, formais, e que de um ao outro o processo é de ascensão, poderia fazer crer que estamos diante de uma hierarquia. Depois de um longo período em que essa ideia me incomodava, exatamente por estabelecer uma hierarquia nos moldes do pensamento cientificista, pude perceber, com a ajuda de Boaventura, que essa diferença não vai constituir necessariamente uma desigualdade para Freire, mas uma pluralidade, inscrita em relações de trocas desiguais entre eles, daí a ideia de ascensão. A necessidade da dialogia no ato educativo advém dessa convicção, a de que efetivamente só vai haver aprendizagem quando o que já se sabe dialogar com aquilo que se vai e se precisa aprender. O pressuposto do diálogo é sair de si mesmo e abrir-se ao outro. No diálogo, segundo Freire, "não há ignorantes absolutos, nem sábios absolutos: há homens que, em comunhão, buscam saber mais [...] A educação autêntica não se faz de A para B ou de A sobre B, mas de A com B" (1987: 81, 84). Com essa formulação, nada hierarquizante, Freire se aproxima daquilo que defendo aqui, com Boaventura.

Com isso, podemos perceber que, embora haja uma formulação que dá a impressão de uma hierarquia, concretamente o que Freire defende e apresenta não se opõe ao que Boaventura expressa, que é a necessidade e o direito de todes a operar com os diferentes conhecimentos, tecendo redes que ampliem e potencializem formas de compreender e de intervir sobre o mundo – por meio das práticas sociais de conhecimento – que respeitem a pluralidade epistemológica que o caracteriza. Isso remete à outra afirmação de Boaventura sobre a importância da aprendizagem não produzir a "desaprendizagem" daquilo que você já sabe, do ponto de vista dos seus conhecimentos de origens culturais etc.

Ou seja, os processos de aprendizagem não devem ser percebidos como processos de superação e descarte de conhecimentos anteriores, mas como um processo de complexificação das possibilidades de compreender o mundo e de sobre ele intervir. Assim, a ideia freiriana de ascensão que poderia potencializar a emancipação seria mais a de uma ascensão de uma compreensão de mundo que ele chama de ingênua – porque baseada em conhecimentos mais imediatos na leitura da realidade social –, do que a ideia de conhecimentos mais elaborados – pelo enredamento entre o novo e o já sabido e a consequente complexificação das redes de conhecimentos que o processo proporciona –, que permitiriam leituras de mundo mais conscientes e elaboradas.

Com isso, chego a uma compreensão da necessidade política e epistemológica de perceber os processos de aprendizagem como processos interativos de aprendizagem mútua, de valorização das interlocuções entre os diferentes conhecimentos não só como forma de aprender, mas sobretudo como forma de potencializar intervenções plurais sobre o mundo, definidas circunstancialmente e baseadas no diálogo entre conhecimentos. Essa possibilidade de associação do pensamento de Freire com o de Boaventura permite compreender, do ponto de vista das práticas educacionais, os riscos e reducionismos que os epistemicídios trazem para a humanidade e para a sociedade.

Boaventura considera o epistemicídio como um dos grandes crimes cometidos contra a humanidade, por entender que significou "um empobrecimento irreversível do horizonte e das possibilidades de conhecimento". Na continuidade do raciocínio que desenvolve, ele defende que "o novo paradigma (científico) propõe-se revalorizar os conhecimentos e as práticas não hegemónicas que são afinal a esmagadora maioria das práticas de vida e de conhecimento no interior do sistema mundial" (Santos, 1995: 329). E é nesse sentido que propõe a concorrência epistemológica leal entre os conhecimentos como necessária à reinvenção das alternativas de práticas sociais capazes de balizar a construção da democracia e das lutas emancipatórias, na medida em que isso permitiria superar a verticalidade e a hierarquia hoje predominante nas relações entre os diferentes conhecimentos.

Assim sendo, a partir das análises de Boaventura, amplio o alcance da afirmativa freiriana e consigo relacioná-las com o próprio pensamento freiriano sobre as relações entre a educação libertadora e a emancipação na medida em que a aproximação proposta permite perceber o alcance da defesa que faz Freire de um trabalho pedagógico dialógico, em que diferentes conhecimentos são respeitados enquanto tais, alçando esta defesa à condição de elemento potencializador da ruptura com os epistemicídios e suas consequências políticas e sociais. Ambos os autores trabalham com a convicção de que o conhecimento formal científico, europeu, branco, burguês, capitalista, a ciência moderna, é um conhecimento datado, parcial e construído cultural e socialmente como qualquer outro. Por ser hegemônico, esse conhecimento se auto-outorgou o poder de se dizer superior, não hesitando em cometer toda sorte de epistemicídio para assim se manter. Essa autoridade auto-outorgada do pensamento moderno cientificista que anuncia e enuncia a sua própria superioridade em relação a todos os demais, e, mais do que isso, seu caráter de validade universal que anula as possibilidades de validação de quaisquer outros conhecimentos, vem sendo útil à manutenção das hierarquias sociais. No texto de Paulo Freire lê-se não só que a experiência dele de alfabetização de jovens e adultos, que vem dos círculos populares da cultura, é uma experiência a partir do conhecimento da classe trabalhadora. O que aquele trabalhador sabe é a primeira grande questão. Porque aquilo a que não se pode atribuir sentido não pode ser aprendido. Ele percebia, pelas experiências que tinha, pela sensibilidade que tinha de educador, que, se o aluno não estabelece relação entre o que sabe e o que deve aprender, ele não aprende. Então, para a pessoa aprender, é preciso partir da ideia de que o trabalhador sabe. O trabalhador analfabeto sabe.

A aproximação entre a crítica e a ação

Em sua *Pedagogia da esperança*, Paulo Freire afirma que "a busca da coerência entre o que defende como intelectual e o que pratica, como educador, é o maior desafio do educador progressista". O autor desenvolve e sustenta a ideia de que é um permanente desafio político conseguirmos nos deslocar do ideário hegemônico e agir em conformidade com aquilo em que acreditamos como sujeitos engajados na luta por uma sociedade plural e igualitária.

Com Boaventura, podemos aprofundar nossa compreensão desses limites quando entramos na discussão que ele propõe sobre as relações entre nossa capacidade de crítica e nossa capacidade de ação, apontando a primeira como superior à segunda. Ambos se juntam na ideia de que precisamos descobrir e inventar modos de agir mais próximos e compatíveis com os discursos que somos capazes de produzir, formulando e "praticando" modos de fazer política e educação que contribuam para a democracia, para a horizontalização das relações entre os diferentes grupos sociais, para a emancipação social. Esse tema tem particular relevância para se repensar a relação teoria-prática, pois nos remete à ideia de que a prática é "mais difícil" que a teoria, contrariamente ao que defende o pensamento moderno positivista.

As racionalidades para além do cognitivismo moderno

"Eu sou um intelectual que não tem medo de ser amoroso. Amo as gentes e amo o mundo. E é porque amo as pessoas e amo o mundo que eu brigo para que a justiça social se implante antes da caridade", dizia Paulo Freire.

O alcance sociológico dessa afirmação pode ser melhor compreendido quando nos dedicamos a pensar as formas da racionalidade para além do cognitivismo e quando compreendemos, também com Boaventura de Sousa Santos, a indissociabilidade entre o campo do político e o do epistemológico. A ideia da amorosidade envolvida com a justiça social remete à recuperação, que propõe Boaventura, das dimensões ético-política e estético-expressiva da racionalidade, subjugadas ao cognitivismo na modernidade. O amor de que fala Freire é um amor "fraterno", de reconhecimento do outro como igual, o outro de origem social, cultural e epistemológica diferente, legítimo no mundo. É nesse reconhecimento subjacente a essa afirmação que encontramos a validação, em estilo freiriano, da pluralidade das racionalidades e da indissociabilidade entre elas.

As epistemologias do Sul: justiça cognitiva, justiça social, solidariedade e emancipação

Imagem 1 – *La escuela del Sur* [A escola do Sul]

Mapa invertido da América.

"Uma importante escola de arte teve que ser criada aqui em nosso país. Digo sem nenhuma hesitação: aqui em nosso país. E tenho mil razões para afirmá-lo. Disse Escola do Sul", porque, em realidade, nosso norte é o sul. Não deve haver norte, para nós, a não ser por oposição ao nosso Sul.

Por isso, agora colocamos o mapa ao inverso e então temos justa ideia da nossa posição, e não como querem no resto do mundo. A ponta da América, desde já, prolongando-se, assinala insistentemente o Sul, nosso norte. Igualmente a nossa bússola: inclina-se imperdoavelmente sempre para o Sul, para o nosso polo.

Os navios, quando partem daqui, descem, não sobem como antes, a fim partirem para o norte. Porque o norte agora está abaixo. O nascer, posicionando-nos de frente para o nosso sul, está à nossa esquerda. Esta retificação era necessária; por isso agora sabemos onde estamos [...]".

Fonte: Torres-García, 1935.

Para Boaventura de Sousa Santos, a justiça cognitiva é condição *sine qua non* da justiça social, pois não é possível haver justiça social se alguns sujeitos e grupos sociais são considerados inferiores em função da inferioridade de suas culturas e conhecimentos. Preconizando a necessidade de uma ecologia dos saberes, que reconheça a pluralidade e a interdependência entre diferentes conhecimentos, Boaventura afirma, também, que as relações sociais horizontais entre diferentes sujeitos sociais, em todos os campos de interação social, precisam ser compreendidas como parte da dimensão cidadã da vida, uma cidadania horizontal que implica uma responsabilidade com o outro e com cada um, na construção de uma sociedade mais justa. Isso exige reconhecimento do outro e compromisso com o bem-estar coletivo, implícitos na obra de Freire.

Freitas esclarece a noção de sulear em Freire em sua resenha do Dicionário Paulo Freire (Streck; Redin; Zitkoski, 2008). Diz a autora:

> Com o emprego do termo sulear, Paulo Freire chama a atenção para o caráter ideológico do termo nortear. Sulear expressa a intenção de dar visibilidade à

ótica do sul como uma forma de contrariar a lógica eurocêntrica dominante a partir da qual o norte é apresentado como referência universal. Sulear significa construir paradigmas alternativos em que o sul se coloca no centro da "reinvenção da emancipação social" (Adams, 2008: 397). Sulear pensamentos e práticas é uma perspectiva que se anuncia no pensamento freiriano para fortalecer a construção de práticas educativas emancipatórias. (Freitas, 2013: 205-206)

Quanto a Boaventura de Sousa Santos, ele vai definir sua epistemologia do Sul como sendo: "Uma epistemologia do Sul [que se] assenta em três orientações: aprender que existe o Sul; aprender a ir para o Sul; aprender a partir do Sul e com o Sul" (Santos, 2010).

Assim, percebemos a proximidade entre as epistemologias do Sul, de Boaventura, e a proposta freiriana de sulear.

Com isso, finalizo este texto entendendo que o resultado das reflexões e associações aqui contidas é, de certa forma, uma descoberta de características não imediatamente evidentes na obra de Paulo Freire, naquilo que ela tem de inovadora, criativa e relevante como produção de uma nova epistemologia política, da qual ele se serve para pensar a Educação. Portanto, a partir da proposta, desenvolvida neste texto, que permite evidenciar de que modo a noção de "epistemologias do Sul", presente na obra de Boaventura, não apenas se encaixa, mas já existia de modo subjacente na pedagogia freiriana, podemos afirmar que esta pedagogia traz em sua concepção a ideia da indissociabilidade entre a dimensão do político e a do epistemológico e contém possibilidades de contribuição efetiva à emancipação social democrática.

Referências

Freire, Paulo (1992), *Pedagogia da esperança*. São Paulo: Paz e Terra.

Freitas, Ana Lúcia (2008), "Streck, D., Redin, E., & ZITKOSKI, J. J. (orgs.). Dicionário Paulo Freire. Belo Horizonte: Editora Autêntica, 2008", *Revista Lusófona de Educação*, v. 24, n. 24, 2013. Disponível em https://revistas.ulusofona.pt/index.php/rleducacao/article/view/4196.

Santos, Boaventura de Sousa (1995), *Pela mão de Alice: o social e o político na pós-modernidade*. São Paulo: Cortez.

Santos, Boaventura de Sousa (2000), *A crítica da razão indolente: contra o desperdício da experiência*. São Paulo: Cortez.

Santos, Boaventura de Sousa; Meneses, Maria Paula (2010), *Epistemologias do Sul*. São Paulo: Cortez.

Streck, Danilo R.; Redin, Euclides; Zitkoski, Jaime J. (orgs.) (2008), *Dicionário Paulo Freire*. Belo Horizonte: Autêntica.

Torres-Garcia, Joaquín (1935), *La Escuela del Sur*. Montevideo: [s.e.], 193.

CAPÍTULO 13

Equador: reinventar a educação intercultural bilíngue. Políticas linguísticas, epistemologias andinas e interculturalidade

Armando Muyolema

Os esforços para revitalizar as línguas indígenas não podem ser dissociados das lutas pela independência, pela democracia e pelo reconhecimento dos direitos coletivos.

David Crystal (2001)

Introdução

Neste capítulo, aborda-se a situação da Educação Intercultural Bilíngue (doravante, EIB) no Equador. O foco reside na teoria e na prática educativa como um espaço de articulação das políticas linguísticas, das epistemologias dos povos e da interculturalidade. Para entender este processo, o capítulo está dividido em três partes. Na primeira, analisa-se como a reivindicação de uma *educação própria* foi negociada e, gradualmente, assumida e transformada pelo Estado a partir do "retorno à democracia" (em 1979) até 2006. A segunda parte centra-se na situação da EIB, na última década, sob o domínio da "revolução cidadã". Os aspetos que serão expostos, de forma breve, representam a visão e os discursos estatais sobre a educação, as formas institucionais adotadas, os sistemas curriculares, a formação de professores e a participação organizada dos povos indígenas na educação. O conceito de "língua de relação intercultural", cujo estatuto constitucional está consagrado há várias décadas, será tratado separadamente. Na terceira parte, sob a perspetiva da sociologia das emergências (Santos, 2014), esboça-se uma discussão teórica da EIB com o objetivo de fornecer elementos de discussão para reinventar uma educação própria, na qual se articulam as epistemologias dos povos (os "saberes ancestrais"), as políticas linguísticas e a interculturalidade. Proponho repensar a vida social e a educação dentro das práticas *minkanakuy* (ou *minga*) como o ato de cuidar uns dos outros e como o suporte da vida comunitária, que devem incluir as práticas educativas no seu sentido mais amplo.

A luta pela terra, a cultura e uma educação própria

A luta pela educação tem sido uma dimensão da luta pela terra, pela defesa dos territórios e pela autodeterminação política no Equador.[1] No fim da década de 1980, a EIB já tinha uma trajetória. Limitados na sua extensão, já existiam até então alguns projetos experimentais em curso (ver MOSEIB em DINEIB, 1993). O retorno à democracia (1979) estendeu o campo de ação política dos setores indígenas e populares ao ter-lhes sido reconhecido o direito de sufrágio. Esta nova condição de cidadania plena, que coincidiu com a dissolução das fazendas, mobilizou as comunidades para a promoção das suas próprias iniciativas perante o Estado. Estas lutas implicaram não só a reivindicação de direitos, mas também o direito a ter direitos.[2] A educação foi uma aspiração estratégica na luta pela terra e pela dignidade. Neste campo, a criação das escolas superiores de educação concretizou-se no início da década de 1980. No contexto das reivindicações de respeito em relação às culturas indígenas, a formação de quadros próprios de professores era um elemento-chave em função do papel do professor e das escolas nas comunidades.

Intimamente ligado à luta pela terra e à definição enquanto comunidades políticas com um forte sentido de pertença, ou seja, enquanto nacionalidades, o acesso à educação tinha duas finalidades principais. Por um lado, procurava-se o domínio do "poder secreto da escrita" (Ramón, 1993: 351-372) como um objetivo urgente e imediato. Por outro lado, a educação era vista como o espaço de reflexão, recriação e continuidade cultural. Esta visão dupla da educação, simultaneamente instrumental e imediata, e política e a longo prazo, teve efeitos práticos e estratégicos nos discursos e nas práticas durante a

1 Os conceitos-chave em torno dos quais as organizações indígenas e os seus discursos políticos se articularam durante as décadas de 1970 e 1980 foram "terra, cultura e autodeterminação". Ao definirem-se como nacionalidades, ou seja, como comunidades políticas em si mesmas, aspiravam ter um estatuto de autonomia política para decidir e dirigir os seus destinos dentro de um Estado plurinacional.

2 No contexto do levantamento indígena de 1990, setores conservadores equatorianos clamavam por uma ação repressiva contra a mobilização indígena. Ao confrontar-me com o líder destes grupos numa cidade dos Andes e indicando que estávamos a lutar pelos nossos direitos, a resposta que recebi foi contundente: "Que direitos reclamam se nunca os tiveram?".

década de 1980. O principal interesse das organizações regionais centra-se no programa de alfabetização – o interesse por um domínio instrumental e imediato da escrita –, enquanto o acompanhamento das escolas superiores de educação – conquista recente, porém, totalmente controlada pelo Estado – diz respeito às organizações comunitárias locais. Durante esta década, há uma clara relutância em relação à educação estatal, por esta ser um "instrumento de aculturação". No imaginário coletivo, existe a ideia de uma "educação própria ou alternativa" que, dentro de uma política cultural mais ampla, se apoia na autorrepresentação histórica, na valorização das culturas próprias e na relação com outros povos do mundo. Para atingir estes objetivos, decidiu-se "criar escolas bilíngues nas comunidades, com planos de educação próprios e com professores indígenas" (CONAIE, 1989: 232-233). As questões de fundo debatidas no seio das comunidades e organizações de base dizem respeito ao que é conhecimento válido, quem é o sujeito que sabe e que é chamado a ensinar e qual é o papel da comunidade na educação.

A prova de fogo: a ideia de uma *educação própria* no contexto do Estado

A ideia de uma educação própria tem uma trajetória que remonta, pelo menos, às escolas de Cayambe fomentadas por Dolores Cacuango a partir da década de 1940. Na minha opinião, no imaginário político das organizações, a ideia de uma educação própria não é possível de ser assimilada pelo projeto de educação bilíngue assumido pelo Estado. A educação que este oferecia era vista como o "principal instrumento de aculturação por parte do opressor em relação aos povos indígenas e ao povo negro" (CONAIE, 1989: 232). Uma proposta educativa própria e emancipadora dificilmente podia ser assumida por um Estado monocultural e estruturado em fortes heranças coloniais.

As ações e as expectativas, nomeadamente quanto aos discursos e intenções das organizações indígenas, apontam para duas direções estratégicas. Por um lado, propõe-se o desenvolvimento de programas educativos fora do Estado, dirigidos a partir das organizações. Por outro lado, começa a tomar forma a exigência ao Estado de uma educação bilíngue, reivindicando-se, ao mesmo tempo, outras duas necessidades fundamentais, embora com temporalidades distintas. No imediato, exige-se às instituições de educação tradicionais, de forma geral, o respeito pela cultura e pela tradição indígena e, a médio e longo prazo, a problematização do caráter uninacional e monocultural do Estado. Esta é uma exigência de uma reforma política profunda que leve ao desmantelamento das formas coloniais de dominação ainda em vigor, rumo a um Estado plurinacional que inclua as nacionalidades indígenas numa estrutura de representação e distribuição equitativa do poder político. Somente nesta nova ordem estatal, assente no reconhecimento dos povos indígenas enquanto comunidades políticas – com capacidade de decisão quanto às suas expectativas e com controlo dos seus recursos materiais –, podia florescer a ideia de uma educação própria. Portanto, a proposta de um projeto de EIB sob a égide do Estado teve de ser negociada como uma reivindicação temporária enquanto se redefiniam os fundamentos e o próprio sentido da ordem estatal. A participação da comunidade e algum grau de poder no processo educativo eram um elemento estratégico da educação.

A institucionalização da EIB dentro da estrutura do Estado tem dois contextos históricos e políticos substancialmente diferentes que marcam a sua história, as suas perspetivas e a ação dos povos indígenas.

A EIB e o multiculturalismo do Estado

A sociedade equatoriana caracteriza-se pelo pluralismo cultural e linguístico;[3] contudo, o seu reconhecimento constitucional é recente. A luta organizada dos povos indígenas revelou a sua presença contemporânea, negada e invisibilizada na ordem jurídica e política. Um conjunto de 14 nacionalidades indígenas partilha o território com a população branca-mestiça e com as comunidades afrodescendentes. De acordo com o Censo de 2010, a população nacional é de 14 483 499 habitantes: 62% concentram-se nas áreas urbanas e 37%, nas áreas rurais. Do ponto de vista da autoidentificação, do total da população nacional, 7% identificam-se como indígena, sendo que 32,2% destes se localizam nos Andes; e o restante, na Costa e na Amazónia. A localização geográfica da população indígena continua a ser predominantemente rural (78,5%). Juntamente com o espanhol, falam-se no país cerca de 10 línguas indígenas, distribuídas pela Costa, pelos Andes e pelo Oriente (Álvarez, 2016; Haboud, [s.d.]). De acordo com o último censo, o bilinguismo ganhou terreno nos territórios indígenas, especialmente nos Andes e nas comunidades próximas dos centros urbanos. Contudo, o monolinguismo no idioma próprio é ainda maioritário entre as pequenas nacionalidades (existe um monolinguismo em línguas indígenas de 34,5%, um monolinguismo indígena em espanhol de 32,6% e um bilinguismo indígena-espanhol equivalente a 28,5%).

Neste contexto sociolinguístico, no final da década de 1980, estavam a germinar as primeiras sementes da EIB nas escolas superiores de educação, as

[3] No contexto deste trabalho, utilizo a categoria nacionalidades indígenas e sociedades indígenas de forma intercambiável. Quando se fala de comunidades indígenas, faz-se alusão às comunidades locais, geograficamente localizadas, enquanto povos indígenas alude às diferenças dentro de cada nacionalidade.

quais, no âmbito de sucessivas reformas educativas, se tornariam institutos pedagógicos interculturais e bilíngues. Como já foi mencionado, ter professores bilíngues nas comunidades era um objetivo estratégico. Seguiu-se a criação da DINEIB – Direção Nacional de Educação Intercultural Bilingue –, cuja trajetória tem dois momentos claramente definidos.

DINEIB: a articulação entre povos indígenas e Estado e a dualidade da autoridade educativa (1988-2006)

Neste momento, mais do que um olhar diacrónico, interessa-me analisar a forma como a institucionalização da EIB no interior do Estado se constituiu num espaço de articulação dos discursos e práticas dos povos indígenas e do Estado, dando lugar a uma dualidade da autoridade política e administrativa em direção a um sistema educativo paralelo ao sistema tradicional monolíngue e hispanizante. Neste contexto, assinalo os elementos característicos que definem a visão e a natureza da EIB durante esta fase: os discursos políticos, a autoridade e autonomia do Estado, a dualidade de sistemas educativos, a formação e contratação de professores e o desenho curricular – todos com visões particulares das línguas, culturas e saberes dos povos e das relações com a "sociedade nacional".

É importante notar que este período, que inclui a criação da DINEIB, foi marcado por grandes mobilizações indígenas e populares no país[4] e pela instabilidade política ao mais alto nível do Estado. Em 1990, a Confederação de Nacionalidades Indígenas do Equador (CONAIE) conseguiu articular uma estrutura organizativa nacional, definir uma agenda própria de exigências políticas e desenvolver um duplo discurso crítico: por um lado, das estruturas de poder herdadas do colonialismo,[5] e, por outro, das políticas de ajuste neoliberal.[6] Num período de grande instabilidade política, a EIB sofreu, logicamente, os seus efeitos, associada a um forte movimento indígena com uma crescente influência e um Estado debilitado e preso às lógicas do ajustamento neoliberal.

4 Entre 1988 e 2006, sucederam-se no poder sete presidentes de diferentes tendências ideológicas.

5 É importante lembrar também a mobilização continental para protestar contra a celebração do quinto centenário da colonização, ou o "encontro de dois mundos", por parte das grandes metrópoles europeias e dos 500 anos de resistência dos povos indígenas, acompanhada por fortes questionamentos à ordem colonial e aos seus legados, ao caráter dos Estados-nação e à exploração económica.

6 Sobre a mobilização indígena contra as políticas neoliberais, ver, por exemplo, Selverston (2001), Pallares (2002) e Ospina (2005). No entanto, esta perspetiva ignorou a crítica à ordem colonial ainda existente nas estruturas do Estado.

A EIB sobreviveu, nestas condições, a quase duas décadas de deriva política do país como um todo.

É impensável um consenso nos discursos do poder em relação à educação que os povos indígenas deviam e devem receber. As divergências políticas nesta questão são tão antigas como a fundação dos Estados-nação latino-americanos, tributários, por sua vez, da estrutura de sentimentos, da estrutura económica e do regime cultural do colonialismo. Nesta perspetiva, o discurso político hegemónico do final da década de 1980 é de reconhecimento dos direitos dos povos indígenas, incluindo o direito de gerir diretamente os assuntos que lhes dizem respeito. Assim, ao criar-se a DINEIB, Alfonso Calderón, alto funcionário do governo, disse: "Não se pode conceber uma educação bicultural que não seja gerida pelas comunidades indígenas".[7] No entanto, o quadro legal que favorecia o desenvolvimento da EIB era mínimo. Calderón, a voz autorizada do Estado, sublinhou o caráter "inovador" desta política ao destacar os principais aspetos da decisão do governo: a) a DINEIB "tem as competências para dirigir e planear a educação indígena a todos os níveis", concentrando competências que estavam dispersas em diferentes unidades de gestão do Ministério; b) "todas as pessoas que trabalhem na nova direção devem dominar tanto o quéchua como o castelhano" – o bilinguismo do pessoal administrativo e docente era, assim, um requisito tão forte como uma lei; c) "os cargos – dentro da EIB – serão ocupados por pessoas indicadas pelas próprias organizações indígenas". A partir do governo, realça-se a "vontade do Ministério de trabalhar em conjunto com as organizações indígenas". A proposta educativa implicava alfabetizar as crianças na sua língua materna, de acordo com os programas de ensino que respondiam à realidade cultural das comunidades, e recuperar as suas histórias, tradições e estilos de vida enquanto conteúdos e contextos de aprendizagem. O discurso do Estado vai ainda mais longe, argumentando que se está a trabalhar na criação de "condições históricas para que as organizações indígenas sejam as protagonistas do seu próprio processo educativo e se abra um espaço político para que os indígenas entrem num verdadeiro processo de libertação".[8] Dentro dos limites do multiculturalismo, este reconhecimento dos povos indígenas, significativo, não teve correspondência em termos de redistribuição. Em última análise, o Estado financiou a vigência de uma estrutura institucional baseada numa "política de presença" – quadros dirigentes da EIB pertencentes aos povos indígenas – (Phillips, 1996), mas sem financiamento para investigação e produção de materiais de ensino que respondessem aos desafios qualitativos da EIB.

[7] *Hoy*, 20 de novembro de 1988.

[8] *Hoy*, 20 de novembro de 1988.

O enquadramento institucional da EIB foi legalmente reforçado através de uma alteração à Lei da Educação (1992), e legislação subsequente, até que, na Constituição de 1998, foi consagrado como um elemento fundamental dos direitos coletivos, visto que a Constituição reconheceu o caráter pluriétnico e plurilíngue da sociedade equatoriana.

Uma pergunta fundamental para entender o presente é: em que consistiu o "trabalho conjunto com as organizações"? A institucionalização da EIB deu-se em virtude de um acordo entre a CONAIE e o Ministério da Educação (doravante, acordo MEC-CONAIE). A DINEIB foi criada como uma instância articulada com a estrutura do Ministério, mas com funções e competências pedagógicas, administrativas e financeiras autónomas e descentralizadas. Em termos operacionais e práticos, o caráter descentralizado e autónomo implicava que todas as iniciativas, ações e decisões relativas à EIB não tivessem de passar pela aprovação de outras instâncias do Ministério, mas, apenas, pela aprovação do ministro. Por outro lado, com o consentimento do Estado, as organizações participavam no processo de seleção e nomeação do diretor nacional e dos diretores regionais, enquanto, para a admissão de professores e pessoal técnico de menor estatuto, as organizações tinham o dever de dar uma garantia de ligação à comunidade. No entanto, era o ministro da Educação quem nomeava e dava posse às autoridades da EIB: ato político estatal pelo qual os profissionais designados pelas organizações para dirigir a EIB reconheciam e através do qual ficavam submetidos à autoridade máxima da educação e podiam exercer as suas funções. Apesar disso, eram quadros designados ou reconhecidos pelas organizações indígenas através do aval destas, pelo que, não estando sujeitos às autoridades e líderes das organizações, tinham – ou esperava-se que tivessem – uma relação política e intelectual orgânica com as organizações e as aspirações dos povos indígenas. Assim, a vinculação das autoridades máximas da EIB às organizações não era de ordem administrativa, mas, sim, de um sentido de pertença coletivo. Esta dualidade da autoridade expressava a complexa articulação política entre os povos indígenas e o Estado no campo da educação.

A criação da DINEIB implicou a criação de dois sistemas educativos. O sistema da EIB e aquele que passou a ser chamado de sistema educativo "hispânico". Cada sistema assumiu uma jurisdição administrativa, baseada exclusivamente num critério territorial de ruralidade *versus* urbanidade. Este processo deixou de lado a composição étnica das comunidades e da população estudantil como elemento definidor da condição de centros de educação bilíngues. O bilinguismo e a interculturalidade não eram atributos nem exigências do sistema educativo em geral.

Outro elemento a destacar é o sistema de formação e contratação de professores. Do início da década de 1980 até 2012, os institutos pedagógicos bilíngues formavam os profissionais necessários para alimentar a EIB com os professores qualificados, linguística, cultural e pedagogicamente, que o sistema exigia. No entanto, desde o início, o défice de professores bilíngues tem sido crónico. O reforço do sistema de formação intercultural bilíngue de professores continua a ser uma necessidade estratégica do sistema. Este défice é explicado, principalmente, pela exigência do bilinguismo, necessário para a prática docente nas escolas e colégios bilíngues.

Nesta fase, no meio de constrangimentos políticos e, sobretudo, financeiros, houve um sistema de formação de professores, de autonomia na gestão educativa e pedagógica, de participação das organizações e comunidades na educação das crianças e jovens e de uma visão de Estado da EIB que não só reconheceu a diferença, mas, acima de tudo, o direito de autorrepresentação na gestão educativa a partir das estruturas de autoridade do Estado. No meio das restrições económicas, equipas da EIB puderam produzir material educativo que incorporou os saberes dos povos e promoveu políticas institucionais adequadas a cada região, território e instituição de ensino, tendo como horizonte a construção de relações interculturais fora do contexto educativo.

A EIB no contexto da "revolução cidadã"

Em 15 de janeiro de 2007, Rafael Correa assumiu a presidência do Equador, prometendo uma "mudança radical, profunda e rápida do sistema político, económico e social vigente" (Correa, 2007: 1-2) no país. A vitória eleitoral e o clima político em torno deste acontecimento são interpretados como o "início de uma nova história", ancorada numa "revolução constitucional" como condição necessária para a cristalização de "novos tempos". As expectativas dos povos indígenas e dos setores subalternos em geral eram, logicamente, significativas. A partir daí, desencadeou-se um processo constitucional e redigiu-se uma nova Constituição, vigente desde 2008. Em contraste com o período anterior, o governo da "revolução cidadã" tem desfrutado de uma inédita estabilidade política – em grande medida apoiada na perseguição e no desmantelamento das organizações sociais –, de uma legitimidade sustentada pela democracia representativa e, o que é mais importante, de enormes recursos económicos devido ao *boom* das matérias-primas e ao elevado custo do petróleo. É neste contexto que devemos entender a reforma educativa e a situação da EIB: o paradoxal e sistemático desmantelamento do bilinguismo e da interculturalidade no sistema educativo ao longo da última década. Com o objetivo de salientar as continuidades e rupturas com o período anterior, irei focar-me na apresentação descritiva e sucinta das políticas que têm afetado a vigência da EIB, tornando-a inviável em termos práticos, apesar dos discursos políticos e do enquadramento legal aparentemente favorável.

Um ponto de partida esclarecedor pode ser o sinal de uma espécie de esquizofrenia política da "revolução cidadã", que se manifesta, por um lado, nos discursos políticos e jurídicos em favor das línguas, saberes e culturas indígenas, articuladas na EIB,[9] e, por outro, nas práticas específicas de gestão e intervenção nos territórios indígenas, que contradizem – e até negam – os discursos de reconhecimento. Esta divisão dupla e contraditória entre discursos e práticas tem escondido o que realmente acontece nas unidades de ensino e nas comunidades.

No início de 2009, a situação administrativa da EIB já era tensa. No fim do governo anterior, o ministro da Educação, violando as normas vigentes, despediu o diretor nacional da EIB e nomeou novas autoridades. Com a nova Constituição já em vigor, e através do decreto executivo 1585 de 18 de fevereiro de 2009, alterou-se o procedimento de nomeação das autoridades deste sistema, pondo fim, segundo o discurso oficial, ao controlo "corporativo" e político da EIB. No fundo, rompeu-se o acordo MEC-CONAIE, que permitia a responsabilidade conjunta do Ministério e das organizações na gestão da EIB. Ao mesmo tempo, estabeleceu-se o novo princípio de "gestão das políticas públicas do Estado", totalmente contrário, na prática, ao princípio da autonomia relativa do início da EIB. Alguns meses mais tarde (em 29 de dezembro de 2009), emitiu-se outro decreto que ratificava o princípio de gestão da educação pela autoridade educativa e estabelecia os procedimentos e requisitos para nomear as autoridades da EIB. No âmbito de um discurso de meritocracia, foi estabelecido que as autoridades da EIB serão nomeadas mediante concursos de mérito e provas, e que, além dos requisitos convencionais (por exemplo, a formação académica), os candidatos deverão: a) conhecer, falar e escrever fluentemente uma língua ancestral; b) ter experiência comprovada de pelo menos 10 anos em funções administrativas ou de ensino relacionadas com a educação intercultural bilíngue, cinco dos quais devem corresponder a funções como professor em sala de aula; e c) apresentar por escrito uma proposta de gestão para fortalecer o sistema de EIB.

Quem poderia ser contra esta política? Com este instrumento, os protestos das organizações indígenas acalmaram, mas, durante toda uma década, não há evidências de que esta política tenha sido minimamente cumprida.

[9] Ver os artigos da Constituição de 2008 e as leis orgânicas da Educação – como a Lei Orgânica de Educação Intercultural (março de 2011), a Lei Orgânica de Ensino Superior (outubro de 2010), a Lei Orgânica das Comunicações (junho de 2013) – e seus regulamentos. No entanto, em termos de aplicação, não passam de letra-morta.

Pelo contrário, os administradores não só não mostraram possuir qualquer um destes requisitos, como ainda vieram de fora do contexto educativo. Impôs-se uma meritocracia a partir de baixo, visto que os professores devem passar por testes rigorosos para ingressar no magistério, enquanto se impôs uma tecnocracia partidária e branca-mestiça nos níveis de direção. Predomina uma visão de gestão que encara a qualidade como um produto resultante de uma gestão eficiente e de um controlo centralizado da força de trabalho docente e da consequente redução de autonomia (Silva, 1997). Os conhecimentos pedagógicos, o bilinguismo e os saberes ancestrais são irrelevantes nesta perspetiva; razão pela qual a autoridade educativa tem prescindido dos especialistas indígenas, "desvinculando-os" (leia-se demitindo-os) ou reduzindo-os a tarefas marginais.

A institucionalização da educação foi transformada no seu todo. Foi estabelecida uma administração central, zonal e distrital. Dentro deste "novo modelo de gestão", a dualidade de sistemas educativos existente no período anterior desapareceu. Só resta a sede nacional da EIB. Na prática, só a administração de cada um destes níveis foi centralizada, pois a dualidade jurídica permanece a mesma, com os mesmos problemas de inadequação cultural e sociolinguística, que não consideram a composição étnica da população estudantil. Talvez isto seja explicado porque tal dualidade é, atualmente, apenas nominal. Em termos pedagógicos, todo o sistema de ensino tem a obrigação de usar o currículo-padrão e os materiais correspondentes, nos quais a língua indígena tem o estatuto de língua estrangeira ou é opcional. Apenas em 2013 foi emitido um Novo Modelo de Educação Intercultural Bilíngue (MOSEIB): um documento genérico que serve, entre outras coisas, como guia para elaborar os materiais educativos e orientar os processos práticos de ensino em sala de aula e nas comunidades. O material produzido no período anterior foi posto em causa pelo Ministério e retirado de circulação com a alegação de que continha referências aos líderes e às lutas históricas dos povos indígenas.[10]

Os contrastes entre estas duas fases da vida institucional da EIB são evidentes nos seus aspetos mais importantes e definidores. Num quadro de multiculturalismo liberal, entre 1988 e 2006, o Estado reconheceu o direito de os povos indígenas gerirem o seu sistema educativo. Em virtude deste

[10] No meio do protesto das organizações indígenas, a Secretaria da EIB, instância criada no governo da "revolução cidadã", defendeu perante a imprensa a tese oficial de que o "Ministério da Educação deve ter a gestão de todo o sistema" e questionou, sem qualquer fundamento pedagógico, a qualidade do material educativo produzido pelas equipas da DINEIB (ver Ariruma Kowii, *El Universo*, 7 de março de 2010). Apesar disso, durante a última década, assistiu-se a uma politização extrema, na medida em que todos os lugares foram atribuídos a membros do partido do governo com um profundo desconhecimento, salvo raras exceções, da EIB e da realidade dos povos indígenas.

reconhecimento, havia uma dupla autoridade para os gestores da EIB no interior do Estado: uma autoridade política e administrativa do Estado, representada pelo ministro, e uma autoridade política e moral das organizações indígenas. A autonomia de gestão consistia na concentração de funções, competências, responsabilidades e ações relativas à educação dos povos indígenas nas mãos de equipas técnico-pedagógicas com liderança de quadros indígenas. O Ministério teve sempre a seu cargo a gestão do sistema educativo, mas exercia-a de forma descentralizada, delegando a direção da EIB a uma equipa técnica indígena. A "revolução cidadã" desmantelou esse princípio de participação e corresponsabilidade das organizações e estabeleceu uma hegemonia não só de uma autoridade estatal monocultural, mas também de uma autoridade abertamente partidária e hostil ao bilinguismo, aos saberes ancestrais, à interculturalidade e, acima de tudo, ao exercício do pensamento crítico no contexto educativo. Em prol da autonomia, os especialistas da DINEIB ocupavam-se do desenho curricular e da elaboração de material, como livros de texto, para todo o sistema e para todas as nacionalidades. Dentro do novo modelo de gestão, não só se dispensou o material existente como não se produziu, no espaço de uma década, uma única cartilha para a EIB. O sistema de formação de professores foi completamente desmantelado e são raras as ofertas de formação de professores para alimentar o sistema da EIB no país. O discurso relativo à gestão da educação asfixiou completamente as possibilidades de debate sobre as questões-chave necessárias em qualquer processo democrático de transformação e mudanças educativas. Um dos temas principais refere-se às políticas linguísticas e, dentro destas, a um conceito com uma grande tradição constitucional, usado de modo profuso, mas sem qualquer desenvolvimento conceptual e prático. Trata-se da noção de "língua de relação intercultural", que discuto a seguir.

O debate constitucional e as políticas linguísticas

Para caracterizar a realidade linguística equatoriana e o seu contexto sociolinguístico global, é importante prestar atenção às ideologias e atitudes linguísticas transmitidas recorrentemente nos meios de comunicação e nos discursos políticos, que influenciam, sobretudo, a planificação do estatuto, o desenho curricular e a produção de recursos educativos. Neste debate, a disputa das línguas vivas do país pelo seu lugar na Constituição foi uma batalha social, política e cultural, visto que "a linguagem define o lugar onde as batalhas políticas se desenvolvem coletiva e pessoalmente" (Shohat e Stam, 1994: 199). Assim, em meados de 2008, nos últimos dias de debates da Assembleia Constituinte, em Montecristi, teve lugar um áspero debate sobra a política linguística nacional ou, em rigor, plurinacional. Neste contexto, o elemento mais debatido foi o estatuto que as línguas indígenas deveriam ter no novo contexto constitucional e os seus possíveis efeitos na vida social, cultural e económica. Os pontos controversos tinham basicamente que ver com os alcances operacionais, em especial do quéchua; a dimensão das comunidades linguísticas; os âmbitos do domínio da oralidade e da escrita e da identidade cultural. Num contexto de transformações de ordem estatal, de modelo económico e de regime cultural, e a partir de setores identificados com os direitos dos povos indígenas, foram apresentados argumentos que levaram a agir sobre as línguas no que respeita à gestão do seu estatuto e às funções sociais das línguas vivas; ou seja, segundo Calvet (1997), perante uma situação sociolinguística não satisfatória, tentou passar-se para uma situação de promoção das línguas indígenas – desde a definição de uma política linguística ao mais alto nível até à criação de outras políticas através da sociedade no seu conjunto –, fortalecendo e expandindo as suas áreas de utilização e de normalização de funções. Em síntese, áreas de planificação de estatuto (funções da língua) e de *corpus* (gramática, vocabulário, escrita), para dinamizar a revitalização linguística por meio de mecanismos que vão além da comunidade local, como a educação e os meios de comunicação.

Este debate sobre o estatuto constitucional das línguas indígenas no processo constitutivo atualiza e sintetiza bem as ideias centrais dos argumentos das elites culturais do país. No princípio, parecia haver uma confusão entre uma ação de política linguística (decisões sobre o estatuto das línguas) e a planificação linguística (como passar de uma situação sociolinguística a outra). No entanto, o presidente da Assembleia, Fernando Cordero, ao mesmo tempo que assinalou as "dificuldades operacionais" de uma possível oficialização do quéchua, sugeriu algumas ideias que poderiam ser úteis para uma planificação linguística compatível com essa possibilidade: "Se fica como segunda língua e o seu uso ancorado à lei, *podendo ser gradual*, parece-me que o próprio Presidente [...] não terá a menor dúvida de que este é o país em que queremos viver" (itálico acrescentado).

Por outro lado, a deputada Mónica Chuji, do mesmo partido, Alianza País, argumentou que "se a interculturalidade foi aprovada, deve ter conteúdo, caso contrário é vazia como uma concha".[11] A ideia de ser algo gradual, sugerida por Cordero, poderia ter sido o foco de uma planificação linguística experimental e inovadora de âmbito estatal, contudo, essa discussão não prosperou nem foi incluída na Constituição, defraudando assim uma das expectativas acarinhadas durante anos pela nacionalidade quéchua: ver o seu idioma,

[11] *El Universo*, 20 de junho de 2008. Disponível em http://www.eluniverso.com/2008/07/20/0001/8/printA8CD907C00A74F70AA69CFBE3FFEB6DD.html.

o quéchua, elevado ao estatuto de língua oficial tal como o espanhol. Chuji, por sua vez, defendeu a centralidade das línguas no processo de construção da interculturalidade, indicando que esta é impensável sem considerar, na sua própria definição, a centralidade das línguas indígenas. Na verdade, a interculturalidade implica definir e fazer respeitar um equilíbrio entre as línguas existentes, desde a intervenção do Estado no estatuto das línguas até à tomada de decisões que resultem em práticas obrigatórias por força da lei. Devido à consternação indígena, foi finalmente aprovado um texto constitucional com o seguinte teor:

> O castelhano é o idioma oficial do Equador; o castelhano, o quéchua e o shuar são os idiomas oficiais da relação intercultural. Os restantes idiomas ancestrais são de uso oficial para os povos indígenas nas zonas onde vivem e nos termos estabelecidos por lei. O Estado respeitará e estimulará a sua conservação e uso. (Assembleia Constituinte, 2008: 16)

A consternação deve ser entendida não só porque as línguas, pelo menos a maioria das línguas indígenas, não têm um estatuto de língua oficial, mas também porque a novidade deste reconhecimento constitucional pode condenar ao vazio o quéchua e o shuar enquanto línguas de relação intercultural. Ou seja, preocupante aqui é o facto de que, sem qualquer critério histórico, cultural e sociolinguístico, sem considerar as mediações do poder na utilização histórica e cultural das línguas, se tenha estabelecido o quéchua e o shuar como línguas de relação intercultural, juntamente com o espanhol. Numa perspetiva histórica, o conceito de "língua de relação intercultural", introduzido na Constituição de 1998 para referir as funções do espanhol nos territórios indígenas, foi atualizado e ampliado para dar esse papel ao espanhol, ao quéchua e ao shuar. No entanto, apesar da sua longa vida constitucional, a "língua de relação intercultural" não foi abordada teoricamente. Não existe uma definição do que se entende por língua de relação intercultural, e muito menos no que respeita a um possível processo de planificação linguística. Esta é uma tarefa necessária e um desafio teórico e prático para o futuro, "para que possamos começar a construir", usando as palavras de Mónica Chuji, uma sociedade plurilíngue igualitária.

A questão das línguas é inseparável da questão da colonização e do regime cultural do colonialismo. Desde a fundação dos Estados-nação latino-americanos, a reciprocidade linguística entre a língua do colonizador e as línguas subalternas e minoritárias não tem sido objeto de discussão. A língua colonial tem desfrutado em exclusividade da categoria de idioma oficial e tem tido um significado preciso e uma longa tradição jurídica e prática na ordem estatal republicana (Cerrón-Palomino, 1989). Da mesma forma, as fronteiras dos Estados-nação quebraram a continuidade geográfica e o fluxo cultural entre os falantes de uma mesma língua indígena, convertendo essas línguas em línguas transnacionais em situação de diglossia e em contextos nacionais hostis. O estatuto oficial de uma língua apoia-se na garantia do seu uso obrigatório em todos os planos de comunicação: social, educativa, política, nos meios de comunicação social etc., em todo o território nacional. Por outro lado, o estatuto de *língua de uso oficial* restringe a obrigatoriedade a certas áreas de comunicação (por exemplo, o direito de ser ouvido numa língua indígena perante um órgão judicial) e a um determinado território. Esta hierarquia legal implica um "regime de não reciprocidade linguística que é o que distingue o bilinguismo colonial de qualquer outro" (Shohat e Stam, 1994: 200).

A noção de *língua de relação intercultural*: elementos para o debate

Uma abordagem esquemática e preliminar do conceito de "língua de relação intercultural" (doravante, LRI) faz surgir, pelo menos, dois sentidos. Primeiro, a LRI designa a língua comum falada e compreendida por interlocutores pertencentes a comunidades linguísticas mutuamente ininteligíveis, por exemplo, o castelhano entre falantes de quéchua, shuar e tsafiki. Devido a problemas práticos de tradução, uma determinada língua serve de guarda-chuva comunicacional por ter sido aprendida sob a influência histórica de fatores políticos, económicos e religiosos, como é, neste caso, o espanhol, que é um dos legados do colonialismo. Uma LRI, ainda que tenha alguns traços comuns com uma *língua franca,* diferencia-se desta última por, pelo menos, duas razões: porque a LRI, ultrapassando o âmbito das transações comerciais, denota um processo de intercâmbio cultural assimétrico, estável e historicamente profundo, juntamente com o seu uso enraizado como a "língua comum", que é também a língua dominante; e a LRI implica o seu domínio por parte de uma comunidade mais vasta do que os enclaves (geralmente as elites) bilíngues e que evoca a noção de *língua franca.* No contexto multilíngue do Equador e na maioria dos contextos multilíngues latino-americanos, o castelhano, ancorado nas heranças profundas do regime cultural do colonialismo, tornou-se, de facto (e, recentemente, de *juris*),[12] na LRI. Empiricamente, a língua de relação intercultural designa, de forma eufemística, a língua dominante.

[12] É importante notar que, embora a LRI tenha um estatuto legal pelo menos desde 1998, nada foi feito na prática.

A segunda maneira de compreender a LRI refere-se a uma língua que é utilizada por uma comunidade bilíngue (A + B) para se comunicar com outra comunidade com a qual partilha de uma língua comum (A). Esta definição é ilustrada pelo espanhol usado por um bilíngue quéchua-espanhol para se comunicar com um interlocutor monolíngue que fala espanhol. Neste caso, é claro que um dos interlocutores é necessariamente bilíngue e é obrigado, devido ao seu contexto social, a expressar-se numa segunda língua, enquanto o outro interlocutor está isento deste requisito ou capacidade comunicativa, favorecido pelo estatuto dominante da sua língua e do seu ambiente cultural, político e económico. Assim, a LRI impõe-se numa situação em que não há uma paridade linguística, política e social entre os interlocutores. Neste caso, a LRI seria uma espécie de eufemismo sociolinguístico usado para mascarar a situação de diglossia das línguas e, mais ainda, algo que parece estar a tornar-se numa parte do senso comum dos novos tempos: uma maneira peculiar de entender a interculturalidade como o esforço unidirecional feito pelos grupos subalternos e menorizados para comunicar e interagir com a sociedade dominante.

Será a LRI um conceito aplicável à planificação do estatuto do quéchua e do shuar? Se entendermos a LRI como a língua comum de interlocutores/comunidades cujas línguas maternas são mutuamente ininteligíveis, o primeiro aspeto que salta à vista é investigar se essas línguas – o quéchua e o shuar – são línguas comuns que tornam possível a comunicação através de comunidades linguísticas diferentes. Por exemplo, pode usar-se o quéchua como LRI numa assembleia onde participem representantes de todas as nacionalidades indígenas do país? Pode o shuar ser a LRI numa reunião de trabalho entre representantes das nacionalidades indígenas da Amazónia multilíngue e delegados do governo central que tem lugar numa cidade amazónica? Outra maneira de entender a LRI envolve situações em que, por exemplo, um falante monolíngue de quéchua espera que um interlocutor cuja língua materna é o castelhano ou o shuar lhe fale em quéchua. Em ambos os casos, é suposta a existência de ecossistemas linguísticos preexistentes, em que as ações de planificação de estatuto, como é o caso do espanhol em relação às línguas indígenas, são intervenções em ambientes e dinâmicas de contacto linguístico historicamente constituídos.

O estatuto da LRI reside no facto de, através de diferentes fatores (sociais, económicos, culturais, políticos e económicos) que entraram historicamente em jogo, ser já parte da realidade. Portanto, o ponto de partida na planificação do seu estatuto é que, de *facto* e de *juris*, já é a língua comum entre interlocutores e comunidades linguísticas diferentes (por exemplo, o espanhol entre o achuar, o tsafiki e o awá). Uma alternativa hipotética é o estabelecimento do shuar e do quéchua como LRI ser um ponto de chegada da planificação linguística. Ou seja, que mediante uma planificação intencional e sistemática se estabeleça o imperativo de a sociedade no seu conjunto alcançar um trilinguismo funcional quéchua-shuar-espanhol capaz de levar os falantes a usar qualquer uma dessas línguas enquanto LRI em situações comunicacionais concretas. No entanto, em quase uma década de vigência da nova Constituição, a evidência demonstra a total ausência de uma planificação linguística de acordo com os mandatos constitucionais.

Como se pode vislumbrar, o estatuto sociolinguístico e legal da LRI, à luz da situação poliglótica das línguas indígenas em diferentes domínios e ambientes (das funções das línguas e da sua praticidade), é uma questão muito mais complexa do que parece. Um imperativo da planificação linguística é trabalhar em duas frentes inter-relacionadas: na elaboração teórica e na investigação ecolinguística *in situ*, para dar conteúdo e operatividade positiva ao conceito de LRI. É importante não negligenciar um elemento essencial para a vitalidade linguística: o uso comunicacional sustentado das línguas indígenas nos seus espaços "naturais" (o lar e a comunidade), bem como a planificação do *corpus*. Este estudo tem de considerar as mediações do poder no contacto linguístico e deve incluir uma análise crítica do ambiente cultural em torno da sociologia das ausências e das emergências (Santos, 2014), não só para promover o (re)conhecimento dos saberes silenciados, mas também para entender a natureza das relações entre as línguas dentro de formações sócio-históricas específicas.

Para uma nova escola: ecologia de saberes e educação

A institucionalização estatal da educação intercultural bilíngue gerou debates e muitas expectativas. As reflexões sobre o passado e as experiências coletivas foram essenciais na expansão da educação nas comunidades. Uma dessas reflexões é memorável e digna de mencionar para compreender os contextos sociais e o papel da escola no futuro dos povos indígenas. Numa discussão relacionada precisamente com educação, a situação da educação bilíngue foi assimilada e explicada no contexto da experiência coletiva das comunidades indígenas. Dizia-se que tanto a educação como as próprias práticas de vida comunitária se parecem com uma planta de quinoa semeada num clima tropical ou com uma planta de cana-de-açúcar plantada no deserto. Nesses ambientes, nenhuma das plantas vai crescer por mais esforço que se coloque nas tarefas de cultivo e por mais que a terra seja fértil. O clima é desfavorável em ambos os casos. Esta sugestiva metáfora ecológica foi confirmada, anos mais tarde, por Reinaldo Chimborazo quando refletia nos meios de comunicação: "Televisionmanta nishpa, kazi runakunapi tukuy charinkuna, chayka mayhan ratuka runakunapa yuyayta kazi mana achkata paskanchu, wichkashpa charin, shuk presion cultural tiyan, chay wichkashka charin".[13]

A partir da sociologia das ausências (Santos, 2014), as duas reflexões reúnem experiências coletivas com uma grande profundidade histórica. Ao contrário do "desperdício da experiência" (Santos, 2000: 44), as comunidades são fontes de reflexão crítica que enriquecem a compreensão não só do seu ambiente particular, mas, acima de tudo, do que significa o ambiente cultural mais amplo. O clima adverso que não deixa crescer a quinoa andina e a cana-de-açúcar tropical é o ambiente cultural, social e político adverso que rodeia as comunidades. E as tarefas de cultivo podem ser entendidas como a ação individual e coletiva dos povos indígenas que lutam para manter e recriar as práticas culturais e as formas de vida comunitária em contextos globais e persistentemente hostis. A partir desta perspetiva, a escola, longe de ser uma instituição inocente e neutra, tem de ser interpelada e repensada no âmbito desses contextos sociais específicos, incluídos e moldados – ainda – no interior do regime cultural do colonialismo. A escola tem a função de tornar visível, recuperar e recriar os saberes submissos, para representar o passado coletivo negado pela história oficial transformada na biografia do Estado-nação monocultural que encobre a opressão secular das sociedades indígenas. A escola, localizada no coração das comunidades, deve ter um papel fundamental na luta contra o epistemicídio (Santos, 2014), promovendo a aprendizagem criativa dos saberes que se geram nesses contextos.

Uma nova instituição escolar comprometida com as lutas políticas e culturais dos povos indígenas e com a construção do seu futuro deve ser o espaço de aprendizagem e de reflexão comunitária por excelência. A partir desta perspetiva, a definição dos currículos corresponde à iniciativa e imaginação dos próprios povos indígenas através dos seus especialistas, cujos saberes transcendem a cultura escrita e o intelectual letrado. Assim, a interculturalidade estabelece-se a partir do conhecimento e das orientações intracomunitárias, e não a partir do poder compulsivo dos ambientes culturais que pressionam para um movimento unidirecional, às vezes sem retorno.

Se entendermos os processos educativos como formas de política cultural, estes devem incorporar os valores e as instituições intraculturais como uma maneira de se projetarem no mundo. Dolores Cacuango, uma das líderes mais lúcidas do século XX, exortou os seus seguidores a ser "como a palha do deserto que cortada volta a crescer, para semear o mundo com palha".

[13] "Falando de televisão, quase todas as pessoas a têm [uma televisão], na maioria das vezes as ideias dos indígenas não têm muita saída; tem sido abafado, **mas há uma pressão cultural** sobre nós."

Esta exortação cultural rompe com os discursos normativos da etnicidade que imaginam um Estado-nação um arquipélago com ilhas de histórias, saberes e línguas, cujo reconhecimento procura diminuí-las e condená-las a redundar sobre si mesmas. Se a palha do deserto simboliza os mundos indígenas, a visão política e cultural de Cacuango é "semear o mundo com palha do deserto", dando uma dimensão potencialmente universal a algo que não pode ser mais do que as formas de vida, os saberes, os valores e as instituições próprias. A interculturalidade vista de baixo é uma ponte que se constrói a partir de todas as margens da convivência entre coletivos e indivíduos. Mas quais são os valores, as racionalidades e os modos institucionais das formas andinas de viver?

Quero aqui propor uma exploração seminal e muito preliminar relativa a uma das instituições de longa duração das sociedades andinas. Refiro-me à *minga* – na sua designação hispanizada. A *minga* tornou-se numa prática transcultural e intercultural e tem sido comumente entendida como trabalho coletivo. No entanto, quando se examina mais profundamente o seu campo semântico e as suas formas práticas, o seu significado sugere o ato de tomar conta ou cuidar de alguém ou de algo. O simples ato de chegar a casa de outra pessoa é manifestado com a expressão *minkachiway*, que significa "cuida de mim, toma conta de mim". Daí a generosidade do anfitrião com o visitante. A *minga* como trabalho coletivo deve ser entendida, então, como a parte visível de um sentido mais profundo que é o cuidar uns dos outros, em prol da reciprocidade implícita que é acionada em cada atualização desta instituição secular andina. A forma linguística e conceptual explicitamente recíproca da *minga* denomina-se *minkanakuy* – *naku* é o elemento que significa reciprocidade. Assim, *minkanakuy* é o ato de cuidar uns dos outros. A instituição da *minga* ou *minkanakuy* assume várias formas, dependendo do tipo de atividade específico: o *ayni* (construção de habitação), o *ranti ranti* (troca), o *maki mañachi* (oferecer mão-de-obra) etc. Esta é uma instituição de reciprocidade generalizada que Mayer define como "a troca normativa e contínua de bens e serviços entre pessoas conhecidas, na qual deve decorrer um tempo entre a prestação inicial e o seu retorno" (2002: 105). Trata-se de um processo de negociação, mediado por formas cerimoniais, que une as pessoas entre si, que une indivíduos e grupos sociais, bem como as comunidades com a sua *pacha* – a natureza, o cosmos, a *pachamama* –, mediante rituais e oferendas cíclicas.

A *minga* supõe um contexto social disposto a uma convivência baseada em práticas de solidariedade. O *socius* que articula as sociedades andinas é o *ayllu*. Longe de apenas definir a família alargada, o *ayllu* é a forma de construção da sociedade, com diversos mecanismos de inclusão ritual. Por esta razão, quando há um estranho na comunidade, as famílias empenham-se em encontrar forma de o incluir no *ayllu*, mediante a criação deliberada de vínculos como o companheirismo, gerador de direitos e obrigações reconhecidos coletivamente. Dentro do *ayllu*, entendido no seu sentido lato como a própria sociedade, regida por práticas de reciprocidade integradas na *minga* e com os seus próprios universos normativos e instituições, o estado de pobreza, por exemplo, não tem nada que ver com a falta de bens, mas com a falta de relações sociais. *Wakcha* é ao mesmo tempo o órfão e o pobre, aquele que por algum motivo perdeu os seus laços sociais. Alguém que tem muitos bens, mas que carece de laços sociais, é igualmente visto como *wakcha*.

Na perspetiva de Dolores Cacuango, a concepção e os sentidos de reciprocidade profunda que instauram na sociedade a instituição da *minga* transcendem qualquer interpretação essencialista. A *minga* implica um conjunto de práticas vivas de reciprocidade, com continuidades e rupturas nas suas formas e sentidos. Num horizonte aberto à interculturalidade, é interessante como essas práticas ancestrais coincidem com as considerações mais atuais que procuram repensar a economia como forma de cuidar uns dos outros, através de uma reavaliação dos seus sentidos na história humana. O filósofo francês Bernard Stiegler [s.d.], no seu artigo "*Take Care*", sugere que a agricultura, como novo modo de ser da cultura, converte o agricultor em alguém que cuida da vida. A partir desta interpretação, Stiegler propõe que se pense a economia como o ato de cuidar da vida, cuidando uns dos outros. O culto e os rituais surgem da consciência de alterar a natureza ao criar novas formas de habitar e de viver. Explorar estas possibilidades de encontros epistemológicos é um caminho na construção de possibilidades libertadoras e alternativas à ordem vigente, regida pelas lógicas do capital que desprezam todas as formas de reciprocidade que ultrapassem ou se oponham à lógica da acumulação. Creio que a definição de uma educação própria atravessa os desafios de imaginar alternativas que se alimentem das epistemologias negadas e clandestinas, mas que se liguem às preocupações e atividades intelectuais mais atuais, com o objetivo de repensar não só a economia, mas a sociedade global no seu conjunto.

A educação intercultural implica a consciência da interculturalidade como condição do mundo contemporâneo. Não se resume a uma questão de diversidade étnica dentro dos Estados-nação; pelo contrário, a educação intercultural implica a reflexão e a construção de relações entre diferentes. Este desafio revela-se multidimensional, recíproco e em diferentes escalas. No contexto equatoriano, por exemplo, a interculturalidade leva a pensar as relações entre os povos indígenas, entre estes e a sociedade mestiça e o povo afro-equatoriano. A imagem de uma ponte na qual se transita em dois sentidos é insuficiente para imaginar uma interculturalidade que implica encontros multidirecionais e escalas que vão da proximidade ao distanciamento.

Da mesma forma, uma política linguística coerente com a dimensão comunicacional e epistemológica das línguas indígenas deve questionar a utilização isolada de conceitos afastados dessas línguas e propor ações que as reivindiquem como sistemas comunicacionais e conceptuais de direito próprio. No âmbito da educação, as línguas não podem ser somente um tema de ensino; a língua é um meio de instrução (língua de reflexão, imaginação e criação). Agir com decisão política e compromisso histórico nessa direção, a partir do Estado e da sociedade, levaria à conceção de políticas linguísticas coerentes e sustentáveis, que promoveriam a revitalização e o desenvolvimento das línguas indígenas dentro de um processo educativo concebido a partir da diversidade de saberes e epistemologias que implicam elaborações intraculturais criativas e abertas ao mundo na sua diversidade filosófica, histórica e epistémica.

Referências

Assembleia Constituinte (2008), *Constitución de la República del Ecuador*. Disponível em http://www.asambleanacional.gov.ec/documentos/constitucion_de_bolsillo.pdf.

Álvarez, Catalina (2016), *La lengua propia: Un componente de la construcción del sujeto y elemento de resistencia en las nacionalidades indígenas del Ecuador*, Projeto de investigação, Universidad Pontificia Bolivariana.

Calvet, Louis-Jean (1997), *Políticas linguísticas*. Buenos Aires: Edicial.

Cerrón-Palomino, Rodolfo (1989), "Language Policy in Peru: A Historical Overview", *International Journal of the Sociology of Language*, 77: 11-33. Doi: https://doi.org/10.1515/ijsl.1989.77.11.

CONAIE – Confederación de Nacionalidades Indígenas del Ecuador (1989), *Las nacionalidades indígenas del Ecuador. Nuestro proceso organizativo*. Quito: Tinkuy-CONAIE.

Correa, Rafael (2007), *Discurso de posesión de Rafael Correa Delgado como Presidente Constitucional de la República del Ecuador*, 15 janero 2007. Quito: Presidencia de la República del Ecuador. Disponível em http://www.presidencia.gob.ec/discursos/.

Crystal, David (2001), *La muerte de las lenguas*. Madrid: Cambridge.

DINEIB – Dirección Nacional de Educación Intercultural Bilingüe (1993), *Modelo del sistema de educación intercultural bilingüe*, MOSEIB, 15 de setembro de 1993. Quito: Registro oficial Np. 112.

Haboud, Marleen [s.d.], "Pueblos y lenguas indígenas de la Amazonía ecuatoriana", *Oralidad – Modernidad*. Consultado em outubro de 2016, em https://oralidadmodernidad.org/pueblos-y-lenguas-indigenas-de-la-amazonia-ecuatoriana-2/.

Hoy, 20 de novembro de 1988.

Mayer, Enrique (2002), *The Articulated Peasant. Household Economies in the Andes*. Boulder, CO: Westview Press.

Ospina, Pablo (2005), *El poder de la comunidad. Ajuste estructural y movimiento indígena en los andes ecuatorianos*. Buenos Aires: Libronauta.

Pallares, Amalia (2002), *From Peasant Struggles to Indian Resistance: The Ecuadorian Andes in the Late Twentieth Century*. Norman, OK: University of Oklahoma Press.

Phillips, Anne (1996), *Género y política democrática*. México: UNAM.

Ramón Valarezo, Galo (1993), *El regreso de los runas. La potencialidad del proyecto indio en el Ecuador contemporáneo*. Quito: COMUNIDEC-Fundación Interamericana.

Santos, Boaventura de Sousa (2000), *A crítica da razão indolente: contra o desperdício da experiência*. Porto: Afrontamento.

Santos, Boaventura de Sousa (2014), *Epistemologies of the South. Justice Against Epistemicide*. Boulder, CO: Paradigm.

Selverston, Melina (2001), *Ethnopolitics in Ecuador: Indigenous rights and the strengthening of democracy*. Miami, FL: North-South Center Press.

Shohat, Ella; Stam, Robert (1994), *Multiculturalismo, cine y medios de comunicación. Crítica del pensamiento eurocéntrico*. Barcelona: Paidós.

Silva, Tomaz Tadeu (1997), "El proyecto educativo de la nueva derecha y la retórica de la calidad total", in Pablo Gentili, Michael Apple e Tomaz Tadeu da Silva (orgs.), *Cultura, política y currículo. Ensayos sobre la crisis de la escuela pública*. Buenos Aires: Lozada, 145-166.

Stiegler, Bernard [s.d.], "Take Care". Comunicação apresentada na conferência "To Take Care". Colóquio: *On nature as culture?* Consultado em outubro de 2016, em http://arsindustrialis.org/node/2925.

CAPÍTULO 14

Educação popular, ciência indígena e as epistemologias do Sul latino-americano na democratização da universidade

Maria do Socorro da Silva Arantes e *Edson Kayapó*

Saberes nascidos nas lutas e as epistemologias do Sul: educação popular e a ciência indígena

Os povos do Sul global diante das condições sociais, econômicas, políticas e culturais fundamentadas na lógica hegemônica de conhecimento – que suprime suas existências, acelera os dispositivos de dominação de seus territórios – estão a emergir das ruas e das lutas a partir de matriz própria de educação e ciência. As epistemologias do Sul têm como interpelação principal a possibilidade de aprender com o Sul global. Situados nesse paradigma, temos questionado se podemos aprender com a matriz do pensamento latino-americano, em especial, com os saberes nascidos nas lutas dos povos indígenas pela garantia de direitos, e com os conhecimentos ancestrais que estão enraizados em seus territórios pela proteção de suas vidas, em sua relação vinculante com natureza.

As lutas indígenas contra o marco temporal e os conhecimentos ancestrais de preservação de suas terras, as epistemologias antirracistas e os saberes quilombolas de proteção das comunidades tradicionais, os saberes nas lutas dos sem-terra pela reforma agrária e a invenção de um paradigma de educação do campo são conhecimentos que passam a ocupar a cena pública e as universidades. Merecem nossa atenção duas formulações conceituais e políticas que fortalecem as lutas dos povos do sul latino-americano: a educação popular e a ciência indígena.

A educação popular e a ciência indígena são concepções nascidas das lutas das classes populares e dos povos indígenas na América Latina pelo direito de existência. São saberes implicados com a reconstrução da consciência histórica de suas origens e de como foi desumanizador o colonialismo como sistema de opressão, dominação e reprodução das desigualdades sociais.

A educação popular e a ciência indígena são matrizes de conhecimentos produzidos em contextos escolares e não escolares, nas universidades e nas comunidades tradicionais dos povos originários, nas ruas e na esfera pública de participação social; são saberes nascidos nas lutas pela ativação dos conhecimentos não disciplinares que atribuem inteligibilidade aos contextos de resistências aos sistemas de dominação; são a possibilidade de diálogo entre conhecimento científico, popular e ancestral.

O encontro entre essas concepções assume lugar fundamental na construção das epistemologias do Sul, notadamente no sul latino-americano. Santos afirma: "[...] o paradigma a emergir dela não pode ser apenas um paradigma científico (o paradigma de um conhecimento prudente), tem de ser também um paradigma social (paradigma de uma vida decente)" (2010: 60). Por isso, a necessidade de pensar sobre a utilidade da ciência para a construção de vida digna e de sustentabilidade planetária. Santos e Meneses (2010), em *Epistemologias do Sul*, defendem a ideia de que há desperdício das experiências advindas das lutas e dos processos de organização dos oprimidos no mundo.

Ao considerarmos essa afirmativa, procuramos aprofundar os fundamentos da educação popular para a concepção de ciência indígena, como contribuição para as epistemologias do Sul, enfatizando as dinâmicas da internacionalização da ciência indígena entre as universidades do Brasil e da Bolívia. Em março de 2024, aprovamos o projeto de pesquisa intitulado "Políticas de gestão territorial e ambiental em terras indígenas e quilombolas no Brasil e [na] Bolívia", que evidencia nossa prioridade não apenas relacionada aos participantes, mais precisamente aos territórios da geopolítica, a relação entre Brasil e Bolívia. O projeto, em andamento, concede bolsas de mestrado e doutorado-sanduíche para povos indígenas e quilombolas, com financiamento da Coordenação de Aperfeiçoamento de Pessoal de Nível Superior (CAPES), durante quatro anos, somando o total de 56 bolsas, que garantem auxílio-deslocamento, instalação, seguro-saúde e auxílio-permanência com bolsas regulares durante a estada dos pesquisadores do Brasil na Bolívia.

Como docentes, nosso trabalho acadêmico e científico se vincula à Educação Popular (Freire, 2003; Mejía, 2014; Streck, 2013), ao Pensamento Indianista (Reinaga, 2014; Krenak, 2019; Kopenawa; Albert, 2015); baseia-se em metodologias participativas, como Investigação-Ação-Participativa (IAP) em Borda (1981), Brandão (2010), situando suas contribuições para as epistemologias do Sul, em Santos e Meneses (2010), como matriz pedagógica do pensamento latino-americano.

Essas concepções e as experiências educativas com os povos indígenas fundamentam o que temos denominado de ciência indígena, cuja racionalidade e causalidade do rigor na produção de seus conhecimentos têm raízes históricas e ancestrais vinculadas às lutas pela superação do colonialismo e de seus sistemas de poder no sul latino-americano. A ciência indígena tem sua própria rigorosidade científica, baseada na relevância social do conhecimento como campo contra-hegemônico às ideais colonialistas que inferiorizam suas culturas e seus modos de vida.

Assim, nossa perspectiva metodológica se articula à relação entre teoria e prática, universidade e comunidade, educador e educando na interação sujeito-sujeito do conhecimento, ou seja, se ocupa em "[...] como diminuir a distância entre o contexto acadêmico e a realidade de que vêm os alunos, realidade que devo conhecer cada vez melhor, na medida em que estou, de certa forma, comprometido com o processo para mudá-la" (Freire, 2011: 244). Implica atualizar nossos fazeres na realidade social e cultural dos povos indígenas, sempre colocando a universidade e nosso conhecimento a serviço de suas lutas, ao tempo em que procuramos romper com as ideias de conhecimento que tutelam os indígenas.

Problematizamos as seguintes questões: a concepção de educação popular como matriz educativa no projeto de internacionalização da pesquisa indígena entre Brasil e Bolívia repercute na produção de matriz de ciência indígena na universidade apesar da ciência hegemônica? Como os fundamentos da ciência indígena se articulam à concepção educativa das epistemologias do Sul como paradigma contra-hegemônico de ciência na universidade?

Assim, este capítulo está organizado em três seções, além da introdução e da conclusão. Na primeira seção, apresentamos os fundamentos teóricos dos conceitos: internacionalização da educação superior, ciência hegemônica, educação popular e ciência indígena como categorias que se relacionam com as epistemologias do Sul. Na segunda seção, apresentamos a concepção de educação popular como matriz educativa do projeto de internacionalização da pesquisa indígena na América Latina. Na terceira seção, aprofundamentos o conceito de ciência indígena na perspectiva do pensamento indígena na América Latina. Na seção final, discutimos os princípios da ciência indígena como saberes vinculados às lutas dos povos indígenas, destacando sua incidência no campo das epistemologias do Sul.

A internacionalização da ciência indígena na emergência da educação popular na universidade

Dentro do sistema hegemônico de ciência, podemos pensar modos diferentes, sob diferentes racionalidades científicas, como a ciência indígena. Apesar de sua invisibilidade, os saberes indígenas assumem repercussão internacional como conhecimento inquestionável de matriz de ciência, diante dos efeitos e das consequências das mudanças climáticas. As políticas afirmativas, como o Programa Abdias Nascimento, promovido pela CAPES, no Brasil, vem priorizando a internacionalização de investigações de pesquisadores indígenas, que historicamente foram excluídos do acesso à educação superior, principalmente nos programas de pós-graduação.

Compreendemos que não será possível a democratização da universidade sem a garantia do direito de participação dos povos indígenas no sistema de ciência e tecnologia, e, não apenas isso, esse modo de construção do conhecimento deve ser considerado na perspectiva desses povos. Os setores populares, especificamente os povos indígenas, ocupam a epistemologia para falar de ciências, reivindicam a invenção de ciência própria, diante das exigências em torno de seus direitos – enquanto ocupam a cena pública com suas agendas de lutas, aprendem sobre as lições de sua existência.

Para alcançar a compreensão do que temos formulado sobre ciência indígena, fazemos isso a partir do pensamento latino-americano e de suas abordagens teóricas: descolonial, como propõe o pensamento indianista dos Andes (Fausto Reinaga); decolonial, na concepção de intelectuais acadêmicos latino-americanos do grupo modernidade/colonialidade (Quijano e Walter Mignolo); contracolonial, na afirmativa de intelectuais quilombolas e indígenas (Nego Bispo, indígenas Aymaras) e fundamentados nos princípios da ciência popular como construção dos povos colonizados. Situados nesse movimento contra-hegemônico, desvendamos a persistência da colonialidade do poder, revelando suas dinâmicas conteudistas, sua falsa neutralidade e a falácia da racionalidade científica que suprime outras lógicas de conhecer.

Nessa construção, a educação popular, como concepção crítica do pensamento latino-americano, problematiza o tema da internacionalização da educação superior, da democratização da universidade e do conhecimento, trazendo para o debate o paradigma emergente da ciência indígena. Situados nos territórios indígenas, enfatizamos os elementos que estruturam o campo hegemônico da internacionalização, destacando a emergência de outro modelo de internacionalização, baseado no pensamento indígena, a partir dos pesquisadores indígenas e de suas pesquisas de mestrado e doutorado, em consonância com as temáticas que envolvem seus territórios.

Entre os principais desafios da internacionalização da educação superior, no Brasil, constitui-se o grave processo de exclusão da diversidade étnico-racial que compõe a população brasileira no acesso ao sistema de ciência e tecnologia nos Programas de Pós-Graduação (PPGs). Outro fator é a complexidade para efetivação dos acordos de cooperações entre as universidades e seus respectivos países, uma vez que os governos enfrentam limites para constituírem redes de pesquisas e pesquisadores como estratégias de desenvolvimento da região latino-americana. Apesar disso, "a educação superior internacional tem uma longa e rica história no que diz respeito às suas contribuições para as relações internacionais" (Knight, 2024: 21).

Outro dilema para a internacionalização diz respeito a como garantir que projetos de pesquisas incluam, nos planos de investigação, as universidades latino-americanas, uma vez que predomina a hegemonia dos centros de pesquisa, que se concentram na Europa e na América do Norte. Assim, a internacionalização da educação superior, na região da América Latina, continua sendo um desafio que interroga não apenas os sistemas de pesquisa, mas também o compromisso de pesquisadores com a integração de uma rede de pesquisadores latino-americana:

> Assim, para que a internacionalização do ensino superior e a integração regional se articulem organicamente, as políticas públicas são fundamentais para que o espaço universitário seja capaz de abarcar a diversidade constitutiva da região. E, por outro lado, é preciso entender a convivência na diversidade como um fator altamente relevante tanto para a produção de conhecimento coerente com as necessidades locais quanto, portanto, como fator de melhoria da qualidade da educação [...]. (CRES+5, 2024)

Outro agravante no processo de internacionalização da educação superior versa sobre a superação das desigualdades educacionais de acesso e permanência, principalmente para povos indígenas e populações de comunidades tradicionais. Essa população continua enfrentando sistemas desiguais, uniformes e exaustivos de processos de seleção nos PPGs, que predominantemente ignoram suas especificidades e o atendimento especial e diferenciado que regulam as políticas públicas para esses povos. Como os PPGs são hegemonicamente formados de estudantes brancos e não indígenas, um dos grandes desafios tem sido conseguir pesquisadores indígenas para compor as missões de estudos na internacionalização da pesquisa voltadas para a produção de ciência contra-hegemônica baseada no pensamento indianista.

Comprovadamente, apesar das políticas afirmativas e da implantação das cotas étnico-raciais, os povos indígenas continuam invisíveis dentro dos programas de pós-graduação, seja pela baixa participação nos PPGs, seja pela ausência de grupos de pesquisas voltados para estudos sobre as temáticas que envolvem suas comunidades, suas culturas ancestrais e suas ciências. A perpetuação negativa do direito à educação superior tem forte repercussão no ingresso e na permanência dos estudantes indígenas na pós-graduação. A Conferência Regional de Educação Superior (CRES+5) indica iniciativas que estão em curso, visando superar o racismo acadêmico que enfrentam os povos indígenas na América Latina, como, por exemplo, a "Iniciativa para la Erradicación del Racismo en la Educación Superior", que "es una línea de trabajo impulsada desde junio de 2018 por la Cátedra UNESCO Educación Superior y Pueblos Indígenas y Afrodescendientes en América Latina[...]" (CRES, 2024). Essas iniciativas apontam para a emergência da ciência indígena que questiona o pensamento excludente impresso nas dinâmicas acadêmicas e científicas dos PPGs, ou seja, estão a emergir outras lógicas de ciências que se articulam fora do paradigma hegemônico nas universidades.

Considerando a realidade dos povos indígenas na educação superior, organizamos nossa rede de pesquisadores indígenas e indigenistas situados na geopolítica do sistema de pesquisa do Brasil e da Bolívia e nas epistemologias emergentes dos povos indígenas. Assim, a opção pela Bolívia justifica-se pelo esforço realizado na Conferência Regional de Ensino Superior (CRES+5), por meio do grupo de trabalho "Educação Superior, Diversidade Cultural e Interculturalidade na América Latina", em que apontam rica experiência de universidades indígenas na Bolívia, como "A rede de Universidades Indígenas Interculturais e Comunitárias de Abya Yala (RUIICAY), criada em 2008, com a participação das três universidades interculturais da Bolívia [...]" (CRES+5, 2024: 5).

Assim, a integração regional e científica do Brasil com a Bolívia, especificamente, será realizada com a Universidad Pública de El Alto (UPEA) e com a Universidad Mayor de San Andrés (UMSA), como instituição estrangeira de destino, que tem tradição na formulação do pensamento indígena e na oferta de programas de pós-graduação similares da instituição principal de origem e suas instituições associadas no Brasil.

A partir desse entendimento, o projeto conjunto de pesquisa financiado pela CAPES, com foco na internacionalização de pesquisas de investigadores indígenas na modalidade mestrado e doutorado-sanduíche, é um desafio a ser enfrentado no sistema de ciência e tecnologia hegemônico. O projeto de pesquisa e internacionalização da ciência indígena desafia a ordem hegemônica de ciência no Brasil. Nosso público prioritário são estudantes indígenas pertencentes às seguintes universidades brasileiras, principal e associadas, respectivamente: Universidade Federal do Piauí (UFPI), Universidade Federal do Amazonas (UFAM), Universidade Estadual de Campinas (Unicamp), Universidade Federal da Bahia (UFBA), Universidade de Brasília (UnB) e Universidade Federal do Rio Grande do Norte (UFRN). Na Bolívia, os professores e pesquisadores envolvidos nos projetos são indígenas Aymara, da UPEA, cuja mensagem do pensamento indianista está escrita na porta de entrada da universidade: "La UPEA de pie, nunca de rodillas", que traduz a luta dos povos indígenas pela superação do pensamento do colonizador.

Imaginar outras ciências é a base dos fundamentos metodológicos da educação popular, como a construção coletiva do conhecimento baseada em uma pedagogia participante, em que os atores estão empenhados na construção de um projeto de sociedade sustentável, aponta as fontes do pensamento latino-americano, ao dizer: "Construir um novo paradigma educacional supõe fazer uma opção epistemológica que nos permita pensar nos desafios globais da 'nossa América' (José Martí), recuperando da 'visão dos vencidos' (Leopoldo Zea) a força que emerge de um continente 'infinito para criação' (J. Maria Arguedas) [...]". Essas fontes de inspiração instauram um projeto de educação capaz de problematizar a realidade dos países colonizados, enfrentando os dilemas e as dificuldades sociais, econômicas, políticas e educacionais impostas às sociedades latino-americanas.

O questionamento ao paradigma eurocêntrico de ciência se dá principalmente pela invenção de categorias como "índios" e seus adjetivos – "incivilizados", "selvagens", "bárbaros" – baseada na imaginação de superioridade do mundo ocidental. Esse tipo de pensamento revela que a neutralidade científica foi, antes de tudo, uma racionalidade eurocêntrica a serviço dos processos de colonização, em que a verdade científica, como conhecimento exato, não foi apenas dispensada, mas serviu para justificar plenamente o sistema de dominação dos povos originários. Fals Borda faz uma crítica profunda à ciência ocidental, que pretende monopolizar o que é ciência, determinando o que é e o que não é científico: "A ciência, longe de ser aquele monstruoso agente da ficção científica, nada mais é do que um produto cultural do intelecto humano, um produto que responde a necessidades coletivas específicas [...] e a objetivos determinados por classes sociais que parecem dominantes em determinados períodos" (Borda, 1981: 180).

Essa análise contra-hegemônica apresenta outra versão sobre a falácia da "neutralidade científica", cujo propósito é manter o processo de assimilação e dominação justificada pela ciência eurocêntrica. Contrariando essa lógica, as epistemologias do Sul inauguram não apenas o debate sobre as lacunas epistemológicas, mas indiscutivelmente o questionamento inadiável da ciência ocidental como único conhecimento válido.

O roteiro europeu salvacionista de conhecimento, que subalterniza nossos territórios e nossos povos, coloca-nos uma missão descolonial, em que: "Uno de los aspectos pertinentes por reexaminar y revalorar es aquel que se ha identificado como 'ciencia popular' o 'ciencia del pueblo' desde comienzos del presente siglo" (Borda, 1981: 180). A partir desse entendimento, Borda lança as bases emergentes para a ciência popular como construção histórica das classes populares e dos povos colonizados em seus processos de luta pela libertação e desopressão, a partir da confluência de saberes nascidos na prática de ciência emergente ou subversiva de cultura reprimida e silenciada pela ciência hegemônica eurocêntrica, definindo: "Por ciência popular – folclore, conhecimento popular ou sabedoria – entendemos o conhecimento empírico, prático, de senso comum, que tem sido a posse cultural e ideológica ancestral do povo na base, aquilo que lhe é permitido criar, trabalhar e interpretar predominantemente com os recursos diretos que a natureza oferece ao homem" (Borda, 1981: 81-82).

Considerando essa matriz de ciência como uma construção teórica, metodológica do pensamento latino-americano, reafirmamos o lugar coletivo da educação popular como base epistêmica para a ciência contra-hegemônica, em que os saberes das classes populares e os conhecimentos ancestrais dos povos indígenas, no interior de suas dinâmicas, têm sua própria racionalidade e sua causalidade, diante da cultura científica opressora, marcada pela colonialidade intelectual.

Internacionalização da ciência indígena no projeto Brasil – Bolívia: bases e fundamentos descolonial

A constituição de um pensamento próprio, capaz de desocultar a face do colonialismo e suas consequências para os territórios colonizados, como foi representada por um dos principais intelectuais indígenas da Bolívia, Fausto Reinaga, em seu livro *La Revolución India*, analisa os efeitos da invasão para os povos indígenas:

> O Ocidente, ao conquistar e dominar outros continentes, outros povos, saqueou todas as riquezas físicas, artísticas e espirituais, ele considerou sua Metrópole como "espólio de conquista". Todo o ouro e prata dos países conquistados foram transferidos para a Europa. As maiores obras artísticas: estátuas, telas, monumentos etc., foram transportados para os Museus e Avenidas do Metrópole; e no final, todo o património cultural, fruto de milénios da evolução espiritual do povo, ora foi despojado, ora prostituído, ora enterrado. (Reinaga, 2014: 78)

Os efeitos do colonialismo, proclamado pelo mundo civilizado, revelou sua face mais oculta e estrutural do sistema dominante global: a ciência eurocêntrica e sua matriz de colonialidade do poder. O Ocidente inventou o **indigenismo**, que foi e tem sido a legalização do colonialismo e da colonialidade do poder pelo Estado para continuar o processo de assimilação dos povos indígenas pela cultura ocidental do colonizador. Em síntese, são os brancos falando entre os brancos sobre os indígenas, sem permitir que vozes destes sejam proferidas e plenamente escutadas.

O indigenismo usa categorias para descaracterizar a identidade indianista, de modo que prevaleça o modelo ocidental como identidade única, e se fez isso abandonando o rigor científico que determina a busca pela verdade, ou seja, "a ciência é o conhecimento da realidade, um conjunto de princípios e leis que expressam uma verdade. Ciência é certeza. Consequentemente, dizer 'classe camponesa' para o índio, dizer 'camponês' para o índio, não é ciência; é uma alucinação anticientífica" (Reinaga, 2014: 112).

Assim, a categoria indigenismo, como construção da imaginação do colonizador, foi a legalização do colonialismo pelo Estado como forma de dominação e invenção de identidades subalternizadas e inferiores.

Já o indianismo é um pensamento originário dos povos indígenas em suas lutas contra-coloniais a tudo o que foi de apagamento, silenciamento e extermínio das nações indígenas pelo colonialismo e a tudo que tem sido a colonialidade do poder como sistema de padrão de dominação e subalternização dos povos que não orbitam a lógica de ciência do Norte global. O indianismo é o pensamento indígena sobre si mesmo e a consciência política de seus ancestrais. Apesar da hegemonia da ciência eurocêntrica, para os povos originários, o indianismo é a persistência da identidade indígena que sobreviveu às tentativas de assimilação. Assim, "o índio, mesmo que pinte a pele, mesmo que use o título de 'doutor', é índio 'para sempre'. Portanto, pense, sinta e faça, como parte natural de sua sociedade, a sociedade indiana" (Reinaga, 2014: 67). Precisamos contrapor a ideia de raça como sinônimo da superioridade branca e civilizada, como identificadora dos europeus e como inferioridade para definir índios, mestiços, negros e, assim, justificar a dominação, a escravidão e a subalternização de seus corpos e negação de sua matriz ancestral de conhecimento e cultura.

A constituição de pensamento próprio vem assumindo a agenda de intelectuais indígenas, sobre a necessidade de projeto de universidade implicado com a produção de ciências desde os contextos, os sujeitos e a diversidade sociocultural e ancestral de seus povos e territórios. A construção de universidade comprometida com o pensamento latino-americano é histórica. Essa intencionalidade epistêmica na afirmação de identidade própria, fora da lógica subjugada da ciência eurocêntrica, vai abrindo possibilidades para atualidade das experiências de universidades indígenas na Bolívia: Universidad Indígena Boliviana Aymara "Tupak Katari", Universidad Indígena Boliviana Quechua "Casimiro Huanca" e a Universidad Indígena Boliviana Guarani "Apiaguaiki Tupã"; a Universidad Trashumante, na Argentina; a Universidad Popular, no Chile; a Universidad de Los Andes, na Venezuela; a Universidad Intercultural Amawtay Wasi, no Equador; a Universidad de La Tierra (Unitierra), em Chiapas, no México. Segundo Benzaquen:

> A Universidade da Terra, em Chiapas, também não busca o reconhecimento oficial, mas sim o reconhecimento dos povos e das comunidades indígenas que servem. Muitos das universidades convencionais questionariam se Unitierra é de fato uma Universidade. [...] Definir-se como "universidade" é uma ressignificação e apropriação do próprio termo – universidade – provocando uma reflexão profunda a respeito do que seja universidade e qual seja a sua função desde os contextos da América Latina e de seus povos. (Benzaquen, 2012: 210-211)

Em 2024, o Governo brasileiro instituiu os marcos administrativos para a criação da primeira universidade indígena, como demanda histórica dos povos indígenas que se organizam na Articulação dos Povos Indígenas do Brasil (APIB), no Fórum Nacional de Educação Escolar Indígena (FNEEI) e na União Plurinacional dos Estudantes Indígenas (UPEI). A iniciativa do governo está expressa na "Portaria nº 350 de 15/04/2024, que institui Grupo de Trabalho para subsidiar a criação e a implementação da Universidade Indígena no âmbito do Ministério da Educação" (Brasil, 2024). Essa atividade é coordenada pelo Ministério dos Povos Indígenas (MPI).

Inspirados nessas experiências, procuramos organizar o pensamento desde a UFPI e o Grupo de Estudos (GE): Educação e Povos Indígenas da Associação Nacional de Pós-Graduação e Pesquisa em Educação (ANPEd), em parceria com intelectuais indígenas Aymara, da Universidad Pública de El Alto, na Bolívia, para descrever as marcas metodológicas do projeto de pesquisa em andamento, para internacionalização da ciência indígena. A lacuna epistemológica para o desenvolvimento do projeto de pesquisa com os povos indígenas na Ameríndia estava prevista no Edital 16/2023 – Programa Abdias Nascimento para mobilidade internacional, que prevê:

> 2.1 O Programa de Desenvolvimento Acadêmico Abdias Nascimento, por meio da Mobilidade Docente e Discente Internacional, destina-se à formação e capacitação de estudantes autodeclarados pretos, pardos, indígenas e estudantes com deficiência, transtornos globais do desenvolvimento e altas habilidades, com elevada qualificação em universidades, instituições de educação profissional e tecnológica e centros de pesquisa no Brasil e no exterior, de excelência, conforme dispõe a Portaria MEC nº 1.191, de 27 de junho de 2023. (Brasil, 2023: 1)

Interpelados pelo lugar das pesquisas e do pensamento indígenas na produção de ciências, bem como pela constatação da invisibilidade dos pesquisadores indígenas, reconhecemos a importância da abertura editalícia para a temática indígena e a internacionalização da pesquisa. Nesse contexto, optamos por organizar a investigação a partir dos territórios das universidades latino-americanas, considerando a possibilidade de movimento e confluência de pesquisadores indígenas em formação na pós-graduação. Além disso, buscamos compreender a construção de uma rede de docentes e pesquisadores envolvidos com tais temáticas e com as da formação socioambiental, justiça climática e das práticas inovadoras em gestão territorial e ambiental voltadas à proteção e preservação das terras tradicionais no Brasil e na Bolívia (Dados documentais do Projeto de Pesquisa, 2024).

A centralidade de categorias como "descolonial", "plurinacional", "ciência própria", "povos indígenas e quilombolas" assegura a construção de pesquisa comprometida com a produção de ciências vinculadas às epistemologias descoloniais e define o público da mobilidade internacional – indígenas e quilombolas – como pensadores ativos contra a lógica de subalternizados imposta pela colonialidade do poder da ciência eurocêntrica.

A matriz descolonial, desde o pensamento indianista e popular, está vinculada à concepção política e pedagógica do projeto de pesquisa na democratização da universidade, em que "[...] a educação, como prática social geradora de direito humano, exige compromisso ético e político com a promoção de homens e mulheres situados, social e politicamente, em suas individualidades e coletividades" (Medeiros, 2010: 21). Com base nesse pensamento, fomos articulando a participação dos pesquisadores indígenas. Para melhor compreender sobre quem são os participantes do projeto, detalhamos o perfil dos investigadores da primeira missão, realizada em setembro de 2024.

No mestrado-sanduíche foram contempladas as sete vagas de pesquisadores indígenas, sendo seis de estudantes de origem do estado do Amazonas, dos quais cinco são discentes do Programa de Pós-Graduação Sociedade, Cultura Amazônica (PPGSCA/UFAM); uma do Programa de Pós-Graduação em Educação da Faculdade de Educação da Universidade Estadual de Campinas (PPGE/Unicamp), pertencentes, respectivamente as seguintes etnias: Tukano, Mura, Tariano, Piratapuia, Baré; e um pesquisador do estado do Piauí, vinculado ao Programa de Pós-Graduação de Antropologia da Universidade Federal do Piauí (PPGAnt/UFPI).

No total, são quatro mulheres e três homens, atingindo assim o percentual de participação de mulheres pesquisadoras, sendo mais de 50% da missão de estudo formada por mulheres indígenas. No doutorado-sanduíche, foram contempladas vagas preenchidas por mulheres indígenas, sendo duas delas pesquisadoras do estado do Amazonas, da PPGSCA/UFAM, dos povos Kokama e Tukano; uma vaga foi atribuída a uma pesquisadora indígena do estado do Rio Grande do Norte, do Programa de Pós-Graduação em Antropologia Social (PPGAS/UFRN), pertencente ao povo Potiguara.

A maioria dos indígenas bolsistas da primeira missão de estudos no mestrado e no doutorado sanduíches são da região norte do Brasil, mais especificamente do estado do Amazonas, residentes na cidade de São Gabriel da Cachoeira – o maior município de população indígena do Brasil, no qual a UFAM interiorizou e descentralizou o mestrado em Sociedade e Cultura Amazônica. Esta foi uma decisão política baseada nas demandas dos povos indígenas da região, representando um avanço acadêmico e científico fundamental na democratização da universidade. Essa perspectiva é resultado da luta dos próprios povos indígenas pelo direito de acesso à educação superior e ao sistema de ciência e tecnologia no Brasil, ou seja, "o apelo à democratização externa provém das forças sociais progressistas que estão por detrás das transformações que estão a ocorrer na passagem do modelo universitário para o modelo pluriversitário; provém sobretudo de grupos historicamente excluídos que reivindicam hoje a democratização da universidade pública" (Santos, 2005: 192).

A democratização da universidade é uma decisão fundamental na reparação histórica do processo de exclusão dos povos indígenas do direito à educação – igualmente no acesso das mulheres indígenas, na produção do conhecimento. O acesso de pesquisadoras, principalmente indígenas, à ciência é a meta do projeto.

Com relação ao público total da primeira missão, participam sete mulheres e três homens indígenas, do total de dez pesquisadores indígenas contemplados. Portanto, as pesquisadoras indígenas em mobilidade acadêmica de mestrado e doutorado representam 70% do total. Vale destacar que 100% do perfil de professores orientadores, no Brasil, são docentes mulheres. Nesse sentido, as políticas afirmativas de acesso à ciência e tecnologia são fundamentais para o ingresso dos povos indígenas na pós-graduação, principalmente de mulheres indígenas.

Nessa missão, registramos que o projeto não conseguiu alcançar a meta de sete cotas para preenchimento das bolsas de doutorado-sanduíche. A participação dos povos indígenas no doutorado é infinitamente inferior, o que tornou inviável o preenchimento das cotas de bolsas. Isso levanta o debate sobre a necessidade de democratização da pós-graduação para os povos indígenas.

Com relação aos fundamentos teóricos, o projeto de pesquisa e as missões se guiam pela perspectiva popular indianista, que nasce pelas ideias "entre os pensadores das lutas pela independência. O mais explícito ao falar de educação popular nesse período foi Simón Rodríguez (1769-1854), professor do libertador Simón Bolívar" (Mejía, 2014: 4). Essas bases do pensamento fortalecem as experiências coletivas dos indígenas na luta pela libertação epistêmica. Sob essa perspectiva, problematizamos as contradições da sub-representação dos povos indígenas no sistema de ciência hegemônico, entre os quais destacamos:

a) Exclusão dos povos indígenas em cursos de mestrado e doutorado nos Programas de Pós-Graduação (PPGs) no Brasil. Apesar dos avanços em políticas afirmativas no PPGs, a exclusão mais expressiva ocorre nos cursos de doutorado. É uma das contradições a ser enfrentada, pois as cotas continuam sendo preenchidas em sistema de ampla concorrência, baseada em etapas seletivas uniformes, apesar da obrigatoriedade de realização de processos seletivos especiais e diferenciados para o ingresso de povos indígenas na educação superior de pós-graduação. Isso se deve à insuficiência de legislação e aos marcos normativos, no âmbito das agências de formação superior e de fomento à pesquisa brasileira.

b) Falta uma política de permanência que possibilite as condições estruturais de desenvolvimento da ciência indígena. Especificamente, identificamos a importância, respectivamente, de valorização de pesquisadores indígenas e suas temáticas, principalmente diante da emergência climática e da vasta expertise dos povos indígenas no desenvolvimento de sistemas ambientais sustentáveis, baseados em lógicas de produção de conhecimento ancestral.

c) Baixo investimento na internacionalização da ciência indígena como parte de um sistema de conhecimentos, permanecendo a ideia de desvalorização e invisibilidade das pesquisas e ausência de maiores investimentos em programas e projetos específicos e diferenciados na pós-graduação para os povos indígenas, especificamente na América Latina.

d) Desmotivação dos povos indígenas para acessar o sistema nacional de ciência do Brasil, em razão de processos seletivos excludentes que não levam em consideração o atendimento especial e diferenciado aos povos indígenas.

e) Elevado grau de exigências editalícias para submissão de projetos vinculados à temática indígena, que desconsidera a baixa presença de professores indígenas; falta de investimento de incentivo à produção acadêmica de pesquisadores indígenas e indigenistas; editais que fogem à realidade da presença de pesquisadores indígenas na universidade e à realidade educacional e geográfica de seus territórios de origem. Tudo isso expõe a necessidade de protocolo específico e diferenciado para atendimentos dos pesquisadores indígenas nas agências de fomento à pesquisa.

Podemos aprender com a ciência indígena: apontamentos (in)conclusivos

Como docentes comprometidos com a internacionalização da ciência indígena, entendemos que os pressupostos metodológicos da educação popular e dos conhecimentos dos povos indígenas na América Latina, como contribuição para as epistemologias do Sul, são lugares coletivos e dissidentes do pensamento eurocêntrico, que promovem o interconhecimento entre os povos indígenas na América Latina e a visibilidade de suas pesquisas, seus territórios e suas lutas. Essas experiências, podemos dizer, se constituem em saberes que nascem nas lutas dos povos indígenas pelo direito em ter vida própria, a partir de seu próprio sistema de ciência e sob outra perspectiva metodológica, que, desde a educação popular, se soma às epistemologias do Sul.

A ciência indígena se fundamenta em bases pedagógicas e metodológicas da educação popular, reconhecidamente como saberes dissidentes que nascem da ciência do povo – uma formulação epistêmica reveladora da ordem hegemônica de dominação e subalternização dos territórios e povos no sul latino-americano. A educação popular e a ciência indígena são expressão da matriz política e pedagógica do pensamento latino-americano, que se recusa a aceitar a versão única de conhecimento e de ciência imposta pelo paradigma eurocêntrico de conhecimento.

Assim, compreendemos que a educação popular e a ciência indígena demarcam um campo dissidente da ciência hegemônica, vinculada aos saberes nascidos nas lutas, que passam a ocupar não apenas as ruas, mas os centros e espaços acadêmicos. Suas categorias (palavras de ordem, bandeiras de luta, projetos de intervenção social) se apresentam na cena pública e repercutem em políticas públicas de Estado. As temáticas dos povos indígenas passam a ser conteúdos de estudos e pesquisas nas universidades, não apenas sob a lógica dos indigenistas, mas sob a condução dos próprios pesquisadores indígenas.

Reconhecemos que os saberes que se acumulam na universidade devem fortalecer a autonomia intelectual dos povos indígenas na construção de suas lutas, em que o conhecimento vai servindo aos seus interesses e às suas necessidades cotidianas. Nessa direção, desde o sul latino-americano, estamos a nos perguntar sobre a relevância social dos conhecimentos, situados na construção do paradigma de ciência indígena como expressão da leitura da palavra, como parte da síntese da leitura do mundo, em que os povos indígenas procuram dar inteligibilidade aos elementos conjunturais e estruturais dos sistemas de dominação e subalternização que se impõem como de destino sobre suas vidas.

No projeto de internacionalização da pesquisa indígena na universidade, queremos manter, no centro da construção do pensamento indianista, a ideia de integração regional e epistemológica – a matriz de uma ciência própria, desde os territórios coloniais, que deve ser aprofundada nas lutas pela libertação da mentalidade eurocentrada, que hegemoniza nossas universidades. Ou seja, é preciso confluir matrizes de conhecimentos em teoria e prática na atualidade geopolítica de poder imposta pelo capitalismo, com sucessivas tentativas de intervenções estrangeiras, que querem definir não apenas os rumos de nossas vidas, mas também definir a nossa morte.

Nesse sentido, a ciência indígena está na matriz do pensamento ancestral dos povos originários que foi se formulando teoricamente nas práticas das lutas contra o colonialismo, o indigenismo e a colonialidade do poder. A ciência indígena é matriz do pensamento político cultural dos povos indígenas e sua confluência com os direitos da natureza como modo de um bem-viver como afirmação da identidade contra a persistência do projeto de assimilação dos povos latino-americanos pelo Ocidente. É a afirmação da plurinacionalidade como paradigma estatal contra-hegemônico à ideia de nacionalidade como projeto ocidental. A ciência indígena é a matriz da memória histórica das lutas pela libertação da dominação espanhola e portuguesa, não apenas administrativa e política, mas decisivamente epistêmica. É o pensamento histórico dos povos indígenas na produção de um conhecimento para se viver dignamente a partir de outra racionalidade de ciência.

Nesse sentido, a mobilidade acadêmica no mestrado e doutorado-sanduíche dos pesquisadores indígenas na Bolívia tem como principal tarefa criar as condições para promover a construção coletiva do conhecimento baseado em um pensamento circular, em confluência com os territórios indígenas no Brasil e na Bolívia, respeitando a diversidade e as diferenças de seus povos. Assim, a internacionalização das pesquisas indígenas tem como tarefa principal reestabelecer o reconhecimento da justiça cognitiva[1] como forma de superação da relação desigual no acesso ao conhecimento científico que determinou os saberes indígenas, seus povos e seus territórios invisíveis pela ciência eurocêntrica.

As vozes dos povos indígenas têm interpelado as instituições científicas e agências de fomento sobre a necessidade de construção de diálogo entre iguais, do ponto de vista da produção de ciência baseada em outra lógica de racionalidade científica de bases ancestrais. A educação popular e a ciência indígena são lugares coletivos de florescimento do pensamento latino-americano ou ameríndio e é fundamental para as epistemologias do Sul, no processo de democratização da universidade e na luta por justiça social, epistêmica e ambiental.

Referências

Benzaquen, Júlia Figueredo (2012), *Universidade dos movimentos sociais: apostas em saberes, práticas e sujeitos descoloniais.* Tese (Doutorado em Sociologia), Universidade de Coimbra, Coimbra. Disponível em https://estudogeral.sib.uc.pt/bitstream/10316/18904/1/Tese%20Júlia%20Benzaquen.pdf.

[1] Para Santos (2010), a justiça cognitiva é a necessidade de reconhecimento da diversidade de saberes e experiências concretas no mundo que foram silenciadas, invisibilizadas pela ciência eurocêntrica, que denominou de monocultura do saber, ou seja, o conhecimento científico não se encontra distribuído de forma socialmente equitativa, as suas intervenções no mundo real tendem a ser as que servem aos grupos sociais que têm acesso a esse conhecimento.

Borda, Orlando Fals (1981), "La ciencia y el pueblo: nuevas reflexiones sobre la investigación-acción", in *La sociologia em Colombia: balance y perspectivas. Asociación Colombiana de Sociologia.* III Congresso Nacional de Sociologia, Bogotá, 1981. Consultado em julho de 2024, em http://upedagogica.edu.bo/wp-content/uploads/2015/12/D.-Fals-Borda-la-ciencia-y-el-pueblo.pdf.

Brandão, Carlos Rodrigues; Borges, Maristela Correa (2008), "A pesquisa participante: um momento da educação popular", *Revista de Educação Popular*, Uberlândia, v. 6, n. 1, 2008. Doi: 10.14393/REP-2007-19988.

Brasil. Ministério da Educação. *Portaria MEC nº 1.191, de 27 de junho de 2023*. Recria o Programa de Desenvolvimento Acadêmico Abdias Nascimento. Brasília-DF: Ministério da Educação, 2013.

Brasil. Ministério da Educação. *Portaria MEC nº 350, de 15 de abril de 2024*. Institui Grupo de Trabalho para subsidiar a criação e a implementação da Universidade Indígena no âmbito do Ministério da Educação. Brasília-DF: Ministério da Educação, 2014.

Conferência Regional de Educação Superior aa América Latina e no Caribe (CRES), 2018. *Eixo 3 – Educação Superior, Internacionalização e Integração Regional da América Latina e do Caribe*. Córdoba: IESALC/UNESCO, 2018. Consultado em outubro de 2025, em https://cres2018mas5.org/pt/https-cres2018mas5-org-pt-eixo-3-educacao-superior-internacionalizacao-e-integracao-regional-da-america-latina-caribe/.

Freire, Paulo (2003), *Política e educação*. 7. ed. São Paulo: Cortez.

Freire, Paulo (2011), *Medo e ousadia: cotidiano de professor*, 13 ed. São Paulo: Paz e Terra. Tradução de Adriana Lopes.

Knight, Jane (2024), "Entendendo e aplicando os elementos-chave da diplomacia do conhecimento: o papel da educação superior internacional, pesquisa e inovação nas relações internacionais", *Rev. FAEEBA: Educação e Contemporaneidade*, Salvador, v. 33, n. 73, p. 19-35.

Kopenawa, Davi; Albert, Bruce (2015), *A queda do céu. Palavras de um xamã Yanomami*. Tradução de Beatriz Perrone-Moisés. São Paulo: Companhia das Letras.

Krenak, Ailton. *Ideias para adiar o fim do mundo*. São Paulo: Companhia das Letras, 2019.

Medeiros, Lucineide Barros (2010), *Parceria e dissenso na educação do campo: marcas e desafios na luta do MST*. Tese (Doutorado em Educação), Universidade do Vale do Rio dos Sinos, São Leopoldo.

Mejía, Marco Raúl J. (2014), "La Educación Popular: Una construcción colectiva desde el Sur y desde abajo", *Education Policy Analysis Archives/Archivos Analíticos de Políticas Educativas*, v. 22, p. 1-31.

Mignolo, Walter D. (2017), "Colonialidade: o lado mais escuro da modernidade", *Revista Brasileira de Ciências Sociais*, v. 32, n. 94, 2017.

Quijano, Anibal (2005), "Colonialidade do poder, eurocentrismo e América Latina", in Edgardo Lander (org.), *A colonialidade do saber: eurocentrismo e Ciências Socias. Perspectivas latino-americanas*. Ciudad Autónoma de Buenos Aires: CLACSO, p. 227-278. (Coleção Sur Sur)

Quijano, Anibal (2010), "Colonialidade do poder e classificação social", in Boaventura de Sousa Santos e Maria Paula Meneses (orgs.). *Epistemologia do Sul*. São Paulo: Cortez, p. 84-130.

Reinaga, Fausto (2014), *La Revolución India*. [S.l.]: Séptima Edición.

Santos, Antônio Bispo dos (2015), *Colonização e Quilombos: modos e significados*. Brasília-DF.

Santos, Boaventura de Sousa (2005), "A universidade no século XXI: para uma reforma democrática e emancipatória da universidade", *Revista Educação, Sociedade & Culturas*, n. 23, 137-202. Disponível em https://edisciplinas.usp.br/pluginfile.php/1212409/mod_resource/content/1/Texto%202%20Boaventura_%20A%20Univ%20no%20s%C3%A9c%20XXI.pdf.

Santos, Boaventura de Sousa; Meneses, Maria Paula (orgs.) (2010), *Epistemologias do Sul*. São Paulo: Cortez.

Streck, Danilo Romeu (2013), "Territórios de resistência e criatividade: reflexões sobre os lugares da educação popular", in Danilo Streck e Maria Teresa Esteban (orgs.), *Educação popular: lugar de construção social coletiva*. Petrópolis: Vozes, p. 356-68.

CAPÍTULO 15

Entrançamentos pedagógicos das epistemologias do Sul: práticas educativas tecidas dentro de movimentos sociais e organizações populares de Pernambuco/Brasil

Allene Carvalho Lage

Introdução

Em 1995, Boaventura de Sousa Santos teorizou pela primeira vez as ideias centrais sobre as epistemologias do Sul e, desde então, vem aprofundando a discussão a partir da sua constatação que o vasto campo das interrogações abrangidas pela reflexão filosófica excede em muito a racionalidade moderna, com as suas zonas de luz e sombra, as suas forças e fraquezas.

As epistemologias do Sul partem da ideia de que é "preciso aprender que existe o Sul; aprender a ir para o Sul; aprender a partir do Sul e com o Sul" (Santos, 1995 *apud* Santos; Meneses, 2009: 9). Isso nos leva a direcionar o nosso olhar epistemológico e político para conhecer as diversas experiências que estão a acontecer no Sul – "um Sul epistêmico e não geográfico, um Sul herdeiro de lutas por outros saberes e formas de ser e de viver contra os modos de dominação" (Santos; Meneses, 2024: 7) – a fim de se aproximar e compreender o potencial cognitivo e transformador dessas epistemologias.

Os lugares onde estão a ocorrer essas experiências estão principalmente na base da sociedade, em que seus sujeitos estão lutando por direitos, identidades, educação, saúde, geração de renda, reforma agrária, respeito e justiça social, ambiental e econômica, na procura de ressignificar seus conhecimentos e modos de existência. Essas lutas acontecem com mais incidência dentro de movimentos sociais e de organizações populares, enquanto espaços onde proliferam as mais criativas iniciativas de produção das epistemologias do Sul.

Essas epistemologias são construídas na adversidade, no enfrentamento e na resistência às imposições dominantes que insistem em desqualificar os saberes de lutas e modos de existência dos grupos sociais historicamente subalternizados – e não subalternos –, invisibilizando-os como bem explicou Boaventura de Sousa Santos no seu precioso artigo "Para uma sociologia das ausências e uma sociologia das emergências" (2002; 2006).

As experiências das epistemologias do Sul têm uma dimensão educativa, no sentido de formar, no âmbito de suas experiências, sujeitos epistemologicamente fortes, conscientes da validade de seus conhecimentos e da importância do legado cognitivo que têm acumulados desde seus ancestrais até das suas próprias existências. Aprendem com suas histórias e com as histórias de seu povo e de seus ancestrais.

Portanto, é possível pensar as epistemologias do Sul como uma fonte de conhecimentos que educam gerações, criando uma consciência na memória coletiva de que estes conhecimentos de luta não são individuais, mas são de todos que lutam e resistem. Nessa direção, pensar o lugar da educação nas epistemologias do Sul parece que nos leva diretamente ao campo da educação popular e dos movimentos e organizações sociais como lugares privilegiados para entrar em contato, de forma concreta, com os mais diversos saberes produzidos, pensados, planejados com a intencionalidade pedagógica de ensinar e aprender ao mesmo tempo, como diz Paulo Freire em sua obra *Pedagogia da autonomia* (1996).

Entretanto, as epistemologias do Sul, enquanto saberes que atravessam gerações, nem sempre são ensinadas de modo consciente, mas de modo cultural, no sentido de garantir que aqueles conhecimentos e valores se tornem um legado seguro de ensinamentos para (re)produção das existências passadas e presentes.

Com esse propósito, este capítulo analisa as práticas educativas que estão a acontecer dentro de movimentos sociais e organizações populares, na perspectiva de demonstrar a concretude da dimensão educativa das epistemologias do Sul e da sua efetividade nas lutas de resistência e de ressignificação dos mais diferentes modos de vida e de saber.

Epistemologias do Sul

O mundo é constituído por múltiplas culturas, saberes e modos de viver social e comunitário. Entretanto, a história nos mostra a violação das diversas sociedades não eurocêntricas ou periféricas por uma cultura dominante, que se propõe a ser a referência do mundo e seu patamar de superioridade imposto a todas as outras culturas. Nessa diversidade enorme, as epistemologias de cada cultura também foram suprimidas pelos processos de colonização e apropriação, promovendo um padrão de hierarquização, que necessita de negociação, enfrentamentos, intervenções e uma nova consciência que supere os processos de colonização e de colonialidade.

No âmbito das epistemologias do Sul, Boaventura de Sousa Santos discute sobre o pensamento abissal, apontando as desigualdades entre as linhas abissais, enquanto estruturas que demarcam a divisão sobre aquilo que é civilizado, branco, europeu e aquilo que é excluído, segregado e discriminado por ser próprio de grupos sociais racializados ou sexualizados sem acesso aos seus direitos fundamentais. Na linha abissal, os dois lados, na perspectiva de Santos, não podem coexistir e, portanto, um lado precisa aniquilar o outro para se fazer superior. Mas Santos também problematiza a ideia da possibilidade da co-presença e do pensamento pós-abissal como formas de pensar o futuro, ainda por construir, mas não impossível, no sentido da sociologia das emergências, o campo do "ainda não, mas há sinais" (2002, 2009).

Ainda para Santos, o monopólio do saber pelo Norte global ocorre a partir de uma divisão em que do outro lado da linha tem-se apenas a inexistência, e por isso afirma que lá, no extenso Sul global, as experiências são desperdiçadas, tornadas invisíveis, assim como toda a produção de conhecimento, "uma vez que, do outro da linha, não há conhecimento real; existem crenças, opiniões, magia, idolatria, entendimentos intuitivos ou subjectivos, que, na melhor das hipóteses, podem tornar-se objetos ou matéria-prima para a inquirição científica" (Santos, 2007: 6).

Tendo em conta a divisão abissal do mundo é que Santos e Meneses (2009) definem epistemologias do Sul como um

> conjunto de intervenções epistemológicas que denunciam a supressão dos saberes levada a cabo, ao longo dos últimos séculos, pela norma epistemológica dominante, valorizam os saberes que resistiram com êxito e as reflexões que estes têm produzido e investigam as condições de um diálogo horizontal entre conhecimentos. A esse diálogo entre saberes chamamos ecologias de saberes. (Santos; Meneses, 2009: 7).

Em decorrência disso, as epistemologias do Sul se constituem numa ruptura desafiadora com as epistemologias positivistas, redefinindo um novo estatuto para os conhecimentos, antes marginalizados, abrindo alamedas de (re) existência dentro das lutas de movimentos e organizações sociais populares, num patamar de credibilidade e validade social.

Para João Arriscado Nunes, a proposta das epistemologias do Sul se "assenta numa afirmação positiva da diversidade dos saberes do mundo" (2008: 46), que "consiste em tomar como ponto de partida de sua concepção de conhecimento a experiência e o mundo dos oprimidos" e, desse modo, "privilegiar critérios de avaliação dos conhecimentos assentes na defesa e promoção da vida e da dignidade dos oprimidos" (2008: 56).

Nunes tem razão, pois as epistemologias do Sul passaram a abranger os saberes, na perspectiva da ecologia dos saberes, baseados na experiência e na defesa da vida, superando o pensamento abissal. Assim, se distinguem de qualquer associação às hierarquias fundantes de uma disputa epistêmica que venha inferiorizar ou descredibilizar conhecimentos outros, que são responsáveis por garantir a (re)produção dos modos de vida sustentáveis.

Opondo-se a imposições e hierarquias sobre modos de pensar e viver, e à ideia de que o conhecimento científico é o único conhecimento válido, as epistemologias do Sul rejeitam a ideia de subalternidade e demonstram, nas inúmeras experiências sociais, a força, a validade e a credibilidade de suas epistemologias para dar seguimento à transformação social e emancipatória da humanidade, como bem nos diz Santos (2010).

A potência das epistemologias do Sul está exatamente no encontro de sujeitos fortalecidos em suas próprias lutas dentro de movimentos e organizações sociais, no aprendizado de suas experiências coletivas e na energia pulsante e contestatória em rejeitar qualquer ideia de submissão ou imposição.

Nesse sentido, as epistemologias do Sul, nestas diferentes experiências, criam uma amálgama entre corpos, conhecimentos e o corazonar, nos termos de Santos (2018), como um sentir-pensar que se expressa em todo o conhecimento produzido dentro das experiências sociais subalternizadas, pois, para Santos (2018), "'Corazonar' é o ato de construir pontes entre emoções/afetos, por um lado, e conhecimentos/razões, por outro". Com isso, Santos quer nos dizer que os conhecimentos construídos nessas experiências não podem ser concebidos separados das emoções e dos afetos, porque é, antes de tudo, um conhecimento humanizado, que visa restituir sempre, e cada vez mais, a dignidade e o reconhecimento das identidades e de seus saberes e modos de vida.

As epistemologias do Sul apresentam-se como alternativa a um padrão epistemológico hegemônico que sempre serviu aos interesses coloniais e de dominação. Essa ideia de alternativa foi construída com base nos saberes das experiências sociais de movimentos e organizações populares e ainda dos grupos sociais subalternizados, que, ao longo de suas histórias, vêm enfrentando as mais diversas violências, tanto sociais quanto epistêmicas e políticas, no sentido das lutas empreendidas por direitos e ressignificação de suas (re)existências. Portanto, mais do que uma alternativa epistemológica, trata-se de uma epistemologia alternativa, plural, como diria Santos, parafraseado sua ideia de pensamento alternativo.

Práticas educativas ou pedagógicas?

Quando nos referimos às práticas educativas e pedagógicas dentro de movimentos e organizações sociais populares, a premissa principal é a da intencionalidade política, com a perspectiva de que, por meio da educação, sejam garantidos processos de (re)elaboração de conhecimentos que contribuam para as lutas tecidas pelos movimentos e organizações populares, e grupos subalternizados.

Neste item, trabalhamos com a discussão de práticas educativas e pedagógicas, por entendermos que não são totalmente distintas, pois há entre elas mais aproximações que distanciamentos, e que de forma concreta essas duas formas de práticas no campo da educação fazem parte do cabedal educativo e pedagógico das epistemologias do Sul.

Uma diferença crucial entre esses dois tipos de práticas se refere ao lugar onde elas são pensadas e projetadas. Se na escola e o projeto pedagógico que ela desenvolve ou se no âmbito de movimentos e organizações sociais com seus projetos pedagógicos específicos das suas lutas por direito e ressignificação de suas existências. Nessas condições, as disputas ideológicas de seus projetos pedagógicos servem como divisor de intencionalidades sobre os objetivos que pretendem alcançar com a educação.

Alguns deles mais coloniais e conservadores, outros mais de(s)coloniais e libertadores. A diferença está mais na intencionalidade do que no fato de ser pensado e planejado, porque todos, de alguma maneira, carregam suas intencionalidades políticas e suas estratégias pedagógicas de educação. Para Maria Amélia Franco, a diferença na ênfase do pedagógico é que "nas práticas pedagogicamente construídas, há a mediação do humano e não a submissão do humano a um artefato técnico previamente construído (Franco, 2016: 536). Entretanto, não podemos assumir que esta mediação não ocorra nas práticas educativas, especialmente dentro de movimentos sociais, com seu caráter reflexivo, e de organizações sociais populares e grupos subalternizados.

Contudo, Franco pondera que "quando se fala de práticas educativas, faz-se referência a práticas que ocorrem para a concretização de processos educacionais, ao passo que as práticas pedagógicas se referem a práticas sociais que são exercidas com a finalidade de concretizar processos pedagógicos" (Franco, 2016: 536).

Isso, de alguma maneira, coloca uma hierarquia entre práticas pedagógicas e educativas, como se as pedagógicas fossem aquelas pensadas e as educativas não fossem elaboradas e articuladas com fins pedagógicos. Entretanto, apesar desse debate, que está bem-posto no campo da educação, Franco, por fim, conclui que

> As práticas pedagógicas se organizam intencionalmente para atender a determinadas expectativas educacionais solicitadas/requeridas por uma dada comunidade social. [...] as práticas pedagógicas se organizam e se desenvolvem por adesão, por negociação, ou, ainda, por imposição. Como já

foi realçado, essas formas de concretização das práticas produziram faces diferentes para a perspectiva científica da Pedagogia. (Franco, 2016: 541)

Apesar dessas diferenças postas por Franco, outros autores pensam mais decisivamente em termos de práticas educativas, como José Carlos Libâneo, que, em sua obra sobre didática, trata do tema educação numa perspectiva mais alargada, para além da escolar, situando-a enquanto processo de preparação para uma atuação mais participativa na vida social das pessoas. Nesse sentido, ele ressalta que "cada sociedade precisa cuidar da formação dos indivíduos, auxiliar no desenvolvimento de suas capacidades físicas e espirituais, prepará-los para a participação ativa e transformadora nas várias instâncias da vida social" (Libâneo,1990: 17).

Considerando essa perceção, o autor define a educação como prática educativa, aquela que está presente em todos os espaços de circulação e de existência do ser humano, em que o indivíduo tanto aprende quanto ensina. Nesses termos, ele assevera que

> A educação, ou seja, a prática educativa é um fenômeno social e universal, sendo uma atividade humana necessária à existência e funcionamento de todas as sociedades. Cada sociedade precisar cuidar da formação dos indivíduos, auxiliar no desenvolvimento de suas capacidades físicas e espirituais, prepará-los para a participação ativa e transformadora nas várias instâncias da vida social. Não há sociedade sem prática educativa nem prática educativa sem sociedade. (Libâneo, 1990: 17)

Libâneo tem razão. Se a educação está em toda a sociedade, as práticas educativas são esse saber experiencial, independente da escola, que faz circular os conhecimentos sobre os modos de ser, estar e fazer no mundo, sempre contextualizado em sua cultura e nas formas organizativas em que os indivíduos se encontram e constroem seus saberes.

Convergente a essa perspectiva, Antoni Zabala, em sua obra sobre práticas educativas, afirma que "a prática é algo fluído, fugidio, difícil de limitar com coordenadas simples e, além do mais, complexa, já que nela se expressam múltiplos fatores, ideias, valores, hábitos pedagógicos etc." (Zabala, 1998: 16). Essa compreensão nos mostra como cada prática educativa é atravessada por múltiplos fatores, fazendo com que cada uma esteja situada, por um lado, em seus objetivos e intencionalidades, por outro lado, nos elementos subjetivos, organizativos, políticos e sociais que sustentam o grupo social onde a prática é realizada.

Recorrendo a Paulo Freire, ele traz no âmago de sua obra uma proposta político-pedagógica que é o saber das classes populares como prática educativa, numa relação dialógica e, portanto, democrática, não importando o nível de escolarização, ou a falta desta, nos sujeitos educandos e educandas. O imprescindível para Freire é que os processos educativos, a serem construídos conjuntamente, tivessem como base epistemológica a leitura de mundo desses sujeitos e os conhecimentos construídos e acumulados ao longo de suas experiências.

Ainda nessa discussão, Paulo Freire defende a autonomia do ser educando e da natureza ética da prática educativa enquanto prática especificamente humana como fundamentos da pedagogia da autonomia. O que Freire quer nos dizer é que os saberes envolvidos nas práticas educativas, resultantes do acúmulo de experiências, ao serem partilhados ou estando em diálogo devem ter por pressupostos a questão ética nesses saberes. O que nos leva a refletir que os conhecimentos devem estar alinhados tanto com as necessidades de formação quanto com as possibilidades de autonomia que irá proporcionar aos educandos/as ou sujeitos de aprendizagem. Assim, jamais esses conhecimentos poderão estar a serviço da opressão e de formas dominantes.

Diante dessa discussão, optamos por utilizar o termo práticas educativas, por entender que contemplam também as pedagógicas, especialmente quando se trata da dimensão educativa dos movimentos sociais enquanto *lócus* privilegiado das epistemologias do Sul.

Definições metodológicas

Buscando aprender com a experiência e enriquecer o aprendizado a partir do encontro da teoria com a realidade, este capítulo foi produzido no âmbito de uma pesquisa qualitativa, de modo que os resultados pudessem contribuir para ampliar o conhecimento sobre as questões centrais das práticas educativas das epistemologias do Sul.

Nesse sentido, Deslandes *et al.* (1994) afirmam que a pesquisa qualitativa trabalha com o universo de significados, motivos, aspirações, crenças, valores e atitudes, o que corresponde a um espaço mais profundo das relações, dos processos e dos fenômenos que não podem ser reduzidos à operacionalização de variáveis (Deslandes *et al.*, 1994: 21).

A pesquisa foi delimitada na dimensão educativa de quatro movimentos e organizações sociais populares, selecionadas pelos critérios: tempo de experiência, diferença de agendas políticas e atuação na cidade de Caruaru (PE). Estas organizações, sujeitos do nosso estudo, são as seguintes: Movimento dos Trabalhadores Rurais Sem Terra – Pernambuco (MST-PE); Marcha Mundial da Mulheres – Núcleo Agreste Pernambucano (MMM-NAP); Coletivo Lutas e Cores (CLC); e Centro de Educação Popular Assunção (CEPA).

A coleta de dados se deu por meio de observação participante, realizada por diversos estudantes do curso de Pedagogia da Universidade Federal de Pernambuco (UFPE), *Campus* Agreste, localizado na cidade de Caruaru, ao longo dos últimos 16 anos.[1] Esses/essas estudantes cursavam o 4º período e tinham que escolher, no âmbito da disciplina Pesquisa e Prática Pedagógica 3 (PPP3), um movimento social ou organização popular para observar as práticas educativas que estavam em curso.

As quatro organizações selecionadas para este estudo fazem parte do rol das organizações que, com frequência, eram escolhidas pelos/as estudantes para fazerem suas observações-participantes e abriam suas portas para recebê-los(as) sempre que solicitadas.

Decorrentes de 30 horas de observação, os/as estudantes produziram diários de campo sobre as principais práticas educativas das organizações selecionadas. Esses diários se tornaram nosso *corpus* epistemológico. foram consultados 53 deles, que estão no âmbito do desenvolvimento de um projeto de investigação em curso, financiado pelo CNPq.[2]

Quanto à análise dos dados, a Técnica da Análise de Conteúdo (Bardin, 2001), enquanto opção metodológica, foi escolhida para a organização e o tratamento dos dados coletados. Para Bardin, a aplicabilidade coerente dessa técnica pressupõe o desenvolvimento de três fases: a pré-análise; a exploração do material; e, por fim, o tratamento dos resultados: a inferência e a interpretação.

A concretude pedagógica das epistemologias do Sul

Toda a teoria precisa da realidade para se materializar, para se tornar efetiva. Somente na realidade podemos perceber as ações e seus desdobramentos, os sentidos que alcançam no quotidiano da prática.

[1] Como docente desse curso de Pedagogia, sou responsável pela componente curricular Pesquisa e Prática Pedagógica 3 (movimentos sociais e organizações populares), desde 2009, oriento e supervisiono o trabalho de estudantes em observação participante, com duração de 30 horas, sobre as práticas pedagógicas e educativas de diferentes movimentos sociais e organizações populares atuantes na região. Considerando que são duas turmas por ano, até o momento já orientei e supervisionei pelo menos 30 turmas dessa componente curricular. Cada turma de 30 estudantes produz em média 10 a 15 relatórios de pesquisa sobre as práticas pedagógicas que estão acontecendo nas organizações estudadas. O total de diários de campo estão na ordem de aproximadamente 400. Destes, 53 foram selecionados.

[2] Projeto de Pesquisa "Espelhos epistemológicos das práticas pedagógicas de ativistas e militantes educadores(as) dos movimentos sociais de Pernambuco", aprovado na Chamada CNPq/MCTI Nº 10/2023 – UNIVERSAL, para ser executado em 36 meses.

Nessa direção, as principais práticas educativas das quatro organizações observadas e relatadas nos diários de campo dos/as estudantes de pedagogia estão a seguir sintetizadas.

Movimento dos Trabalhadores Rurais Sem Terra – Pernambuco (MST-PE)

O Movimento dos Trabalhadores Rurais Sem Terra-MST tem sua origem no final da década de 1970, num cenário de fim da ditadura militar, de abertura política e retomada do processo de democratização do Brasil. A organização da primeira ocupação de terra – a gleba Macali, em Ronda Alta, em 7 de setembro de 1979 – foi realizada por um grupo de agricultores sem-terra no estado do Rio Grande do Sul, apoiados pela Comissão Pastoral da Terra. Em janeiro de 1985, 80 representantes de organizações camponesas de 18 estados brasileiros reuniram-se próximo à cidade paranaense de Cascavel e decidiram criar o MST. A organização do MST em Pernambuco consolidou sua fundação em 1989, quando ocorreu a primeira ocupação na região do Agreste, na Fazenda Normandia, por 179 famílias no dia 1º de maio de 1993. Após quatro despejos e cinco ocupações, em novembro de 1997, a terra foi conquistada e transformada no Assentamento Normandia, onde hoje está localizado o Centro de Formação Paulo Freire, lugar onde são formados/as militantes de todo o estado de Pernambuco.

Principais práticas educativas observadas nos espaços de formação:

a) A mística,[3] que acontece no início e no fim de toda atividade formativa, com elementos e adornos da luta pela reforma agrária;
b) Trabalho em grupos com produção de síntese apresentada ao final da atividade;
c) Trabalho e produções coletivas em todas as formações;
d) Produção de texto em diversas linguagens;
e) Atividades lúdicas e artísticas (poemas e cordéis, teatro, brincadeira, jogos etc.);
f) Trabalhos com cores (pinturas, desenhos e riscados em papel, tela, chão etc.);
g) Trabalhos com os corpos para representação de opressão nas místicas e no âmbito das formações;

[3] Realizada como recurso teatral no qual é encenada uma situação de opressão e na sequência transformada em uma cena seguinte de superação, libertação ou conquista.

h) Utilização de símbolos (bandeiras, camisetas e bonés do movimento, e demais artefatos sobre a lutas pela reforma agrária);
i) Utilização de espaços externos e ao ar livre para os trabalhos em grupo;
j) Contação de histórias e declamação de cordéis;
k) Expressões teatrais;
l) Debates e rodas de conversa.

Modos de formação:

a) Jornadas de estudo;
b) Formações internas financiadas, voluntárias ou em parcerias: Educação de Jovens e Adultos (EJA), ensino fundamental, especializações, cursos técnicos, pensamento sociológico político brasileiro;
c) Noites culturais (para os encontros e formações de mais de um dia);
d) Formações em módulos com tempo-escola e tempo-comunidade (pedagogia da alternância);
e) Formação itinerante, para que, nos momentos de grandes encontros, os militantes não interrompam as atividades de estudo;
f) Ciranda infantil, para garantir que as mães-militantes não deixem de comparecer aos grandes encontros formativos, podendo levar seus filhos/as.

Intervenções pública nos espaços externos:

a) Marchas;
b) Acampamentos.

Marcha Mundial da Mulheres – Núcleo Agreste Pernambucano (MMM-NAP)

A Marcha Mundial das Mulheres (MMM) é um movimento social feminista contra-hegemônico de caráter internacional presente em mais de 70 países. Foi criada em 1998 com uma visão que pretendia unir diversos coletivos feministas que desenvolviam ações de combate ao patriarcado. Em Caruaru, a MMM começou a se organizar a partir de encontros de estudantes de pedagogia da UFPE-Campus Agreste envolvidas em ações do Movimento das Mulheres Trabalhadoras Rurais do Nordeste (MMTR-NE). Em 3 de maio de 2014, a MMM passa a se organizar em Caruaru e desenvolver ações em favor da luta das mulheres como Núcleo Agreste de Pernambuco da MMM.

Principais práticas educativas observadas nos espaços de formação:

a) A mística,[4] que acontece no início e no fim de toda atividade formativa, com elementos e adornos da luta feminista;
b) Assembleias e reuniões com as militantes;
c) Discussão com as militantes sobre temas da agenda de luta;
d) Utilização de elementos lúdicos nas atividades de formação;
e) Desenhos de corpos femininos de moldes de mulheres deitadas no chão;
f) Trabalhos com os corpos para representação de opressão nas místicas e no âmbito das formações;
g) Trabalho em grupos com produção de síntese apresentada ao final da atividade;
h) Trabalho e produções coletivas em todas as formações;
i) Produção de texto em diversas linguagens;
j) Atividades lúdicas e artística (poemas e cordéis, teatro, brincadeira, jogos etc.);
k) Trabalhos com cores (pinturas e desenhos em papel, tela, chão etc.);
l) Utilização de símbolos (bandeiras, camisetas e demais artefatos sobre a luta feminista);
m) Rodas de diálogo;
n) Batucada de latões;
o) Produção de panfletos;
p) Produção de lambes;[5]
q) Construção coletiva de estandartes para marchas.

Intervenções pública nos espaços externos:

a) Colagem de lambes nos muros e postes;
b) Piqueniques em praças públicas;

[4] Ver nota anterior.

[5] Lambes são cartazes em papel tamanho A4 impressos com tinta preta, colados em postes e muros públicos.

c) Panfletaços;[6]

d) Reuniões abertas em lugares públicos;

e) Marchas;

f) Campanhas publicitárias;

g) Entrevistas e participações em programas da imprensa local.

Coletivo Lutas e Cores (CLC)

O Coletivo LGBT Lutas e Cores foi fundado em outubro de 2014, na cidade de Caruaru. Segundo a Carta de Princípios do Lutas e Cores, entre seus os objetivos, destacam-se o desenvolvimento de uma prática política coletiva e atuante que atenda aos anseios de seus membros no campo da igualdade de direitos e da justiça social, enfrentando à LGBTfobia e às discriminações diversas que se interseccionam. O Lutas e Cores também atua nas redes sociais, através de um canal no Youtube, um grupo no WhatsApp e de perfis no Instagram e Facebook. Esses espaços virtuais são utilizados para divulgação de atividades, realização de campanhas e mobilizações, divulgação de informações de interesse da comunidade LGBT e para o combate à LGBTfobia.

Principais práticas pedagógicas e educativas observadas:

a) Assembleias e reuniões com os/as militantes em espaços públicos e em espaços fechados;

b) Formação interna com os/as militantes sobre temas da agenda de luta;

c) Panfletaços;[7]

d) Intervenções nas redes sociais;

e) Produção de lambes.

Intervenções pública nos espaços externos:

a) Participação em manifestações e atos políticos;

b) Beijaços;

[6] Folheto de pequenos textos com informações sobre ações ou mensagens de esclarecimento. A distribuição é feita em esquinas de rua, portas de instituições ou mesmo em eventos abertos.

[7] Ver nota anterior.

c) Rodas de diálogo;

d) Campanhas publicitárias;

e) Entrevistas e participações em programas da imprensa local.

Centro de Educação Popular Assunção (CEPA)

O CEPA chega em Caruaru em 1996, fundado pela Irmãzinhas da Assunção. Em 2003, é de fato fundado por via jurídica, voltando suas ações para crianças e adolescentes que vivem em situação de vulnerabilidade social. Os projetos educativos elaborados, planejados e executados surgem a partir de uma leitura da realidade e da historicização de vida das pessoas envolvidas. Mediante uma atuação interdisciplinar nas famílias e no bairro, a agenda do CEPA fortalece a formação política-cidadã. Com atividades de arte-educação até mídias digitais, como informática básica, os encontros possibilitam trocas e experiências dos educadores com a comunidade.

Principais práticas pedagógicas e educativas observadas:

a) Reuniões e assembleias com as crianças dos projetos e suas famílias;

b) Oficinas de teatro;

c) Oficinas de capoeira;

d) Oficinas de dança;

e) Oficinas de maracatu;

f) Atividades de desenhos;

g) Oficinas de audiovisual;

h) Festival de arte com as crianças do projeto;

i) Rodas de diálogo;

j) Planejamento participado com comunidade e apoiadores;

k) Intervenções pública nos espaços externos;

l) Apresentações artísticas das crianças e adolescentes dos projetos;

m) Feirinha cultural.

O que essas práticas educativas nos dizem das epistemologias do Sul

As práticas educativas percebidas em cada organização são centradas pelo princípio do diálogo, das diversas linguagens e da expressão do sentir-pensar apontado por Santos (2018), que, como dito anteriormente, se expressa em todo conhecimento produzido a partir das experiências sociais subalternizadas. É como expressão das epistemologias do Sul que carrega em si o enfrentamento da relação opressor-oprimido, fazendo com que seus sujeitos subalternizados possam superar essa relação a partir do conhecimento acumulado de luta e de resistência na condição de oprimido, como já referido por Nunes (2008).

Assim, ao se ampararem num conhecimento marginal, experiencial, construído culturalmente em seus enfrentamentos históricos, utilizam-no como recurso "na defesa e promoção da vida e da dignidade dos oprimidos" (Nunes, 2008: 56).

Em todos os quatro casos estudados, a arte é um elemento pedagógico importante, pois se insere numa perspectiva de dizer, comunicar, ensinar de modo plural e se fazer compreender, apresentando um conteúdo muito mais profundo se comparado com a escrita e didática tradicional.

Outra prática educativa presente concretamente nas quatro organizações observadas é o saber-fazer próprio, coletivo, cultural, de tal maneira que a estética do oprimido se faz presente como "texto" produzido a muitas mãos, corações e mentes, como conjunto de intervenções epistemológicas que denunciam a supressão dos saberes que resistiram com êxito (Santos; Meneses, 2009: 7).

O corpo também se faz presente como recurso epistemológico nas práticas educativas, pois sem o corpo não há ação, e nem denúncia. Os beijaços, as batucadas de latões, os desenhos e as pinturas de si na própria pele, a capoeira, a dança, o teatro são conhecimentos vivos que expressam a fonte espiritual[8] e corporal das epistemologias do Sul, que se consagra nos atos coletivos, nas marchas, na utilização de símbolos e nos gritos de ordem.

Considerações finais

As epistemologias do Sul estão presentes, concretamente, na dimensão educativa de movimentos e organizações populares e se traduzem no conjunto de práticas educativas que essas organizações desenvolvem em seus processos de formação e atuação tanto internamente quanto nas ações e formações voltadas para o público externo.

As práticas educativas realizadas no contexto das epistemologias do Sul são a base da educação de movimentos sociais e organizações populares para a formação de militantes, ativistas e sujeitos em busca de uma nova consciência política sobre suas opressões e lutas por resistência, emancipação e justiça social.

[8] Energia dos antepassados.

Também se faz necessário destacar que a dimensão educativa desses movimentos e organizações sociais populares vai além das formações internas, pois consideram todas as atividades desenvolvidas como educativas, de modo que as experiências que vivenciam dentro de suas organizações, ou mesmo nas atividades externas, geram saberes que se acumulam ao longo de seus processos de luta política em prol de justiça e transformação social, constituindo assim um cabedal de conhecimentos das epistemologias do Sul.

Desse modo, as práticas educativas são produzidas coletivamente e, portanto, têm seu uso credibilizado e de domínio de seus membros, como ativistas, militantes e grupos sociais que buscam romper com os processos de subalternização.

Importa ressaltar que as práticas educativas apontadas neste capítulo foram observadas dentro das organizações ou reveladas por meio de diálogos com educadores/as. Algumas delas, mesmo que não pareçam práticas educativas, mas metodológicas e até mesmo pedagógicas, são designadas, pelas/os ativistas e militantes, como práticas educativas. Isso porque são práticas utilizadas tanto na formação dos seus sujeitos quanto nas formações e atividades empreendidas para públicos que se relacionam com os projetos educativos desenvolvidos.

É possível perceber que algumas práticas educativas estão presentes em mais de um movimento social ou organização popular entre eles, fazendo com que uns aprendam com os outros, e assim também partilham os saberes a partir de suas experiências.

As epistemologias do Sul e o conhecimento educativo e pedagógico produzido dentro de movimentos e organizações sociais populares também inspiram as práticas educativas desenvolvidas nas escolas, ou mesmo em formações e cursos das universidades e outras instituições de ensino, na medida em que esses movimentos sociais e organizações populares desenvolvem diálogos com essas instituições, trocam experiências, participam de seus debates e constroem parcerias importantes, tanto no âmbito de suas lutas políticas quanto no âmbito de seus projetos de educação.

Por meio de movimentos e organizações populares, as epistemologias do Sul e suas práticas educativas e pedagógicas têm chegado nas escolas e universidades, principalmente no curso de Pedagogia, transformando os conteúdos curriculares e preparando seus estudantes para um mundo em transformação.

Referências

Bardin, Laurence (2001), *Análise de conteúdo*. Lisboa: Relógio D'água Editores.

Deslandes, Suely Ferreira *et al.* (1994), *Pesquisa social: teoria, método e criatividade*. 17. ed. Petrópolis: Vozes.

Franco, Maria Amélia do Rosario Santoro (2016), "Prática pedagógica e docência: um olhar a partir da epistemologia do conceito", *Revista Brasileira de Estudos Pedagógicos,* 97 (247), 534-551.

Freire, Paulo (1987), *Pedagogia do oprimido.* São Paulo: Paz e Terra.

Freire, Paulo (1996), *Pedagogia da autonomia: saberes necessários à prática educativa.* São Paulo: Paz e Terra.

Libâneo, José Carlos (1994), *Didática.* São Paulo: Cortez.

Nunes, João Arriscado (2008), "O resgate da epistemologia", *Revista Crítica de Ciências Sociais,* 80, 45-70.

Santos, Boaventura de Sousa (2002), "Para uma sociologia das ausências e uma sociologia das emergências", *Revista Crítica de Ciências Sociais,* 63, 237-280.

Santos, Boaventura de Sousa (2007), "Para além do pensamento abissal: das linhas globais a uma ecologia de saberes", *Revista Crítica de Ciências Sociais*, 78, 3-46.

Santos, Boaventura de Sousa (2010), *A gramática do tempo: para uma nova cultura política.* 3. ed. São Paulo: Cortez.

Santos, Boaventura de Sousa (2018), "Corpos, conhecimento e corazonar", in Boaventura de Sousa Santos, *O Fim do Império Cognitivo. A afirmação das epistemologias do Sul.* Coimbra: Edições 70, 157-183.

Santos, Boaventura de Sousa; Meneses, Maria Paula (orgs.) (2009), *Epistemologias do Sul.* São Paulo: Cortez.

Santos, Boaventura de Sousa; Meneses, Maria Paula (orgs.) (2024), *Os saberes nascidos na luta: construindo as epistemologias do sul.* Coimbra: Edições 70.

Zabala, Antoni (1998), *A prática educativa: como ensinar.* Porto Alegre: Artmed.

CAPÍTULO 16

Mulheres encarceradas e as religiões: espelhos das diferentes escalas abissais

Cláudia Cristina Ferreira Carvalho

Introdução

O corpo encarcerado, que não pode ambicionar a condição plena de humanidade, permite entrever os ecos dito por Frantz Fanon (2008: 188): "Oh, corpo meu, faz de mim sempre um homem que interroga!". Interrogar as experiências dos corpos-sujeitas femininas confinadas como presença inescapável do mundo vivido não é uma tarefa fácil. Na condição do encarceramento, o corpo é o tudo e o nada para alguém que não pode aspirar a própria humanidade. Assim, o objetivo geral deste capítulo é perscrutar, a partir da cultura institucional prisional feminino, como as religiões monoteístas (denominação evangélicas) operam segundo as teias de escalas de subalternidades das mulheres no encarceramento; e, de modo particular, observar como as igrejas no interior da prisão legitimam ou não os efeitos das linhas abissais, cumprindo um papel ora de "ressocialização pela fé", ora alinhadas com o regime de verdade que caracteriza o saber-poder doutrinário esculpido nas interações intersubjetivas convertidas em processos ordinários de desumanização.

O debate aqui proposto, em diálogo com as epistemologias do Sul (Santos, 2010), parte da premissa de que: na penitenciária feminina[1] as mulheres (carcereiras e encarceradas) interagem com a religião equacionada pelas "escalas e teias de subalternidade" reguladas pelas fronteiras das linhas abissais (Santos, 2007; Keith, 2019). Isso obriga de imediato a formulação das seguintes questões: As religiões monoteístas são instrumentos a serviço da manutenção das

[1] Trata-se de um estudo situado, que dado a força dos depoimentos e o acordo com as agentes carcerárias não se divulgará o nome da penitenciária.

linhas abissais? Ou são formas autônomas ou satélites de dominação? Caso se admita que elas sejam sistemas de dominação satélite, sem a aliança política com elas, os sistemas de dominação que regulam as linhas abissais seriam possíveis?

Nos termos que se pretende abordar tais questionamentos, no universo situado e multifacetado da prisão, as alianças e negociações com o poder hegemônico da religião são como círculos concêntricos que se formam nas águas do rio quando se lança uma pedra, cada círculo desenha sobreposições de dominação reguladas por assimetrias de poder e pela maximização da violência através das quais o objeto subalterno é criado e mantido em sua posição subalterna. E é a partir da noção de subalternidade que um conjunto de interrelações, negociações, alianças, submissão entre as igrejas monoteístas e as mulheres (carcereiras e encarceradas), e vice-versa, são construídas, não como escalas em posição binária essencializada de caráter puramente sincrônico e estático, mas como teias emaranhadas num campo de disputas políticas com discrepantes graus de diferenciação de dominação.

Dito isso, parece pertinente explicar a definição de subalterna adotada. Usa-se a noção dos estudos subalternos teorizado por Spivak (2010),[2] segundo a qual o(a) subalterno(a) é definido(a) pela incapacidade de autorrepresentação e pela mudez. Mas tal condição não se reduz a política de identidade, é uma elaboração da mescla da ação do poder e da hegemonia congeladas no/pelo projeto colonial. Até porque "se, no contexto da produção colonial, o sujeito subalterno não tem história e não pode falar, o sujeito subalterno feminino está ainda mais profundamente na obscuridade" (Spivak, 2010: 85). A questão da mulher subalterna tem sido a sujeita colonial nascida de uma profunda gestação de obliterações assimétricas e violências como um projeto hegemônico de dominação que deixa atrás de si uma gama de conhecimentos subjugados, de identidades sem memória, sem historiografias, ou sem representação e representatividade como condição de sua precariedade ontológica, epistêmica e política.

Numa artesania de práticas intelectuais (científico e não científico), neste texto se aspira explorar as ruínas daquilo que tem sido produzido como ausências na geopolítica da dominação do encarceramento feminino. Propõe-se auscultar as emergências deste Sul, que é entendido como metáfora do sofrimento humano, ao tratar de duas dimensões: os processos coloniais

[2] Gayatri Spivak (2010), na obra *Pode o subalterno falar?*, enfatiza o perigo de reduzir o "outro"/o subalterno à condição de objeto de conhecimento de quem almeja falar pelo outro – nesse caso, os(as) intelectuais. A autora também tece uma crítica às análises essencializadas da subalternidade limitada à crítica sobre a reprodução ideológica das relações sociais; ou ainda, reduzir o sujeito a sua objetificação, já que ele [o sujeito] não é visto como uma consciência.

implicados na aliança religiosa com o saber-poder institucional normativo e seu impacto no reforço da subalternização das agentes carcereiras; e os efeitos dos ressocializadores pela via da religião nas fissuras construídas por mulheres encarceradas como formas de resiliências e alternativas a sua condição de subalternidade-objeto.

A metodologia do estudo: tentativas não extrativistas

Este texto é parte dos estudos de doutoramento, com informações não divulgadas, realizado no âmbito do Programa de Pós-graduação em Educação da Universidade Federal do Mato Grosso (PPGE-UFMT) (2017), com estágio sanduíche junto ao Centro de Estudos Sociais da Universidade de Coimbra. Tratou-se de uma pesquisa qualitativa etnográfica densa (Geertz, 1989), aliada a uma perspectiva fenomenológica,[3] em que se conjugou outros procedimentos de trabalho empírico, tais como: observação participante, entrevistas, conversas informais e iconografias produzidas a partir da estratégia proposta e aceita de um curso de fotografia ministrado às mulheres que desejassem participar.

As fotografias produzidas pelas mulheres encarceradas operaram como escrever(vivências) por onde emergiram textos autobiográficos de dimensões socioculturais. Como procedimento de pesquisa, as fotografias colaboraram na elaboração de um olhar heurístico das experiências das mulheres que as produziram. Numa narrativa diacrônica e sincrônica, as imagens complementam a descrição dos fatos acompanhadas de multiplicidade de significações. As fotografias são parte inter-relacional daquilo que foi descrito, evocam situações, comportamentos e sentimentos polissêmicos e plurivocais. Narrativas escritas e inscritas nas experiências e percepções daquelas mulheres que dão sentidos à cultura organizacional prisional. A realização da oficina de fotografia e os registros das imagens só foram possíveis graças à copenetração numa outra forma de vida, ou melhor, na cooperação que se expressa num texto em coautoria, transmutada numa carta roubada.

Nessa direção, a prática epistêmico-metodológica se orientou por duas reflexões julgadas fundamentais. A primeira reflexividade na perspectiva fenomenológica significa dizer que, no contexto prisional, o corpo institucional é o corpo-sujeito, ou vice-versa, constituindo um corpo sensível e senciente numa dupla fusão simultaneamente tangível da carnalidade das mulheres que

[3] Em atenção às exigências éticas que envolvem a pesquisa, esta consta da aprovação do Comitê de Ética da Pesquisa Qualitativa, por meio da submissão à Plataforma Brasil, com número CAAE 41410315.1.0000.5541.

aqui falam. "[...] a carne de que falamos não é a matéria. Consiste num enovelamento do visível sobre o corpo-vidente, do tangível sobre o corpo tangente, atestado, sobretudo quando o corpo se vê, se toca vendo e tocando as coisas[...]" (Merleau-Ponty, 2012: 141).

A segunda reflexão foi recorrer à sensibilidade de uma escuta profunda como ruptura de um processo de hierarquia e subordinação. Ao contrário, uma escuta assentada na razão sensível, exigindo o silêncio da autora para a escuta das outras que aqui falam, reconhecendo no silêncio a própria ignorância. Exercitar o silêncio exigiu desaprender para aprender com outras realidades que se apresentavam, envolvendo, assim, uma relação entre aquilo que era dito e a mudez.

Por vezes, o processo de produção do conhecimento é caracterizado por desumanizar *as sujeitas de pesquisa*, pela lógica da objetificação das(os) *pesquisáveis* e isso diz muito sobre o fazer científico positivista, que exclui as emoções e desconsidera a subjetividade humana, resultando na produção de um olhar distanciado da realidade e na negação da condição cognoscente das (os) sujeitas(os) envolvidas(os) na pesquisa. O dilema do corpo e da palavra é o mesmo gesto de escuta das vozes tácitas, os ecos estridentes dos silenciosos ruídos exigem pronunciar-se num universo que encobre a capacidade que têm as elites dominantes de maquiar a sacralização da sua dominação (Cusicanqui, 2018).

A exemplo, chamo atenção à fotografia de uma das interlocutoras da pesquisa.

Imagem 1 – O mensageiro.

Crédito: Doralice.

Esse é um bem-te-vi mensageiro. Desde que eu fui pra esse raio, fiquei lá 1 ano e 9 meses, todos os dias ele aparecia, cantava pra mim, ficava de asas abertas. Eu comecei a prestar atenção: o dia que ele se sentava em frente à cela da pessoa, ele cantava, abria as asinhas, era certeza de que a pessoa mudava do raio ou iria embora da prisão. Muitas vezes andava até dentro do raio, voava lá, descia, catava alguma coisinha. No meu caso, quando ele voou e assentou em frente à minha cela e cantou, eu disse assim para ele: – Hoje eu que vou mudar? Daí, no mesmo dia, eu mudei pro Raio 03 das trabalhadoras, eu fui pra outra cela. O pássaro, ele tá querendo falar algo pra nós. Nós é que não damos atenção para o que ele quer passar. (Doralice)

Nesse jogo de falas e silêncios, os olhos, os ouvidos, o sentir das mulheres reclusas transformaram-se na porta de acesso a um mundo intransponível, sendo elas os olhos e os ouvidos da autora. Não como cacofonia, mas como vocalidades que reivindicam a sua humanidade no interior de um sistema que as agoniza e que lhes determina a morte na mesma mudez das ovelhas nas mãos de seus matadores, por meio do aniquilamento político de sua defesa. Também demonstram a capacidade que têm as(os) oprimidas(os) em produzir outros modos de vida possível para além dos objetos de opressão, sonham a liberdade, quebram a mudez a que foram postas.

O uso das fotografias cumpriu um abordagem expressiva-dialógica, como um ato que inclui o poder de meter a voz. Uma fala que precede o olhar e o ouvir em espiral intersubjetivo definindo outra ética epistêmica, uma ética do afeto autoral costurado por "artesanias intelectuais" (Cusicanqui, 2018). Artesanias em sintonia ao que aspira as "ecologias de saberes"[4] (Santos, 2010), que é a emergência de conhecimentos comprometidos com as lutas, os sofrimentos dos grupos sociais oprimidos, nascidos de partilhas, ao invés do desigual poder entre os sujeitos envolvidos no ato de pesquisar, artesanias que superem o pensamento extrativista epistemológico, o "fetichismo metodológico"[5] (Santos, 2018) e o desperdício da experiência construindo conexões metodológicas com critérios de solidariedades mútuas (pesquisadora-colaboradores/as).

As linhas abissais da modernidade ocidental

Informa as epistemologias do Sul que a linha abissal é gerida e gerencia por três sistemas de dominação que atuam de forma conexa: o colonialismo, o heteropatriarcado e o capitalismo. E é uma linha física e simbólica que divide

[4] São cinco as ecologias de saberes, as mesmas que se opõem às cinco formas de produção de não existência, a saber: 1) a ecologia dos saberes; 2) a ecologia das temporalidades; 3) a ecologia dos reconhecimentos; 4) a ecologia das transescalas; e 5) a ecologia das produtividades (Santos, 2013: 95-107).

[5] O fetichismo metodológico subjaz ao pensamento abissal e é criticado por Boaventura de Sousa Santos (2018) como sendo caracterizado pela convicção que se obtém a verdade sobre o objeto pela simples razão de se respeitar as metodologias, e essa seria a única verdade relevante.

o contrato social moderno em dois mundos distintos: uma norma (emancipação social) a regular o universo de cá da linha (zonas metropolitanas) e uma outra norma (apropriação e violência) para o lado de lá da linha (zonas coloniais); a primeira é a zona do ser habitadas pelas sociabilidades metropolitanas e segunda é a zona do não-ser habitado pelas sociabilidades coloniais (Santos, 2007; Fanon, 2015).

Trata-se de um universo (físico e simbólico) regulado por assimetrias que se caracterizam pela capacidade de reduzir as sociabilidades herdeiras das relações coloniais – negros/as, indígenas, imigrantes empobrecidos/as, mulheres, religiosos não cristão, quilombolas, periferias das cidades etc. – à condição de sub-humanidade, ou ainda, que, de acordo com os privilégios metropolitanos, passam a ser reduzidas a invisibilidades, cujas existências só serão possíveis pela via do arbitrário da violência. A exclusão radical é o que melhor define a linha abissal, pois não tolera qualquer possibilidade de copresença em dignidade humana de ambos os lados da linha, porque a razão instrumental a que serve só é possível quando a humanidade "do lado de cá da linha" canibaliza a humanidade do "lado de lá da linha". Sem isso, os sistemas de dominação colonial, patriarcal e capitalista não sobreviveriam.

Vale ainda lembrar que a violência religiosa historicamente aliada ao domínio estatal através do genocídio, do epistemicídio e da coisificação do ser-feminina forjou e consolidou a biopolítica do controle de seus corpos, seus movimentos, suas habilidades, memórias e historiografias. Isso tudo num incessante processo de acumulação primitiva de seus conhecimentos, sua força de trabalho e sua sexualidade servidos no banquete do capitalismo emergente, da retórica da "colonialidade do poder" (Quijano, 2009) e da "colonialidade de gênero" (Lugones, 2008). Observar a historiografia ocidental como "memória restaurativa" (Bhabha, 1998) do ponto de vista feminino é lembrar dos linchamentos públicos das mulheres consideradas "bruxas" (era medieval) e que também chegou às colônias, num macabro rito sacrificial, engendrado até os dias atuais na forma de feminicídios e de múltiplas violências contra as mulheres e das identidades de gênero feminina pela hegemonia patriarcal. Há nisso um desejo mimético como a gênese da violência coletiva em que as mulheres têm sido o "bode expiatório" (Girard, 1998; 2014) da diferenciação subalterna em todos os âmbitos da vida econômica, jurídica, social, política, ontológica e simbólica. René Girard, ao falar da mimese, caracteriza o ser humano como um ser individual que aspira a completude, uma incompletude que ambiciona ser o outro. Há nisso um desejo mimético que o transcende coletivamente e isso desencadeia um "comportamento de apropriação mimética".

A polarização criada pela rivalidade mimética [*eu* e os *outros*] só será reconciliada por um ato sacrificial consensualmente aceito por toda a comunidade. Nesse contexto, a religião é vista como o instrumento violento contra a vítima expiatória utilizada para pacificar o conflito e a diferença ocasionada na mimese. Há nisso, para o presente estudo, ao menos duas dimensões a serem destacadas: a primeira ideia é a que as mulheres encarceradas, por vezes, são vistas como o "bode expiatório" (vítima expiatória), ou seja, são o elemento, consideradas como o residual, o mau-olhado, a inferior, a criminosa, a agente causadora das desgraças que recaem sobre a comunidade, pondo em risco a ordem social estabelecida. A segunda ideia é que, no seio da crise mimética, a vítima expiatória não configura apenas como um antagonismo entre outras [mulheres carcereiras], elas são o duplo de todas as outras, a gêmea inimiga que a polarização mimética faz convergir todas as significações da crise de conciliação, ainda que seja inocente pela via sacrificial.

Dito de outro modo, o bode expiatório é o mecanismo de reconciliação do conflito do desejo mimético, para quem todo ato de vingança e eliminação radical é projetada.[6] É uma destruição seletiva nutrida pela potência conflitiva, fixada numa fronteira entre a ideia de purificação e a deficiência intolerável. A marca dissonante de pureza incompleta regula o argumento do genocídio (simbólico e físico) como ato incontestável pela coletividade, distanciado de qualquer crise de consciência de quem a pratica, tal como se projetaram nas consciências dos nazistas, dos escravagistas, dos inquisidores, dos colonizadores, dos racistas, dos feminicidas, dos xenófobos, dos LGBTfóbicos, dos discursos de ódios etc.

O saber-poder institucional: invisível visível da religião monoteísta

A noção de lugar, que subjaz às teorizações de Spivak (2005: 476), "é onde as linhas de mobilidade social estão num outro lugar, não permitem a formação de uma base de ação identificável", portanto, é uma geopolítica em que "a identidade dominante reproduz-se assim por dois processos distintos: pela negação total do outro e pela disputa com a identidade subalterna do outro" (Santos, 2010: 250). Indubitavelmente, a penitenciária é o lugar das distinções subalternas, onde as religiões – e aqui se faz referência de modo particular as evangélicas pentecostal, neopentecostal e a protestante [7] –, que pela força interna

[6] De tempos em tempos, a sociedade cria os "bodes expiatórios", ou melhor, suas "vítimas expiatórias" (mulheres, negros, indígenas, judeus, deficientes, imigrantes, minorias religiosas, homossexuais etc.).

[7] Embora plurais entre si, agregam a mesma concepção de salvadoras da humanidade pela conversão às suas crenças/dogmas. Na época da pesquisa na penitenciária, atuavam

e pela aliança com a tríade dominação (colonialismo-patriarcado-capitalismo), se comparam a um furacão implacável a vincar as hierarquias subalternas e a fortalecer seu poder político assumindo a forma de "identidades predatórias".[8]

Nesse sentido, chama-se atenção aos ditos:

> *A religião evangélica é muito forte dentro do presídio! Ela tem um poder muito grande de dominação! É assim em todas as penitenciárias, seja masculina ou feminina! Em nome de DEUS se bate, pune, isola e controla os(as) presos(as). Agora parece que há outro nível de controle das igrejas evangélicas, agora querem dominar as pessoas que trabalham lá! Eu trabalho no sistema há 18 anos, hoje percebo que o número de evangélicos é enorme. Tem aqueles que já eram e os que estão sendo convertidos. A diretora é "crente", a subdiretora é "crente", a chefe de segurança não era quando entrou, agora diz que já é, entendeu? Elas levam crente pra fazer o oculto pra gente toda quarta-feira, vai pra pregar. Eu já aviso logo: "Não vem empatar minha hora do almoço, minha hora do descanso! Eu sou bem resolvida na minha religião, vocês respeitem a minha que eu respeito a de vocês".* (Agente carcereira)

> *Pra mim a Igreja Evangélica é uma força de alienação, porque não é mais só em cima das presas! Somos todas nós presas do sistema! Da direção da penitenciária a todas nós, eles sabem que nós devemos calar! O medo é tanto que ultrapassa as grades, porque o funcionário também tem medo de falar!* (Agente carcereira)

> *Em respeito à religião dos servidores da unidade, a questão da religião é quando querem nos obrigar a seguir aqui dentro, você tá me entendendo? Que nem a "G", a diretora, ela criou um culto lá dentro do presídio pros servidores. Nós não pedimos isso! Ela simplesmente falou que viu a necessidade de ter e pronto! Eu acho que ela não pode obrigar os servidores a participarem do culto no horário do seu turno, porque o Estado é laico! Não tirou todas as imagens dos santos dos órgãos? Eu sou evangélica, só que eu penso que aqui dentro não é lugar de pregação! Assim, pô! Ela colocou o culto no alojamento das mulheres. Chega no final do dia, a gente tá quebrada, a gente tá arrebentada. Aí você quer ir pro alojamento descansar, e você não pode! E, eu já percebi, quando você não participa, vem as retaliações, as perseguições em cima da gente! Entendeu?* (Agente carcereira)

as igrejas: Nova Aliança de Belém, Igreja Evangélica do Reino Universal, Igreja Assembleia de Deus; a Pastoral carcerária da Igreja Católica; e membros da Doutrina Espírita Kardecista.

[8] Compreende-se por identidades predatórias, nos termos de Arjun Appadurai (2009), como aquelas cuja mobilidade e construção social requerem a extinção de outras categorias sociais próximas, definidas como ameaças à própria existência de algum grupo, definido como "nós" contra os "outros".

A imposição do culto à religião evangélica como norma institucional reforça a manutenção de complexas teias de subalternização intersubjetivas reguladas pelo poder assimétrico verticalizado, levadas a cabo pelo desejo mimético que têm algumas mulheres em ascenderem na hierarquia prisional impondo uma subordinação totalitarista sobre as outras mulheres no próprio grupo identitário profissional e fora dele, contrariando a ideia de uma utopia emancipatória da igualdade. Nota-se que as mulheres carcereiras, também subalternizadas, agem em estreita conivência com o controle bélico, com o regime de verdade disciplinar, e, nesse caso, a aliança com a religião evangélica é um instrumento útil para reificar a benevolência repressiva atestada em desfavor das populações vulneráveis, revestida pela legítima aceitação da comunidade de que esses mecanismos atenuam o perigo daqueles considerados "selvagens", quando na verdade reforçam os efeitos do autoritarismo e do "fascismo social" (Santos, 2010) e da negação ontológica da humanidade do(a) outro(a) subalternizado(a).

Convém ouvir os ditos nos depoimentos a seguir:

> *Em todas as penitenciárias do estado, masculina ou feminina, em nome de Deus se bate, pune, isola e controla os presos, e agora querem controlar a gente também.* (Agente carcereira)

> *Na reunião, teve uma colega que teve coragem de questionar o quesito da religião. Eu não saberia questionar, porque eu fico pensando assim: nós trabalhamos num lugar considerado terror. A primeira vez que eu entrei dentro de um presídio, senti um peso muito grande mesmo, um peso espiritual, aquele baque, como se viesse algo em cima de ruim, um demônio, um maligno mesmo. Por isso, eu acho que esse é um lugar que nós precisamos estar revestidas pelo poder de Deus pra quem acredita! A gente precisa se revestir mesmo desse poder espiritual, pedir mesmo a proteção pra Deus, entendeu?* (Agente carcereira)

> *Eu me indigno enquanto servidora quando vejo que na gestão, na direção, tem pessoas que traz a sua religião como uma forma de pressionar os servidores, entendeu? Eu percebi essa mudança com essa direção e a subdiretora. Porque são evangélicas tem, de certa forma, uma pressão para uma conversão dos servidores, entendeu? Eu já vivi isso quando eu trabalhava na Casa do Albergado e ela era diretora lá. Mas, eu gosto quando no culto falam dela no final, da questão financeira, que a gente tem que economizar entendeu?* (Agente carcereira)

A perversidade dos efeitos produzidos pelo recuo da proteção social, pelo desmonte do Estado de bem-estar social, pela mercantilização das relações humanas, pela desintegração da proteção do trabalho remunerado e não remunerado, só poderá ser reconciliada através da geração da culpabilidade e da sub-humanização dos "bodes expiatórios" responsáveis dos próprios sofrimentos que os afligem. Na cultura prisional, o medo é o vetor que naturaliza e invisibiliza os efeitos da continuidade da linha abissal, materializada na falta de condições de vida, na insalubridade; na falta de espaço (superlotação), de ar, de luz, de alimentação, de dignidade; nas ilegalidades dos atos de espancamentos, torturas, maus-tratos, estupros, assassinatos; nos suicídios, nas extorsões, na circulação de drogas (maconha e cocaína); na negação de assistência jurídica ou de cuidados com a saúde, no descontrole do vírus da HIV, da tuberculose, da covid-19; na inatividade forçada; enfim, numa gama de brutalidades cotidianas instituídas como normatividade e normalidade. Além disso, a aliança com a religião evangélica cumpre a função sacrificial estabilizadora que, no conjunto dos seus trabalhos na prisão, apazigua a violência e impede a exploração de conflitos, produzindo os "efeitos da vítima expiatória".

Nesse sentido, atenção aos depoimentos que se seguem:

> *Cara! Mas eu vou te falar uma coisa: esse pessoal são ruins, são exorcistas, são diabólicos. Eu pergunto onde está esse Deus deles se suas ações são tão cruéis? São os mais cruéis da prisão! E as agentes evangélicas têm o poder de destruição, elas falam cada coisa pras presas que humilham, que ferem extremamente até quem escuta! Você vê a presa chorando. Outro dia, tinha uma presa que estava no castigo lá no cubículo da triagem, encontraram um celular. Essa presa chorava tanto, mas tanto, ela chorava muito, ela foi tão humilhada por uma funcionária que é chefe de segurança da contenção, ainda mais agora que estão vestindo farda e armadas. Essa funcionária xingava tanto, era cada absurdo que falaram pra ela que você não imagina o tamanho da humilhação e a força das palavras que ela ouvia. Coisas que você nem imagina que um ser humano é capaz de falar a outro ser humano, justamente ditas por pessoas evangélicas! Quando faz isso, parece que só assim se sente gente, com isso ela grita: "oh glória", "sou ungida do Espírito Santo". Que espírito que é esse? Pra mim é o demônio, não tem nada de Espírito Santo! O pior que, igual a essa agente [carcereira], tem um monte de irmãzinha que tem o prazer, a satisfação na humilhação da presa, no massacre da pessoa, entende? Só porque usa aquela farda, pensam que tem poder, ainda mais quando junta com a Igreja Evangélica.* (Agente carcereira)

Esses ditos deixam entrever que a Igreja Evangélica, aliada ao saber-poder disciplinador, opera em dois níveis de violências: a) no nível da violência estrutural em coalizão com o saber-poder administrativo-doutrinário, intrinsecamente engendrada na relação violência (quem pode infligir sofrimento) e poder (quem decide politicamente); b) e, no nível da violência simbólica (ideologias, conhecimentos, linguagens), naturaliza a coisificação do sujeito submetido ao ato violento. A violência religiosa é estrutural porque se sustenta num sistema regido pelo patriarcado, traduzido numa complexa rede de estratificação de domínio político segundo taxonomias de gênero, de classe, de religiões, de raça e cultura a regular a vida política, econômica e social em todos os âmbitos. É violência simbólica porque a religião como um dogma, uma instituição, uma organização, ao gravitar em torno da distinção entre o sagrado e o profano, comporta um lastro de cegueiras e ausências, porque a lógica que lhe atribui sentido é a "razão metonímica"[9] (Santos, 2013).

Os cultos religiosos atuam como missão discricionária de subjetivação subalterna levada a aceitar aquilo que é inaceitável. Num processo de assimetria, que precariza a vida de quem está abaixo de si na escala de subalternização, no espaço-tempo prisional, as negociações entre o poder político das igrejas evangélicas associa-se ao aparato normativo-disciplinador do Estado da tríade conciliação justiça-polícia-prisão, que, numa abordagem unilateral, faz perceber que a opressão dos(as) oprimidos(as) implica em revelar a face do opressor. Portanto, é preciso retratar tanto o colonizado quando o colonizador (Memmi, 2007). Vale ressaltar que, sem a estrutura patriarcal, o poder político doutrinário militarizado, tão pouco a mercantilização da fé exercida na prisão e fora dela, não sobreviveria. Há nisso um complexo da "psique colonial" (Fanon, 2008) que, de tanto olhar para o "outro" como sua exterioridade, as agentes carcereiras internalizam o objeto da sua própria opressão, desejam ferozmente serem opressoras.

Há um outro lado da linha: as experiências religiosas das encarceradas

As penitenciárias brasileiras são lugares onde sujeitos são facilmente transformados em objetos. É certo que expiar, do outro lado da linha, a complexidade desse aparelho socioespacial é admitir que o sujeito colonizado é irremediavelmente heterogêneo e que jamais aceitaram sem lutar, ou sem construir resiliências ante a sua condição de objeto. Longe de minorar a insalubridade, a precarização da dignidade humana do encarceramento, as mulheres encarceradas redefinem a cartografia simbólica com diferentes escalas e projeção do poder subalterno nas formas possíveis de resiliências. Há um instituinte que desenha uma estrutura de micropoderes autônomos, reconhecida entre elas e pelo sistema, expressa na distribuição das encarceradas nos diferentes raios, configurada numa ordem produzida pela prisão e não pelo Estado.

[9] A mesma racionalidade que faz crer que só há um caminho que leva à salvação, que é a religião judaico-cristão, reduzida à única verdade e a um deus único, cuja ira autoriza ao derramamento de sangue. A aliança bélica é uma necessidade do projeto colonial-patriarcal.

Na cartografia prisional, há uma genealogia pluridimensional conflitiva, intimamente ligada à territorialização do poder, que se manifesta por disputas contínuas e relacionais entre o espaço formal (físico) e não formal (simbólico). E é essa reterritorialização que esboça uma antologia quiasmática transcendente de poderes da ordem estatal e não estatal, esculpindo os lugares e os não lugares, o visível e o invisível das teias de escalas de subalternidades. As figurações contrastivas entre os espaços destinados às reclusas (triagem, raios, celas, salas de aula, corredores etc.) e os espaços destinados aos pavilhões administrativos assumem essa cartografia simbólica de microestruturas de poder.

Os espaços destinados ao confinamento são distribuídos em raios (blocos) que abrigam um conjunto de 10 cubículos (celas) e cada um com 04 "jegas" (camas de cimento). Os raios recebem as numerações (01, 02, 03, 04), há também o "Raio do seguro", e o espaço destinado à triagem[10] das mulheres que chegam à penitenciária. É certo que as alianças e os níveis de interferência das igrejas evangélicas nos raios são dispostos segundo essa cartografia que regula as interações das encarceradas entre si e destas com o sistema prisional.

Nesse caso, chama-se atenção a iconografia[11] a seguir:

Imagem 2 – Raio 01.

Crédito: Dineia.

Imagem 3 – Raio 02.

Crédito: Ereneide.

[10] Os cubículos da triagem asseveram o rito de passagem de encarceramento, é a fronteira que demarca a nudez, a despossessão de si como mortificação da perda da vida civil. Se outrora, era o lugar de "adaptação" das reclusas pelo tipo de crime cometido, garantindo o apoio psicossocial, a tempos da pesquisa, era o lugar do despojo do lixo humano, sem iluminação, janelas ou banheiros com água, colchões sujos no chão, local da imundice compartilhada com ratos, baratas, lixos acumulados e maus cheiros.

[11] A Imagem 4 é alusiva às comemorações do dia 8 de março, Dias das Mulheres. Os homens que aparecem nas imagens são o Padre e dois voluntários da Pastoral Carcerária.

Imagem 4 – Raio 03.

Crédito: Janis.

Imagem 5 – Raio 04.

Crédito: autora.

Imagem 6 – Raio do seguro.

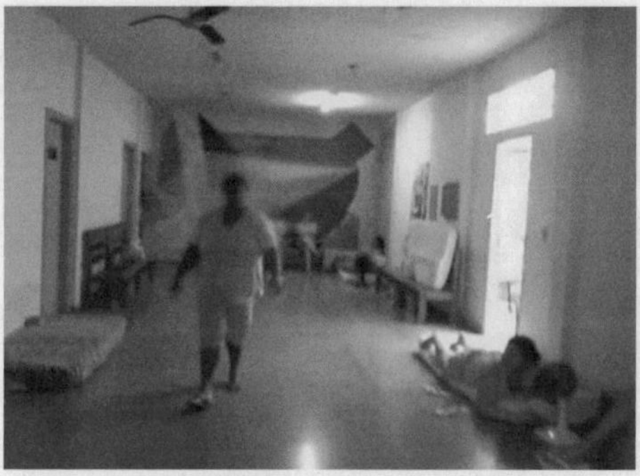

Crédito: Dineia.

O Raio 01, ou *Raio das provisórias*, é destinado às mulheres não sentenciadas que aguardam julgamentos, por isso é intensa a movimentação de entradas e saídas das reclusas. É visível a agitação, as disputas, as brigas ocasionadas pela síndrome de abstinência química do uso de entorpecentes (cocaína, crack, álcool, maconha). Muitas delas são presas em áreas urbanas de aglomeração de pessoas adictas, realidade que não se modifica na prisão – tem-se relatos de que os índices de circulação de drogas nesse espaço são significativamente elevados.[12]

A Igreja Evangélica participa ativamente dentro do Raio. A entrada dos membros eucarísticos é facilitada, na maioria das vezes, sem revista pessoal, sendo permitido inclusive instrumentos musicais de pastores(as) e

[12] Nesse caso, o Raio 01 esconde outro nível de violência institucional, que é o fato de não existir uma delegacia provisória para mulheres não sentenciadas, tal como ocorre nas prisões masculinas. As mulheres, quando envolvidas em delitos, vão direta para a penitenciária.

missionários(as) no Raio. Em contrapartida, a autora deste texto passava todos os dias pela revista prisional, sendo permito entrar apenas com um caderno e um lápis. Em dias de gravação das entrevistas com as colaboradoras, todos os equipamentos eram revistados, e as entrevistas com as encarceradas eram realizadas numa cela/sala de aula (trancada), com uma agente prisional a cuidar da saída da porta. Segundo depoimento, a "*'a pastora' deixou o celular aqui, mas isso custa em média 2.000 reais por aparelho*" (anônima). Durante o trabalho de campo não se observou, ou teve notícias, da entrada da "12"[13] no Raio para revista armada nos cubículos, à procura de drogas, celulares ou armas artesanais.

Chama-se atenção as imagens e os depoimentos a seguir:

Imagem 7 – "A igreja, a fé, a oração" (Raio 01).

Crédito: Dineia.

> *Essa foto é do pessoal da igreja que tava orando, tava falando de Deus, pra Deus tirar toda angústia. Tá vendo que ela tá com a mão lá? Ela dizia: "Deus tira angústia do seu coração, toda tristeza". Ela tava chorando. É comum ter esses cultos aqui! Esse pessoal veio uma vez só, mas geralmente toda sexta-feira tem e é à tarde. Às vezes, quando eles vêm, a gente tá solta [fora da cela], mas a maioria das vezes a gente tá na tranca [presa]. Então é ruim porque a gente fica lá dentro da grade e eles ficam lá fora, falando, cantando. Então, não é muito legal. Eles podiam soltar pra gente ter um momento de oração e depois podia prender... Mas... fazer o que, né? A gente fica na tranca até nos momentos de oração!* (Cyntia – Raio 01)

O Raio 02 é o das *condenadas*, destinado às mulheres sentenciadas, com superlotação, chegando a ter 12 pessoas por cubículo, quando deveria ser

[13] "12" gira da cadeia para designar os agentes armados nos raios.

quatro pessoas. É o lugar de maior resistência das encarceradas a entradas de representantes da Igreja Evangélica. Não se observou, por exemplo, cultos nesse Raio. A luta delas contra a dominação da religião evangélica assevera o uso arbitrário da violência sobre seus corpos, a presença da militarização em operações do "bacu",[14] seguida de humilhações, xingamentos, socos, gás de pimenta, era uma constância.

> *Na época do bagulho doido, na época de dona Poliana, faziam a gente ficar de frente e de costas, todo tempo de perna bem aberta e sem calcinha, todas nuas! Isso é constrangedor. Ainda mais quem tá menstruada, sabia? Eu disse: "Não, não vou tirar a roupa menstruada é constrangedor".* (Ereneide – Raio 02)

Apesar das violências sofridas, as mulheres encarceradas do Raio 02 constroem resiliências de diferentes formas, prenhas de solidariedade mútua, alegria, brincadeiras e atos de resistências e re(existências). Além disso, elas têm habilidades de manipulação das regras do sistema por terem uma larga vivência prisional. Elas também reconstroem experiências religiosas como um ato sagrado e individual fora da instituição religiosa, um modo que lhes permite sonhar em escapar da sua posição subalterna através de outras conexões com algo chamado divino. E é nessa relação que o corpo de emoções, afetos, sonhos e esperança emerge.

Chama-se atenção a imagens e depoimentos a seguir:

Imagem 8 – O além-muro.

Crédito: Ereneide.

[14] Gíria de cadeia para designar a entrada nos raios de agentes carcerários armados à procura de drogas, celulares e arma artesanal. É sempre um procedimento de muita violência.

Eu não sei se você vê, mas aqui eu vejo um anjo, um Cristo. Daqui, dessa direção, dá de ver que ela tá caindo na água, né. Ali é a esperança, né. Esperança, esse verde aí ó. Isso aí é uma maneira de Deus dizer assim: "Filha, tá chegando a hora de você ir embora". Lembra quando Noé ficou na arca? E o Espírito Santo era uma pombinha? E ela trazia a folhinha da árvore que simbolizava a volta na terra? Que eles sairiam de dentro da Arca? (Ereneide – Raio 02)

Não sou evangélica. Mas, eu confio muito em Deus! Oro muito! Converso com Deus! Se eu tô agoniada, é pra ele que peço auxílio! Ele é meu refúgio, é pra ele que eu peço ajuda pra suportar aquilo ali! (Dayane Gleyce – Raio 03)

Quanto ao Raio 03, é o das *trabalhadoras*, destinado àquelas mulheres que exercem atividade laboral intramuro (não remunerado) e extramuro (remunerado). As do intramuro são responsáveis pela limpeza das dependências administrativas: retiram os lixos dos raios (em sua maioria são mulheres negras), carregam os containers de comida e distribuem a refeição nos raios. As servideiras são aquelas que distribuem os alimentos para as demais mulheres de cada raio. Há, ainda, aquelas que organizam as compras do mercadinho,[15] as manicures e as cabeleireiras no salão de beleza, as salgadeiras,[16] que, por vezes, também cozinham o almoço para a equipe administrativa (diretora, sub-diretora, agente de segurança). Há quem recolha o lixo de todos os raios. Há também as que trabalham na confecção dos uniformes, que são distribuídos para todas as prisões e penitenciárias do estado (masculino e feminino). O turno diário de trabalho é das 7hs às 15hs. Em sua maioria, as mulheres trabalhadoras da oficina têm entre 30 e 70 anos de idade, não são remuneradas, as horas trabalhadas são convertidas em remissão de pena.

[15] O "mercadinho" é onde se vende produtos superfaturados, mantido pelo administrativo (direção, subdireção) com a anuência da Igreja Evangélica. O faturamento semanal por raio gira em torno de 5 a 8 mil reais. Não é permitido aos familiares levarem produtos como: baldes, produtos de higiene pessoal, limpeza, refrigerantes etc. Um balde d'agua que custa 14 reais, na prisão era vendido por 45 reais.

[16] As "salgadeiras" são responsáveis por produzirem os salgados vendidos todos os dias nos raios. A jornada de trabalho (de segunda a sexta-feira) é das 6hs às 16hs. Elas vendem os salgados e o dinheiro é entregue à agente da administração prisional. Além da remissão de pena, as trabalhadoras ficam com 10% dos lucros (semanal) divido entre as cinco salgadeiras, ou seja, em torno de 2% para cada uma, que será trocado por produtos do mercadinho.

Imagem 09 – Oficina de costura.

Crédito: Doralice.

As do extramuro (remuneradas) se destinam à limpeza das unidades da Secretaria de Estado de Justiça e Direitos Humanos do Estado. Na época, o secretário chefe de Estado afirmou: "*Não quero presas fazendo meu café ou chá*", apenas limpando as salas, corredores e banheiros. Raramente, mulheres negras atuam no extramuro. Essas vagas são destinadas às mulheres jovens e brancas. Acentuando a subalternização da classificação racial, o Raio 03 transformou-se num campo de disputa de privilégios internos na prisão, ao passo que acirrava a precarização da semiescravidão[17] (mão-de-obra) pelo Estado, a exploração de compras das encarceradas no *mercadinho* (dívidas permanentes) e o pagamento de dízimos às igrejas evangélicas.

No caso das igrejas evangélicas, elas mantêm níveis de autoridade partilhada com a gestão do sistema prisional. Tal como segue o pronunciamento:

> *Dona Cláudia, querem acabar com o cubículo evangélico no raio das trabalhadoras! Não sei se a senhora sabe, mas lá eles permitem usar saia, nos outros é só a bermuda. Lá tem o cubículo 02, que são das evangélicas. Agora tem aquelas que deixaram a igreja e saíram do cubículo e tão num outro cubículo lotado, dormindo no chão. Por isso, agora, querem acabar com o cubículo evangélico! Eu não quero saber, não mandei ninguém sair! Agora, porque tão dormindo no chão, querem acabar com o cubículo evangélico? Eu vou falar com a diretora pra não fazer acabar com esse cubículo. E outro, nós pagamos o dízimo sim, mesmo quando nós não estamos trabalhando, pagamos. Vamos supor, nós ganhamos 50 ou 100 reais, tiramos os 10% e entregamos à igreja. A irmã [excluí sua identificação] falou que é pra usar o celular só no fim de semana, e pra não ficar de fornicação. E a senhora sabia que*

[17] Sem registro de carteira de trabalho, ficavam, às vezes, até seis meses sem o pagamento pelo trabalho realizado (depoimento anônimo).

isso também é pago, as ligações? Porque às vezes a gente compra celular da irmã aqui, até por 1.000 [mil], 2.000 [dois mil] reais! (Anônima)

Quanto ao Raio 04, conhecido como das *perigosonas*, abrigam as mulheres associadas ao Primeiro Comando da Capital-PCC,[18] e isso esculpe hierarquizações de poder reconhecido entre elas e delas com o sistema prisional. Estipulam regras às demais,[19] usufruem de melhores condições carcerária – por exemplo, enquanto os outros raios estão com superlotação de até 14 pessoas por cubículo, quando deveria ser quatro no máximo, no Raio 04, há um cubículo por detenta. A capacidade de mobilização das mulheres do Raio 04 e a força de aglutinação nos demais raios mantêm vínculos formais (submundo) entre elas e delas com a religião. Os cultos evangélicos é uma presença forte neste raio.[20] Chama-se atenção ao depoimento:

> *Mas só que tem uma coisa, preso de PCC não dá problema. O que dá problema é noiado, as do PCC são muito educadas. E aqui, você sabe, as do comando não faz, mas mandam fazer. Agora eu te pergunto: você acha que não tem acordo na cadeia? Quem manda na cadeia é o preso. Você acha que não tem acordo desde a direção, superintendência, administração geral e as igrejas? Claro que tem! Vou falar pra você, entra celular, entra drogas, entra e muita, mas muita droga, e não é pouco não (visitas, membros da igreja). Agora eu te pergunto: o que nós, as agentes da contenção, podemos fazer? O que nós temos que ter cuidado é com a entrada de armas. Outro dia, fui fazer um procedimento no Raio 04, a presa tava dormindo. O celular caiu, aí eu falei: "Bom, agora tenho que pegar, eu vi". Nós não podemos mais fazer revista, tem entrado muita droga. Tem cinco meses que não fazemos mais revistas nos raios (só no Raio 2 que ainda entramos). Ordens superiores, então nós não podemos fazer coisa e tal. Então, vamos fazer o quê?* (Agente carcerária)

Por fim, há o Raio do *seguro*, que é um espaço adaptado que abriga aquelas mulheres que cometeram crimes hediondos inaceitáveis na ética das outras mulheres, a exemplo: estupros, infanticídios, assassinatos de idosos etc., ou aquelas ameaçadas de morte em outros raios e, às vezes, gestantes. É o raio que representa o último nível da escala subalterna, reduzidas à condição objeto num apartheid social disfuncional de segregação. A exemplo, em caso de

[18] Na organização, ocupam posição subalterna, operam na organização dos amantes, maridos.

[19] Em 2012, ocorreu um motim na penitenciária com 54 reféns, sendo 8 crianças, durou mais de 24 horas de negociação (Araújo, 2012).

[20] Durante o levantamento empírico, não se registrou entrada da polícia para revista do Raio.

motim ou rebelião, são usadas como escudo humano, as primeiras a serem mortas. A grande maioria faz aliança com as igrejas evangélicas, comandam os círculos de oração bíblica no Raio, coibi a entrada da pastoral carcerária da Igreja Católica e dos espíritas kardecistas – e isso lhes garante o trabalho no intramuro da prisão.

A aliança com as igrejas, mascarada na ideia de salvação é o que lhes permite suportar uma vida de subjetividades feridas por ciclos contínuos de violências e a ganharem o direito ao trabalho intramuro. Há relatos de que algumas obreiras (mulheres encarceradas), por não terem renda ou visitas de familiares, durante o turno de trabalho se prostituem nas dependências do banheiro da lavandeira com "os amarelinhos".

Imagem 10 – A fé (Raio do seguro).

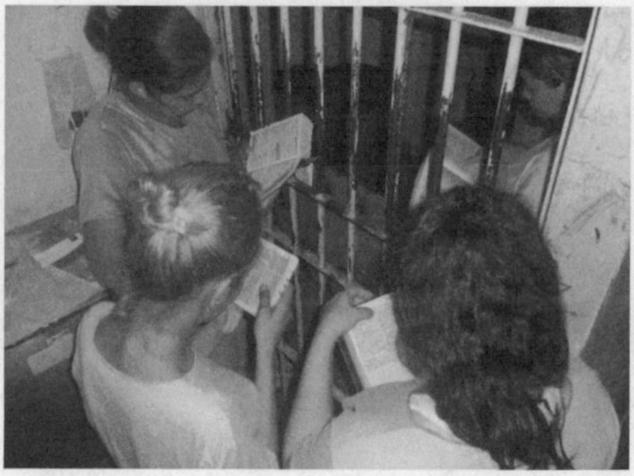

Crédito: Taynara.

Imagem 11 – A Bíblia (Raio do seguro).

Crédito: Taynara.

> *Eu fiz essas fotos mostrando a palavra de Deus! A outra, você vê elas lendo a palavra e a menina chorando! Mesmo atrás das grades, Deus diz que isso não impende da gente receber nossa bênção. Então você busca fervorosamente! Todos os dias tem essa campanha! Deus que ordenou! A palavra veio através da irmã Carla, da Assembleia de Deus, mandando nos abri essa campanha, para que toda semana alguém iria embora! Deus tá operando. Deus tá cumprindo a promessa. E a oração, a oração nesse lugar, é muito importante. Porque Deus é acima de tudo, de juiz, de advogado, porque a Bíblia fala que ELE é nosso juiz, independente do que você fez, é ELE quem perdoa!*

No interior da prisão, o patriarcado-religião evangélica age como instrumento adaptativo, cumpre um papel de dar segurança para quem vive cercada de insegurança. Em virtude das condições de vulnerabilidades de um sistema em que a vida lhes acontece, essas mulheres, em suas diferentes geografias, lutam por escaparem das teias de subalternização pela via das negociações e alianças com o campo do poder religioso, ainda que isso as torna objeto da própria exploração. Na esfera do religioso, "a violência como uma força simbólica tão ampla que nenhum contra-ataque é mais possível de ser exercido" (Girard, 1998: 9). E, presas às teias das escalas subalternas não apenas como hierarquias piramidal, mas como vértices espirais de angústias, alianças, conivências, submissão, códigos de silêncio, operam nas interações subjetivas ora de modo similar ora distinto, para quem precisa viver e reexistir as interposições da sub-humanização perdida num labirinto de dores, sofrimento e abandono.

Toldy (2010) denuncia que, na condição de instrumento político, os textos bíblicos,[21] ao serem postos a serviço da proliferação de práticas, discursos e linguagens em desfavor das mulheres, produzem uma vastidão de destruição e processos de ressocialização que pouco contribuem para a emancipação feminina. As mulheres têm sido os bodes expiatórios na tradição androcêntrica cristã, transformadas na inferioridade hierarquizada em relação ao homem. A violência das religiões monoteístas, através dos livros sagrados e pelas suas interpretações e (re)interpretações por parte das instâncias emissoras dos discursos oficiais, sempre masculinos, planificam a existência de um cânone de opressões e dominações.

O depoimento que se segue ajuda a auscultar a real dimensão das vulnerabilidades das mulheres encarceradas nesse contexto:

> *Depois dessa revolução da operação legalidade, da rebelião que teve dentro da cadeia, a primeira visita foi da pastoral da Igreja Católica. Todo mundo teve medo. Quando eu vi lá na ventarolas a Ana, da pastoral carcerária, naquele desespero, me bateu um desespero tão grande! E olha que já enfrentei coisas na minha vida! Enfrentei muitas barras pesadas, que nem a morte do meu marido, morte do meu filho, filho doente. A Ana falou assim: "O que tá acontecendo com esse refeitório sujo cheio de água, esse tanto de polícia tudo encapuzados"? Eu falei: "Ana, cê não sabe?! Ana, aqui acabou a cadeia, tá todo mundo nessa situação!". A polícia tava toda em volta, mas eu denunciei assim mesmo, na frente da polícia! Eu falei naquela hora mesmo. "A gente tá aqui pra acompanhar", disse a Ana.*
>
> *Você acredita que essa era a primeira visita de Ana e do padre? Eles só conseguiram uma autorização pra vim aqui dentro depois de 20 dias, porque nem o juiz daqui tava autorizando a entrada dela. Ela conseguiu em Brasília essa autorização. Esse juiz veio aqui dentro, ele virou pra mim e falou assim: "Eu não posso fazer nada,*

[21] Veja na 1 Carta aos Coríntios (13:3) que diz: "A cabeça de todo o homem é Cristo, a cabeça da mulher é o homem, e a cabeça de Cristo é Deus". A gênese do texto sagrado traduz a certificação de que o homem é a semelhança de Deus, e a mulher (= Eva) é o bode expiatório das desgraças, da fome e da miséria na terra, é o signo seminal da inferioridade e do pecado original que recairá sobre suas herdeiras.

senhora Doralice, porque isso aqui agora é o sistema". E eu: "Quer dizer que um policial chutar uma mulher grávida e fazer ela abortar, deixar as mulheres nua na quadra mijando e cagando na frente dos policiais, fazer a gente abrir as pernas pra cima de costas na parede, mostrando nossas vaginas é do sistema? Chutar a gente, jogar spray *de pimenta na nossa cara?". Esse juiz era o Geraldo Fidelis, que veio aqui fazer a visita, depois da operação da mudança. Ele ainda falou assim: "Só que agora dona Doralice, o sistema é esse que vai correr dentro da cadeia". E eu falei: "Tudo bem, doutor Geraldo".*

Esse sistema começou na segunda-feira, no terceiro dia, na quarta-feira, eu fui torturada por dois policiais aqui dentro. [Mas eu não quero falar sobre isso na gravação!] Mas uma única coisa eu disse pra ele: "Senhor, você precisa muito de oração na sua alma, sua vida, eu vou continuar orando tá, vou orar muito por você e pros policiais, porque vocês precisam muito". Eu falei pra Ana e pro padre: "Padre, nos tá sendo torturada até duas horas da manhã! Disseram que era pra fazer revista! Mas, eles tiraram tudo de nós! Nós não têm creme dental, nem uma escova, nem um sabonete pra banhar, nós não têm nada! Um shampoo pra lavar o cabelo, nada. Eu mesmo fiz compra de 180, na sexta-feira, no mercadinho. Na segunda feira, eu perdi tudo, levaram tudo embora. Minha roupa, fiquei com o uniforme, um lençol e uma toalha. Só fiquei com minha colcha porque tirei o babado dela e fiz um lençol".

No dia que o secretário de justiça veio com o dos direitos humanos [conselho estadual], eles não fizeram nada. Os direitos humanos da pastoral [o padre] jogou na reportagem da TV, na mídia, ele vai lá e faz. Eles têm que entender que nós, presos, temos o direito de buscar os nossos direitos também. E depois que o padre jogou na mídia, a defensoria pública veio e falou com uma por uma de nós. (Doralice)

A narrativa de Doralice é muito forte, verdadeira e corajosa, revela a tensão absurda de uma guerra sem fim contra as mulheres. O encarceramento como um espaço privado do feminino pode ser comparado à fronteira subterrânea da estrutura de mandatos de poder masculino que faculta a violência de gênero, aplicada por um campo plenamente público que são os agentes policiais, o juiz e o chefe de Estado de Justiça e Direitos Humanos. A tortura, os estupros, os espancamentos, a despossessão da nudez modelam a razão estatal que autoriza os homens a invadiram os corpos dessas mulheres como um território colonial vazio, em que todo tipo de apropriação e violência é considerada legítima.

A força bélica (agentes militarizados), ao ser usada sobre os corpos-sujeitos femininos, mostra sua ambivalência. Ao sofrerem as violações à dignidade humana sem ninguém intervir ou salvá-las, reforça a autoridade masculina do Estado, a concepção do "outro", a presença de ferimentos, dores, humilhações, mortes (física e simbólica), as fazem "bodes expiatórios" do exemplo para aquelas que tentarem insurgir ou se rebelarem contra o patriarcado prisional.

A usurpação das prerrogativas estatais atribuídas aos chefes de Estado, secretários adjuntos, bem como à direção e subdireção do sistema penitenciário, configura um meio de práticas corruptas que comprometem o pacto da laicidade do Estado e infringem os princípios fundamentais dos direitos civis, políticos e sociais. Talvez por isso há uma resistência à atuação da pastoral católica. Essa resistência decorre, em parte, do fato de a pastoral atuar como elo entre as pessoas encarceradas e as denúncias de violações aos direitos humanos, não usufruindo dos mesmos privilégios atribuídos às igrejas evangélicas:

> *A Católica, ela virou uma ponte pras presas denunciarem. E esse padre leva direto pro juiz... Entendeu? Ele denuncia muito. As servidoras pegaram birra! Ele é muito complicado, ele tenta comandar, coordenar a cadeia mesmo, no sentido dele! Na última rebelião, ele entrou e fez muitas denúncias. Servidores foram responsabilizados na nossa gestão, todas foram respondidas.* (Agente carcerária)

É certo que os privilégios advindos da fé evangélica e da alienação política de muitas(os) gerenciam no interior da penitenciária um pacote de violações aos direitos humanos das mulheres, sustentada na ideia de vazio, reduzindo os territórios coloniais ao vazio pagão (não cristão) como zonas do não-ser, os lugares de residência de alguém sem valores espirituais, sem alma, sem racionalidade ou humanidade

Algumas (in)conclusões

O que se tentou demonstrar ao longo deste texto é que os corpos das mulheres, longe de serem um território colonial vazio ou um conjunto de repertório vazio comportamentais ou político, são receptáculos prenhes de sentidos ontológicos, políticos e epistêmicos incorporados em suas subjetividades, que mantêm estreitas relações com os lugares situados no mundo, sendo por esse mundo a presença em toda a sua densidade emocional, afetiva, histórica e social.

O encarceramento massivo da população feminina empobrecida carrega fortíssimas implicações para a história pessoal de mulheres que o vivenciam. Em sua singularidade ontológica, é certo que esse tipo de experiência marca a ferro quente o corpo como condição da existência, retratada em vivências incorporadas em toda a subjetividade que o habita. Fora de qualquer visão essencializada, determinista, que desincorpora o sujeito cognoscente reduzindo-o ao cogito cartesiano dual de corpo *vs.* consciência, não custa reafirmar que não há subjetividade não corpórea, assim como não há subjetividade fora da experiência incorporada. O que nos faz perceber que as religiões monoteístas, no interior da penitenciária, operam como instrumento de dominação a serviço da manutenção das linhas abissais, ao tempo em que reiteram diferentes escala de subalternização, operando ora como formas autônomas de processos de poder ora em aliança política com o patriarcado-colonial-religioso.

Os ditos até aqui faz perceber que, quando o potencial emancipatório da cidadania, do trabalho, da educação, das relações afetivas é extremamente mutilado pelas múltiplas violências (direta, estrutural, cultural)[22], de fato, o alinhamento do poder religioso nas prisões se torna instrumento de governamentalidade que opera em seu conjunto, como um pensamento abissal, no interior dos sistemas de justiça, na repressão e no poder policial (segurança pública). Esses sistemas são utilizados numa sociedade de desigualdades injustas como artefato sacrificial da vida política, dos direitos culturais, sociais e econômicos das populações femininas, vulnerabilidades advindas das linhas do não-ser.

A divisão espaço público e privado, baseado em binarismo sexual, que subjaz a noção do contrato social moderno ocidental, tem profundas implicações no assombroso crescimento da privatização das mulheres empobrecidas e racializadas pela via do encarceramento massivo. Interrogar os abismos a que foram postos os corpos-sujeitos encarcerados feito negação é para os estudos feministas a possibilidade de ampliar os debates de justiça sexual como justiça social e cognitiva, para quem esteve por muito tempo sofrendo os efeitos das injustiças e desigualdades produzidas pelas exclusões radicais geradas e gerenciadas pelas lógicas patriarcal e colonial e pelas desigualdades econômicas.

Referências

APPADURAI, Arjun (2009), *O medo ao pequeno número: ensaio sobre a geografia da raiva.* São Paulo: Iluminuras.

Bhabha, Homi (1998), *O local da cultural.* Belo Horizonte: Editora UFMG.

Cusicanqui, Silvia Rivera (2018), *Um mundo ch'ixi es posible: ensayos desde um presente em crisis.* 1. ed. Ciudad Autónoma de Buenos Aires: Tinta Limón.

Carvalho, Cláudia Cristina F. (2017), *Os espelhos das exclusões radicais: o mundo prisional feminino brasileiro visto do outro lado da linha abissal.* Tese de Doutoramento. Cuiabá: Universidade Federal de Mato Grosso, Brasil.

Fanon, Frantz (2015), *Condenados da Terra.* 3. ed. Coimbra: Livraria Letra Livre.

Fernandes, Jason Keith (2019), "Em defesa das escalas de subalternidade: a razão pela qual Goa é importante para a teoria", in Boaventura de Sousa Santos e Bruno Sena

[22] Adota-se no texto a compreensão de violência, nos termos de Johan Galtung (1998), em três vértices: direta, cultural, estrutural.

Martins (orgs.), *O pluralismo dos Direitos Humanos: a diversidade das lutas pela dignidade.* 1. ed. Belo Horizonte: Autêntica Editora.

Galtung, Johan (1998), *Tras La violencia, 3R: reconstrucción, reconciliación, resolución afrontando los efectos visibles e invisibles de la guerra y la violencia.* España: Gernika Gogoratuz.

Girard, René (1998), *A violência e o sagrado.* 2. ed. São Paulo: Paz e Terra.

Girard, René (2014), *O bode expiatório.* São Paulo: Paulus.

Lugones, María (2008), "Colonialidad y género", *Tabula Rasa,* Bogotá, n. 9, p. 73-101.

Martins, Catarina (2019), "Desalinhas abismos no reverso do moderno: perspectiva feministas pós-coloniais para um 'pensamento alternativo de alternativas'", in Boaventura de Sousa Santos e Bruno Sena Martins (orgs.). *O pluralismo dos Direitos Humanos: a diversidade das lutas pela dignidade.* 1. ed. Belo Horizonte: Autêntica Editora.

Merleau-Ponty, Maurice (2012), *O visível e o invisível.* São Paulo: Perspectiva.

Pateman, Carole (1993), *O contrato sexual.* Rio de Janeiro: Paz e Terra.

Quijano, Aníbal (2009), "Colonialidade do poder e classificação social", in Boaventura de Sousa Santos e Maria Paula Meneses, *Epistemologia do Sul.* Coimbra: Almedina.

Spivak, Gayatri Chakravorty (2010), *Pode subalterno falar?* Belo Horizonte: UFMG.

Santos, Boaventura de Sousa (2018), *The End of the Cognitive Empire. The Coming of Age of Epistemologies of the South.* Durham and London: Duke University Press.

Santos, Boaventura de Sousa (2013), *A gramática do tempo: para uma nova cultura política.* 3. ed. São Paulo: Cortez.

Santos, Boaventura de Sousa (2007), "Para além do pensamento abissal: às linhas globais a uma ecologia de saberes", *Novos Estudos*, n. 79, p. 71-94, nov. 2007.

Tamayo, Juan José (2006), "Fundamentalismos y Diálogo entre Religiones", *Revista Crítica de Ciências Sociais*, 75, out./2006: 171-177.

Toldy, Teresa Martinho (2010), "A violência e o poder da(s) palavra(s): A religião cristã e as mulheres", *Revista Crítica de Ciências Sociais*, n. 89, p. 171-183, 2010.

Memmi, Albert (2007), *Retrato do colonizado precedido do retrato do colonizador.* Rio de Janeiro: Civilização Brasileira.

Araújo, Pollyana (2012), "Detentas fazem reféns durante motim em presídio feminino de MT", *G1*, 21 out. 2012. Consultado em junho de 2020, disponível em https://g1.globo.com/mato-grosso/noticia/2012/10/detentas-fazem-seis-refens-durante-motim-em-presidio-feminino-de-mt.html.

PARTE IV

Museus para resgatar outros passados e construir outros futuros

CAPÍTULO 17

A representação de saberes na exposição Plantas e Povos (MUNHAC): leituras coloniais ou ecologia de saberes?

Martha Marandino e *Maria Paula Meneses*

Introdução: de onde partimos

Os objetos guardados nos museus são arquivos de uma longa história de conhecimentos e inovações. Mas a ciência moderna, que organiza o conhecimento presente nos museus, recorre ainda a esta forma de saber para justificar o controlo social e científico sobre povos colonizados e o desprezo pelos sistemas de conhecimento que estes possuem. Para muitos povos objeto da violência colonial, a reapropriação de uma parte importante do património cultural (material) saqueado pelas administrações coloniais e atualmente guardado em instituições europeias, como os museus, faz parte do processo de reparação histórica. A possibilidade de (des)velar outros saberes condensados nestes elementos culturais mantém-se uma parte vital dos processos de descolonização, na medida em que, por um lado, abre espaço para imaginar e reinventar visões de futuro e, por outro, estimula diálogos reflexivos entre culturas e saberes.

Para entender a racionalidade que levou à constituição das coleções que compõem hoje vários museus portugueses, muitas delas oriundas das então colónias, duas pesquisadoras (uma brasileira e outra moçambicana) decidiram estudar parte da exposição Plantas e Povos, patente entre 2017 e 2023 no Museu de História Natural e da Ciência (MUNHAC), da Universidade de Lisboa, Portugal. A exposição integrou objetos etnobotânicos e etnográficos, fotografias e filmes produzidos por estudiosos coloniais, atualmente à guarda do MUNHAC. Paralelamente, as pesquisadoras procuraram explorar como estes objetos e os conhecimentos que transportam têm sido mantidos (ou não) e apresentados a um público mais vasto.

A partir de meados do século XIX, as políticas coloniais modernas em Angola e Moçambique foram postas em prática para apropriar e transformar os territórios. Fosse para sustentar a economia das plantações, que se apoiava na utilização extensiva de mão-de-obra, ou a construção das novas infraestruturas urbanas, era necessária a presença de africanos saudáveis e em grande número; para os europeus que chegavam às colónias era também fundamental ter remédios para as "febres intermitentes", um dos principais obstáculos à colonização (AHU, 1906).

As categorias políticas e científicas modernas desenvolveram-se para apoiar as políticas coloniais e a imposição do conhecimento científico. Com o tempo, estas categorias passaram a ser apresentadas como legítimas, credíveis e até universais. Associada a esta atividade, nos espaços coloniais, assistiu-se à recolha de informação sobre plantas que poderiam ser de utilidade no tratamento de doenças que afetavam muitos europeus. No entanto, o conhecimento que havia levado à identificação destas plantas como detendo valor terapêutico passou, na maioria dos casos, a ser reconhecido como de valor limitado e local, considerado inferior à ciência moderna e os seus produtores rejeitados como legítimos praticantes de outras medicinas (Meneses, 2007). Ao longo deste processo, múltiplos objetos, parte destes outros conhecimentos médicos, passaram a integrar coleções de museus europeus (Jacobs, 2024). Neste contexto, os museus tornaram-se uma parte instrumental das políticas coloniais, o ponto de contacto entre os cientistas e o público europeu, expondo as suas interpretações sobre os "outros colonizados". Os museus, a partir dos artefatos culturais em exposição, desenvolvem narrativas interpretativas. Estas exposições contêm muitas vezes mensagens subtilmente coloniais; as percepções do público podem ser moldadas pelas narrativas dominantes numa exposição, enquanto as vozes das culturas e dos povos marginalizados expostos permanecem silenciadas e a violência que está no cerne da constituição das coleções é ignorada. Como salienta Françoise Vergès, os museus têm realizado uma "formidável inversão retórica, dissimulando os aspectos conflituosos e criminosos da sua história", "apresentando-se como um guardião do património da humanidade, um espaço a ser cuidado, protegido e preservado de qualquer objeção" (Vergès, 2023: 8). Em contextos africanos, particularmente a partir do século XIX, a remoção maciça de artefatos culturais dos territórios colonizados resultou de expedições punitivas, pilhagens militares ou tributos de guerra, bem como de comércio e trocas desiguais para fins de coleção ou para satisfazer as exigências da pesquisa científica europeia moderna. Os museus, sobretudo os de história natural, são caracterizados por conceber uma narrativa única e supostamente universal sobre o mundo, expressão de poder e controlo (Mackenzie, 2009: 1-2), ignorando as diferenças de valores culturais ou visões do mundo. Nesta perspetiva e considerando a história dos museus, as suas coleções e, especialmente, as suas exposições tornaram-se uma forma de explicação visual da relação íntima entre o colonialismo e a ciência moderna.

Em suma, muitos dos museus simbolizam o pensamento abissal. Este conceito, cunhado por Boaventura de Sousa Santos (2014), refere-se a uma particularidade específica do pensamento moderno norte-cêntrico que divide o mundo entre o que pode ser pensado, compreendido e/ou imaginado e tudo o resto. Ao representar uma forma de estar no mundo enraizada na categorização e representação do Outro colonial pelo Norte global, os saberes do Outro e os seus artefatos culturais são representados como representando culturas locais e/ou inferiores, legitimando assim a ciência como a única fonte válida de conhecimento válido (Santos, 2014). A caraterística fundamental do pensamento abissal é que não permite a copresença do que é imaginável e do que não é, pois o que o pensamento moderno norte-cêntrico não pode imaginar é ativamente produzido como inexistente, irrelevante e falso. Assim, o pensamento abissal apaga ativamente da realidade e da existência tudo o que não é seu cânone, gerando silêncios abissais e destruição de saberes (Santos, 2014). Por isso, questionar a história de vida dos artefatos que compõem as coleções dos museus pode assim fomentar uma atitude crítica face a outros saberes, espelho da abertura a outros povos e culturas.

As epistemologias do Sul centram-se em saberes silenciados ou saberes que são ativamente produzidos pela ciência moderna como inexistentes. São assim considerados porque não são criados de acordo com as metodologias aceitáveis, ou mesmo inteligíveis, da ciência moderna, ou porque são criados por sujeitos "ausentes", sujeitos que são pensados pela ciência moderna como incapazes de produzir conhecimento válido devido à sua impreparação ou mesmo devido à sua condição não totalmente humana (Santos, 2014). Assim, recorrendo às epistemologias do Sul como abordagem metodológica, o objetivo é reconhecer que o colonialismo moderno conduziu à despossessão, ao apagamento e a desequilíbrios de poder contínuos na forma como a pesquisa é realizada e utilizada. Neste sentido, as epistemologias do Sul procuram produzir um diagnóstico radical das relações coloniais, para transformar a paisagem gerada por este diagnóstico num vasto campo de experiência social viva, rica e inovadora (Santos; Meneses, 2019: xix-xx).

Uma leitura atenta da parte da exposição do MUNHAC que explora a "Cura, Malária, Frederic Welwitsch e o Curandeiro" revela episódios de violência encapsulados em muitos dos artefatos culturais expostos. Mais adiante, exemplificamos a nossa abordagem recorrendo às ecologias de saberes, construções cognitivas coletivas orientadas pelos princípios da horizontalidade (diferentes saberes reconhecem as diferenças entre si de forma não hierárquica) e da reciprocidade (saberes diferentemente incompletos fortalecem-se desenvolvendo relações de complementaridade entre si) (Santos, 2018: 78). Este quadro teórico-metodológico ajuda a identificar episódios de epistemicídio, linguicídio e genocídio, ao mesmo tempo que, em paralelo, apoia as resistências e lutas contra a persistência da abordagem colonial – a monocultura do conhecimento –, contribuindo para discutir o potencial papel dos museus de ciência na promoção da justiça social e cognitiva. Para além disso, é cada vez mais reconhecido que a inclusão de uma diversidade de visões do mundo nas exposições dos museus é necessária como ferramenta pedagógica para uma transição justa para um mundo mais sustentável.

Opções metodológicas

A exposição Plantas e Povos, que esteve aberta ao público entre 2017-2023, é descrita como sendo formada por objetos etnobotânicos e etnográficos, fotografias e filmes depositados no MUNHAC. O cerne da nossa análise faz parte do núcleo "Cuidados", englobando os seguintes temas: "Cura, Malária, Frederic Welwitsch e o Curandeiro". A escolha deste núcleo para estudo deveu-se ao facto de a exposição apresentar explicitamente as relações hierárquicas coloniais estabelecidas entre os saberes tradicionais e científicos relacionados com a malária, considerada uma das doenças mais difundidas nos "trópicos" no século XIX (Packard, 2007). A exposição integrava elementos expográficos como objetos em vitrinas, legendas, textos em painéis e vídeos sobre os temas da exposição. Estes elementos foram organizados de forma a dar visibilidade, por um lado, ao trabalho do naturalista austríaco Friedrich Welwitsch, que efetuou pesquisas sobre botânica em Angola. Welwitsch buscava identificar as plantas usadas localmente para curar a malária, procurando substituir o quinino, o alcaloide extraído da cinchona. Por outro lado, recorrendo também a elementos expográficos, a exposição abordava a experiência de Artur Murimo Mafumo, um conhecido *nyànga* (curandeiro) de Moçambique, preso pelas autoridades coloniais portuguesas por praticar medicina tradicional nas imediações da capital da colónia (Roque, 2001: 33). A medicina tradicional tornou-se o nome coletivo utilizado pelas autoridades coloniais para designar outras formas de conhecimento médico presentes nas colónias e utilizadas sobretudo pelas populações africanas. A medicina tradicional só era tolerada pela administração colonial em zonas remotas, onde a biomedicina, a forma dominante de medicina, era inexistente (Meneses, 2010).

Os instrumentos, atavios e remédios de Artur Mafumo foram apreendidos pela administração portuguesa aquando da sua detenção, em 1955. Uma equipa da Missão Antropológica em Moçambique, chefiada por Joaquim dos

Santos Júnior, antropólogo português, entrevistou-o quando ainda detido, em 1956, procurando compreender as funções dos seus instrumentos e os remédios que utilizava. As notas sobre o *nyànga*, traduzidas com a ajuda de um intérprete local, revelam o conhecimento de Mafumo sobre as várias operações farmacêuticas necessárias para escolher e preparar os remédios a utilizar consoante a finalidade ou a doença diagnosticada (Roque, 2001), um exemplo do carácter extrativo da ciência moderna. Estes aspectos levaram-nos a optar pelo conjunto expográfico acima referido, constituindo um conjunto privilegiado para analisar a presença e as relações entre diferentes tipos de saberes relacionados com as doenças em contextos coloniais. Especificamente, a questão central que orientou este estudo é: qual a narrativa predominante presente na exposição MUNHAC? Adicionalmente, pretendemos avaliar se e como os visitantes percepcionaram aspectos de silenciamento e/ou desvalorização de outras formas de perceber, relacionar, organizar, usar e valorizar a variedade de conhecimentos existentes. Com estes objetivos em mente, definimos as seguintes questões adicionais de pesquisa: como é que a ciência moderna e os conhecimentos tradicionais sobre saúde e medicina estavam apresentados na parte da exposição "Cura, Malária, Frederic Welwitsch e o Curandeiro"? Quais as possibilidades, os desafios e as controvérsias associadas à representação de outros saberes, para além da ciência, em exposições museológicas? Como descolonizar a narrativa colonial que está na base de muitas destas coleções?

Estas questões foram estudadas examinando a presença de duas formas de conhecimento – a medicina tradicional e a medicina científica – na exposição, construindo a nossa análise a partir do quadro metodológico oferecido pelas epistemologias do Sul (Santos, 2018; Santos; Meneses, 2019). Ao identificar "ausências" geradas pela ciência moderna, as epistemologias do Sul, atuando tanto sobre as possibilidades (potencialidade) quanto sobre as capacidades (potência) dos saberes, visam reconhecer saberes que foram apropriados, obscurecidos, silenciados ou mesmo apagados pelo conhecimento científico dominante (Santos, 2014). Na parte da exposição selecionada procurámos compreender tanto as intenções dos curadores como a perceção do público relativamente à reivindicação da ciência moderna como único conhecimento válido e a chance possibilidade (ou negação) de considerar a possibilidade de diálogos entre várias formas de conhecimento.

As informações analisadas no capítulo foram obtidas entre dezembro de 2022 e janeiro de 2023, utilizando diferentes métodos qualitativos: (1) registro da exposição por meio de fotos e vídeos; (2) notas de campo incluindo reflexões sobre a observação da exposição (incluindo a duração da visita, o percurso dos participantes pelas exposições e as ações que realizaram); (3)

quatro entrevistas em profundidade com profissionais do museu; (4) coleta de documentos relacionados à exposição; (5) entrevistas semiestruturadas com visitantes adultos, registando as suas percepções sobre a exposição e, em especial, sobre a componente de "Cuidado" da exposição. Optamos por uma perspectiva de estudo de caso, uma análise que envolve etapas inter-relacionadas como recolha e análise de dados e a elaboração do capítulo. Esta abordagem enfatizou o conhecimento experiencial, promovendo uma boa aproximação do contexto específico em análise (Creswell, 2013). Relativamente às entrevistas com os/as visitantes, estas foram realizadas na fase final da sua visita. Se os/as visitantes concordassem, era explicado o objetivo do estudo, seguido de uma entrevista semiestruturada.[1] A seleção dos/as participantes baseou-se em critérios previamente estabelecidos: i) ter aceitado ser entrevistado/a; ii) ter visitado durante mais de dois minutos o tema "Cuidados". Para tal, abordava-se o/a visitante a meio ou na parte final da sua visita; e iii) ser fluente em português, espanhol ou inglês. Foram também tiradas fotografias das peças expostas e dos/as visitantes. Este conjunto de dados permitiu-nos analisar tanto a narrativa da exposição como as percepções dos visitantes relativamente aos diferentes saberes presentes, o seu valor, a relação entre eles no espaço expositivo e as experiências cognitivas dos visitantes. É de sublinhar que as estratégias de coleta e análise de dados já haviam sido aplicadas anteriormente em outros estudos (Marandino; Pedretti; Navas Iannini, 2023; Colombo Junior; Marandino; Scaldi, 2023).

Neste estudo, a recolha de dados junto dos/das visitantes passava pela escolha de um tema específico, pois os objetos da exposição abordavam histórias sensíveis e/ou que funcionavam como âncoras de narrativas sobre processos de colonização. Para abordar este grupo de elementos foi adotada a designação de "casos peludos", uma expressão utilizada pela diretora do MUNHAC para se referir a alguns objetos controversos presentes nas coleções formadas durante a colonização portuguesa e que estão neste museu.[2] Buscamos formular "perguntas problematizadoras", tais como: a) as impressões sobre a exposição

[1] Os/as visitantes que aceitaram fazer parte do estudo participaram de uma entrevista semiestruturada, tendo assinado o Termo de Consentimento Livre e Esclarecido (TCLE). A entrevista foi gravada com recurso a um equipamento portátil de gravação áudio.

[2] A transição de várias coleções para o MUNHAC resultou da incorporação, em 2015, na Universidade de Lisboa de parte do espólio do extinto Instituto de Investigação Científica Tropical (IICT). O IICT reunia colecções e conhecimentos das antigas colónias portuguesas; a sua principal missão era prestar apoio científico e técnico à cooperação, nomeadamente com a Comunidade dos Países de Língua Portuguesa, incluindo a promoção do acesso ao seu património histórico e científico conservado em Portugal. Até à data, Portugal não contactou os países africanos de onde provêm as coleções sobre a possibilidade de as restituir à origem.

em geral e especificamente relacionadas ao conjunto de elementos ligados a Welwitsch e ao Curandeiro Mafumo; b) como os museus devem/podem lidar com seus acervos, considerando suas trajetórias como instituições legitimadoras de processos de colonização; c) a reflexão sobre o papel educativo dos museus contemporâneos frente aos desafios acima mencionados.

Os participantes

Este estudo integrou dois grupos de participantes. O primeiro grupo foi constituído por quatro profissionais do museu, todos portugueses: diretora e vice-diretora (ambas mulheres), e dois elementos do Núcleo de Educação e Exposições, nomeadamente a chefe do Núcleo (mulher) e o responsável pelo planeamento e avaliação das exposições do museu (homem). As entrevistas semiestruturadas abordaram aspetos da história da coleção e do museu, o legado sensível e controverso das coleções incorporadas no MUNHAC desde 2015, o planeamento, a conceção e a avaliação das exposições, bem como dos projetos e ações educativas. Identificámo-los através da posição profissional, do género e do número do arquivo gravado (i.e. Diretora mulher – 72/73 anos).

O segundo grupo de participantes era constituído por 26 visitantes adultos. De acordo com a sua própria identificação, 15 eram mulheres e 11 homens, com idades compreendidas entre os 18 e os 60 anos. A informação sobre a nacionalidade está disponível na Tabela 1. Registámos a nacionalidade, o sexo, acrescentando um número de arquivo registado (i.e. Mulher belga – 59 anos):

Quadro 1: Nacionalidade dos participantes.

Nacionalidade	Números
Portugal	7
Brasil	4
Alemanha	3
Polónia	3
França	2
Reino Unido	2
EUA	1
Bélgica	1
Suíça	1
Suécia	1
Itália	1

Análise dos dados

Para responder às questões da nossa pesquisa, começámos por analisar os dados em função dos tópicos selecionados. Ao analisarmos a exposição, os materiais disponíveis e as entrevistas, conseguimos produzir uma descrição detalhada do contexto (Geertz, 1973). Este primeiro passo utilizou a análise de conteúdo convencional (Hsieh; Shannon, 2005) dos elementos da exposição, incluindo imagens, vídeos, notas de campo, documentos e entrevistas transcritas com o pessoal do museu. A abordagem indutiva utilizada permitiu identificar tópicos iniciais que poderiam ser posteriormente agrupados em temas salientes, conforme discutido abaixo. Por exemplo, os objetos da exposição de Welwitsch foram descritos como artefatos com "valor universal para a ciência" (objetos de vidro, medições etc.), ao passo que os objetos da exposição de Mafumo foram descritos como artefatos "naturais", como búzios, com valor local limitado, uma clara continuação do projeto colonial, reafirmando relações sociais, económicas e ontológicas desiguais.

A segunda etapa do estudo foi realizada através da análise direta de conteúdo, a partir de uma abordagem dedutiva. Para o efeito, articulámos os temas acima indicados com alguns dos eixos teóricos das epistemologias do Sul. Estes eixos foram utilizados como suporte para analisar criticamente o discurso da exposição e as percepções dos/as visitantes. Como aponta Creswell (2013), o método espiral de análise de dados qualitativos ajuda a descrever, classificar e interpretar os dados de forma cíclica. Utilizámos este tipo de abordagem, escolhendo eixos analíticos a partir de categorias que emergiram do estudo do discurso expositivo e das percepções dos/as visitantes. Esses eixos foram utilizados nas entrevistas e abordaram várias formas de epistemicídio, ecocídio e racismo científico, a latência de conceitos coloniais e os limites e possibilidades de uma ecologia de saberes, tanto no discurso expositivo como nas percepções dos/as visitantes.

Resultados

Através da exposição Plantas e Povos (PP), os/as visitantes foram convidados a conhecer a utilização das plantas ao longo da história. No final, foram também convidados a efetuar uma breve reflexão sobre a conservação da biodiversidade vegetal. De acordo com o catálogo interativo desta exposição, a sua conceção centrou-se na ideia de que:

> [...] as plantas estão presentes em praticamente todas as atividades humanas e foram decisivas em muitos momentos cruciais da história da

> humanidade. Foram fundamentais para a expansão e colonização europeias, desde o comércio de especiarias e plantações de açúcar até ao comércio da casca de cinchona (quinina) e outras drogas medicinais. Atualmente, continuam a desempenhar um papel central na agricultura, na indústria e no comércio, bem como em questões globais como as alterações climáticas, a perda de biodiversidade e a destruição das florestas. (PP, 2017: 5)

No catálogo, bem como nos vários painéis, o discurso da exposição procurou abordar os vários saberes sobre o uso das plantas em diferentes países, bem como por diversos grupos e culturas. As propriedades e o uso das plantas foram considerados parte das "culturas eruditas e populares", no passado e na atualidade. Os agentes deste processo foram apresentados como sendo "tanto homens de ciência e médicos como tecelões, carpinteiros, construtores navais, curandeiros e outros com conhecimentos botânicos transmitidos de geração em geração" (PP, 2017: 5). A exposição enfatizou a importância das plantas como principal fonte para a produção de medicamentos, especialmente até o início do século XX, abordando também o impacto da introdução de medicamentos preparados industrialmente e obtidos por síntese química. A relevância das plantas e da sua história como parte da exposição do museu também foi percebida pelos visitantes:

> Achei a exposição extremamente interessante. No Brasil, quando a gente vai para o interior, tem muita cultura tradicional, popular. Eles usam muitas outras coisas e acabamos trazendo algumas delas, adaptando-as também. Isso é muito legal. (Homem brasileiro – 58 anos)

Os visitantes entrevistados também referiram que gostariam de saber mais sobre os objetos apresentados na exposição:

> É bom ver que os objetos vêm de muitos países diferentes e é uma boa representação para nós, porque não podemos ir a esses países para descobrir a sua cultura. Isso também está presente no painel de informações associado aos objetos. (Mulher belga – 59 anos)

No tema "Cura, Malária, Frederic Welwitsch e o Curandeiro", eram apresentados muitos exemplos sobre plantas e a sua importância para a saúde humana. Por exemplo, as propriedades antissépticas e antibióticas do eucalipto, originário da Austrália, e a utilização do aloe vera, originário da Península Arábica, do Norte de África e da Macaronésia, no tratamento de queimaduras, feridas e irritações da pele.

No conjunto especial dedicado à malária, esta foi abordada como uma doença endémica na Europa até meados do século XX, bem como "durante muitos séculos a principal razão para a exclusão dos colonos europeus de África" (PP, 2017: 29). Neste ponto, o texto do painel explicava que a casca da cinchona, do Peru, foi a primeira planta utilizada como um medicamento eficaz contra a malária. Entre os séculos XVII e XIX, a sua procura aumentou devido à expansão do moderno colonialismo de povoamento para a Ásia e África. Só mais tarde é que o quinino, um extrato alcaloide da casca da cinchona, se tornou um medicamento importante para o tratamento da malária.

Próximo do tema da malária, a exposição apresenta o trabalho de Friedrich Welwitsch, um naturalista que estudou muitas cascas de árvores africanas que poderiam ser substitutos eficazes da cinchona. Por exemplo, nas notas de Welwitsch de 1859, parte do painel, era referido que "os curandeiros negros administravam raízes ferventes deste arbusto em casos de febres intermitentes". Ao lado, numa vitrina apresentavam-se amostras de plantas recolhidas por Welwitsch, conservadas secas ou em pequenos frascos com líquido.

O painel seguinte era dedicado ao próprio Friedrich Welwitsch. O texto acrescentava informações sobre o papel preponderante da sua pesquisa como naturalista. Welwitsch, apaixonado pelo estudo taxonômico das plantas tropicais, sofreu ele próprio de várias doenças tropicais durante a sua estadia em Angola. Assim, "não é surpreendente que ele tenha dado voz a muitos dos usos locais das plantas que estudou" (PP, 2017: 33). Welwitsch registou cerca de uma centena de referências sobre o uso medicinal de plantas na sua *Synopse explicativa* (Lisboa, 1862) e estas referências foram agrupadas de acordo com quatro categorias principais de doenças: "1) distúrbios gastrointestinais, diarreia e disenteria; 2) feridas, úlceras e picadas de cobra; 3) malária e 4) tónicos, estomacais e estimulantes" (PP, 2017: 33).

O seguinte painel expositivo era dedicado ao "Curandeiro", um painel que reforçava assim a distinção abissal colonial entre ciência e outros saberes. Como descrito no catálogo da exposição (PP, 2017), os curandeiros desempenham um papel fundamental nas sociedades tradicionais africanas, colaborando na manutenção do equilíbrio e coesão das comunidades locais. São responsáveis pela prática de diagnósticos baseados em conceitos mágicos e religiosos.

> Dotados de poderes extraordinários, reforçados pela proteção dos espíritos ancestrais, os curandeiros podem também restabelecer a ordem social. [...] Parte da sabedoria do curandeiro baseia-se na transmissão direta de conhecimentos entre anciãos e aprendizes e está em constante evolução. Esta prática, no domínio do Sagrado, utiliza instrumentos derivados dos recursos naturais, nomeadamente da fauna e flora locais. (PP, 2017: 35)

De acordo com o painel, os curandeiros representam "um mundo distinto e separado em termos culturais, conceptuais e sociais", subjacente ao facto de "terem sido sempre uma fonte privilegiada de informação para a ciência ocidental", uma descrição que expõe a natureza extrativista da ciência moderna, face aos "outros" saberes locais (PP, 2017: 36). É de salientar que o percurso expositivo insiste na ideia de Portugal (e da Europa) como iniciadores da moderna globalização, apagando por completo outras genealogias de contatos que configuram histórias de interligações entre saberes no mundo. A expansão europeia, iniciada pelos portugueses no século XV, abriu caminho à interação entre a medicina europeia e os saberes dos povos de África, da Ásia e da América. Nos séculos XIX e XX, o desenvolvimento de uma ordem jurídica e económica baseada numa economia de mercado levou ao afastamento destas comunidades dos resultados industriais, obtidos a partir dos conhecimentos inicialmente transmitidos por elas próprias aos europeus (PP, 2017: 23).

A história do curandeiro Artur Murimo Mafumo, *nyànga* da Matola, em Moçambique, é destacada nesta parte da exposição. Inclui um texto, vídeo e fotografias, e também os instrumentos utilizados por ele nos rituais de cura, apreendidos pela administração colonial e que nunca lhe foram devolvidos. Como explicado na exposição, os materiais recolhidos e apresentados:

> estão relacionados com formas complexas de vocabulário e significados que só os curandeiros, com experiência e conhecimentos excecionais, conseguem "ler" e descodificar. Assim [...] procuram reverter, através da cura, situações de desordem como a doença, a morte, o azar, a miséria, a infertilidade ou a impotência. (PP, 2017: 37)

A Missão Antropológica de Moçambique produziu vários documentos, relatórios, fotografias e reuniu várias coleções de objetos naturais e artefactos culturais. Estes elementos representam um acervo sensível e controverso, como assinala a Diretora do museu:

> [...] são dois milhões de objetos, entre fotografias, arquivos, herbários, espécies zoológicas, material etnográfico e arqueológico, tudo o que se possa imaginar, cartográfico, tudo o que foi usado para fins de exploração científica, digamos, técnica e científica de solos, coleções de solos, toda a sua exploração, não é? (Diretora do MUNHAC – 72-73 anos)

É muito importante considerar a origem e a natureza de parte das coleções que atualmente pertencem ao MUNHAC. Tal como acontece com os instrumentos de Mafumo, a maioria dos elementos culturais e naturais presentes na exposição provêm das missões científicas realizadas nas colónias de Moçambique, Angola, Cabo Verde, São Tomé e Príncipe (Roque, 2014. A origem da maioria destas coleções é bastante obscura, exprimindo, como no caso de Artur Mafumo, um caso de supressão violenta de um saber, ao mesmo tempo que se procurava extrair o seu valor para a ciência moderna. O carácter sensível destas coleções, agora integradas no museu, é claramente reconhecido pelo pessoal do MUNHAC. Nas palavras da Diretora do museu: "Foi uma opressão do mais indigno que se possa imaginar" (Diretora do MUNHAC - 72/73 anos).

No entanto, embora o pessoal do MUNHAC parecesse estar consciente da origem controversa, sensível e violenta de muitos objetos da exposição Plantas e Povos, pelo menos os que se estavam expostos no tópico estudado, a produção das exposições envolve escolhas, seleções e orientações que podem realçar uma variedade de aspectos relacionados com as coleções. De facto, na exposição Plantas e Povos, os aspectos controversos não estavam explicitamente mencionados nas etiquetas e nos textos dos painéis. Havia informação sobre Joaquim dos Santos Júnior, como o chefe da Missão, e que tinha conhecido Mafumo quando este estava detido. E a informação no painel sublinhou mesmo que Santos Júnior estava autorizado a recolher "não só os seus instrumentos e misturas de ervas, mas também as suas receitas" (PP, 2017: 37). Compreensivelmente, a autorização veio das autoridades coloniais portuguesas locais, mas não foi feita qualquer avaliação crítica.

Como salienta Ana Roque (2001: 34), como o curandeiro foi detido sem direitos, a Missão obteve todos os seus objetos, apreendidos pelas autoridades portuguesas: "pós, pequenos frascos, colares, molhos de folhas, pauzinhos, cestos, panos". As suas notas de prescrição, traduzidas para português com a ajuda de um intérprete local, também foram apropriadas. Esta parte da exposição expõe as desigualdades sistémicas que persistem nos museus contemporâneos (epistémicas, de raça, de acesso e de oportunidade), mas esta não é uma inevitabilidade histórica e pode ser alterada.

A relação entre os diferentes saberes apresentados na exposição é muito complexa e difícil de analisar. Mesmo assim, foi objeto de discussão nas entrevistas. As opiniões dos participantes foram diversas, ora afirmando uma diferença e uma relação hierárquica entre eles, ora destacando a importância de dar informações mais detalhadas aos visitantes:

> A maioria das pessoas que vive na cidade, e até mesmo as que vivem em áreas rurais, não conhecem a realidade dessas pessoas [hesitação]. Eu não queria dizer mais primitivo... É interessante conhecer por meio dessas exposições como eles trabalham, o que vestem, o que usam, como aplicam, o que fazem para se manterem vivos, afinal. (Homem português – 48 anos)

> Esta é a história de um verdadeiro curandeiro na prisão porque usou a sua medicina. Acho que é bom ter as duas histórias, saber de onde vem o medicamento e como evoluiu para ser o que conhecemos hoje [...]. As pessoas podem adaptar-se, mas é bom ter a origem do medicamento e saber isso. (Mulher belga – 59 anos)

A opinião veiculada pelo português entrevistado reforçou a ideia de uma dimensão exótica e desconhecida dos objetos do curandeiro, bem como da informação produzida pelos curandeiros e do papel do museu para permitir o acesso do público à mesma. Na sua opinião, o saber do curandeiro era de menor valor, ocupando um lugar inferior na hierarquia do conhecimento. Esta opinião expressa claramente um ponto identificado por Françoise Vergès (2023: 12): "as desigualdades estruturais de raça, classe e género que existem no museu são um reflexo das desigualdades estruturais globais criadas pela escravatura, colonização, capitalismo racial e imperialismo". De facto, Vergès reclama a restituição dos objetos, uma forma de reparação relacionada com uma expropriação profunda e violenta que está ligada ao extrativismo como núcleo do sistema colonial-capitalista.

Ao longo das entrevistas surgiram outras perspectivas, com os entrevistados a tentarem combinar os dois saberes (científico e tradicional do curandeiro) ou a tratarem ambos como importantes.

> Era uma viagem de exploração portuguesa, e eles apreenderam seus objetos. Então, aqui estão os objetos que ele [curandeiro] usava. [...] Na sua essência, a exposição é sobre os materiais que ele usava para tratar a malária e outras doenças desse tipo. Em outras palavras, a exposição tinha o objetivo de colocar a ciência e outras formas de conhecimento em diálogo. (Mulher brasileira – 61 anos)

> Esses conhecimentos são complementares, certo? Eu acho que eles andam juntos e se misturam. (Mulher brasileira – 58 anos)

Os visitantes têm opiniões diferentes sobre a origem dos objetos, as razões que os levaram a ser integrados no museu hoje em dia, bem como o objetivo de os expor ao público.

> Sim, a colonização não foi ética. Quero dizer, foi trágica. Acho que por estar já tão longe de nós, pensamos que agora está tudo bem... Mas se pensarmos na sua origem, então pensamos no mal que os portugueses ou os espanhóis fizeram às populações da América do Sul. (Mulher sueca – 53 anos)

> É bom ver de onde vêm [os objetos], mas se pensarmos bem, percebemos que muitas vezes o processo de obtenção destes objetos está ligado à violência e à desflorestação, por exemplo. [...] Poderia ser bom ter a história de fundo sobre como os objetos vieram a fazer parte da exposição, como foram obtidos. Mas, para mim, esta é uma boa representação. É também algo que já não faremos, espero que sim. Por isso, acho que é bom guardá-las também como uma memória do que aconteceu. Eu vi a exposição como uma memória. (Mulher belga – 59 anos)

Durante as entrevistas, os/as participantes foram estimulados a expressar as suas opiniões sobre temas como a quem pertencem os artefatos, os objetos naturais e os saberes associados à exposição. O objetivo era estimular a discussão e a reflexão sobre o repatriamento ou a restituição de objetos ilicitamente apropriados durante a colonização. Estas questões foram propostas tendo em conta o facto de os artefatos presentes na exposição terem pertencido a um curandeiro, Artur Murimo Mafumo. Além disso, os/as participantes comentaram o facto de algumas das coleções do MUNHAC terem sido obtidas a partir de expedições realizadas durante o período colonial, e que estavam então expostas no museu. Alguns dos/as participantes expressaram o seu desconforto ou tomaram consciência de que os temas eram sensíveis durante o decorrer da entrevista.

> Não sei como responder [...] é uma pergunta muito complicada, porque tipo... é educativa. Mas os objetos foram tirados num período que era muito diferente da ética atual. (Homem italiano – 53 anos)

> Acho que o que está a perguntar está no topo da controvérsia sobre essas coisas. (Homem estadunidense – 51 anos)

Esta parte sobre a exposição do MUNHAC revela como a noção de propriedade privada no direito ocidental justifica e legitima o roubo e a pilhagem de objetos de museu. Como refere Vergès (2023: 13), quando um objeto se torna propriedade de uma nação ao fazer parte de um museu público (neste caso, Portugal), para ser devolvido aos anteriores proprietários é necessário ser tomada uma medida judicial específica, uma vez que o objeto passa a ser visto como parte do património nacional. Através do colonialismo, ao tentar apagar a contribuição de outros saberes e outras histórias para o nosso sentido comum de humanidade, a ciência moderna tenta fornecer uma perspectiva única e legal sobre a origem e a função dos objetos de museu.

Nessa perspectiva, os participantes tendem a considerar as coleções de Angola e Moçambique como propriedade do MUNHAC – Universidade de Lisboa e, logicamente, de Portugal e da população portuguesa. Para eles, racionalmente, torna-se muito difícil considerar outras possibilidades ou lugares onde o objeto poderia estar, tendo os participantes expressado posições diferentes.

> Já vi muitos casos, especialmente de obras de arte, em que algumas delas foram, digamos, não roubadas, mas transferidas das colónias para museus europeus. [...] Para mim, o país de origem deve ter a capacidade de ter um museu e de o mostrar ao público. [hesitação] Não tenho a certeza disso. Por isso, entre nada e fazer uma exposição noutro lugar, prefiro fazê-la noutro lugar. Ter estes objetos aqui significa que, pelo menos, há uma oportunidade para que sejam mostrados ao público. Se forem devolvidos ou algo do género ao país de origem, provavelmente nunca serão mostrados ou estudados como deveriam. Penso que se os objetos forem naturais, como nesta exposição, não precisamos de os enviar de volta para as [antigas] colónias. (Homem francês – 60 anos)

Muitos dos participantes referiram que nunca consideraram seriamente a possibilidade de devolver estes objetos, apesar de saberem que o repatriamento de objetos de museus europeus é um processo em curso. De facto, alguns deles começaram a refletir sobre esta questão enquanto a entrevista decorria e expressaram várias opiniões sobre este assunto controverso.

> Atualmente, muitos objetos são mantidos na Inglaterra. Estivemos em vários locais de origem dos artefactos e não há nada lá. Acho que essas pessoas deveriam reivindicar a devolução de seus objetos; afinal de contas, alguém tirou sua herança. Hoje em dia, se for possível preservá-los, eles devem estar em museus locais. (Mulher brasileira – 58 anos)

> Acho que é fantástico para o público em geral ver estes objetos e acho que esses objetos devem ser devolvidos de onde foram retirados, mas somente se houver condições para mantê-los e exibi-los. Não sei em que condições esses objetos foram removidos. Alguns objetos que, digamos, são mais preciosos, aqui ou em qualquer outro lugar, devem voltar à origem. (Homem português – 48 anos)

Alguns dos entrevistados até propuseram diferentes práticas de restituição, dependendo da natureza do objeto, considerando se são da natureza ou artefatos produzidos por um grupo cultural: "Somente quando estamos falando de objetos únicos é que devemos falar sobre sua devolução". (Mulher brasileira – 58 anos)

> Há também muitas coleções mantidas em mãos privadas em todo o mundo, e acho que elas também deveriam ser devolvidas. Mas também acho que

> elas deveriam ser exibidas. Com relação aos objetos africanos em exposição, as pessoas provavelmente nem saberão da existência deles. Existem objetos e objetos, certo? Por exemplo, há máscaras de rei, esse tipo de coisa que pode pertencer a um país. No entanto, objetos mais mundanos da vida cotidiana, por exemplo, uma enxada que eles usam tradicionalmente, eu não teria problemas com sua exibição. Essa parte aqui sobre o curandeiro, por exemplo, é muito interessante ver isso e saber que muito da nossa cultura no Brasil veio da África, certo? A gente pode se identificar um pouco mais com essas peças, não é? (Homem brasileiro – 61 anos)

Considerando os elementos apresentados e alguns dos aspectos apontados, na próxima seção serão discutidos, problematizando-os por meio do arcabouço teórico das epistemologias do Sul.

O epistemicídio no discurso e nas percepções dos visitantes

Neste capítulo procurámos analisar as desigualdades estruturais forjadas pelo colonialismo em que se baseia o museu ocidental. Em várias línguas e contextos, as palavras e conceções correspondentes às noções hegemónicas ocidentais de saúde, doença e enfermidade não encontram uma tradução direta (Meneses, 2007). Aquilo a que chamamos saúde pode ser expresso como "boa vida", mas não será pensado como um domínio com uma relação privilegiada com a biologia e sujeito a uma intervenção humana especializada que possa ser separada de outros aspectos da vida. Na África Austral, nas colónias portuguesas de Angola e Moçambique, a procura de melhores tratamentos para a malária esteve associada à consolidação da administração portuguesa. E conduziu à pesquisa sobre a origem e propagação da doença malárica (Dias, 1981; Schwalbach; Maza, 1985; Sequeira, 2017), tarefa levada a cabo por naturalistas integrando expedições de pesquisa, aspeto definidor do projeto colonial moderno (Packard, 2007).

Em meados do século XIX, a dependência de conhecimentos e conselhos de especialistas modernos no tratamento da malária levou a um aumento significativo do poder da ciência médica, juntamente com um crescimento da importância de especialistas de renome, como naturalistas e médicos, especialmente da Europa, capazes de influenciar os decisores políticos na definição das estratégias a utilizar para controlar a malária. Entre elas, a apropriação de conhecimentos locais sobre plantas para sintetizar novos medicamentos. Isto incluía saber como os curandeiros tradicionais lidavam com as doenças tropicais, conhecimento que era entendido como informação para a ciência moderna (Colónia de Moçambique, 1934). Gradualmente, as diferentes tradições e práticas médicas presentes em Moçambique, assentes em posições epistemológicas e em visões do mundo distintas, foram sendo postas de lado pela biomedicina, um exemplo sólido de epistemicídio, hoje presente na exposição do MUNHAC.

A exposição analisada neste capítulo, em vez de reconhecer um contexto de diversidade de saberes médicos, impôs uma dicotomia hierarquizada de valores, em que a biomedicina ocupa o lugar de referência dos cuidados médicos, subordinando, cooptando e limitando as atividades de outros praticantes de cuidados de saúde, um exemplo claro de uma separação abissal entre formas de assistência médica (Meneses, 2010). A análise dos dados recolhidos indica, tal como no caso de Welwitsch, que alguns naturalistas e médicos coloniais simpatizavam com algumas práticas farmacêuticas africanas. Diálogos extrativistas mais estreitos com curandeiros africanos foram postos em prática para procurar "novos caminhos" para combater doenças como a malária, caminhos esses que tornariam possível a presença de colonos europeus. Os curandeiros, como no caso do *nyànga* Mafumo, conheciam bem os sinais e sintomas da malária, tal como definidos pela biomedicina. No entanto, o pensamento abissal colonial insiste em impor à ciência moderna um monopólio universal do que é verdadeiro ou falso, e divide-se intrinsecamente em dilemas de dois universos: o lado metropolitano da linha e o lado colonial da linha. Em consequência, só as normas e os conhecimentos do lado metropolitano tinham valor global; os outros espaços, por serem diferentes, eram definidos como "indígenas", de valor local ou mesmo como símbolo de atraso.

A coexistência periférica de curandeiros era permitida no Moçambique colonial, quando e onde não constituíssem uma ameaça à terapêutica moderna. Como a exposição mostrou, ao definir o saber de Mafumo como local, com uma forte referência ao seu conteúdo simbólico, investiu-se esta *nyànga* de uma aura exótica, relevante para a pesquisa antropológica colonial. A atividade e os saberes dos curandeiros tornaram-se, na perspectiva da biomedicina, saberes locais utilizados para tratar as populações africanas. Os seus conhecimentos entrariam no domínio científico apenas como dados em bruto, a serem testados e verificados de acordo com as experiências e validações a partir de critérios da ciência moderna.

Ao identificar o conhecimento de um curandeiro como "local", desvia-se o foco da ação dos seus criadores, reforçando continuamente as barreiras entre o Eu e o Outro, sustentando assim o conhecimento científico moderno como colonização. Como foi sublinhado por alguns dos entrevistados, as duas formas de conhecimento médico são importantes; no entanto, a presença do conhecimento "moderno", reconhecido na expedição de Friedrich Welwitsch, privilegia o laboratório como o elemento crucial para o desenvolver de uma explicação científica da doença, sustentada por uma "comunidade epistémica" que permite aprender e partilhar o conhecimento científico moderno sobre a causalidade da doença. Como a exposição revelou, a apropriação política, económica e científica do continente africano pela máquina colonial moderna, de que Moçambique e Angola são um exemplo, baseou-se na degradação da diversidade ontológica e epistemológica dos habitantes do continente. Os temas estudados na exposição mantinham ainda múltiplas referências coloniais, um exemplo do imaginário colonial europeu, que construiu o africano como um sujeito indígena eternamente situado num plano temporal anterior ao alcance do conhecimento moderno e científico.

A descolonização como ecologia de saberes

Será possível descolonizar a exposição do MUNHAC? O MUNHAC, tal como a generalidade dos museus de história natural, é uma instituição assente na ideia de superioridade do conhecimento científico ocidental, uma estrutura de poder que insiste em reproduzir um rasto de desqualificação, supressão, invisibilização ou apropriação de outros saberes e práticas, e por vezes até a eliminação física dos detentores dessas experiências e saberes. Reconhecer as expropriações e as devastações epistémicas tem de estar no centro do projeto de descolonização, um projeto revolucionário como defendido por Frantz Fanon (1963: 36), para quem: "a descolonização, que se propõe mudar a ordem do mundo, é um programa de completa desordem". Trata-se de mudar a ordem mundial estabelecida pelo colonizador.

Pensar a descolonização passa por pensar numa nova instituição que se desprenda completamente das estruturas do colonialismo e do capitalismo em direção a uma utopia emancipatória que desperte os sentidos, onde possamos ser emocionados por criações, gestos e rituais coletivos ou individuais que ofereçam diferentes formas de apreender o mundo. Este projeto está no centro das epistemologias do Sul (Santos, 2018), uma proposta política e epistemológica que visa facilitar e promover a possibilidade de ecologias de conhecimento(s) como modos alternativos de pensar e agir contra a monocultura dominante do conhecimento científico. Este Sul não é (ou não é apenas) um espaço ou lugar geográfico. O Sul é uma metáfora para todas as experiências, formas de conhecimento e agência que emergem de corpos, comunidades, lugares e realidades silenciados, ignorados, excluídos ou suprimidos do núcleo epistémico do Norte.

Este capítulo alerta para uma parte muito pequena dos extensos sistemas de conhecimento médico, ilustrando que mesmo as exposições que pretendem produzir uma perspectiva mais progressista, como a que foi analisada, se não se envolverem com outros conhecimentos numa base mais dialógica, correm o risco de repetir casos de epistemicídio. De facto, a exposição demonstrou não uma falta de conhecimento em si, mas antes, para muitos cientistas com formação ocidental, uma falta de sensibilidade relativamente a experiências de opressão sistémica.

A partir das epistemologias do Sul somos desafiados, como sublinhado por alguns dos entrevistados, a reconhecer que as teorias, os conceitos e os enquadramentos no âmbito da exposição do MUNHAC são moldados por, e foram constitutivos da modernidade colonial, o que nos obriga a avaliar criticamente as nossas próprias suposições, como um processo de autodescolonização. Por exemplo, é importante reconhecer o papel central dos curandeiros tradicionais no avanço do conhecimento médico mundial. Outra forma importante de reconhecer a natureza interligada do nosso conhecimento é assegurar que se procede a uma escuta profunda dos colegas, estudantes e representantes das comunidades. A escuta profunda implica ouvir com respeito e responsabilidade, de forma a criar comunidade e reciprocidade. Exige tempo para construir confiança e incorpora múltiplas formas de conhecimento, a fim de garantir que qualquer pesquisa que seja feita seja fundamentada em curiosidade científica, compreensão dos contextos e necessidades locais e consciência dos sistemas extrativos em curso que podem moldar as decisões (Trisos; Auerbach; Katti, 2021: 1208). Além disso, os detentores de conhecimentos, como o curandeiro Mafumo, só podem falar na sua própria língua para descrever com precisão os conceitos e classificações médicas. Ignorar as línguas não imperiais contribui para aprofundar a clivagem abissal entre o conhecimento científico e os outros saberes, aumentando o extrativismo e os episódios de epistemicídio. Em suma, é fundamental (re)conectar e (re)aprender de outros, agentes e saberes, indo além dos sistemas de violência colonial e continuada que continuam a moldar a experiência de muitos museus contemporâneos. Como as entrevistas realizadas ilustram, o/a visitante tem as suas conceções, suas crenças e seus valores que podem (ou não) ser problematizados durante uma visita. Não é tarefa simples desafiar estas ideias durante o curto espaço de experiência de visita. Por isso, é fundamental promover programas educativos que incentivem o diálogo e contribuam para o processo de descolonização desses espaços.

O estudo da exposição MUNHAC apresenta desafios e oportunidades colocados pelas epistemologias do Sul. Primeiro, tornar visível a persistência de relações de poder coloniais que continuam a moldar conceitos e projetos de pesquisa. Em segundo lugar, reconstituir as práticas de pesquisa para descobrir outras genealogias de produção de conhecimento, no centro de outras comunidades epistémicas, aprofundando a possibilidade de diálogos através de zonas de contacto entre saberes. Ao ouvir e aprender com um envolvimento ativo nas lutas contra as exclusões abissais e não abissais, tal como expresso por vários entrevistados, torna-se evidente que a luta pela justiça cognitiva e social e pela dignidade humana e o respeito pela vida em todas as suas formas, qualquer que seja o idioma dessas lutas, está a tornar-se uma força importante.

O conhecimento incorporado e leigo, as narrativas orais e as expressões artísticas, o ativismo terapêutico e os movimentos e intervenções coletivas dos cidadãos, entre outras fontes de experiência, informação, experimentação e agência, podem desafiar a ciência ocidental, um conhecimento entre outros, a aprender com a diversidade do mundo num diálogo não-extrativo, criando uma paisagem ontológica e epistemológica comum mas diversa, menos fragmentada mas cada vez mais plural, condição essencial para criar conhecimento crítico e emancipatório no Sul global.

Referências

Arquivo Histórico Ultramarino (1906), "Relatório do serviço médico às praças da companhia europeia de infantaria", *Boletim Sanitário da Província de Moçambique*. Moçambique: Serviço de Saúde.

Colombo Júnior, Pedro D.; Marandino, Martha; Scalfi, Graziele (2023), "Biodiversity and Science, Technology, Society and Environment (STSE): Visitor Perceptions at a Science and Natural History Museum", *International Journal of Research in Education and Science,* 9: 753-773.

Colónia de Moçambique (1934), *Serviços de Saúde e Higiene*. Lourenço Marques: Imprensa Nacional.

Creswell, John W. (2013), *Qualitative Inquiry and Research Design: choosing among five approaches*. Washington DC: Sage.

Dias, Jill R. (1981), "Famine and Disease in the History of Angola c. 1830-1930", *Journal of African History*, 22(3): 349-378.

Fanon, Frantz (1963), *The Wretched of the Earth*. Grove Press.

Geertz, Clifford (1973), *The interpretation of cultures: selected essays*. New York: Basic Books.

Hsieh, Hsiu-Fang; Shannon, Sarah E. (2005), "Three approaches to qualitative content analysis", *Qualitative health research*, 15(9): 1277-1288.

Jacobs, Justin M. (2024), *Plunder? How museums got their treasures*. New York: Reaktion Books.

Mackenzie, John M. (2009), *Museums and Empire: natural history, human cultures and colonial identities.* Manchester: Manchester University Press.

Marandino, Martha; Pedretti, Erminia; Navas Iannini, Ana Maria (2023), "Representing biodiversity in science museums: perspectives from an STSE lens", *International Journal of Science Education Part B-Communication and Public Engagement*, 13(4) 22: 362-380.

Meneses, Maria Paula (2007), "'When there are no problems, we are healthy, no bad luck, nothing': towards an emancipatory understanding of health and medicine", in Boaventura de Sousa Santos (org.), *Another Knowledge is Possible*. London: Verso, 352-381.

Meneses, Maria Paula (2010), "Traditional doctors, leaders of the Association of Traditional Doctors of Mozambique", in Boaventura de Sousa Santos (org.), *Voices of the World*. London: Verso, 257-300.

Packard, Randall M. (2007), *The Making of a Tropical Disease: a short story of malaria*. Washington DC: Johns Hopkins University Press.

Plantas e Povos (2017), *Catálogo Interactivo*. Lisboa: Museu de História Natural e Ciências da Universidade de Lisboa. O folheto explicativo está disponível em https://museus.ulisboa.pt/sites/default/files/documents/content_docs/2023-01/folheto-plantas-e--povos-site.pdf.

Roque, Ana C. (2001), "Conversas com Artur Mafumo, Ñanga da Matola", *Anais de História de Além-Mar*, 1: 33-52.

Roque, Ana C. (2014), "Doença e cura em Moçambique nos relatórios dos serviços de saúde dos finais do século XIX", *História, Ciências, Saúde – Manguinhos*, 21(2): 515-537.

Santos, Boaventura de Sousa (2014), *Epistemologies of the South: justice against epistemicide*. London: Routledge.

Santos, Boaventura de Sousa (2018), *The End of the Cognitive Empire: the coming of age of epistemologies of the South*. Durham, NC: Duke University Press.

Santos, Boaventura de Sousa; Meneses, Maria Paula (2019), "Introduction – Epistemologies of the South-giving voice to the diversity of the South", in Boaventura de Sousa Santos e Maria Paula Meneses (orgs.), *Knowledges Born in the Struggle: constructing the epistemologies of the Global South*. London: Routledge, xviii- xliii.

Schwalbach, João; Maza, Maria (1985), *A malária em Moçambique (1937-1973)*. Maputo: Instituto Nacional de Saúde, Ministério da Saúde.

Sequeira, Ana Rita (2017), *A Malária em Moçambique: políticas, provedores de cuidados, saberes e práticas de gestão da doença*. Lisboa: Centro de Estudos Internacionais do Instituto Universitário de Lisboa.

Trisos, Christopher H.; Auerbach, Jess; Katti, Madhusudan (2021), "Decoloniality and anti-oppressive practices for a more ethical ecology", *Nature, Ecology and Evolution*, 5, 1205-1212.

Vergès, Françoise (2023), *Decolonizar o museu. Programa de desordem absoluta*. São Paulo: UBU.

Welwitsch, Friedrich (1862), *Synopse explicativa das amostras de madeiras e drogas medicinaes e de outros objectos mormente ethnographicos colligidos na província de Angola enviados à Exposição Internacional de Londres, em 1862*. Lisboa: Imprensa Nacional.

CAPÍTULO 18

Museu da Maré: museologia a partir da favela

Cláudia Rose Ribeiro da Silva

Este Museu é excepcional! É um dos poucos museus no mundo onde não há objetos roubados.

Boaventura de Sousa Santos em sua primeira visita ao Museu da Maré, novembro de 2015.

Assim como quase tudo que diz respeito ao ser humano, o museu é uma invenção que, como conceito e prática, vem passando por permanentes transformações desde sua criação. Uma das primeiras experiências museológicas surge do ímpeto colecionador de grupos sociais dominantes. Para exibir status e poder econômico, as elites europeias criaram os "gabinetes de curiosidades" ou "quartos das maravilhas", acumulando e expondo coleções advindas das pilhagens de patrimônios dos outros e de produções artísticas financiadas pelos mecenas. Não por um acaso, essa prática e visão de museu atingem seu ápice entre os séculos XVI e XIX, com os processos de colonialismo e neocolonialismo empreendidos pelas potências industriais da Europa. Com a Revolução Francesa, as coleções particulares foram confiscadas pelo Estado e passaram a ser inventariadas, sistematizadas e abertas à visitação. Esse processo teve o objetivo de criar um patrimônio que legitimasse a ideia de nação com a função pedagógica de cultivar no povo o sentimento cívico. Dessa forma, a Revolução forneceu as bases para a invenção do museu como instituição difusora da memória coletiva e da história nacional, a partir da perspectiva burguesa.

As transformações ocorridas no mundo do Pós-Guerra foram radicalizadas com o evento das revoluções socialistas em vários países, e pela ocorrência de inúmeros movimentos libertários, como a luta pelos direitos civis dos negros nos EUA; o movimento Hippie; Maio de 1968 na França; o processo de descolonização da África e da Ásia; a luta antimanicomial; a resistência às ditaduras latino-americanas, e tantos outros. Inevitavelmente, o museu passou por um novo processo de reinvenção, incorporando saberes e patrimônios até então negligenciados dos países do Sul. Na década de 1990, esse processo criou o *conceito-prática* da Museologia Social, que influenciou o campo da museologia em vários países, particularmente na América Latina. Apesar de toda museologia ser social, o *conceito-prática* da Museologia Social se diferencia das experiências tradicionais desse campo por entender o museu como instrumento de transformação da realidade. O museu é lugar de memória e, como diferentes agentes sociais reivindicam seu direito à memória, ele também é lugar de conflitos e disputas. Dessa forma, o "templo das musas" – abrigo consagrado às histórias oficiais e aos patrimônios das elites – não é mais a única possibilidade de compreensão dessa experiência social, que também pode ser concebida como "casa" aberta à reflexão, ao debate, à diversidade.

No final da década de 1990 e durante os anos 2000, a Museologia Social ganhou força e corpo em vários países. No Brasil, com o fim da ditadura militar, o processo de redemocratização e as conquistas expressas na Constituição de 1988, os movimentos sociais passaram a reivindicar seu direito à memória e se apropriaram do museu enquanto instrumento de transformação da realidade. As mudanças no campo da museologia ocorridas no país durante esse período foram responsáveis pela criação de redes virtuais de grupos e instituições ligados à Museologia Social, bem como forçaram o poder público a desenvolver políticas específicas para essa área.

Esse contexto de mudanças significativas na realidade brasileira possibilitou a criação do Museu da Maré, em 2006. Localizado na Zona Norte da cidade do Rio de Janeiro, o Museu foi concebido por moradores da favela da Maré, um território formado por 16 comunidades[1] onde moram cerca de 140 mil pessoas. A região margeia a Baía de Guanabara e está localizada entre importantes vias rodoviárias que cortam a cidade do Rio de Janeiro: Avenida Brasil, as Linhas Vermelha e Amarela e as vias expressas do Ônibus de Trânsito Rápido (BRT) Transbrasil e a Transcarioca. Essa área se estende paralelamente à pista de subida da Avenida Brasil (sentido Zona Oeste da cidade), desde a FIOCRUZ (antigo prédio do Ministério da Saúde) – passando pela entrada para o Aeroporto Internacional do Galeão – até o bairro da Penha.

[1] Conjunto Esperança, Vila do João, Vila do Pinheiro, Salsa e Merengue, Conjunto Pinheiros, Bento Ribeiro Dantas, Morro do Timbau, Baixa do Sapateiro, Parque Maré, Nova Maré, Nova Holanda, Rubens Vaz, Parque União, Roquete Pinto, Praia de Ramos e Marcílio Dias.

A região da Maré, assim chamada pela presença de mangues e praias que dominavam sua paisagem, foi sendo ocupada desde o período colonial, quando exerceu preponderante papel econômico, seja por nela existirem dois portos[2] por onde era escoada a produção das fazendas locais, seja por ter alimentado com seus mangues, os engenhos de cana de açúcar e as olarias que ali se instalaram.

Durante a primeira gestão do prefeito César Maia (1993-1996), foi criado o bairro da Maré por meio da Lei Municipal n.º 2.119, de 19 de janeiro de 1994, publicada em Diário Oficial de 24 de janeiro do mesmo ano. Tendo sido alvo de inúmeros projetos governamentais e de acordo com diversos interesses políticos, a Maré, até então considerada como favela, passou a ser tratada pelo poder público como área totalmente urbanizada, condição esta que viabilizou a criação do bairro. Mas, desde sua origem, a existência do bairro da Maré não foi reconhecida pela maioria dos moradores, que prefere se identificar com os bairros vizinhos à região: Bonsucesso, Manguinhos, Ramos ou Penha.

Nesse contexto, em 1997, um grupo de moradores da Maré se reuniu para criar a organização não governamental Centro de Estudos e Ações Solidárias da Maré (CEASM). Um dos motivos da importância de tal instituição é justamente o fato de ter sido idealizada por moradores que, em sua maioria, tinham formação universitária e atuavam em movimentos coletivos na Maré. A inserção desses agentes sociais no espaço local e sua identificação com o lugar foram fatores que contribuíram para tornar o CEASM uma experiência singular, sendo uma ONG que atua de dentro para fora, assumindo um projeto político contra-hegemônico. Partindo do local para o global, busca contribuir para transformar os olhares estigmatizantes sobre a Maré, desenvolvendo projetos que buscam contribuir para a superação dos preconceitos, indo na contramão das representações dominantes sobre as favelas.

Um dos primeiros projetos desenvolvidos pelo CEASM foi a *Rede Memória da Maré*, que objetivava preservar a história local e contribuir para a criação do sentido de pertencimento dos moradores ao território. Em 27 de abril de 2002, a Rede Memória inaugurou o Arquivo Dona Orosina Vieira[3] (ADOV) com o objetivo de abrigar variadas fontes sobre a história local: fotografias, mapas, hemeroteca, documentos produzidos pelo poder público, documentos particulares doados por moradores, trabalhos acadêmicos etc. Desde sua inauguração, o ADOV já recebeu vários visitantes. Alguns, para conhecer; outros, para ver fotos antigas e "matar" a saudade do passado; e muitos, para

2 Portos de Inhaúma e de Maria Angu.

3 Uma das primeiras moradoras do Morro do Timbau, comunidade mais antiga da Maré. Dona Orosina era migrante de Minas Gerais, mulher negra, viúva, parteira e benzedeira.

pesquisar. Grande parte das pesquisas é realizada por professores e alunos das escolas públicas do entorno e por participantes das várias instituições locais. Nos registros do arquivo consta também um número considerável de consultas feitas por pesquisadores ligados a diversas instituições da cidade, tais como as universidades públicas.

Grande parte do acervo do ADOV é constituído por fotografias, que retratam diferentes aspectos e períodos da história local, incluindo fotos do acervo da Casa de Oswaldo Cruz (COC/FIOCRUZ) e também imagens do início do século XX, de autoria do conhecido fotógrafo Augusto Malta. Esse acervo iconográfico foi, em parte, reproduzido e ampliado para compor várias exposições sobre a história da Maré. As exposições são apresentadas em espaços públicos locais, como escolas e praças. A Rede Memória também realizou exposições em lugares fora da Maré, por exemplo, no Instituto de Arquitetos do Brasil (IAB-RJ), Flamengo; no Instituto de Filosofia e Ciências Humanas da Universidade Federal do Rio de Janeiro (UFRJ); no Instituto de Educação da Universidade Federal Fluminense (UFF), no Museu de Arte Contemporânea (MAC); e no Centro Cultural do Tribunal de Contas do Estado. Em 2004, a Rede Memória realizou a exposição *A Força da Maré*, no Museu da República, localizado no bairro do Catete. Para a montagem da exposição, a equipe do projeto do CEASM pediu alguns objetos emprestados aos moradores, que não os aceitaram de volta ao final, pois disseram querer ver na Maré o que havia sido feito no Museu da República. Por isso, *A Força da Maré* foi um divisor de águas no trabalho desenvolvido pela Rede Memória.

Ainda no final de 2004, a equipe do projeto participou do primeiro edital do Programa Cultura Viva do Ministério da Cultura (MINC) para seleção dos Pontos de Cultura. O projeto foi selecionado com o título *Museu da Maré* e previa a instalação de uma exposição de longa duração sobre a vida das pessoas que resistiram e lutaram para construir sua história naquele lugar. A partir desse momento, a Rede Memória deixou de existir para dar lugar ao Museu da Maré, que foi inaugurado no dia 8 de maio de 2006, durante o lançamento da 4ª Semana Nacional de Museus. O evento contou com as presenças de instituições locais e moradores antigos, do então ministro Gilberto Gil, outros membros do Ministério da Cultura (MINC), além de representantes de vários movimentos sociais da cidade do Rio.

O Museu da Maré nasceu do desejo de muitos moradores, que sonharam e agiram para que suas memórias, suas histórias e seus patrimônios fossem preservados. O projeto do Museu também é fruto da parceria entre pessoas, grupos e instituições de diferentes lugares, o que favoreceu o diálogo, a valorização da diversidade, a troca de saberes e fazeres, transformando o espaço em uma referência cultural da cidade do Rio de Janeiro. Politicamente, o Museu trabalha para a superação dos estigmas em relação às favelas, além de colaborar com o processo de alargamento da perspectiva do papel dos museus na realidade contemporânea. O Museu não é lugar para guardar objetos ou cultuar o passado. Ele é lugar de vida e, por isso mesmo, lugar de conflitos e diálogo. Dessa forma, para os construtores do projeto de memória do CEASM, o Museu é concebido enquanto instrumento de transformação social, contribuindo para a construção de epistemologias do Sul.

Desde o início da concepção do Museu, o diálogo e a valorização da diversidade alicerçam todas as ações empreendidas pelos agentes sociais que atuam na construção e manutenção desse espaço cultural da cidade, promovendo a ecologia de saberes. Por isso, o Museu é um espaço aberto às ações desenvolvidas pela comunidade e por grupos e pessoas de outras localidades. Atualmente, os projetos desenvolvidos atendem cerca de 500 pessoas. As escolas públicas do entorno são as principais parceiras do Museu da Maré.

O eixo central dos projetos desenvolvidos pelo Museu é a sua exposição de longa duração *Os Tempos da Maré*, que já recebeu mais de 100 mil visitantes. Na exposição tudo é mutável. Passado, presente e futuro convivem nos "tempos" da água, da casa, da migração, do trabalho etc. São 12 temas apresentados como em um grande calendário cuja museografia foi construída a partir da realidade local. Os temas foram escolhidos respeitando-se os percursos históricos e afetivos da Maré. Mas, ao mesmo tempo, são temas arquétipos, pois dialogam com as mais diferentes realidades. Criança, fé, medo, são temas primordiais presentes em toda a trajetória humana.

O acervo da exposição de longa duração é fruto de pesquisas realizadas em arquivos públicos da cidade e de doações feitas por moradores que, além de objetos pessoais, também concedem depoimentos de suas histórias de vida. Os objetos e imagens são expostos em grandes painéis. Ao entrar na exposição de longa duração, o visitante encontra um grande painel cor de laranja com o texto de boas-vindas. A cor faz referência ao local de origem de muitos dos primeiros moradores da Maré, que vieram do interior de vários estados do Nordeste brasileiro, regiões áridas e secas, em sua maioria. O laranja lembra a terra e o barro daqueles lugares. Logo em seguida, à esquerda da exposição, o visitante pode perceber o espaço de memória da fábrica, lembrando que o imóvel, antes de ser museu, foi uma fábrica da indústria naval, onde eram produzidas peças para navios.

Mais à frente, o visitante se depara com o primeiro módulo da exposição chamado de *Tempo da Água*. Os diferentes tons de azul são uma alusão à Baía de Guanabara. Este primeiro módulo expõe as transformações ocorridas na Baía, desde a década de 1920, e os impactos no meio ambiente provocados pelas grandes obras realizadas pelo poder público: construção da Avenida

Brasil (1946); aterros que integraram oito ilhas, criando a Ilha do Fundão para abrigar a Universidade Federal do Rio de Janeiro (1953); instalação da Refinaria de Petróleo de Manguinhos (1954); Projeto Rio, que aterrou parte da Baía de Guanabara e criou novas comunidades no território da Maré (1980).[4] A narrativa expográfica apresentada no *Tempo da Água* revela os impactos negativos sobre a Baía de Guanabara das intervenções empreendidas pelo poder público ao longo de várias décadas, e principalmente a construção da Refinaria de Manguinhos, revelando a fragilidade de inúmeros discursos conservadores, que culpabilizam os moradores pela poluição das águas da Baía. O objeto de destaque no Tempo da Água é o *rola-rola*: utensílio produzido pelos moradores, a partir de um barril de madeira e restos de pneu, que era utilizado para carregar água, pois as casas não possuíam água encanada.

Em seguida, o visitante encontra o *Tempo da Migração*. Este módulo expositivo faz homenagem aos nordestinos que, a partir da década de 1940, migraram para o Rio de Janeiro com o objetivo de trabalhar nas grandes obras que aconteciam na cidade, principalmente a construção da Avenida Brasil. Algumas paredes com objetos do dia-a-dia das famílias nordestinas reproduzem a técnica de construção antiga chamada de pau a pique, que entrelaçava madeiras (geralmente bambus) fixadas ao chão, com outras colocadas na posição horizontal e amarradas entre si por cipós, formando um grande painel cujos vãos eram preenchidos com barro. Neste módulo, o destaque são as garrafas, com diferentes formas e tamanhos, que contêm terras das cidades natais dos primeiros nordestinos que chegaram na Maré. Mas também, as garrafas são um convite para que os visitantes do Museu, independentemente de serem nordestinos, doem terras de suas cidades natais para compor a exposição.

O próximo módulo expositivo recebeu o nome de *Tempo da Casa*. Nele, a peça principal é o barraco sobre palafitas construído em tamanho natural. Por meio de uma escada, o visitante tem acesso ao interior do barraco, onde

[4] Em junho de 1979, o Ministério do Interior, por meio do então ministro Mário Andreazza, anunciou a realização do Projeto Rio, que se constituiu em uma das primeiras propostas de ação do presidente João Batista Figueiredo, tendo sido bastante oportuno para um momento em que se desenhava a abertura política e se anunciava o fim dos governos militares. No centro do projeto estavam o fortalecimento da ação social do governo Figueiredo, sua aproximação das camadas mais pobres, e eventual candidatura do ministro Mário Andreazza. O projeto apresentava como objetivos centrais a criação de espaços para abrigar populações de baixa renda, e o estabelecimento de condições para ambientação ecológica e paisagística do trecho mais poluído da Baía de Guanabara. A fase inicial, denominada prioritária, previa a remoção dos habitantes das favelas para conjuntos habitacionais, o que gerou grande reação dos moradores, não tendo sido por isso implementada, limitando-se à erradicação das áreas palafitadas e à construção de dois conjuntos de casas populares: Vila do João e Conjunto Esperança.

é reproduzida a forma como muitas pessoas viveram na Maré, entre as décadas de 1950 e 1980. Presentes em todos os continentes, principalmente nas zonas tropicais do planeta, as palafitas são construções utilizadas em regiões alagadiças. Na Maré, elas foram construídas pelos moradores sobre as águas da Baía de Guanabara. Durante a década de 1980, os barracos foram removidos pelo governo federal para a realização do Projeto Rio, que aterrou grande área da Baía e promoveu a construção de casas populares para aqueles que moravam sobre as palafitas.

Após sair do barraco, o visitante encontra dois tempos dispostos um de frente para o outro: *Tempo do Trabalho* e *Tempo da Resistência*. A narrativa expográfica desses módulos propõe a reflexão sobre a importância do trabalho, da resistência e resiliência para a permanente construção do território da Maré. As imagens desse espaço estão relacionadas às lutas contra as ameaças de remoção e violência policial. Também podemos ver fotografias de mutirões de trabalhadores construindo casas, as redes elétricas e os sistemas de água e esgoto. O destaque desse tempo é o gravador (de áudio analógico) utilizado pelas lideranças das associações de moradores para registrar os discursos dos políticos e cobrar, posteriormente, a realização de tudo o que tinha sido prometido pelo poder público.

No sexto módulo da exposição, o visitante entra no *Tempo da Festa*. A construção diária do território da Maré não seria possível sem trabalho, resistência e resiliência de seus moradores. Mas, com certeza, a festa é elemento inseparável da luta daqueles e daquelas que constroem este lugar. Sem a possibilidade de celebrar as conquistas individuais e coletivas seria impossível pensar a Maré! Nesse módulo, várias fotografias de diferentes épocas retratam a importância das festas e do lazer para as pessoas que moram no território. O objeto que se destaca no *Tempo da Festa* é a bandeira do bloco carnavalesco Mataram Meu Gato. Hoje, o bloco é uma escola de samba e sua sede está localizada na comunidade da Nova Holanda.

Ao chegar no sétimo módulo do percurso expositivo, o visitante é convidado a conhecer o *Tempo da Feira*. Existem feiras livres em quase todas as 16 comunidades que formam a favela da Maré. As feiras são lugares onde os moradores compram produtos mais frescos e, muitas vezes, mais baratos do que nos supermercados. Mas também, elas são espaços de geração de renda, de encontro e convívio entre as pessoas. Nesse módulo destacamos as balanças antigas, que utilizavam pesos de metal, bem diferentes das balanças digitais atuais. Também foram feitas nesse espaço quatro instalações relacionadas a atividades comerciais de moradores, que doaram objetos pessoais utilizados em seus ofícios: senhor Atanásio, alfaiate; senhor Bento, sapateiro; senhor Joaquim e senhor Antônio, barbeiros. A família do senhor Francisco nos doou os objetos de sua *tendinha* (pequeno comércio). Seu Francisco, avô da vereadora Marielle Franco, era nordestino e morava na Baixa do Sapateiro, onde criou sua família. Ele costumava vender *fiado* e, muitas vezes, "esquecia" de cobrar das pessoas que passavam por dificuldades financeiras. Nessa instalação, estão expostas algumas anotações daquelas dívidas nunca cobradas.

Em seguida, o visitante entra no *Tempo do Cotidiano*, que faz referência às mudanças que ocorreram durante o processo de ocupação do território e que foram, gradualmente, transformando a Maré. Atualmente, quase todas as casas são feitas de tijolos, que substituíram as antigas construções de madeira. A proposta do *Tempo do Cotidiano* é conduzir o visitante pelos becos e ruas estreitas das comunidades, para que ele observe as fachadas das casas, suas portas e janelas. Por isso, neste módulo, uma parede foi erguida de forma irregular, tendo seus tijolos à mostra, com portas e janelas abertas, seguindo as referências das construções locais.

No módulo do *Tempo da Fé* há um espaço reservado às religiões de matriz africana. Esse espaço possui maiores referências da Umbanda (religião nascida no Brasil, no final do século XIX, que sincretiza elementos das religiões cristãs, indígenas e africanas). Os terreiros onde essas religiões são praticadas quase não existem mais na Maré e em outras favelas do Rio. Por isso, este módulo também simboliza a resistência das pessoas pelo direito de manterem seus lugares de culto. Ainda no *Tempo da Fé*, vemos um grande painel, que mistura as mais diversas manifestações da religiosidade dos moradores da Maré e da cidade do Rio de janeiro. O visitante é levado a olhar para o alto, como em sinal de reverência. No piso desse espaço, estão colocados o barco e a imagem de São Pedro, o santo padroeiro dos pescadores, sempre presente nas antigas procissões marítimas realizadas na região antes dos aterros. Os dois objetos foram doados pela família Jaqueta – Morro do Timbau –, que tinha a tradição do trabalho na atividade da pesca.

No *Tempo da Criança*, os brinquedos e as brincadeiras estão presentes nos objetos e no texto colorido e lúdico. As vitrines foram colocadas no piso, fazendo referência às várias brincadeiras que são praticadas no chão, como o jogo de bola de gude e a amarelinha. Algumas fotografias estão delicadamente fixadas abaixo da linha de visão dos adultos, levando o visitante a observar o espaço pelo olhar da criança.

No 11º módulo, o visitante encontra o *Tempo do Medo*, onde é levado a confrontar-se com vários medos que nos intimidam. A solidão, a doença, o desemprego são alguns medos que fazem parte da vida de todos nós. Mas, para quem morava nos barracos sobre palafitas, outros medos também estavam bem presentes no dia-a-dia: a fome, a tempestade, a maré que subia à noite, os ratos que invadiam a casa e atacavam as crianças, a remoção das moradias.

Mais recentemente, existe o medo da violência, da bala perdida, das guerras do tráfico, das operações policiais, da morte bruta e sem sentido. O destaque no *Tempo do Medo* é o painel produzido por adolescentes, que passaram por um processo de formação no Museu. Esse painel é formado por moldes feitos de gesso onde estão impressas as marcas de tiros que atingem as paredes, os muros, os postes e as casas de tantos moradores.

No Museu da Maré, o medo não tem a última palavra. Por isso, a exposição de longa duração *Os Tempos da Maré* termina com o módulo do *Tempo do Futuro*. Neste tempo, passado, presente, futuro se misturam. O que ainda não é, um dia se transformará em realidade. Mas isto só acontecerá se respeitarmos as lutas, as conquistas dos moradores e suas memórias, que resistem ao esquecimento. O futuro é construído a partir do hoje, do trabalho, da coragem, do engajamento, do diálogo e da tolerância. O amanhã está presente em nossa luta diária pela conquista de políticas públicas comprometidas com a proteção da vida. No Museu da Maré o tempo do futuro já começou e pode ser transformado por meio de nossas ações. Mesmo diante do medo, da dor e da revolta, resistimos coletivamente e, mais do que resistir, criamos outras possibilidades de futuros.

O Museu da Maré não foi criado para manter as pessoas em seu *gueto*, cultuando suas lembranças e seus objetos. Sua origem, como já foi dito anteriormente, partiu do desejo das moradoras e dos moradores, que estabeleceram o diálogo com pessoas de vários lugares e com diferentes conhecimentos. Desde seu início, a ecologia de saberes, fundamental para a construção de epistemologias do Sul, alicerça todas as ações empreendidas pelos agentes sociais que atuam nesse espaço. Portanto, o projeto político do Museu da Maré não se restringe a discutir questões locais, mas estabelece pontes de comunicação com realidades diversas, sendo um projeto contra-hegemônico, anticolonial e antirracista. Este é o motivo do Museu continuar vivo, emocionando e provocando as pessoas, misturando conhecimentos e práticas, e colaborando para a construção de novas perspectivas de transformação social, a partir do diálogo Sul-Sul, podendo ser entendido, de acordo com Vergès (2023), como pós-museu.

Desta forma, finalizo com alguns dos inúmeros depoimentos de visitantes, moradoras e moradores da Maré, mas também pessoas de outros tantos lugares que, independentemente de viverem em favelas ou comunidades populares, se identificam com a histórias locais e se sentem representadas pela narrativa expográfica do Museu e por sua proposta político-museográfica.

> Eu não sabia que aqui na Maré existia um lugar de memórias como esse e, sobretudo, pessoas tão engajadas na manutenção da história nossa. Obrigada!

Adorei a visita! Sensível, delicada, tocante. O museu é construído de tal modo que as memórias são apresentadas não de forma tradicional, mas a partir de uma perspectiva que ilustra as dificuldades, mas também as potencialidades e riquezas da Maré! Parabéns pelo trabalho! Espero que o poder público tenha sensibilidade para preservar este espaço.

Eu nunca havia estado em um museu em que pudesse tocar nas coisas e me tornar parte do espaço. O Museu da Maré não é feito de objetos. O Museu da Maré é feito de gente. Vida longa!

O museu mostrou muito além de histórias, fez com que a gente saiba como foi a história da nossa comunidade, da nossa própria história e como podemos também levar isso pro nosso futuro.

A exposição foi fundamental para a desconstrução de diversos "não-saberes" da história da Maré e, no lugar construir histórias de vida, de luta e de resistência.

Nunca pensei que um lugar me lembraria tanto a Bahia como o Rio, mais especificamente este museu na Maré. Um carioca me disse uma vez que existia algo especial na Bahia e no Rio. Hoje, aqui, neste momento, senti uma coisa extraordinária e mágica. Um lugar que foi no meu âmago, em minha essência e trouxe tudo à tona. Estou apaixonado por esse lugar!

Pra mim, o patrimônio não pode estar em lugar nenhum se antes não estiver dentro da gente. Esse museu é exatamente isso. Me lembrei do cheiro da casa da minha vó à noite, quando vi a lamparina, e da minha mãe brava me dando banho de novo, porque sozinha não limpava direito a sujeira de um dia todo brincando na rua. Vocês me encheram de emoção e esperança. Obrigada.

Uma emocionante viagem em 12 tempos. Em cada um deles uma memória adormecida, acordada num sentimento de emoção e alegria. As lágrimas suscitam o amor, a gratidão e a esperança de que tudo vivido pelo povo é vida que transcende todos os tempos. Que não há passado, nem presente e nem futuro num único momento e para todos. Em todos os lugres, esses tempos se repetem, transitam na vida de cada um.

Fiquei muito emocionada com o museu e sua forma de contar a história. Vi a história de meus familiares exposta aqui e que eu mesma ignorava ou não pensava ser relevante. Com certeza uma experiência que transformou o modo como eu enxergo a Maré.

Nossa! Aqui no Museu é muito legal. Sobre o que eu vi foi muito maneiro. Parecia que antigamente as pessoas eram mais unidas, parecia que as pessoas viviam na paz. Como eu queria viver nessa época! Nossa! Gostei bastante! Se eu continuar a escrever, vão acabar as folhas do caderno.

Adorei o museu, muito interativo, diferente de todos os que eu já fui. Tenho TDAH (Transtorno de Déficit de Atenção e Hiperatividade) e pra mim é horrível ficar parada sem fazer nada e sem tocar em nada. Foi maravilhoso e incrível a experiência de poder interagir e me conectar de tal forma com a história e a memória da Maré (que até então eu não conhecia). Espero voltar em breve ao Museu, trazendo amigos e família.

Gente, parabéns pela brilhante ideia de criar o Museu, uma grande oportunidade pra voltarmos no tempo, voltar ao passado e relembrar bons tempos em que éramos felizes e não sabíamos. Jogávamos pião, brincávamos de bola de gude sem temer as balas perdidas. Sonhamos com esse dia. Volta, volta, volta dia!!! Dia Feliz!

Visitar o museu da Maré é recordar uma infância feliz, livre da violência, com brincadeiras hoje praticamente extintas. Hoje já não moro mais na Maré, mas trazer meu filho, que já tem 19 anos, e ver em seu rosto a admiração por uma Maré feliz não tem preço, mas sonhamos ver um dia essa Maré feliz das fotos novamente. Museu da Maré, nosso patrimônio, patrimônio do Brasil!

Referências

Abreu, Regina; Chagas, Mário (orgs.) (2003), *Memória e Patrimônio: ensaios contemporâneos*. Rio de Janeiro: DP&A.

Santos, Boaventura de Sousa (2018), *Construindo as Epistemologias do Sul. Antologia Essencial: para um pensamento alternativo de alternativas*. Buenos Aires: CLACSO.

Silva, Cláudia Rose Ribeiro da (2006), *Maré: a invenção de um bairro*, Dissertação (Mestrado em História Política e Bens Culturais e Projetos Sociais), Fundação Getúlio Vargas, Rio de Janeiro.

Vergès, Françoise (2023), *Decolonizar o museu: programa de desordem absoluta*. São Paulo: Ubu.

Vieira, Antônio Carlos Pinto (2008), *Do engenho à favela, do mar ao chão, memórias da construção do espaço da Maré*, Dissertação (Mestrado em Memória Social), Universidade Federal do Estado do Rio de Janeiro, Rio de Janeiro.

CAPÍTULO 19

A descolonização do conhecimento e a questão do arquivo: uma reflexão a partir da África do Sul

Achille Mbembe

Introdução

Mais de 20 anos depois de alcançarmos a liberdade na África do Sul, estamos agora a viver o que parece ser um *momento negativo* – uma experiência pela qual a maior parte das sociedades pós-coloniais africanas também passou. São tempos cinzentos, quase turvos; falta-lhes transparência.

São muitos, hoje em dia, os que desejam pôr fim à supremacia branca na África do Sul; mas essas mesmas pessoas desaparecem quando se trata de condenar publicamente as execuções extrajudiciais de irmãos africanos nas ruas das nossas cidades e subúrbios. Como declarou Fanon (1963 [1961]), muitas pessoas não se apercebem da contradição entre o seu antirracismo e desejo de derrotar a supremacia branca, por um lado, e deixar-se sucumbir ao canto das sereias do isolacionismo e chauvinismo nacionais, por outro.

Muitos continuam a ver os brancos como "colonos" que, de vez em quando, tentam fazer-se passar por "nativos", apesar de, com o advento da democracia e o novo Estado constitucional, já não haver colonos e nativos; há apenas cidadãos. Se repudiamos a democracia, o que colocamos no seu lugar?

Os nossos compatriotas brancos podem estar a proteger os seus privilégios, fechando-se em "enclaves" e investindo em *offshores*, mas o que é certo é que não estão a ir a lado nenhum. Em todo o caso, não podem continuar a viver entre nós com as velhas roupagens de branco. Preservar os seus privilégios, investir em *offshores*, viver em enclaves não assegura, por si só, o reconhecimento total e a sobrevivência.

Entretanto, a "negritude" está fraturada. Hoje em dia, a "consciência negra" é cada vez mais pensada em termos de *frações*.

Um momento negativo é aquele em que surgem novos antagonismos, ao mesmo tempo que os velhos antagonismos ficam por resolver. É um momento em que forças contraditórias – forças incipientes, fraturadas, fragmentadas – entram em atividade, sem que se possa prever o que resultará da sua interação. É também um momento em que múltiplas crises não resolvidas, antigas e recentes, parecem estar em rota de colisão.

É possível que esta colisão venha a acontecer – ou não. Pode vir a assumir a forma de surtos de violência que acabam por se extinguir; mas quer aconteça, quer não, é o fim da idade da inocência e da complacência.

No que respeita à descolonização da universidade – e do conhecimento – na África do Sul contemporânea, há um conjunto de questões políticas e morais claras, que são também questões de equidade e de decência, sobre as quais muitos de nós podemos concordar.

Desmistificar a branquidade

Uma dessas questões foi abordada e resolvida com sucesso na Universidade da Cidade do Cabo.

Para quem continua a não ver as coisas como elas são, será talvez de relembrar que Cecil Rhodes pertencia àquela raça de homens que acreditavam que ser negro era uma limitação. Durante a sua permanência em África, utilizou o seu considerável poder político e financeiro para fazer com que os negros de toda a África Austral pagassem em sangue pelas suas crenças. Não há qualquer razão para que a estátua de Rhodes, tal como as de inúmeros outros com as mesmas convicções, esteja no *campus* de uma universidade pública 20 anos depois da conquista da liberdade.[1]

Sendo assim, o cerne do debate não deveria ter sido a questão de deitar ou não deitar abaixo a estátua, mas, sim, por que razão demorara tanto tempo a fazê-lo. Derrubar a estátua de Rhodes não equivale a apagar a história e ninguém deveria exigir a nossa eterna gratidão a Rhodes por este ter "doado" o seu dinheiro e legado as "suas" terras à universidade. O que deveríamos fazer era perguntar por que meios ele adquiriu essas terras.

[1] Rhodes Must Fall (#RhodesMustFall) é o nome de um movimento de protesto lançado em março de 2015 contra uma estátua de Rhodes na Universidade da Cidade do Cabo (UCT). A campanha alcançou grande projeção a nível global, levando a um movimento mais amplo em prol da descolonização do ensino na África do Sul. Em 9 de abril de 2015, na sequência de uma votação do Conselho da UCT, a estátua foi removida do local, mas a luta pela descolonização da universidade inspirou movimentos estudantis do mesmo teor em outras universidades, tanto na África do Sul como noutras partes do mundo.

É certo que se poderiam ter considerado outras opções, incluindo a sugestão apresentada já tardiamente pelo juiz aposentado Albie Sachs (2015), cuja contribuição para a reformulação simbólica do que é hoje em dia Constitution Hill[2] é amplamente reconhecida.

Derrubar a estátua de Rhodes é, no entanto, apenas uma das muitas formas legítimas que temos hoje em dia ao nosso dispor, na África do Sul, para *desmistificar e arrumar essa história* – e é este, precisamente, o trabalho que a memória, na sua verdadeira aceção, deve fazer. Mas para a memória desempenhar esta função, muito depois de o paradigma da Verdade e Reconciliação se ter esgotado, é necessário que a desmistificação de certas versões da história acompanhe a par e passo a *desmistificação da branquidade*. Não porque branquidade seja o mesmo que história; a história humana, por definição, ultrapassa a questão da branquidade. A história humana está relacionada com o futuro; a branquidade está relacionada com aprisionamento e está na sua melhor forma quando se transforma em mito. É quando nos leva a acreditar que está em todo o lado, que é a origem e o centro de tudo e que nada existe para além dela, que a branquidade se revela mais corrosiva e letal.

Daí, portanto, a nossa exigência de desmistificação da branquidade, porque a construção da democracia só poderá fazer-se sobre as ruínas dessas versões de branquidade que produziram Rhodes – ou não se fará. Por outras palavras, as versões da branquidade que produziram homens como Rhodes têm de ser *recolhidas* e *desmanteladas*, se quisermos pôr fim a essa história, libertando-nos do nosso aprisionamento nas mitologias brancas e abrindo um futuro para todos aqui e agora.

Poder-se-ia então, eventualmente, pensar em colocar num museu as estátuas de Rhodes e de inúmeros outros homens do mesmo jaez que poluem a paisagem sul-africana – já que se trata de uma instituição que ainda não foi alvo do tipo de crítica atenta que estes nossos tempos exigem na África do Sul. No entanto, um museu como deve ser não serve para depositar lixo, nem é um espaço onde se recicla o lixo da história; é, antes de mais, um espaço epistémico.

Uma alternativa melhor seria, portanto, a criação de um novo tipo de instituição, simultaneamente parque e cemitério, onde se deixariam as estátuas das pessoas que passaram grande parte da sua vida a deturpar tudo aquilo que a palavra "negro" representa. Deixá-las nesses novos espaços permitir-nos-ia andar para a frente e recriar o tipo de novos espaços públicos que o nosso novo projeto democrático exige.

[2] Antigo forte e prisão que hoje alberga o Tribunal Constitucional sul-africano. *(N. do Revisor.)*

Arquitetura, espaços públicos e o comunitário

"O que é que o derrubar de uma estátua de um pirata do século XIX tem que ver com a descolonização de uma universidade do século XXI?" é esta a pergunta que muitos certamente fazem. Ou, como muita gente tem de facto perguntado: "Porque estamos nós tão viciados no passado?".

Estaremos a discutir sobre o passado, como argumenta a diretora do semanário *City Press*, Ferial Haffajee (2015), simplesmente devido à nossa incapacidade para construir um futuro que, na sua perspetiva, implica essencialmente que cada um de nós se torne um empresário, ganhe muito dinheiro e seja um bom consumidor?

Será então este o único futuro a que podemos aspirar? Um futuro no qual cada ser humano é um ator do mercado, cada área de atividade é entendida como um mercado, cada entidade (seja ela pública ou privada, seja pessoa, negócio, estado ou corporação) é gerida como uma empresa? Um futuro no qual as pessoas são definidas como capital humano, submetidas a parâmetros de mercado (índices e ordenações) e em que o seu valor é determinado especulativamente num mercado de futuros?

A descolonização da universidade começa com a desprivatização e a reabilitação do espaço público – a reorganização das relações espaciais sobre a qual Fanon escreveu de forma tão eloquente no primeiro capítulo de *The Wretched of the Earth* [Os Condenados da Terra] (Fanon, 1963 [1961]).

Começa com a redefinição do que é público, isto é, do que diz respeito ao domínio do *comunitário* e, como tal, não pertence a ninguém em particular porque deve ser partilhado entre iguais, em partes iguais. A *descolonização dos edifícios e dos espaços públicos* não é, portanto, uma questão insignificante, especialmente num país que durante séculos se definiu não como (da) África, mas como um posto avançado do imperialismo europeu no continente negro, e no qual 70% da terra continua ainda firmemente concentrada nas mãos de 13% da população.

A descolonização dos edifícios e dos espaços públicos é inseparável da *democratização do acesso*. Por acesso entendemos, naturalmente, a abertura plena das portas do ensino superior a todos os sul-africanos, e, para isto ser possível, a África do Sul tem de investir nas suas universidades. Por agora, despende 0,6% do seu PIB no ensino superior; é preciso aumentar a percentagem da riqueza nacional investida neste setor.

Quando falamos em acesso, falamos também da criação das condições que permitirão aos docentes e estudantes negros dizer sobre a sua universidade: "Esta é a minha casa. Aqui não sou um estranho. Não preciso de mendigar ou de pedir desculpa para estar aqui. Eu pertenço aqui". Este direito a pertencer, este legítimo sentimento de propriedade, não tem nada que ver com caridade ou hospitalidade.

Não tem nada a ver com a noção liberal de "tolerância"; não tem nada que ver com a situação em que ser assimilado por uma cultura que não é a minha constitui a pré-condição para a minha participação na vida pública de uma instituição; tem tudo que ver com a propriedade de um espaço que é um bem público, de todos.

Tem que ver com um sentido abrangente de cidadania que é indispensável ao projeto da democracia, a qual, por seu lado, nada significa se não estiver fortemente imbuída de uma dimensão pública.

Além do mais, e especialmente para estudantes e docentes negros, tem que ver com a criação de um conjunto de disposições mentais. Temos de fazer a reconciliação entre *uma lógica de acusação* e uma *lógica de autoafirmação, interrupção e ocupação*.

Isto exige um empenhamento na formação de um capital mental considerável e o desenvolvimento de um conjunto de pedagogias que deveríamos designar por *pedagogias de presença*.

É necessário que os estudantes e docentes negros concebam um conjunto de práticas criativas que, em última análise, impeçam as estruturas oficiais de os ignorar, de não os reconhecer ou de fazer de conta que eles não estão ali, de fingir que não os veem ou que a voz deles não é relevante.

A descolonização de edifícios e espaços públicos implica uma alteração das designações coloniais, da iconografia, ou seja, da economia simbólica cuja função sempre foi a de induzir e normalizar determinadas condições de humilhação baseadas em pressupostos supremacistas brancos. Essas designações, imagens e símbolos não têm lugar nas paredes de um *campus* de uma universidade pública mais de vinte anos depois do fim do *apartheid*.

Salas de aula sem paredes e formas diferentes de inteligência

Um outro espaço de descolonização é a *sala de aula da universidade*. Não podemos continuar a ensinar como sempre ensinámos.

Em muitas das nossas instituições ensinam-se tipos de conhecimento obsoletos com métodos pedagógicos obsoletos. Tal como desmantelamos estátuas, deveríamos também desmantelar o que passa por conhecimento no nosso ensino.

Numa época em que mais do que nunca se valorizam diferentes formas de inteligência, é forçoso alterar a relação entre professor e aluno. Para colocar as nossas instituições firmemente no caminho dos saberes do futuro, temos de reinventar *uma sala de aula sem paredes*, na qual *todos aprendamos em conjunto*;

uma universidade capaz de congregar *diversos públicos em novos modelos de assembleia que se tornem pontos de convergência e plataformas para a redistribuição de todo o tipo de conhecimentos.*

O sujeito quantificado

As universidades foram desde sempre estruturas organizacionais que estabelecem e certificam os seus programas de estudo e sistemas de avaliação, métodos de acumulação de créditos e padrões de sucesso e insucesso escolar.

A sua estrutura organizacional tem-se vindo a alterar desde o início do século XX, e hoje em dia estão transformadas em *vastos sistemas de controlo, padronização, seriação, contabilidade, classificação e atribuição de créditos e sanções.*

Temos de descolonizar os sistemas de gestão, que transformaram o ensino superior num produto de mercado que se compra e vende em unidades padronizadas.

É possível que nunca nos vejamos inteiramente livres das medições, dos cálculos e das avaliações; em todo o caso, é preciso questionar se todas as formas de medição, cálculo e avaliação terão necessariamente de levar à redução de tudo a uma equivalência de valores; temos de procurar saber se haverá outras formas de medir, contabilizar e avaliar com as quais possamos escapar ao princípio de que tudo tem de ser reduzido a um padrão ou unidade numérica.

Temos de criar sistemas de gestão alternativos, porque os atuais, dominados pelo raciocínio estatístico e pela mania da avaliação, estão a impedir os estudantes e professores de empreender uma procura livre de conhecimento, substituindo este objetivo pela procura de créditos.

Um sistema baseado em princípios comerciais e contabilidade estatística deu origem a uma avaliação periódica e quantitativa de todas as facetas do funcionamento universitário. Uma enorme percentagem do tempo e da energia do corpo docente é dedicada às exigências administrativas da avaliação em curso e das revisões dos programas, assim como à compilação de extensos ficheiros que demonstrem a sua produtividade, de preferência de acordo com critérios estatísticos – o número de publicações, o número de comunicações científicas, o número de comissões de que fizeram parte, o número de disciplinas ministradas, o número de estudantes dessas disciplinas – em suma, métodos quantitativos de aferição da excelência no ensino.

A própria excelência foi reduzida a contabilidade estatística.

Temos de mudar isto, se quisermos quebrar o ciclo que tende a transformar os estudantes em clientes e consumidores.

Temos de mudar este e muitos outros espaços se quisermos que o objetivo do ensino superior volte a ser a distribuição tão equitativa quanto possível de uma determinada espécie de aptidão – a capacidade de fazer investigação rigorosa nas áreas que precisamos de dominar, mas não explorámos ainda; a capacidade de fazer incursões sistemáticas para além dos nossos atuais horizontes de conhecimento.

O desafio filosófico

As questões que enfrentamos são de natureza profundamente intelectual. São, também, colossais. E, se não as fundamentarmos intelectualmente desde o início, se não nos apercebermos da natureza complexa do que realmente enfrentamos, vamos acabar com as mesmas soluções tecno-burocráticas de sempre que nos fizeram chegar a este beco sem saída.

A nossa tarefa torna-se mais complexa na medida em que praticamente não há acordo relativamente ao significado, e ainda menos quanto ao futuro, do que se entende por "universidade" no mundo contemporâneo.

Quanto mais eu tentava fazer sentido da ideia de "descolonização" – que se tornou a palavra de ordem dos que se empenham em reverter o legado racista do passado – mais me interrogava se não estaríamos a combater uma entidade que se vai transformando de forma complexa com conceitos herdados de uma era e época totalmente diferentes. Será a universidade de hoje igual à de ontem, ou estaremos a ser confrontados com uma estrutura completamente diferente, com uma racionalidade inteiramente diferente, que exigem de nós conceitos radicalmente novos?

Todos concordamos que há algo de anacrónico, de fundamentalmente errado com um certo número de instituições de ensino superior na África do Sul.

Há algo de fundamentalmente cínico no facto de instituições com um caráter etnoprovincial continuarem a assumir a pose de réplicas de Oxford ou Cambridge sem apresentar a produtividade das universidades que pretendem imitar.

Há algo de profundamente errado no facto de, por exemplo, se manterem programas de estudos que servem os interesses do colonialismo e do *apartheid* na era pós-*apartheid*.

Também concordamos em atribuir a culpa do que está mal nas nossas instituições de ensino superior ao facto de estarem "ocidentalizadas". Mas o que se entende por "ocidentalizadas"?

Elas estão realmente "ocidentalizadas" se não tiverem outra aspiração para além de se tornarem exemplares locais de um modelo académico dominante baseado num cânone epistémico eurocêntrico.

E o que é um cânone eurocêntrico? É um cânone que apenas ratifica o conhecimento produzido no modo ocidental. É um cânone que ignora outras tradições epistémicas. É um cânone que procura retratar o colonialismo como um modelo normal de relações sociais entre seres humanos e não como um sistema de exploração e opressão.

Além do mais, as tradições epistémicas ocidentais advogam um distanciamento entre o sujeito cognoscente e o objeto apreendido. Fundamentam-se numa separação entre a mente e o mundo, ou entre razão e natureza, como pressuposto ontológico.

Estas tradições encaram o sujeito cognoscente como alguém fechado sobre si próprio que espreita para o mundo dos objetos, produzindo conhecimento alegadamente objetivo sobre esses objetos. Portanto, segundo esta perspetiva, o sujeito cognoscente tem a capacidade de conhecer o mundo sem fazer parte dele, e ela ou ele será, segundo se diz, capaz de produzir conhecimento alegadamente universal e independente do contexto.

O problema – e é um verdadeiro problema – é que esta tradição se tornou hegemónica. Esta conceção hegemónica da produção do conhecimento deu origem a práticas discursivas científicas e estabeleceu grelhas de interpretação que dificultam o pensamento fora dessas mesmas grelhas. Mas há mais: esta tradição não se limita a ser hegemónica, ela reprime efetivamente tudo o que é articulado, pensado ou planeado fora desses enquadramentos.

Por todas estas razões, começa a criar-se um consenso relativamente à necessidade de as nossas instituições sofrerem um processo de descolonização, tanto no que diz respeito ao conhecimento como à universidade enquanto instituição.

A tarefa que nos espera consiste em dar substância a este apelo e isso requer que sejamos claros nas nossas pretensões.

Será a "descolonização" a mesma coisa que a "africanização"?

Os apelos à "descolonização" não têm nada de novo – e não têm deixado de ser contestados onde quer que tenham sido feitos. Todos recordamos as experiências pós-coloniais africanas dos anos 1960 e 1970. "Descolonização" era, então, entendida como "africanização"; fazia parte do projeto de construção da nação.

Frantz Fanon (1963 [1961]) mostrou-se muito crítico do projeto de "africanização", numa abordagem inteiramente política. Em primeiro lugar, não acreditava que a "construção da nação" pudesse ser concretizada por aqueles que ele designava como "a classe média nacional", ou a "burguesia nacional" (1963 [1961]: 149-153). Fanon não depositava qualquer confiança na classe média africana pós-colonial, que considerava preguiçosa, pouco escrupulosa, parasitária e, acima de tudo, desprovida de profundidade espiritual, precisamente porque tinha "assimilado por completo o pensamento colonialista na sua forma mais corrupta" (1963 [1961]: 221-222).

Na perspetiva de Fanon, esta classe, desligada quer da produção, quer da invenção, da construção e do trabalho, a sua verdadeira vocação, não estava destinada a transformar a nação, mas apenas "a manter-se na corrida e a entrar na negociata" (1963 [1961]: 150). Por exemplo, fazia exigências constantes de nacionalização da economia e dos setores de produção, mas por nacionalização entendia "a transferência para as mãos dos nativos de todos os injustos benefícios que constituíam a herança do regime colonial" (1963 [1961]: 152). Depois do fim do colonialismo, como Fanon previra, a classe média manipulou a reivindicação geral de autodeterminação de forma a evitar a formação de uma autêntica consciência nacional. Para proteger os seus próprios interesses, a classe média transformou o projeto nacional "numa concha oca, numa farsa grosseira e vazia de tudo o que poderia ter sido" (1963 [1961]: 148). Neste contexto, o discurso da "africanização" desempenhou essencialmente um papel ideológico, mascarando o que era fundamentalmente um projeto predatório – aquilo a que hoje em dia designamos por "saque".

Fanon destacou um aspeto mais ameaçador, associando um certo discurso de "africanização" ao que designou por "retrocesso", isto é, quando "se faz prevalecer a raça sobre a nação e o estado é preterido relativamente à tribo" (1963 [1961]: 148). Este retrocesso ocorre também quando, por trás de uma alegada retórica nacionalista, espreita a hedionda face do chauvinismo – "o dilacerante regresso do chauvinismo na sua forma mais amarga e detestável" (1963 [1961]: 157).

Após a independência, Fanon testemunhou acontecimentos semelhantes ao que na África do Sul se designa por ataques "xenófobos" ou "afrofóbicos" contra conterrâneos africanos. Presenciou eventos semelhantes na Costa do Marfim, no Senegal, no Congo, onde aqueles que no léxico sul-africano designamos por "estrangeiros" controlavam a maior parte do pequeno comércio. Estes africanos de outras nações eram detidos e forçados a deixar o país. As suas lojas eram incendiadas e as bancas de rua destruídas. Fanon desconfiava dos apelos à "africanização" porque a maioria destes apelos estão imbuídos de um sombrio desejo de "se livrar do estrangeiro" – e isto, confessa, deixava-o "furioso e desgostoso" (1963 [1961]: 158), porque esse estrangeiro que urgia expulsar tratava-se, quase sempre, de um conterrâneo africano de outra nação. Como o alvo objetivo da "africanização" era o conterrâneo africano de uma outra nação, Fanon encarava a "africanização" como um racismo invertido – *autorracismo* é uma possível designação.

Tanto quanto sei, a crítica mais incisiva ao paradigma da "descolonização-enquanto-africanização" é a de Fanon, dada a sua convicção de que muitas vezes, e especialmente quando a classe social no poder é "a classe errada", existe um atalho que leva do nacionalismo ao "o chauvinismo e, finalmente, ao racismo" (1963 [1961]: 156). Por outras palavras, derrubamos a estátua de Rhodes para a substituir pela de Hitler.

Diferença e repetição

Se africanização e descolonização não são a mesma coisa, qual é, então, o verdadeiro significado de "descolonização"?

Para Fanon, as lutas pela descolonização são, em primeiro lugar, sobre a questão da posse de si mesmo. São combates que visam retomar a posse, se necessário pela força, daquilo que é incondicionalmente nosso e, nessa medida, nos pertence.

Como teoria de posse de si mesmo, a descolonização é, portanto, relacional, um permanente conjunto de direitos inatos, de capacidades e reivindicações dirigidas a outros, retiradas a outros e a proteger contra outros – mais uma vez pela força, se necessário.

Aos olhos de Fanon, a posse de si mesmo é uma condição prévia, um passo necessário no caminho para *a criação de novas formas de vida* que possam ser genuinamente caracterizadas como plenamente humanas.

Tornar-se humano não acontece apenas "no" tempo, mas através dele, por meio dele, quase como resultado do tempo. E o tempo, propriamente dito, é criação e autocriação – criação de novas formas de vida. Se alguma coisa podemos designar por teoria fanoniana da descolonização, ela está na dialética do tempo, da vida e da criação, que, para Fanon, é o mesmo que autoapropriação.

Descolonizar não tem que ver com a conceção de um plano ou a redefinição de contornos, mas, sim, com o remodelar; tem que ver com transformar novamente seres humanos em artesãos e artesãs que, na remodelação das matérias e das formas, não precisam nem têm de se inspirar ou de utilizar como paradigmas os modelos pré-existentes.

Daí a rejeição, por Fanon, da "imitação" e do "mimetismo"; tal como o seu repto para uma "provincialização" da Europa, um virar as costas à Europa, deixando de tomar este continente como modelo (1963 [1961], 311), por toda a espécie de razões. Desde logo porque "o jogo europeu está definitivamente acabado, temos de procurar algo diferente" (1963 [1961], 311); "hoje em dia podemos fazer tudo, desde que não imitemos a Europa"; "presenciamos, hoje em dia, a estagnação da Europa" (1963 [1961]: 312-14). Em segundo lugar, era uma questão de o "Terceiro Mundo começar uma nova história do Homem", desafiando-nos a "tentar criar um novo homem" (1963 [1961]: 315-16).

O tempo da descolonização tinha um caráter duplo. Era simultaneamente um tempo de desfecho e de possibilidade, e nessa medida, exigia uma política de diferença e não uma política de imitação e repetição. Não é, por isso, difícil perceber a razão pela qual, para Fanon, a descolonização acabou por ficar tão intimamente associada a factos fundamentais acerca do ser, do tempo e da autocriação – e em última análise, associada a diferença, entendida como oposição à repetição.

Isto deve-se ao facto de que a própria colonização era fundamentalmente uma *negação do tempo* – no sentido em que, na perspetiva colonial, os nativos não eram simplesmente pessoas sem história; eram pessoas radicalmente situadas *fora do tempo*, ou cujo tempo estava radicalmente desarticulado. Negação do tempo também no sentido em que essa categoria essencial do tempo a que chamamos "o futuro" – essa qualidade humana essencial que designamos por disposição para o futuro e capacidade para a futuridade – era um monopólio da Europa, pelo que tinha de ser trazida, de fora, aos nativos, como magnânima dádiva da civilização. Era essa dádiva que fazia da violência e da pilhagem coloniais um ato de benevolência que, alegadamente, absolvia as pessoas que, como Rhodes, nele participavam. Finalmente, negação do tempo no sentido em que, para a mente colonial, o nativo era ontologicamente incapaz de mudança e, portanto, de criação. Um nativo seria sempre, para sempre, um nativo. Acreditava-se que, se esse homem ou mulher mudassem, as circunstâncias dessa transformação e as formas que assumiria ou aquilo a que daria origem acabariam sempre em catástrofe. Por outras palavras, o "princípio nativo" era uma questão de repetição – *repetição sem diferença*. O tempo nativo era simples repetição – não dos eventos em si, mas antes a concretização da própria lei da repetição.

Fanon entendia a descolonização precisamente como a subversão da lei da repetição. Para isso, a descolonização teria de cumprir os seguintes requisitos: a) ser um evento capaz de redefinir radicalmente o ser nativo e de o abrir à possibilidade de se tornar uma forma humana, em vez de uma coisa; b) ser um acontecimento histórico, na medida em que poderia redefinir radicalmente o tempo nativo como a possibilidade permanente da emergência do porvir; e c), ao enquadramento colonial da predeterminação, a descolonização contrapõe o enquadramento da possibilidade – a possibilidade de um outro tipo de ser, de um tempo diferente, de uma criação diferente, de formas de vida diferentes, de uma humanidade diferente – a possibilidade de reconstituir o humano após a cumplicidade do humanismo com o racismo colonial.

A descolonização é sempre violenta, na perspetiva de Fanon, um fenómeno cujo objetivo é "a substituição de uma determinada '*espécie*' de homens por outra '*espécie*' de homens" (1963 [1961: 35]). A raiz da palavra latina "espécie" tem o sentido de "olhar", "ver". Significa "aparência", ou "visão", e pode também querer dizer "aspeto". Encontramos a mesma raiz no termo "*speculum*", que significa "espelho", ou "*spectrum*", que significa "imagem", em "*specimen*", com o significado de "signo", e em "*spectaculum*", que remete para "espetáculo".

O que pretendia Fanon com a utilização da expressão "uma nova espécie de homens"? Uma nova espécie de homens é uma nova categoria de "homens" que já não estão limitados ou predeterminados pela sua aparência, e cuja essência coincide com a sua imagem – uma imagem que não está dissociada deles, como algo que não lhes pertence, mas que, na medida em que não existe um fosso entre esta imagem e o reconhecimento de si mesmo, é sua propriedade. Uma nova espécie de homens é também uma categoria de homens que podem criar novas formas de vida, livres da perceção chocante de que a imagem através da qual alcançaram a visibilidade (a raça) não é a sua essência. *A descolonização é a eliminação desse fosso entre imagem e essência.* Trata-se de "restituir" a essência à imagem, para que aquilo que existe possa existir por si só e não em algo diverso de si, algo distorcido, tosco, degradado e indigno.

Perceção clara de si mesmo

Vamos agora evocar uma outra tradição, representada por Ngugi (1987 [1981]), um autor que atribui um sentido um pouco diferente a "africanização".

Para Ngugi, "africanizar" insere-se numa política mais vasta – não a política de extorsão e saque, mas a "*política da linguagem*" ou, nas suas palavras, da "língua-mãe". Faz também parte de uma procura mais alargada – por aquilo que ele designa como "uma perspetiva libertadora" (1987 [1981]: 87). O que Ngugi pretende significar com isto é, no essencial, uma perspetiva que possibilite "uma perceção clara de nós mesmos na relação connosco e com outros entes no universo" (1987 [1981]: 87). É de notar que Ngugi utiliza a expressão "descolonização", com a qual pretende designar não um evento que ocorre num tempo e lugar específicos, mas antes um processo de "perceção clara de nós mesmos" em curso que emerge de um estado de cegueira ou desorientação (1987 [1981]: 87).

É também de destacar a importância atribuída por este autor à ligação do processo de "perceção clara de nós mesmos" (que, em seu entender, é provavelmente o mesmo que "ver pelos nossos próprios olhos") com a questão da relacionalidade.[3]

[3] Uma imagem tão presente em várias outras tradições do pensamento negro, em particular em Glissant.

Somos instados a ver-nos a nós mesmos claramente, não num ato de secessão relativamente ao resto da humanidade, mas na nossa relação connosco e com os outros entes com quem partilhamos o universo. A expressão "outros entes" é suficientemente indefinida para incluir, nesta Era do Antropoceno, todas as classes de seres vivos e objetos, incluindo a própria biosfera.

Ngugi está mais diretamente interessado do que Fanon nas questões da escrita e do ensino – na escrita de si próprio, no ensino de si próprio. Na sua perspetiva, a descolonização não é um fim, é o princípio de um combate inteiramente novo. É um combate sobre o que se vai ensinar, sobre as condições em que devemos ensinar – e não a uma representação abstrata do estudante, mas à "criança" africana, uma figura no centro da perspetiva política e do trabalho criativo de Ngugi.

Passo agora a relembrar as principais questões abordadas por este autor, tornando perfeitamente evidente que essas questões são também as nossas:

> O que devemos fazer com o sistema de ensino colonial que herdámos e com a consciência que este necessariamente inculcou na mente africana? Que direções deverá um sistema de ensino tomar numa África que quer romper com o neocolonialismo? Que visão de si próprios e do seu universo pretende esse sistema de ensino proporcionar aos "Novos Africanos"? E qual a sua perspetiva, afrocêntrica ou eurocêntrica? Que materiais de estudo deverão ser escolhidos e em que ordem e perspetiva devem ser apresentados a esses "Novos Africanos"? Quem deve expor a interpretação desses materiais – africanos ou não-africanos? E se a opção for por africano, que tipo de africano? Aquele que interiorizou a perspetiva colonial do mundo ou aquele que está a tentar libertar-se da consciência de escravo que herdou? (1987 [1981]: 101)

Se "quisermos fazer alguma coisa sobre a nossa identidade individual e coletiva hoje em dia", argumenta Ngugi, "então temos de olhar fria e conscientemente para o que o imperialismo nos tem andado a fazer – a nós e à nossa visão de nós mesmos e do universo" (1987 [1981]: 88).

Nesta perspetiva, a "descolonização" é "*um projeto de recentramento*" a partir do qual se rejeita o pressuposto de que o Ocidente moderno constitui a raiz central da consciência e da herança cultural da África. Rejeita-se a noção de que a África é uma mera extensão do Ocidente.

Porque não é. O Ocidente, enquanto tal, não é mais do que um episódio recente na nossa longa história. Muito antes do nosso encontro com o Ocidente, no século XV, sob o signo do capital, éramos seres relacionais e em contacto com o mundo. A nossa imaginação geográfica estendia-se bem para lá dos limites territoriais do nosso colossal continente: ultrapassava as vastas extensões do Saara e das costas do Oceano Índico, estendia-se até à Península Arábica e aos mares da China.

A descolonização, à maneira de Ngugi, não pretende fechar as portas à tradição europeia ou a outras tradições, mas, sim, definir claramente *onde está o centro*. E, para Ngugi, é a África que tem de ser colocada no centro.

> A educação é um meio de nos conhecermos a nós mesmos. [...] Depois de nos examinarmos, fluímos para fora de nós e descobrimos povos e mundos à nossa volta. Com a África no centro de tudo, e não como um apêndice ou um satélite de outros países e literaturas, as coisas serão vistas do ponto de vista da África. [...] Tudo o resto será considerado de acordo com a sua relevância para com a nossa situação e a sua contribuição para uma melhor compreensão de nós próprios. Com isto, não estamos a rejeitar outras correntes, e em particular a corrente ocidental; estamos apenas a traçar uma cartografia clara das direções e perspetivas que o estudo da cultura e da literatura irá inevitavelmente tomar numa universidade africana. (Ngugi, 1987 [1981]: 94)

Optei por dedicar toda esta atenção a Ngugi por ele ser, provavelmente, o escritor africano que mais popularizou o conceito de "descolonização" em que nos inspiramos hoje em dia para fomentar o projeto de uma futura universidade na África do Sul. Ngugi tirou algumas conclusões práticas da sua reflexão a que vale a pena dar alguma atenção num momento em que analisamos o que poderá significar a descolonização das nossas instituições. A maioria dessas conclusões relaciona-se com os conteúdos e a abrangência do que deveria ser ensinado (a reforma curricular).

Um aspeto fundamental, nesta perspetiva, era a necessidade de ensinar línguas africanas. *Uma universidade descolonizada em África deveria colocar as línguas africanas no centro do seu projeto de ensino e aprendizagem.* Colonialismo rima com monolinguismo. *A universidade africana de amanhã será multilingue.*

As línguas suaíli, zulu, xhosa, chona, iorubá, hauçá, lingala e gikuyu farão parte do currículo e serão línguas de ensino, e todas essas outras línguas que se tornaram africanas – o francês, o português ou o árabe – serão também ensinadas, deixando ainda lugar para o chinês, o híndi etc. Estas línguas serão transformadas num repositório criativo de conceitos com origem nos quatros cantos do mundo.

Do pensamento de Ngugi depreende-se também, em segundo lugar, que a África se estende bem para além dos limites geográficos do continente. Ele queria "percorrer a ligação africana aos quatro cantos da Terra" (1987 [1981]: 97) – até às Antilhas, até à Afro-América.

A lição é clara. Descolonizar uma universidade africana *exige uma imaginação geográfica que se estenda bem para lá das fronteiras do Estado-nação.*

Muito se poderia agora dizer, tendo em conta a história do segregacionismo e do isolacionismo na África do Sul. Os estudos recentes sobre as muitas versões do internacionalismo negro e as suas interseções com diversas outras formas de internacionalismo podem contribuir para repensar a política espacial da descolonização, na medida em que a verdadeira descolonização, tal como sugeriu Du Bois em 1920, se centra necessariamente no "destino da humanidade" e não numa única raça, cor ou *ethnos* (Dubois, 1969 [1920]).

Conjugar a descolonização no futuro

O projeto de descolonização está novamente na agenda por todo o mundo e tem duas vertentes: por um lado, passa por uma crítica ao modelo académico dominante, que é eurocêntrico – a luta contra o que os latino-americanos, em particular, designam por "colonialidade epistémica", ou seja, a infinita produção de teorias baseadas nas tradições europeias. Estas teorias são quase sempre elaboradas por homens europeus ou euroamericanos, os únicos a quem se reconhece a capacidade de alcançar a universalidade – um saber antropológico específico que consiste num processo de conhecimento sobre os Outros que nunca reconhece esses Outros como sujeitos com a capacidade de pensar e de produzir conhecimento. A segunda vertente constitui uma tentativa de imaginar quais poderiam ser as alternativas a este modelo.

É neste campo que permanece muito por fazer. Independentemente das circunstâncias, constata-se o reconhecimento de que o atual modelo académico, com as suas origens no universalismo iluminista, está esgotado. Boaventura de Sousa Santos (1995, 2014) ou Enrique Dussel (2008), por exemplo, destacam que *o conhecimento só pode ser concebido como universal se for, por definição, "pluriversal"* e que, no final do processo de descolonização, já não teremos uma universidade; teremos uma "pluriversidade".

O que é uma "pluriversidade"? Não é uma mera difusão pelo mundo de um modelo eurocêntrico que se pressupõe universal e que está a ser replicado por quase todo o lado, devido ao internacionalismo comercial.

Por "pluriversidade", muitos entendem um processo de produção de conhecimento aberto à diversidade epistémica. É um processo que não abdica necessariamente do conceito de um saber universal para a humanidade, mas que o adota por meio de uma *estratégia horizontal de abertura ao diálogo entre diversas tradições epistémicas.*

Descolonizar a universidade é, assim, reformá-la com o objetivo de criar um "pluriversalismo" crítico e cosmopolita, menos provinciano e mais aberto –

uma tarefa que implica "*refundar*" radicalmente os nossos modos de pensar e transcender as nossas fronteiras disciplinares.

O problema, claro, está em saber se a universidade é reformável ou se já é demasiado tarde.

A era do *apartheid* global

Não devemos ignorar os limites das diversas abordagens que acabei de apresentar.

Como já disse, receio que estejamos a travar batalhas do presente e do futuro com ferramentas desatualizadas. Se a nossa intenção é repensar melhor a universidade do futuro, precisamos de ter uma visão mais aprofundada da situação em que nos encontramos no momento atual.

Há um certo número de coisas que se podem fazer. Por exemplo, podemos fazer das nossas universidades locais seguros para estudantes e docentes negros a um custo modesto. Podemos continuar a derrubar as estátuas dos que acreditavam piamente que ser negro era uma limitação e, até certo ponto, devemos continuar a fazê-lo. Podemos alterar os nomes aviltantes de alguns edifícios, remodelar a iconografia do seu interior, reformar os currículos, acabar com a segregação nos dormitórios. A transformação não se concretizará sem uma recapitalização das nossas instituições de ensino superior.

Para um melhor planeamento da paisagem do ensino superior do futuro, precisamos também de estar atentos às dinâmicas globais mais profundas, sistémicas. Não podemos perder de vista a economia política da produção de conhecimento no mundo contemporâneo do ensino superior e presumir que estamos a descolonizar a universidade ou até o próprio conhecimento (Mbembe, 2000, 2013).

Os fluxos e as conexões entre a produção, a distribuição e o consumo do conhecimento são globais. Não são globais da mesma maneira em todo o lado, mas são indiscutivelmente globais, e o próprio mundo do ensino superior é constituído por diversas formas de estratificação geopolítica.

A universidade, tal como a conhecíamos, está morta. Muitos países continuam sem se aperceber deste facto e optam por continuar a viver no meio das suas ruínas por muito tempo.

Com início no princípio do século XX, nos Estados Unidos, a reestruturação global do ensino superior, liderada pelos mercados globais, em particular pela especulação financeira e pela ânsia dos lucros desmedidos, chegou agora ao seu estádio final.

Ultimamente, a ortodoxia tem vindo a defender que as universidades são demasiado dispendiosas, fragmentadas e centradas no Estado-nação, tudo isto num momento em que a integração económica a nível planetário terá de se tornar a nova norma. Diz-se que é urgente caminhar para um espaço de ensino universitário pós-nacional ou parcialmente desnacionalizado, de forma a aumentar a disponibilidade de uma força laboral qualificada e promover a possibilidade de transferência e a compatibilidade de competências transfronteiriças, ao mesmo tempo que se promove o estabelecimento de uma intensa colaboração na investigação entre universidades e corporações transnacionais.

No contexto deste paradigma, a nova missão atribuída às universidades é a promoção de inovações que sirvam os interesses da mobilidade transnacional do capital. Para o efeito, compete a um pequeno número de universidades de elite a formação das classes criativas de amanhã. São pessoas cujos interesses económicos estarão ligados globalmente; como cidadãos de um Estado-nação específico, os seus laços estarão enfraquecidos, enquanto que os que os ligam como membros de uma classe transnacional serão mais fortes. Estão destinados a partilhar modos de vida e hábitos de consumo semelhantes.

O redimensionamento da universidade tem um único objetivo: transformá-la numa rampa de lançamento para os mercados globais numa economia cada vez mais baseada no conhecimento e na inovação e que, portanto, precisa de conhecimento especializado em matemática avançada, sistemas e tecnologias complexos e modelos organizacionais sofisticados.

Uma das consequências da desnacionalização e da transnacionalização foi o desinvestimento em grandes instituições públicas no Ocidente, bem como a intensificação da competição entre universidades em todo o mundo. A competição é de tal modo brutal que deu origem a uma nova era de *apartheid* global no ensino superior. Nesta nova era, as instituições vencedoras alcançam o estatuto de universidade "de nível mundial" e as perdedoras são relegadas e confinadas ao estatuto de institutos universitários de segunda classe a nível global.

Estes institutos vão continuar a fabricar estudantes semiqualificados, carregados de dívidas e fadados a engrossar o número de trabalhadores com baixos salários, de desempregados e de pessoas excluídas das principais esferas sociais e económicas do nosso tempo.

Isto designa-se por zonamento ou armazenamento. O zoneamento é alimentado por uma tremenda expansão do ensino superior à escala global. O armazenamento inaugurou uma era de mobilidade estudantil e migração educativa sem precedentes. Só na China, em 2008, havia uns espantosos 419 mil estudantes a frequentar o ensino superior fora do país. Hoje em dia, os Africanos constituem 7% do corpo estudantil internacional das universidades chinesas. Estão praticamente em todas as províncias deste país. Segundo a Organização Mundial do Comércio, a mobilidade estudantil para o exterior está a crescer mais rapidamente em África do que nos outros continentes.

Por que está a China comparativamente bem colocada para atrair estudantes africanos? Bom, em parte devido às suas propinas moderadas, baixo custo de vida e políticas de atribuição de vistos acolhedoras quando comparadas com as da maioria dos destinos ocidentais e, cada vez mais, com as da África do Sul. Em Wits, os estudantes africanos estrangeiros pagam mais de 700% de propinas que os estudantes sul-africanos. Um outro fator é a possibilidade de, na China, os estudantes africanos poderem conciliar os estudos com atividades económicas, especialmente o comércio.

Na África do Sul, ao contrário do que acontece nos Estados Unidos, um docente estrangeiro no quadro não tem garantida uma autorização de trabalho permanente. Não tem apenas de a renovar periodicamente; quando altera o seu local de trabalho, numa nova instituição, é obrigado/a a requerer uma nova autorização de trabalho. Além disso, um contrato permanente não implica acesso à residência permanente.

O paradigma da "universidade de nível mundial" tem vindo a atrair muitos países, em especial na Ásia, onde os governos nacionais copiam o modelo anglo-americano na reestruturação do setor do ensino superior.

Os países mais vastos e mais populosos fora do mundo ocidental – como a China, a Índia, o Brasil, a Indonésia e o Paquistão – estão a formar vastas forças de trabalho qualificadas. A Malásia, os Estados do Golfo Pérsico e a Singapura investem cada vez mais no desenvolvimento de instituições regionais, ao mesmo tempo que se assumem como grandes entrepostos para as novas vagas do ensino superior globalizado.

Estes desenvolvimentos explicam em parte a razão pela qual as universidades se tornaram grandes sistemas oficiais de controlo e padronização. O ensino superior tornou-se, efetivamente, um produto de mercado. A livre procura de conhecimento foi substituída pela livre procura de créditos. A nível mundial, não há grande distinção entre estudantes e clientes ou consumidores.

Poderemos e deveremos nós lutar contra esta tendência? Haverá aspetos deste processo de desnacionalização que possam ser otimizados de acordo com os nossos próprios objetivos?

Se a universidade for efetivamente transformada numa rampa de lançamento para os mercados globais, qual poderá ser o significado de expressões como "processo de descolonização do conhecimento"?

Poderemos competir com a China e atrair estudantes africanos para as nossas universidades?

Sim, é possível, se aceitarmos integralmente a nossa situação no continente africano e deixarmos de pensar numa perspetiva centrada na África do Sul. É possível, se reformularmos por completo os nossos currículos e os nossos sistemas de propinas, se remodelarmos a política de imigração e abrirmos novas possibilidades de cidadania para os que estiverem dispostos a ligar o seu destino ao nosso.

De entre todas as nações africanas, a África do Sul é a que está em melhor posição para estabelecer redes de conhecimento diaspórico que levem os estudiosos de ascendência africana do resto do mundo a transmitir as suas competências e saber aos nossos estudantes, sem que isso necessariamente implique que aqui se estabeleçam em definitivo.

Foi isto que a China fez com o seu Projeto 111, cujo objetivo é o recrutamento de intelectuais chineses a viver no estrangeiro para ensinar em regime periódico em universidades na China.

Na África do Sul, estamos também na melhor posição para criar programas de "estudo em África" para os nossos estudantes e para dinamizar redes académicas intercontinentais por meio de vários esquemas de conectividade. Conseguiremos, assim, maximizar os benefícios da circulação de cérebros.

A velocidade, a escala e o volume do fenómeno da mobilidade transnacional de talentos não vão parar de crescer, acompanhados pela emergência da nova realidade das diásporas do conhecimento. A globalização encoraja, apoia e necessita da constituição destas diásporas do conhecimento.

Precisamos de encarar este assunto com seriedade e deixar de o ver em termos de teorias da migração. A complexidade da movimentação atual põe em causa os rótulos de fuga e captação de cérebros. Vivemos um tempo no qual as relações entre os académicos estão crescentemente desterritorializadas.

Podemos seguir o exemplo de outros países. Vejamos o caso da China. Em 2010, os chineses representavam 25,6% dos académicos internacionais a trabalhar nos Estados Unidos. Na própria China, são encarados não apenas como veículos e produtores de conhecimento, mas também como mediadores culturais capazes de interpelar o pensamento global a partir do local, precisamente porque habitam espaços intermédios que não estão vinculados a Estados-nação.

Conseguiremos impulsionar um processo de descolonização das nossas universidades – se investirmos nestas redes diaspóricas de intelectuais e se levarmos a sério estes espaços de envolvimento transnacional, com o objetivo de congregar na África do Sul e em África os recursos flutuantes que o processo global de mobilidade do talento vai libertando. Para atingir este objetivo, não podemos dar-nos ao luxo de uma visão centrada exclusivamente na África do Sul.

As nossas universidades não serão descolonizadas sem uma melhor compreensão da complexa dinâmica do movimento global ao qual temos de corresponder com projetos proativos e centrados em África.

O objetivo do ensino superior, nas democracias emergentes, é a redistribuição tão equitativa quanto possível da capacidade de fazer investigação rigorosa nas áreas do conhecimento que precisamos de dominar, mas que ainda não dominamos. A nossa capacidade para fazer incursões sistemáticas que ultrapassem os nossos horizontes atuais será severamente condicionada se nos basearmos apenas nos aspetos do arquivo ocidental que ignoram as nossas tradições epistémicas.

O arquivo ocidental, no entanto, é particularmente complexo. Contém em si mesmo os recursos para a sua própria refutação. Não é monolítico e não é propriedade exclusiva do Ocidente. A África e a sua diáspora tiveram um contributo determinante na sua construção, devendo, assim, com toda a legitimidade, reivindicar o seu lugar fundacional.

A descolonização do conhecimento não é, portanto, uma mera questão de desocidentalização.

Como nos recorda o escritor Ngugi wa Thiong'o, descolonização significa sobretudo desenvolver uma perspetiva que nos permita uma perceção clara de nós mesmos, mas sempre na relação connosco e com outros entes no universo, incluindo os não humanos.

Tempos profundos

Por último, já não é possível conceber "o humano" nos termos em que nos habituámos a pensá-lo até há pouco tempo. No início deste novo século, há três processos que nos obrigam a pensar o humano de formas inteiramente novas.

Em primeiro lugar, é preciso reconhecer que nos dois últimos séculos de vida humana na terra se transpôs uma fronteira à escala da divisão epocal e que, assim, entrámos numa nova e profunda era geológica, a Era do *Antropoceno*.

O próprio conceito de Antropoceno designa uma nova época geológica, caracterizada por alterações consideráveis e aceleradas no clima, na paisagem, nos oceanos e na biosfera provocadas pela ação humana. A escala, a magnitude e o significado destas alterações ambientais – por outras palavras, a futura evolução da biosfera e dos sistemas ambientais de apoio à vida na Terra, particularmente no contexto da história geológica da Terra – constituem, possivelmente, a mais importante questão que a humanidade tem de enfrentar, em vista da própria possibilidade da *sua extinção*.

Temos, portanto, de *repensar o humano, vendo-o não como senhor da Criação, como era habitual, mas na perspetiva da sua finitude e possível extinção*.

Este género de reflexão tem vindo a ser feito há já algum tempo. O problema é que, em África, aparentemente, temo-la evitado, apesar da existência de um valioso arquivo nesta área. Essa reflexão sobre o humano desenvolveu-se em várias linhas de raciocínio e produziu um conjunto de conclusões preliminares que me proponho resumir. Os humanos fazem parte de *uma história muito longa e profunda que não lhes pertence apenas a eles*; uma história muito mais antiga do que a própria existência da raça humana – a qual é, de facto, muito recente. E partilham essa profunda história com várias outras formas de entidades e espécies vivas. A nossa história é, portanto, uma história de entrelaçamento com múltiplas outras espécies. E, sendo assim, *as divisões dualistas entre corpo e mente, significado e matéria ou cultura e natureza já não têm razão de ser.*

O segundo aspeto – crucial para a renovação do diálogo que as humanidades devem manter com a vida e as ciências naturais – é que a matéria tem qualidades morfogenéticas próprias e não precisa de receber ordens para gerar formas; não é um recetáculo inerte ao qual uma agência externa impõe determinadas formas. Sendo assim, os conceitos de agência e de poder têm de ser alargados à natureza não-humana e as explicações convencionais da vida terão de ser postas em causa.

O terceiro aspeto reside em que ser sujeito já não consiste em agir autonomamente sobre um fundo objetivo, mas, sim, *partilhar agência* com outros sujeitos que também perderam a sua autonomia. Temos, assim, de abandonar os sonhos de dominação.

Por outras palavras, é preciso construir uma nova abordagem da ontologia, da epistemologia, da ética e da política, o que só pode ser alcançado *se superarmos o antropocentrismo e o humanismo*, a divisão entre natureza e cultura. O humano já não é uma categoria especial que se destaca relativamente às categorias dos objetos. Os objetos não constituem um polo oposto aos humanos.

No centro destes esforços de reenquadramento do humano está a crescente perceção da nossa precariedade como espécie perante as ameaças ecológicas e a possibilidade real de extinção humana trazidas pelas alterações climáticas. O nosso mundo está povoado por uma diversidade de atores não humanos, que existem como atores autónomos por direito próprio, que não podem ser reduzidos a representações e que não dependem de constantes referências ao humano.

Conclusão

A raça reentrou de novo no domínio da verdade biológica, agora entendida através de um olhar molecular (Mbembe, 2013). A investigação sobre o genoma revelou uma nova organização molecular da raça.

Constata-se um renovado interesse na identificação das diferenças biológicas um pouco por todo o mundo. Os avanços nas ciências da vida – e particularmente na área do genoma –, no nosso conhecimento da célula, na neurociência e na biologia sintética são fundamentais para as rearticulações da raça e a recodificação do racismo em curso. Este processo tornou-se ainda mais poderoso pela sua convergência com o desenvolvimento em paralelo das tecnologias digitais da era da informação e da financeirização da economia.

Este processo provocou dois conjuntos de consequências. Por um lado, há uma renovada preocupação com o futuro da própria vida. Hoje em dia, o corpóreo já não é concebido como algo de misterioso, como aconteceu durante muito tempo, mas como um mecanismo molecular. Sendo assim, os organismos – incluindo o organismo humano – são, ao que parece, passíveis de otimização através da engenharia inversa e da reconfiguração (Rose, 2013). Por outras palavras, a vida definida como um processo molecular é entendida como passível de intervenção, o que, por sua vez, reavivou fantasias de omnipotência – a Segunda Criação (em oposição ao Apocalipse).

Um segundo conjunto de consequências está associado ao que de novo tem vindo a ser concretizado pelo capital na atualidade: já não somos fundamentalmente diferentes das coisas. Nós transformamo-las em pessoas, apaixonamo-nos por elas. Já não somos apenas pessoas, ou nunca fomos apenas pessoas. Além disso, apercebemo-nos agora de que a questão da raça é mais complexa do que imaginávamos.

Por todo o mundo aparecem novas configurações do racismo. A investigação sobre a raça levanta cada vez mais questões complexas sobre a natureza da espécie em geral e torna-se, por isso, cada vez mais urgente, no mundo atual, repensar a política de racialização e os termos em que se desenrola a luta pela justiça racial aqui e em todo o lado.

O racismo, tanto aqui como no resto do mundo, continua a funcionar como parte constitutiva do nacionalismo e do chauvinismo. Como poderemos criar um mundo que suplante o chauvinismo nacional?

Por trás da cortina da neutralidade e da imparcialidade, o poder racial ainda depende estruturalmente de vários regimes legais para se reproduzir. Como poderemos transformar radicalmente a lei?

Mais assustador ainda é o facto de a política da raça estar a realizar uma viragem genómica.

Nas reconfigurações e mutações contemporâneas da raça e do racismo está em jogo a divisão da própria humanidade em diversas espécies e subespécies, como resultado do libertarismo de mercado e da tecnologia genética.

O que está em jogo, mais uma vez, são as velhas questões de quem é quem, quem é que pode reivindicar o quê, sobre quem e com que fundamentos, e quem deve possuir quem e o quê. Na ordem neoliberal contemporânea, que alega ter ultrapassado a questão racial, o combate pela justiça social tem de adquirir novas formas. Para revitalizar o pensamento e a práxis antirracista e para reanimar o projeto de uma universidade não-racial, precisamos de explorar a ligação emergente entre biologia, genes e tecnologias, assim como a forma como se articulam com novas formas de privação humana. Não basta retomar conceções de raça locais ou globais do passado e do presente.

Para averiguar outras possibilidades de pensar a vida e os futuros humanos nesta era do individualismo neoliberal, é preciso encontrar formas completamente novas de ligar o projeto de não racialismo ao da mutualidade humana. Em última instância, uma universidade não-racialismo implica partilha radical e inclusão universal; a humanidade governando em comum uma comunidade que inclui os não humanos – a verdadeira expressão da democracia.

Para reabrir o futuro do nosso planeta a todos os que o habitam, teremos de aprender a partilhá-lo novamente entre humanos, mas também entre humanos e não humanos.

Referências

Du Bois, W. E. B. (1969 [1920]), "The Comet", in *Darkwater: Voices from within the Veil*. New York: Schocken.

Dussel, Enrique (2008), "A new age in the History of Philosophy: the world dialogue between philosophical traditions", *Prajña Vihāra* (Journal of Philosophy and Religion), 9(1), 1-22. Disponível em http://enriquedussel.com/philosophy.html.

Fanon, Frantz (1963 [1961]), *The Wretched of the Earth*. New York: Groove Press.

Haffajee, Ferial (2015), *What If There Were No Whites in South Africa?* Johannesburg: Picador Africa.

Mbembe, Achille (2000), *De La Postcolonie: essai sur l'imagination politique dans l'Afrique contemporaine*. Paris: Khartala.

Mbembe, Achille (2013), *Critique de la raison nègre*. Paris: La Découverte.

Ngugi, wa Thiong'o (1987 [1981]), *Decolonizing the Mind. The politics of language in African literature*. Harare: Zimbabwe Publishing House.

Rose, Nikolas (2013), "The Human Sciences in a Biological Age", *Theory, Culture & Society*, 30(1), 3-34. Doi: https://doi.org/10.1177/0263276412456569.

Sachs, Albie (2015), "The Rhodes debate: How we can have the last laugh", *City Press*, 29 de março. Disponível em http://www.news24.com/Archives/City-Press/The-Rhodes-debate-How-we-can-have-the-last-laugh-20150429.

Santos, Boaventura de Sousa (1995), *Toward a New Common Sense, Law, Science and Politics in a Paradigmatic Transition*. London: Routledge.

Santos, Boaventura de Sousa (2014), *Epistemologies of the South: Justice against Epistemicide*. Boulder, CO: Paradigm.

CONCLUSÕES

Para construir um mundo pós-abissal

Boaventura de Sousa Santos e *Maria Paula Meneses*

Em que condições a experiência histórica do Sul geográfico pode dar origem ao Sul epistémico? Quais as consequências epistemológicas, ontológicas e políticas dessa transformação? O que implica descolonizar o conhecimento? Quais as contribuições do Sul global para o conhecimento do mundo? Os capítulos que integram este livro avançam propostas, refletindo alguns dos debates sobre a emergência de um Sul global que pretende ser simultaneamente um sujeito político, um sujeito epistemológico e, em última instância, um sujeito ontológico. Enfim, formas outras de ser e de saber, de lutar e (re)existir.

Aprender a conhecer o Sul com o Sul, o desafio que está na origem das epistemologias do Sul, refere-se a um conjunto diversificado de saberes que nasceram do inconformismo e das lutas contra o colonialismo, o patriarcado e o capitalismo, as formas históricas da dominação moderna do Norte global sobre o Sul global. Um conhecimento contextual das diferentes imbricações desta tríplice opressão é fundamental para a organização das estratégias de resistência dos movimentos, dos grupos e das comunidades que lutam por um outro mundo possível. Como Boaventura de Sousa Santos sublinha, são várias as premissas-chave que caracterizam as epistemologias do Sul: 1. a diversidade do mundo é infinita e nenhuma teoria geral pode dar conta dela; 2. as alternativas são imensas e contextuais; e o que de facto falta é um pensamento alternativo de alternativas; 3. o constante reconhecer e reinterpretar do mundo só é possível no contexto de lutas e, por isso, não pode ser conduzido como uma tarefa separada e desengajada da luta; 4. perante a diversidade das lutas, mobilizam-se múltiplos tipos de conhecimento, pelo que a reinterpretação não pode ser feita a partir de um único corpo de conhecimento; 5. uma vez que o (re)conhecimento e a reinterpretação do mundo para o transformar é uma obra coletiva, não há espaço para filósofos ou intelectuais de vanguarda. Em vez disso, as epistemologias do Sul exigem intelectuais de retaguarda, intelectuais que contribuem com o seu conhecimento para fortalecer as lutas sociais contra a dominação e a opressão, lutas com as quais estão comprometidos; 6. a alternativa a uma teoria geral consiste em promover uma ecologia de conhecimentos apoiada na tradução intercultural e interpolítica. Estas premissas encontram corpo nas lutas descritas nos ensaios que integram este volume, contribuições situadas em diferentes quadrantes do Sul global. Por um lado, denunciam as raízes do projeto racional moderno que universaliza o saber dominante gerado no Norte e lhe atribui a chave do progresso e do futuro do mundo. Por outro, analisam experiências de lutas por outras formas de ser, de compreender e de transformar o mundo, dando conta de sua infinita diversidade. As redes de proximidade e as sinergias geradas entre os ativismos e as interpretações nascidas na luta mostram os limites das teorias e dos discursos supostamente universais.

O conhecimento nascido na luta é o conhecimento que simultaneamente sustenta a luta contra a opressão, lhe dá sentido e a defende da desistência fácil. Envolve a consciência profunda do sofrimento injusto, da arbitrariedade do poder e das expectativas frustradas, a decisão sobre se e como resistir num contexto concreto, evitando ou não a confrontação direta, ponderando sobre as situações passadas e como estas evoluíram, antecipando o que pode acontecer se uma ação for tomada ou não. Tudo isso requer a aplicação de conhecimentos complexos e experientes intimamente ligados ao mundo da vida daqueles para quem viver é envolver-se na luta ou correr o risco de não sobreviver. Estas análises críticas, geradas em lutas específicas pelo direito a ser e a pensar autonomamente, são exemplos de emergências que tornam possível a imaginação de um mundo pós-abissal.

Os capítulos deste volume foram escritos em línguas que espelham a herança colonial; porém, mostram também que é possível usar estas línguas para tecer redes contra-hegemónicas de contacto entre sujeitos tão diversos nas suas experiências e resistências. Escrevê-los obrigou vários dos seus autores a exercícios de tradução intercultural e interpolítica, recorrendo a expressões e conceitos oriundos do Norte epistémico, ressignificando-os e, frequentemente, ocupando-os a partir das suas práticas. Santos refere que as epistemologias do Sul pretendem ocupar o conceito de epistemologia para o ressignificar e transformar num instrumento capaz de interromper as políticas de dominação legitimadas pelo conhecimento dominante, as epistemologias do Norte. O Sul global é um imaginário de resistências e de alternativas que reclamam um reconhecimento a partir de outras racionalidades, sentidos, emoções. Enfim, um pensamento alternativo de alternativas. Mas, porque as lutas contra a tríplice opressão capitalista, colonialista e patriarcal são reflexo das diferentes condições contextuais em que ocorrem, nenhuma delas simboliza, por si só, o que é o saber do Sul. A diversidade sem relativismo está no cerne das epistemologias do Sul.

O diálogo com as epistemologias do Norte, também presente neste volume, é exemplo de que as epistemologias do Sul não pretendem substituir-se às epistemologias do Norte, colocando o Sul no lugar do Norte. O Sul presente neste volume não é o Sul constituído pelo Norte como vítima, mas, sim, o Sul que se rebela para superar o dualismo normativo existente. A questão não se prende com o eliminar das diferenças, mas, sim, com o eliminar das hierarquias de poder que acompanham as diferenças. No seu conjunto, os exemplos de lutas sociais analisados neste volume mostram que as epistemologias do Sul têm como objetivo um cosmopolitismo subalterno, gerado de baixo para cima.

A descolonização epistemológica é um tema central às epistemologias do Sul. Como a relação colonial afeta quer colonizados, quer colonizadores, compreender as possibilidades de descolonização envolve descolonizar tanto o conhecimento do colonizador quanto o conhecimento do colonizado. A primeira parte deste volume expõe as dificuldades da descolonização mental, ao denunciar as raízes eurocêntricas da moderna racionalidade. Os processos de autodeterminação, que buscam transformar os sujeitos do Sul em autores da sua própria narrativa histórica, pressupõem semânticas de libertação que sinalizam uma rutura com a proposta colonial. Tais narrativas, muitas das quais funcionam no domínio da oralidade, sugerem outras temporalidades, outros afetos e emoções, outros conceitos e redes de comunidade e de solidariedade. Testemunham um denso pluriverso de encontros, de confrontos, e de polinização de saberes, testemunho de sementes de ecologias de saberes onde a tradução intercultural e interpolítica se desdobra na prática.

Os textos incluídos na segunda parte deste livro mostram que os tempos atuais exigem uma renovada militância de luta e de resistência, uma disposição para assumir riscos para que a justiça cognitiva espelhe e valorize a diversidade cognitiva do mundo. Em simultâneo, estes capítulos sugerem procedimentos que apoiam a promoção do interconhecimento e a interinteligibilidade humana. Tendo por objetivo fortalecer saberes emergentes, estas propostas epistemológicas e ontológicas oriundas do Sul global procuram criar as condições para que os grupos sociais oprimidos representem o mundo nos seus termos, pois somente assim serão capazes de o mudar de acordo com as suas próprias aspirações.

Os capítulos que compõem a terceira parte deste livro centram-se numa questão importante apesar de pouco tratada: qual o papel das artes e dos sentidos nas epistemologias do Sul? As epistemologias do Norte favorecem o conhecimento escrito científico, de carácter determinístico, excluindo as artes do cânone do saber racionalista. Ao separar as humanidades e as artes do campo "científico", a inovação e a criatividade são secundarizadas. Deixa-se assim de reconhecer que a poesia e o dom da palavra, oral ou escrita, como formas de ação política permitem uma outra escala de contactos, outros modos de conhecer e experimentar o mundo humano e não humano.

O ato de olhar e nomear, a partir de um saber considerado universal, estabelece limites do que pode ser percebido, cria instituições, formula ordens, estabelece linhas abissais, definindo zonas de ser e não ser. A descolonização do olhar apela a um espaço epistémico que confronta o colonialismo e permite usar a linguagem da arte para (re)construir sujeitos e as suas histórias, sujeitos que falam sobre as suas lutas usando a gramática da arte. As denúncias da destruição de seres e de saberes são também tratadas nesta secção. Sem estabelecer uma relação mais equilibrada (nem relativista nem imperialista) entre os vários sentidos e as suas perceções do mundo, todas as políticas destinadas a promover a justiça social arriscam-se a promover injustiça social. Sentidos como o olfato e o paladar têm sido relegados pelas epistemologias do Norte a um lugar secundário no campo da relação do "eu" com o mundo por porem em causa a abstração universalista da ciência, assente no binómio visão-audição. Como mostram estes ensaios, as escolhas de alimentos e o seu consumo são atos políticos. O sabor da comida é uma forma de contacto direto com o mundo exterior, uma forma de interpretar a realidade. A própria forma de cozinhar e o ato de partilhar comida gera hierarquias culturais e condições de exclusão, conducentes a situações de humilhação. Em contextos que experimentaram e experimentam a tríplice violência que marca os nossos tempos, a comida, como espelho das relações de poder associadas à produção de saber, estrutura e reforça profundas linhas abissais. A agressão resultante das opções alimentares dos outros está relacionada com a forma como os hábitos alimentares definem as identidades. Conhecer o mundo a partir de zonas de contacto geradas na preparação de alimentos revela a cozinha como um laboratório social, onde saberes e seres se reconfiguram, produzindo condições para um mundo pós-abissal.

Finalmente, a quarta parte do livro centra-se nos processos de descolonização do conhecimento. Com as universidades modernas a funcionar em todo o mundo, partilhando currículos bastante próximos, é importante questionar as possibilidades de descolonizar o saber, sobretudo o saber universitário. A crítica à universidade moderna é feita ao mesmo tempo que se investigam as possibilidades de refundar a universidade a partir da justiça cognitiva. Nos últimos quinhentos anos, o mundo colonizado não só tem sido uma fonte de matérias-primas para as indústrias da metrópole, como também tem sido uma fonte de matérias-primas para as ciências metropolitanas. Como consequência, as universidades modernas são parte constitutiva do extrativismo que caracteriza a dominação protagonizada pelo Norte global. Descolonizar as universidades passa por questionar não apenas os currículos das universidades modernas, eurocêntricas, mas a economia global do conhecimento, assente no pensamento abissal e na exploração dos saberes, extraídos como matéria-prima.

Para as epistemologias do Sul, é fundamental a promoção da justiça cognitiva; para tal importa procurar as raízes dos saberes e experiências deste conhecimento vivido no Sul global. Cultivar o conhecimento envolve plantar e cuidar de sementes, onde as sementes são o "ainda não", a promessa de algo que virá, mas ainda desconhecido, inesperado e até mesmo aparentemente impossível. O apelo que atravessa este volume é por uma justiça cognitiva global – a imaginação de futuros anteriormente inimagináveis, um processo que apela à tradução intercultural e interpolítica.

Longe de procurar apresentar as epistemologias do Sul como um *corpus* teórico único, os autores dos ensaios claramente insistem que necessitamos de uma alternativa teórica feita a partir de diferentes lutas, de diferentes cosmologias alternativas, algumas emergentes, outras procedentes de uma história mais longa, mas silenciada. O propósito comum dos autores e autoras que integram este volume é desmarginalizar o Sul global em relação ao conhecimento "moderno, eurocêntrico", de modo a assegurar que as chamadas margens passem a ter espaço, garantindo assim que os conhecimentos produzidos pelo Sul global são parte integral de um mundo multifacetado, com vários centros de produção de conhecimento.

Pensar as experiências geradas nas lutas sociais requer pensar a partir de uma posição epistemológica, geográfica e política. Neste sentido, o Sul é bastante diversificado. Falar desde o Sul e com o Sul significa produzir conhecimento com os sujeitos e não sobre estes, num diálogo permanente mediado pela tradução intercultural e interpolítica, como já referido. Significa gerar conhecimento sólido e relevante a partir de outras perspetivas, com outras redações. Trata-se de um saber que exige novas relações éticas, e que é performativo, curativo, transformador; que vai além de ser descolonizador, democratizador, despatriarcalizador e participativo, é um saber que, usando várias expressões, espelha as emergências do Sul, atento às necessidades individuais e coletivas dos sujeitos e comunidades comuns. Este saber deve ser indisciplinado, disruptivo, provocador, rebelde. Trata-se de uma forma de produção de conhecimento responsabilizada e validada pelos próprios sujeitos que nela atuam.

Partindo de paradigmas, mundovisões, ontologias e epistemologias diferentes, os diálogos entre os autores dos ensaios que integram este volume refletem as tentativas de desenvolver debates sintonizados com os contextos pertinentes para as tradições intelectuais e para as realidades teóricas, empíricas e culturais do Sul global. Neste contexto, a solidariedade adquire centralidade, ao possibilitar a união de lutas através de responsabilidades éticas; a solidariedade para romper as estruturas ideológicas, as hierarquias coloniais, sexuais e raciais e os discursos políticos que legitimam essas hierarquias. Os projetos de descolonização dos espaços, tempos, relações e saberes gerados pela relação colonial assenta, também, na solidariedade transnacional e transgeracional, aprendendo e compartilhando estratégias efetivas comprometidas com o desmantelamento das hierarquias de poder presentes. Vários dos capítulos deste volume apontam a importância do conhecer e cuidar do território como oferta solidária às gerações futuras. A corporização dessas ligações, dessas lutas de resistência pelo território, pelo saber como forma de (re)existir revelam um processo de descolonização silencioso, numa base diária, que constrói um presente e um futuro além da soberania herdada do projeto colonial e de qualquer geografia imaginada imposta. Esta solidariedade política perturba e transforma as relações hierárquicas de poder, ao dar espaço e criar formas de poder insurgentes entre lutas, ao gerar análises compartilhadas, arquivos de conhecimento e formas de resistência que apoiam projetos políticos comprometidos com a descolonização do Sul global a partir do Sul global.

As epistemologias do Sul são uma vasta paisagem de conhecimentos, metodologias e pedagogias pós-abissais cujo objetivo principal é fundamentar a exigência da democratização radical do conhecimento, democracia cognitiva sem a qual não é possível a justiça social. O sucesso das lutas contra a dominação capitalista, colonial e patriarcal depende do sucesso em produzir saberes pós-abissais, que devolvam a humanidade aos que têm sido abissalmente excluídos dela pelo capitalismo, colonialismo e patriarcado.

Notas biográficas dos autores

Achille Mbembe

Nascido nos Camarões, atualmente é professor no Wits Institute for Social and Economic Research (WISER) na Universidade de Witwatersrand, em Joanesburgo, África do Sul. Doutor *Honoris Causa* pela Universidade de Paris VIII (França) e pela Université Catholique de Louvain (Bélgica). Cofundador de Les Ateliers de la Pensée de Dakar, é um autor de referência sobre política e filosofia contemporâneas. Com uma extensa obra publicada em várias línguas, de entre as mais recentes traduzidas para português, destaca-se *Necropolítica* (São Paulo: n-1 edições, 2018), *Sair da Grande Noite: ensaio sobre a África descolonizada* (Petrópolis: Vozes, 2019) e *Brutalismo* (Lisboa: Antígona, 2020).

Allene Carvalho Lage

Pós-doutora em Direitos Humanos pelo PPGDH/UFPE (2016) e em Educação pela UFRGS (2012). Doutora em Sociologia pela Universidade de Coimbra (2006). Professora titular da Universidade Federal de Pernambuco (Brasil). Atua como professora do curso de Pedagogia e professora permanente dos cursos de Mestrado e Doutorado em Educação Contemporânea, na linha de pesquisa Educação e Diversidade. Coordenadora do Observatório dos Movimentos Sociais na América Latina da UFPE/CAA desde 2007. Coeditora da *Revista Debates Insubmissos*, juntamente com Boaventura de Sousa Santos e Maria Paula Meneses (https://periodicos.ufpe.br/revistas/debatesinsubmissos).

Armando Muyolema

Investigador indígena quíchua, defensor das línguas minoritárias. Leciona na Universidade de Wisconsin, Madison (EUA), na Universidade Andina Simón Bolívar, Quito, e na Universidade Estatal de Cuenca (ambas no Equador) como professor convidado. Os seus campos de investigação incluem a educação, a política linguística e as epistemologias transculturais; pedagogias das línguas minoritárias, conceção de currículos e TIC; produção cultural indígena e movimentos políticos; e interculturalismos locais e cosmopolitas, temas que encontram reflexo em várias publicações, sendo de destacar o livro *Oralidades y escrituras kichwas*, coorganizado com Fernando Garcés Velásquez (Quito: Editorial Abya-Yala, 2022).

Boaventura de Sousa Santos

Professor emérito de Sociologia da Universidade de Coimbra e *Distinguished Legal Scholar* da Universidade de Wisconsin-Madison (EUA). Tem escrito e publicado amplamente sobre as questões da globalização, sociologia do direito e do Estado, epistemologia e movimentos sociais. Com uma obra extensa publicada em várias línguas, entre as suas publicações mais recentes em português contam-se: *O futuro começa agora. Da pandemia à utopia* (Lisboa: Edições 70, 2020; São Paulo: Boitempo, 2021), *Na Oficina do Sociólogo Artesão. Aulas magistrais 2011-2016* (Coimbra: Almedina, 2020, e São Paulo: Editora Cortez, 2018), *Esquerdas do mundo, uni-vos!* (São Paulo: Boitempo, 2018, e Coimbra: Almedina, 2019) e *O fim do império cognitivo. A afirmação das epistemologias do Sul* (Belo Horizonte: Autêntica Editora, 2019, e Coimbra: Almedina, 2019).

Claude Alvares

Ambientalista indiano que vive em Goa. É editor da Other India Press e diretor da Fundação Goa, um grupo de ação de monitorização ambiental que tem tido êxito em defesa de interesses públicos. Enquanto académico, coordena o Projeto Multiversidade, que envolve académicos iranianos, indianos, malaios e africanos, e procura descolonizar o pensamento e os currículos académicos nas universidades de todo o mundo. Entre as suas obras, destacam-se *De-Colonizing History: Technology and Culture in India, China and the West: 1492 to the Present Day* (Goa: The Other India Press, 1991) e *Multiversity: Freeing Children from the Tyranny of Schooling* (Goa: Other India Press, 2006).

Cláudia Cristina Ferreira Carvalho

Nascida na cidade de Cuiabá, capital do Mato Grosso, Brasil. Doutora em Educação pela Universidade Federal de Mato Grosso (UFMT), com estágio doutoral (sanduíche) junto ao Centro de Estudos Sociais da Universidade de Coimbra (CES), Portugal, e mestre em Educação (UFMT). Docente da Faculdade de Educação da Universidade Federal de Grande Dourados (FAED/UFGD) e do Programa de Pós-Graduação em Antropologia (PPGANT/UFGD). Líder do Grupo de Estudos e Pesquisas Muxirum Epistemológico. Atua nas áreas de currículo, didática e formação de professores; violências;

direitos humanos; segurança pública; estudos étnico-raciais; (des)colonolialidades; e epistemologias do Sul.

Cláudia Rose Ribeiro da Silva

Nasceu na Baixa do Sapateiro, uma das comunidades que fazem parte da favela da Maré, no Rio de Janeiro, Brasil. É graduada em História pela Universidade do Estado do Rio de Janeiro (UERJ) e mestre em Bens Culturais e Projetos Sociais pelo Programa de Pós-Graduação em História, Política e Bens Culturais (CPDOC/FGV-RJ). Atua como professora de História da Rede Pública do município do Rio de Janeiro e é cofundadora do Centro de Estudos e Ações Solidárias da Maré (CEASM) e do Museu da Maré. Entre 2009 e 2011, foi chefe do Núcleo de Museologia Social do Instituto Brasileiro de Museus (Ibram). Atualmente, é coordenadora do Museu da Maré e integrante do grupo de articulação da Rede de Museologia Social do Rio de Janeiro (REMUS-RJ) e do Conselho Consultivo da Casa de Oswaldo Cruz (COC/FIOCRUZ).

Edson Kayapó

Professor doutor da Universidade Federal do Sul da Bahia (UFSB), pertencente ao povo Mebengokré, nascido no estado do Amapá. É historiador (UFMG) e doutor em Educação (PUC-SP), pesquisador das questões amazônicas e indígenas, escritor premiado pela Cátedra de Leitura da Unesco e vencedor do Prêmio Tamoios, da Fundação Nacional do Livro Infantojuvenil. Atua como professor em cursos de graduação e pós-graduação, pesquisador na McGill University (Canadá), curador de artes e membro do Núcleo Indígena e Quilombola da OAB/SP e do Parlamento Indígena do Brasil. Foi vencedor do Prêmio Jabuti de Literatura (coletânea).

Gopal Guru

Cientista político, é professor reformado de Teoria Social e Política do Centro de Ciência Política da Universidade Jawaharlal Nehru, Nova Deli, Índia. É autor de numerosos artigos sobre os *dalits*, as mulheres, a política e a filosofia, sendo atualmente editor do *Economic and Political Weekly*. Um dos seus livros mais importantes é *Humiliation: Claims and Context* (Nova Deli: Oxford University Press India, 2009). Recentemente, coeditou, com Albeena Shakil, *Spheres of Injustice* (Nova Iorque: Routledge), obra que analisa criticamente as teorias da justiça na Índia a partir de um quadro teórico e comparativo.

Inês Barbosa de Oliveira

Graduada em Pedagogia pela Faculdade de Educação Jacobina (1982), mestre em Administração de Sistemas Educacionais pelo Instituto de Altos Estudos em Educação da Fundação Getúlio Vargas (1988) e doutora em *Sciences Et Théories de L'éducation* pela Université de Sciences Humaines de Strasbourg (1993). Pós-doutora pelo Centro de Estudos Sociais da Universidade de Coimbra (2002). Possui diploma de Habilitation à Diriger des Recherches (HDR) pela Université de Rouen (França, 2013).

Professora adjunta do Programa de Pós-Graduação em Educação (PPGE) da UNESA, coordenadora do Centro Interdisciplinar Internacional de Estudos e Pesquisas em Direitos Humanos da UNESA (CIIEP-DDHH/UNESA). Professora titular aposentada da Universidade do Estado do Rio de Janeiro (UERJ). Presidente da Associação Brasileira de Currículo (ABdC) (2015-2019 e 2023-2025), coordenadora do GE Cotidianos da ANPEd (2021-2023). Bolsista de Produtividade em Pesquisa 1B do CNPq. Cientista do Nosso Estado (FAPERJ) desde 2007.

Atua na área de Educação, no campo de estudos do Currículo e do Cotidiano Escolar como lócus de políticas e práticas cotidianas, tendo desenvolvido a noção de currículo como criação cotidiana. No campo do direito à educação e da educação como direito, na perspectiva da dignidade humana e da sustentabilidade social, trabalha com a questão da emancipação social e do papel da educação neste processo, na perspectiva das epistemologias do Sul, da justiça cognitiva e da cidadania horizontal. Possui livros e artigos sobre seus temas de pesquisa publicados no Brasil e no exterior.

José Castiano

Filósofo moçambicano, é professor de Filosofia na Universidade Pedagógica de Moçambique. Segue a linha da sagacidade filosófica elaborada pelo queniano Henry Odera Oruka, promovendo o diálogo entre a filosofia académica e a sabedoria filosófica tradicional. Castiano conduz entrevistas com esses sábios, e desenvolve um projeto que denomina de intersubjetivação. Autor de vários livros, entre eles: *Filosofia africana: da sagacidade à intersubjectivação – com Viegas* (Universidade Pedagógica, Maputo: Publifix 2015) e *O Inter-Munthu: Uma Filosofia da Reconciliação em Busca do Mínimo* (Beira: Fundza, 2023).

Juan José Tamayo

Teólogo espanhol ligado à Teologia da Libertação, sobre a qual tem trabalhado amplamente. É também secretário-geral da Asociación de Teólogos y Teólogas Juan XXIII. Foi professor em várias instituições em Espanha e na América, sendo professor catedrático da Universidade Carlos III de Madrid, onde dirige a Cátedra Ignacio Ellacuría de Teologia e Ciências Religiosas. Autor de uma extensa obra, é igualmente uma presença regular em vários órgãos de imprensa escrita. As suas obras mais recentes são *La internacional del odio. ¿Cómo se construye? ¿Cómo se deconstruye?* (Barcelona: Icaria, 2020) e *La compasión en un mundo injusto* (Barcelona: Fragmenta Editorial, 2021).

Lewis Gordon

Professor de Filosofia na Universidade de Connecticut-Storrs, EUA, e presidente da Associação Filosófica Caribenha (Caribbean Philosophical Association). Os seus trabalhos inserem-se nas áreas do existencialismo, fenomenologia, teoria social e política, pensamento pós-colonial, teorias da raça e do racismo, filosofias da libertação, estética, filosofia da educação e filosofia da religião, que Gordon considera ser parte de uma tradição humanista. Com uma extensa lista de obras publicadas, os seus livros mais recentes são *Fear of Black Consciousness* (Nova Iorque: Penguin Random House, 2022) e *Freedom, Justice, and Decolonization* (Nova Iorque: Routledge, 2021).

Maria do Socorro da Silva Arantes

Professora adjunta da Universidade Federal do Piauí (UFPI) do curso de Pedagogia (CCE-DEFE) e do Programa de Pós-Graduação em Políticas Públicas (PPGPP-UFPI). Doutora em Educação (UFPI) com doutoramento sanduíche no Centro de Estudos Sociais (CES) na Universidade de Coimbra (UC), em Portugal. Atualmente, na UFPI, desenvolve projeto de pesquisa financiado pela CAPES para internacionalização da ciência indígena (Brasil-Bolívia), com oferta de 56 bolsas de mestrado e doutorado para exterior. Desenvolve projeto de pesquisa de iniciação científica, financiado externamente pela Fundação de Pesquisa do Estado do Piauí (FAPEPI). Na dimensão da extensão, coordena o Projeto de Extensão Universidade Popular e Educação Indígena Gamela e o Núcleo de Estudos, Pesquisa e Extensão em Educação, Ciência Descolonial, Epistemologia e Sociedade (NEPEECDES). Autora dos livros: *Educação popular, pedagogia participante e incidência política da escola de formação Quilombo dos Palmares (EQUIP) no nordeste brasileiro*; *O perfil socioeducacional dos discentes da licenciatura em educação do campo: impasses e desafios na luta dos camponeses pela democratização da universidade* [recurso digital].

Maria Irene Ramalho

Professora catedrática jubilada da Secção de Estudos Anglo-Americanos do Departamento de Línguas, Literaturas e Culturas da Faculdade de Letras da Universidade de Coimbra, e antiga professora internacional no Departamento de Literatura Comparada da Universidade de Wisconsin-Madison, nos EUA. Em 2018, recebeu a Medalha de Mérito Científico, atribuída pelo Ministério da Ciência, Tecnologia e Ensino Superior de Portugal, tendo em 2023 vencido o Grande Prémio de Ensaio da Associação Portuguesa de Escritores pela obra *Fernando Pessoa e Outros Fingidores* (Lisboa: Tinta-da-china, 2022). Publicou recentemente *Fernando Pessoa and the Lyric: Disquietude, Rumination, Interruption, Inspiration, Constellation* (Lanham, MD: Lexington Books, 2022).

Maria Paula Meneses
Académica moçambicana, é atualmente investigadora do Centro de Estudos Sociais da Universidade de Coimbra. No centro dos seus interesses estão as relações entre conhecimento, poder e sociedades, dando especial atenção às pessoas que viveram a violência do encontro colonial. Entre os livros que editou, destaca-se *Mozambique on the Move. Challenges and Reflections*, com Sheila Khan e Bjorn Bertelsen (Leiden: Brill, 2018), *Epistemologías del Sur*, coorganizado com Karina Bidaseca (Buenos Aires: CLACSO e CES, 2018). Em 2019, publicou *Os Saberes Feiticeiros em Moçambique: Realidades materiais, experiências espirituais* (Coimbra: Almedina).

Martha Marandino
Professora titular da Faculdade de Educação da Universidade de São Paulo. Licenciatura e bacharelado em Ciências Biológicas pela Universidade Santa Úrsula (1987). Doutorado em Educação pela Universidade de São Paulo (2001), livre-docência pela Universidade de São Paulo (2012) e coordenadora do Grupo de Estudo de Pesquisa em Educação Não Formal e Divulgação da Ciência (GEENF). Vice-coordenadora do Museu da Educação e do Brinquedo da FEUSP. Atua na pesquisa, no ensino e na extensão universitária e possui projetos de pesquisa, publicações e orientações de iniciação científica, mestrado, doutorado e pós-doutorado, com temas como ensino de ciências, ensino de biologia, divulgação científica e educação em museus.

Mogobe Ramose
Professor extraordinário no Departamento de Jurisprudência da Universidade de Pretória, na África do Sul. É um importante filósofo sul-africano, mais conhecido pela sua aplicação e elaboração da filosofia *ubuntu*, o que o tem levado a várias universidades do mundo. A sua extensa obra revela um empenho persistente em temas sobre justiça, política, ética e verdade, tendo contribuído para o pensamento e o ativismo pan-africano. De entre as suas principais obras, destacam-se *African Philosophy Through Ubuntu* (Harare: Mond Books, 1999) e *The Development of Thought in Pan Africanism*, com Mosupyoe Boatamo (Dubuque, IW: Kendall Hunt Publishing, 2011).

Rafael Bautista S.
É um escritor e pensador boliviano. Estudou música, literatura e filosofia. Foi finalista do Prémio Nacional de Poesia Yolanda Bedregal (2003), bem como do Prémio Nacional de Conto Bartolomé Arzans y Orzua, do Festival Internacional de Cultura, em 2004. Em 2006, foi selecionado para a Muestra de Poesía Boliviana Contemporánea (Exposição de Poesia Boliviana Contemporânea), realizada na Feira Internacional do Livro de Santa Cruz. Nesse mesmo ano, foi premiado no VI Encuentro Nacional de Filosofía y Humanidades (VI Encontro Nacional de Filosofia e Humanidades), realizado em Cochabamba. Publicou mais de 20 livros, entre os quais: *Pensar Bolivia del Estado colonial al Estado plurinacional* (Vol. I e II, 2009, 2012); *¿Qué significa el Estado plurinacional?* (2010); *Hacia una Constitución del Sentido Significativo del "Vivir Bien"* (2010); *Hacia una Fundamentación del Pensamiento Crítico* (2011); *La Descolonización de la Política* (2014); *Reflexiones Descoloniales* (2014); *Del Mito del Desarrollo al Horizonte del vivir bien* (2018); *El Tablero del Siglo XXI. Geopolítica decolonial de una ordem global pós-ocidental* (2019); *El Angel de la História* (Vol. I e II [2021-2024]); *A Memória Obstinada* (2022) etc. Foi professor convidado da Escola Anti-imperialista, da Escola Plurinacional de Gestão Pública (EGPP) e da Universidade Indígena Boliviana-Tupak Catari; foi diretor-geral da Direção de Geopolítica do Bem Viver e Política Externa da Vice-Presidência do Estado Plurinacional da Bolívia. Faz parte do conselho editorial do *Bolivian Studies Journal*, da Universidade de Pittsburgh (EUA). Dá conferências, seminários e cursos, tanto a nível nacional como internacional, além de dirigir "El taller de la descolonización" e a "Comunidad de pensamiento amáutico", em La Paz e El Alto, Bolívia. É também colunista de várias páginas de informação e pensamento alternativo.

Regina Barros Goulart Nogueira/Kota Mulanji
Nome civil e tradicional da autora. Médica pediatra, professora de Pediatria no curso de Medicina na Universidade Católica de Pelotas (UCPEL), mestranda do curso de Política Social e Direitos Humanos da UCPEL. Autoridade tradicional dos povos Bantu, iniciada na Unidade Territorial Tradicional do Manzo Loába, em Osasco (SP), por Mametu Ndandalakata. Compõe hoje a Comissão de Ancestralidade do FONSANPOTMA. Kota ou Makota, como no Brasil se designa o cargo iniciático dado a mulheres nas unidades territoriais tradicionais Congo-Angola. Mulanji é nome de origem kimbundo, que significa "combatente".

FSC
www.fsc.org
MISTO
Papel | Apoiando uma gestão florestal responsável
FSC® C092828

2023
CARBON NEUTRAL
SAVE cerrado

Este livro foi composto com tipografia Bembo e impresso
em papel Off White 70 g/m² na Formato Artes Gráficas.